MÉMOIRES

ou

SOUVENIRS ET ANECDOTES.

III.

PARIS. — IMPRIMERIE DE CASIMIR, RUE DE LA VIEILLE-MONNAIE, N° 12.

MÉMOIRES

OU

SOUVENIRS ET ANECDOTES,

PAR

M. LE COMTE DE SÉGUR,

DE L'ACADÉMIE FRANÇAISE, PAIR DE FRANCE.

> Le souvenir, présent céleste,
> Ombre des biens que l'on n'a plus,
> Est encore un plaisir qui reste
> Après tous ceux qu'on a perdus.

Deuxième Édition.

TOME TROISIÈME.

PARIS,
ALEXIS EYMERY, LIBRAIRE-ÉDITEUR,
RUE MAZARINE, N° 30.

M DCCC XXVI.

MÉMOIRES

ou

SOUVENIRS ET ANECDOTES.

A peine parvenu à terminer une longue, importante, difficile négociation, et à vaincre les obstacles que m'avaient suscités, d'une part l'activité jalouse des négocians anglais, et de l'autre la disposition peu bienveillante des ministres russes, une nouvelle carrière s'offrait à moi.

Destiné par le sort à me trouver sans cesse dans les positions les plus variées, je devais, à la suite du char de triomphe de Catherine, traverser avec elle son vaste empire, visiter cette Tauride fameuse dans la fable, dans l'histoire, et que l'audace d'une femme venait d'enlever aux farouches enfans de Mahomet.

Je devais être témoin des hommages que lui prodigueraient sur la route une foule d'étrangers attirés, comme ils le sont toujours, par l'éclat d'une grande puissance et d'une haute fortune; un roi de Pologne, jadis aimé et couronné, puis récemment dépouillé d'une partie de ses États par cette impérieuse souveraine; enfin l'héritier des Césars, l'empereur d'Occident, qui, abaissant son diadème, et déposant momentanément la pourpre, venait se mêler aux courtisans de la victorieuse impératrice, pour resserrer avec elle les liens d'une alliance également redoutable à la liberté polonaise, à la sécurité prussienne et au repos de l'Europe.

A la fois courtisan et négociateur, il m'était prescrit de cultiver de plus en plus la faveur de Catherine, et de surveiller en même temps avec activité les desseins et les actions de cette princesse ambitieuse, qui, couvrant alors de troupes nombreuses les rives du Borysthène et les bords de la mer Noire, semblait, de concert avec son allié Joseph II, menacer d'une prochaine et totale destruction l'empire ottoman.

Pour remplir cette curieuse et singulière mission, je partais sans légation, sans bureaux, sans secrétaire. Là, j'allais me voir au milieu d'une suite non interrompue de courses, de fêtes, d'audiences publiques, de cercles et de jeux, sans pouvoir jouir ni de quelque liberté

pour observer, ni de quelques momens de solitude pour méditer et pour me rendre compte de ce qui aurait pu frapper mes regards et mon esprit.

Rien ne ressemble moins aux voyages ordinaires que ceux d'une cour : voyageant seul, on voit les hommes, les pays, les usages, les établissemens, tels qu'ils sont; mais, en accompagnant un monarque, on voit tout apprêté, déguisé, fardé; rien n'est naturel, tout est officiel; on ne rencontre guère ainsi dans les paroles et dans les actions plus de vérité que l'on n'en trouve dans les manifestes dictés par la politique.

Vainement on annonce que toute étiquette sera bannie de ces majestueuses parties de plaisir; la gêne existe toujours là où règne une si grande inégalité; on ne peut s'arrêter où l'on veut, s'occuper de ce qui attache, approfondir ce qu'on vous force d'effleurer.

Tout pour un voyageur libre est objet d'amusement, d'instruction et de curiosité; mais, lorsqu'on suit une cour, elle seule devient l'objet de la curiosité générale; c'est elle et non le pays qui est le vrai spectacle; elle ne va pas voir les hommes et les peuples, ce sont eux qui accourent en foule sur son passage, et le bruit perpétuel des acclamations volontaires ou commandées laisse peu de place au doux charme des entretiens et des réflexions.

Aussi, dans ce voyage de seize cents lieues, je ne m'attendais pas plus à voir dans leur état naturel les lieux et les hommes, qu'un habitant de nos villes ne pourrait se flatter de connaître les mœurs de nos villageois, s'il ne les avait jamais observées qu'à l'Opéra.

Au reste, presque toujours l'illusion est plus attrayante que la réalité, et certainement le tableau magique qu'on offrait à chaque pas à Catherine II, et que je vais essayer d'esquisser, sera, pour beaucoup d'esprits, plus curieux par sa nouveauté que les relations bien plus utiles, à d'autres égards, de quelques savans qui ont parcouru et observé philosophiquement cette vaste Russie, sortie si récemment des ténèbres et devenue tout à coup si puissante et si colossale dès son premier essor vers la civilisation.

Un mois avant notre départ pour la Crimée, j'avais vu, à mon grand regret, le prince de Ligne s'éloigner de nous pour aller porter à l'empereur Joseph II l'itinéraire de l'impératrice. Il ne nous rejoignit qu'à Kioff, nous ramenant ses compagnes ordinaires, la gaîté franche et piquante, la grâce noble et naturelle, cette facilité d'humeur qui n'appartient qu'aux hommes spirituels et bienveillans, et cette variété féconde dans l'imagination, qui ne permet jamais à la conversation de languir, et qui, dans une cour même, en dépit de l'étiquette, ne laisse pas la plus petite place à l'ennui.

Le 17 janvier 1787, M. Fitz-Herbert, le comte Cobentzel et moi, après avoir dîné à Pétersbourg chez le consul de l'empereur, nous partîmes pour Czarskozélo, où nous trouvâmes l'impératrice assez silencieuse et rêveuse, contre sa coutume.

Elle était contrariée de ne pouvoir emmener avec elle les grands-ducs Alexandre et Constantin; de plus son aide de camp favori, le comte Momonoff, avait un peu de fièvre, et Catherine éprouvait ce qui arrive à toutes les personnes trop constamment favorisées par la fortune: les plus légères contrariétés sont pour elles des chagrins et même des surprises.

Elle nous reçut bien, mais parla peu, et nous fit jouer avec elle au loto; ce qui, je crois, lui était bien rarement arrivé. Sa majesté s'aperçut promptement de l'ennui que me causait cet insipide jeu ; je m'endormais malgré moi : elle m'en fit quelques plaisanteries ; et, pour me tirer d'embarras, je lui dis ces vers que j'avais composés à Paris pour madame la maréchale de Luxembourg, femme célèbre par son esprit, et qui montrait une singulière passion pour ce triste amusement :

> Le loto, quoi que l'on en dise,
> Sera fort long-temps en crédit ;
> C'est l'excuse de la bêtise,
> Et le repos des gens d'esprit.
>
> Ce jeu vraiment philosophique
> Met tout le monde de niveau ;
> L'amour-propre, si despotique,
> Dépose son sceptre au loto.
>
> Esprit, bon goût, grâce et saillie,
> Seront nuls tant qu'on y jouera.
> Luxembourg, quelle modestie !
> Quoi ! vous jouez à ce jeu-là ?

Le cercle fut court ; à huit heures on nous congédia. Nous nous réunîmes dans l'appartement de M. le comte de Cobentzel, et là nous ne fûmes pas plus gais. Ce grand voyage, dont l'annonce et l'espoir avaient si vivement excité notre curiosité, semblait nous peser au moment où nous allions l'entreprendre; on eût dit que c'était un pressentiment des longs orages et des terribles révolutions qui ne tardèrent pas à le suivre.

Cependant aucun de nous ne prévoyait que cette marche triomphale de la Cléopâtre du Nord serait à peu près l'époque d'un aussi grand bouleversement que l'avait été le voyage de la Cléopâtre d'Égypte, après lequel on vit la chute de la république romaine, la naissance de l'empire, une guerre civile qui ébranla le monde, et l'établissement d'une longue et sanglante tyrannie.

A ces deux époques si éloignées, les catastrophes furent pareilles, quoique les causes fussent très diverses, et le sang inonda également la terre, pendant la première pour l'asservissement des peuples, et durant la seconde pour leur émancipation.

Au reste, ce grand et terrible avenir était encore couvert pour nous d'un voile épais, et notre tristesse momentanée s'expliquait par des motifs très naturels, très vulgaires, et fort étrangers à ces hautes prévisions.

Fitz-Herbert, dont le caractère mélancolique et indépendant se trouvait gêné à la cour, quittait avec peine Pétersbourg, et s'éloignait à regret d'une dame russe qu'il aimait tendrement, ainsi que d'un ami intime, M. Ellis, l'un des plus aimables hommes de l'Angleterre.

Moi, j'étais fort préoccupé de quelques lettres qui m'étaient récemment arrivées de France : le bandeau des illusions, jeté sur nos yeux par M. de Calonne, commençait à tomber ; tout annonçait en France une grande crise, que ce ministre audacieux et léger accélérait par la témérité des mesures qu'il proposait pour l'éloigner.

D'ailleurs, en commençant un voyage de huit cents lieues pour aller en Crimée et de huit cents autres lieues pour revenir à Pétersbourg, toute correspondance cessait presque pour moi, et je ne devais recevoir que rarement et à de longs intervalles des nouvelles de ma femme, de mes enfans, de mon père, de mon gouvernement, et de tous les objets de mes affections ; c'était enfin un redoublement d'absence.

Le comte de Cobentzel était le seul de nous trois qui conservât son inaltérable gaité ; la cour semblait son élément, et tous ses assu-

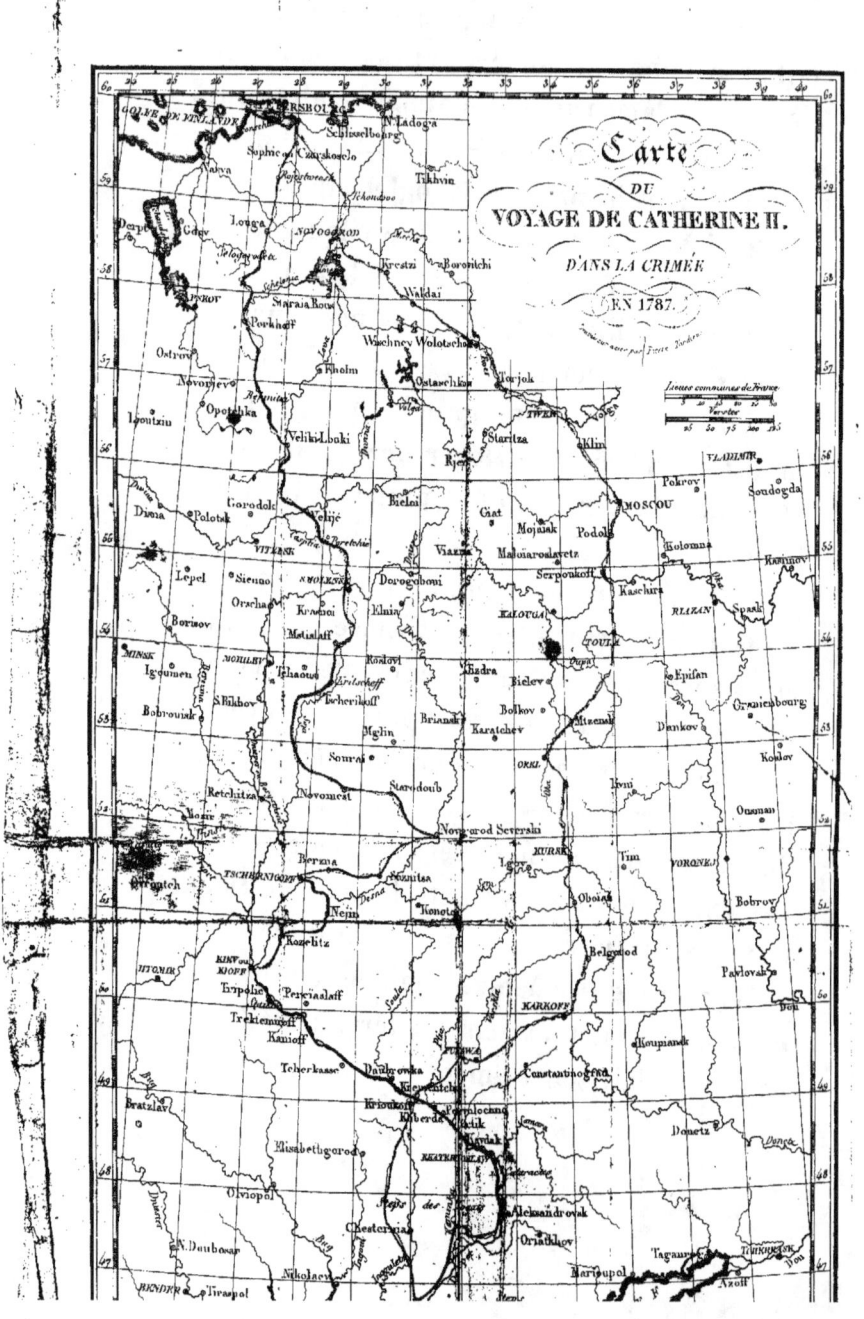

jettissemens étaient autant d'attraits pour lui.

Au reste, nous étions jeunes; dans le printemps de la vie, les soucis ne laissent pas plus de traces dans le cœur que de rides sur le front, et notre mélancolie ne fut qu'un léger nuage, qui, à notre réveil, avait disparu comme les songes de la nuit.

Le 18 janvier 1787, nous nous mîmes en route: l'impératrice fit monter dans sa voiture mademoiselle Protasoff et le comte Momonoff, qui ne la quittaient jamais, le comte Cobentzel, le grand-écuyer Narischkin et le grand-chambellan Schouwaloff. Dans le second carrosse, on plaça Fitz-Herbert et moi avec les comtes Tchernicheff et d'Anhalt.

Le cortége était composé de quatorze voitures, de cent vingt-quatre traîneaux et de quarante supplémentaires. Cinq cent soixante chevaux nous attendaient à chaque poste.

Le froid s'élevait à dix-sept degrés; la route était superbe; le traînage rendait notre course rapide; nos voitures, montées sur de hauts patins, semblaient voler.

Pour nous garantir du froid, nous étions tous enveloppés dans de vastes fourrures de peau d'ours, que nous portions par-dessus des pelisses plus fines et plus précieuses ; nous avions sur nos têtes des bonnets de martre. Avec ces précautions nous ne nous apercevions point du froid, lors même qu'il montait à vingt ou vingt-cinq degrés. Dans les maisons où l'on nous logeait, les poêles nous donnaient plutôt lieu de craindre l'excès de la chaleur que celui du froid.

A cette époque des jours les plus courts de l'année, le soleil commençait bien tard à nous éclairer, et au bout de six ou sept heures il disparaissait, et faisait place à la plus obscure nuit. Mais, pour dissiper ces ténèbres, le luxe oriental ne nous laissait pas manquer de clartés : à de très courtes distances et des deux côtés de la route, on avait élevé d'énormes bûchers de sapins, de cyprès, de bouleaux, de pins, qu'on livrait aux flammes ; de sorte que nous parcourions une route de feux plus brillans que les rayons du jour : c'était ainsi que la fière autocratrice du Nord, au milieu des plus sombres nuits, voulait et commandait *que la lumière se fît.*

A soixante-douze verstes de Pétersbourg, nous nous arrêtâmes, pour dîner, dans une petite ville neuve et jolie, nommée Rojestwensk.

Là, sa majesté, revenue tout-à-fait à sa gaîté naturelle, daigna me parler avec une extrême obligeance de la satisfaction que lui donnait la conclusion du traité de commerce signé, peu de jours avant, par ses ministres et par moi.

Cette relation deviendrait monotone, si, voyageur trop scrupuleux, je parlais de toutes les villes et bourgs que nous traversions, et où nous nous arrêtions pendant le cours d'une si longue route; je ne citerai que celles dont la grandeur, l'antiquité, la richesse et l'histoire, peuvent être dignes de quelque attention.

La première partie de ce voyage, commencé au milieu d'un rigoureux hiver, ne doit pas faire craindre au lecteur l'abus des descriptions. Une seule suffira : nous traversions de vastes plaines couvertes de neige, des forêts de sapins, dont les branches hérissées de glaçons offraient quelquefois, au reflet des rayons du soleil, l'éclat du cristal et du diamant.

Dans cette saison, toute la Russie différait peu de la froide Sibérie; chaque animal restait dans son étable, chaque habitant dans ses foyers, près de son poêle. De rapides traîneaux sillonnaient seuls en tous sens ces plaines solitaires et glacées pour porter dans toutes les villes, de l'est à l'ouest et du sud au nord, les productions diverses de l'agriculture et de l'industrie. Ces innombrables traîneaux, semblables à des flottes de barques légères, traversaient avec une incroyable célérité ces plaines immenses, qui n'offraient alors que l'aspect d'une mer glacée.

On peut juger facilement du contraste étrange que présentait au milieu de cette mer de neige une route embrasée de mille feux, que parcourait majestueusement le cortége nombreux de l'illustre souveraine du Nord, avec tout le luxe de la cour la plus magnifique.

A peu de distance des bourgs et des villes, cette route solitaire se peuplait d'une foule innombrable de citadins et de villageois, dont la curiosité bravait la rigueur du froid, et qui saluaient leur souveraine par les plus vives acclamations.

L'ordre constant que l'impératrice avait établi dans sa vie habituelle pour l'emploi de ses journées, variait le moins possible dans ses voyages : à six heures elle se levait et travaillait avec ses ministres; elle déjeûnait ensuite et nous recevait. On partait à neuf heures, et on s'arrêtait à deux pour dîner. Nous remontions ensuite en voiture, et nous nous arrêtions à sept heures.

Partout elle trouvait un palais ou une élégante maison préparée pour la recevoir. Nous dînions avec elle tous les jours. Après quelques momens employés à la toilette, sa majesté venait nous retrouver dans son salon, causait, jouait avec nous, et à neuf heures se retirait pour travailler jusqu'à onze.

Dans toutes les villes, on nous assignait quelques logemens commodes chez de riches habitans ; mais, dans les bourgs, je fus obligé de coucher chez des paysans, où la chaleur de leurs maisons étroites et closes était si excessive, qu'on ne pouvait y dormir. Une petite lucarne étroite éclaire faiblement une chambre basse, que remplit presque totalement un énorme poêle, entouré de bancs de bois placés près des cloisons ; c'est sur ce poêle que couchent le paysan, sa femme et ses enfans, privés d'air et n'ayant pour lumière qu'une branche de bois résineux enflammé.

Le second jour de notre route, j'étais placé avec M. Fitz-Herbert dans la voiture de l'impératrice. La conversation fut vive, gaie, variée, et ne tarit pas. Sa majesté nous raconta

« qu'ayant appris qu'on la blâmait générale-
» ment d'avoir permis à un capitaine de vais-
» seau de se marier avec une négresse, elle avait
» répondu : *Vous voyez bien que c'est un effet*
» *de mes vues ambitieuses contre les Turcs,*
» *puisque j'ai fait célébrer avec éclat le mariage*
» *de la marine russe avec la mer Noire.* »

Elle se plaisait beaucoup à nous parler souvent de la barbarie, de la mollesse, de l'ignorance des musulmans, et de la stupide existence de leurs sultans, dont l'horizon ne s'étendait pas plus loin que les murs de leur harem. « Ces
» despotes imbéciles, disait-elle, exténués par
» les voluptés du sérail, dominés par leurs ulé-
» mas, et captifs de leurs janissaires, ne sa-
» vent ni penser, ni parler, ni administrer,
» ni combattre ; leur enfance est éternelle. »

Elle prétendait que des eunuques, qui veillaient constamment la nuit auprès du grand-seigneur, poussaient leur vigilante, servile et sotte attention, jusqu'à le réveiller lorsqu'on croyait s'apercevoir qu'il faisait quelque mauvais rêve : attention moins dangereuse, mais tout aussi spirituelle que celle de l'ours pour son ami, si plaisamment racontée par La Fontaine.

L'entretien étant, quelques momens après, tombé sur l'étendue de l'empire, sur la variété des peuples qui l'habitaient, et sur les obstacles nombreux que Pierre le Grand et ses successeurs avaient dû rencontrer pour civiliser tant d'hommes de mœurs diverses, Catherine nous raconta avec détail un voyage qu'elle avait fait le long des rives du Wolga.

« Il règne, disait-elle, une telle abondance
» dans ces contrées, que les progrès de l'indus-
» trie y devaient être nécessairement très lents;
» car on n'y sent presque jamais l'aiguillon du
» besoin, et cet aiguillon seul peut exciter le
» peuple au travail. Quand même, ajoutait-
» elle, les habitans voisins de ce grand fleuve
» négligeraient leurs champs fertiles et leurs
» troupeaux nombreux, la pêche seule les em-
» pêcherait de mourir de faim, et j'ai vu cent
» vingt personnes suffisamment nourries par
» une assez grande quantité de sterlets, dont
» la totalité ne revenait pas à plus de trente-
» cinq sous. »

Tout cela pouvait être vrai; mais la cause réelle de cette lenteur de la civilisation est l'esclavage du peuple : l'homme serf, qu'aucune fierté ne soutient, qu'aucun amour-propre n'excite, abaissé presqu'au rang des animaux, ne connait que des besoins physiques et bornés ; il n'élève pas ses désirs au-delà de ce qui est strictement nécessaire pour soutenir sa triste existence et pour payer à son maître le tribut qui lui est imposé.

Le pays que nous traversions, au commencement de ce voyage, offrait à notre attention peu d'aspects variés; ce n'étaient que forêts et marais glacés. Le seul gouvernement de Pétersbourg contenait soixante-douze mille arpens de bois. Mais la consommation, que le climat rend indispensable, s'était si considérablement élevée, qu'on commençait à s'apercevoir de la diminution de ces bois, et l'impératrice avait défendu par un ukase qu'on en coupât annuellement plus de la trentième partie.

Hors les sujets politiques, tous ceux qui peuvent animer une conversation furent successivement traités et soutenus par l'impératrice avec beaucoup de naturel, de raison et de gaîté, de sorte que la journée parut très courte, et que, sans l'avoir mesurée, nous arrivâmes à Porkhoff, ville remarquable, dont le prince Repnin, gouverneur de la province, nous fit les honneurs avec un faste assez vaniteux.

Ce prince, qui avait mérité quelque renom à la guerre, s'était fait haïr en Pologne par un orgueil également injurieux pour les Polonais et pour le roi. Un trait suffira pour peindre sa hauteur insultante : Un jour, à Varsovie, le roi Stanislas assistait à la représentation d'une pièce de théâtre; le premier acte était joué lorsque l'ambassadeur russe arriva dans sa loge : choqué de voir qu'on ne l'avait pas attendu, il fait baisser la toile, et ordonne de recommencer la pièce.

Par de pareilles injures, une haine profonde contre la Russie s'était enracinée dans les cœurs polonais. Un peuple fier peut se résigner à être vaincu, mais jamais à se voir humilié. On est conquis par la force, mais on n'est subjugué que par la douceur, la justice et la générosité.

Les Russes étaient tellement habitués à ces manières outrageantes et humiliantes en Pologne, que M. de Stackelberg, qui était cependant plus affable et beaucoup moins orgueilleux que le prince Repnin, déployait encore à Varsovie des formes plus royales que diplomatiques. On m'a raconté que le baron de Thugut, voyageant en Pologne et voulant présenter ses hommages au roi Stanislas, vit, lorsqu'il entra dans la salle d'audience, un homme richement décoré, qu'entouraient les plus grands personnages de la cour; il le prit pour le monarque, et s'avança en lui faisant les trois grandes révérences d'usage. Chacun, s'apercevant de son erreur, l'avertit qu'il se méprenait, et lui montra dans un coin de la salle le véritable roi, causant familièrement avec deux ou trois personnes. M. de Thugut, un peu piqué des plaisanteries répétées qu'on lui faisait sur sa méprise, s'en vengea assez plaisamment: étant admis le soir à jouer avec le monarque et avec l'ambassadeur, il affecta de se tromper, et jeta deux fois sur la table un valet, tandis qu'il fallait jeter un roi; son partner le lui ayant reproché, il s'écria : « Pardonnez-moi; je ne sais ce qui m'arrive » aujourd'hui : voilà trois fois que je prends un » valet pour un roi. »

Porkhoff est une ancienne ville, située sur la Schelonia : au commencement du quatorzième siècle, elle fut rançonnée par les Lithuaniens. Dans le quinzième, les Novogorodiens l'avaient entourée de fortes murailles; ils y construisirent pour sa défense une forte citadelle. Les Suédois s'en emparèrent en 1606, et la rendirent peu de temps après aux Russes. Cette ville contenait près de six mille habitans et quatre cents marchands, qui envoyaient à Pétersbourg du lin et du blé par la Schelonia et par l'Ilmen.

Comme je n'ai pas le dessein de faire ici un ennuyeux cours de géographie, je me hâterai d'arriver à Smolensk, n'ayant pas la présomption de croire qu'on veuille me suivre dans les villages et bourgs où nous nous arrêtions deux fois par jour, et qui devenaient, à leur grande surprise, le séjour momentané d'une cour pompeuse.

Leurs pauvres et rustiques habitans, rassemblés en foule malgré la rigueur du froid, restaient patiemment, avec leur barbe hérissée de glace, autour du petit palais bâti au milieu de leurs murs par une sorte de féerie, et dans lequel le cortége joyeux de l'impératrice, assis à une table somptueuse ou sur les coussins de vastes et commodes divans, ne s'apercevait ni de la dureté du climat ni de la pauvreté du pays, trouvant partout une douce chaleur, des vins exquis, des fruits rares et des mets recherchés; enfin, échappant même à ce vieux enfant de l'uniformité, à l'ennui, par tous les plaisirs variés que sait donner à un cercle nombreux une femme aimable, *quand même* elle est reine et despote.

Je ne crois pas inutile de rapporter ici un fait en apparence assez peu curieux, mais qui doit cependant donner une assez juste idée de l'esprit de Catherine : Un jour, comme j'étais assis vis-à-vis d'elle dans sa voiture, elle me montra le désir d'entendre quelques morceaux de poésies légères que j'avais composées.

La douce familiarité qu'elle permettait aux personnes qui voyageaient avec elle, la présence de son jeune favori, le souvenir de ceux qui l'avaient précédé, sa philosophie, sa gaîté, ses correspondances avec le prince de Ligne, Voltaire et Diderot, ne pouvant me faire penser qu'elle dût être choquée de la liberté d'un conte galant, je lui en récitai un qui était à la vérité un peu libre et gai, mais cependant assez décent dans ses expressions pour s'être vu bien accueilli à Paris par le duc de Nivernais, par le prince de Beauvau, et par des dames dont la vertu égalait l'amabilité.

A ma grande surprise, je vis soudain la riante voyageuse reprendre la physionomie d'une majestueuse souveraine, m'interrompre par une question tout-à-fait hors de propos, et changer ainsi le sujet de la conversation.

Quelques minutes après, pour lui faire sentir que j'avais compris la leçon, je la priai d'entendre une autre pièce de vers d'un genre très différent, et à laquelle elle prêta la plus obligeante attention : comme elle voulait qu'on respectât ses faiblesses, elle prenait soin de les couvrir d'un voile de décence et de dignité.

Cette anecdote me rappela ce que mon frère avait dit, avec tant de justesse et d'originalité, en parlant de l'indulgence des femmes tout-à-fait vertueuses, et de la sévérité apparente de celles qui l'étaient moins. « Là, disait-il, » où la vertu règne, la bienséance est in-» utile. »

Nous nous amusions quelquefois dans nos soirées à jouer au secrétaire, à faire des énigmes, des charades, des bouts-rimés. Un jour M. Fitz-Herbert me proposa ceux-ci : *amour, frotte, tambour, note*. Je les remplis ainsi :

De vingt peuples nombreux Catherine est l'*amour* :
Craignez de l'attaquer ; malheur à qui s'y *frotte* !
    La renommée est son *tambour,*
    Et l'histoire son garde-*note.*

Cette bagatelle eut beaucoup de succès, et peut-être reçut plus d'éloges que n'en aurait recueillis une belle ode : à la cour et en voyage, on n'est pas difficile.

La gloire acquise et une fortune constante devraient rendre insensible aux traits de l'envie, et aux sarcasmes que lance perpétuellement la malignité des petits esprits contre les grandes renommées. Cependant l'impératrice était, sur ce point, semblable à Voltaire; les plus légers coups d'aiguillon blessaient sa vanité : comme elle avait de l'esprit, elle affectait d'en rire; mais on voyait bien que ce rire était un peu forcé.

Elle savait qu'alors beaucoup de gens, surtout en France et à Paris, regardaient encore la Russie comme un pays asiatique, pauvre, plongé dans l'ignorance, les ténèbres et la barbarie; que l'on y affectait de confondre la nouvelle et européenne Russie avec l'asiatique et rustique Moscovie.

L'ouvrage de l'abbé Chappe, qu'elle croyait composé par les ordres du duc de Choiseul, lui pesait encore sur le cœur, et son amour-propre était sans cesse tourmenté par la causticité de Frédéric II, qui se plaisait à parler avec une amère ironie des finances de Catherine, de sa politique, de la mauvaise tactique de ses troupes, de la servitude de ses peuples et du peu de solidité de sa puissance.

Aussi très souvent cette princesse, faisant allusion à ces traits satiriques, ne nous parlait de son vaste empire qu'en l'appelant *son petit ménage* : « Comment trouvez-vous, disait-elle,
» *mon petit ménage?* N'est-il pas vrai qu'il se
» meuble et s'agrandit peu à peu? Je n'ai pas
» beaucoup d'argent, mais il me semble qu'il
» n'est pas mal employé. »

D'autres fois, m'adressant la parole : « Je pa-
» rie, monsieur le comte, que dans ce moment-
» ci vos belles dames, vos élégans et vos savans
» de Paris, vous plaignent beaucoup de voyager
» dans le pays des ours, chez des Barbares, avec
» une ennuyeuse czarine. Je respecte vos sa-
» vans, mais j'aime mieux les ignorans; moi,
» je ne veux tout bonnement savoir que ce qui
» est nécessaire pour la conduite de *mon petit*
» *ménage*. »

« Votre majesté se divertit à nos dépens, lui
» répliquai-je; vous savez mieux que personne
» ce que pense de vous la France. Voltaire est
» pour votre majesté un assez brillant et clair
» interprète de notre opinion et de nos senti-

» mens. Vous pourriez plutôt être quelquefois
» mécontente de l'espèce de crainte et de jalou-
» sie que donne aux plus grandes puissances
» l'accroissement prodigieux de *votre petit mé-*
» *nage.* »

« Oui, me disait-elle parfois en riant, vous
» ne voulez pas que je chasse de mon voisinage
» vos enfans les Turcs : vous avez là, en vérité,
» de jolis élèves ; ce sont des disciples qui vous
» font honneur. Si vous aviez de pareils voisins,
» en Piémont ou en Espagne, qui vous portas-
» sent annuellement la peste, la famine, et s'ils
» vous tuaient ou vous enlevaient tous les ans
» une vingtaine de mille hommes, trouveriez-
» vous bon que je les prisse sous ma protec-
» tion ? Je crois que c'est bien alors que vous me
» traiteriez de Barbare. »

Mes réponses sur ce point étaient assez diffi-
ciles ; je m'en tirais de mon mieux par les lieux
communs du maintien de la paix et de la conservation de l'équilibre de l'Europe.

Au reste, comme c'étaient des propos inter-
rompus, des plaisanteries, et non des conférences politiques, mon embarras à cet égard durait
peu, et quelques saillies gaies suffisaient pour
me délivrer du pénible soin de couvrir de belles

phrases une ineffaçable tache ; car, à mon avis, c'en était une imprimée sur les grandes couronnes que cette aveugle et fausse politique qui les rend amies et presque tributaires de ces féroces et stupides Maures, Tunisiens, Algériens, Arabes ou Turcs, tour à tour l'opprobre ou l'effroi du monde civilisé.

Avant d'arriver à Smolensk, nos journées furent ainsi partagées : la première à Sélogorodetz, la seconde à Porkhoff, la troisième à Bejanitsi, la quatrième à Veliki-Louki, la cinquième à Vélijé, la sixième à Smolensk. Indépendamment d'un grand nombre de villages, dans cet espace de cent soixante-douze lieues, nous ne traversâmes qu'un petit nombre de villes, Sophie, Rojestwensk, Louga, Porkhoff, Veliki-Louki et Vélijé.

Les plus remarquables étaient Porkhoff, dont nous venons de parler; Veliki-Louki, dont le nom signifie *grand arc*, et qui lui fut donné à cause des sinuosités de la rivière Lova, qui passe près de ses murs. Son existence est connue depuis le douzième siècle : dévastée tour à tour par les Novogorodiens, par les princes russes qui se livrèrent si long-temps des combats acharnés, brûlée par eux, ravagée par les Lithuaniens, elle tomba, dans le seizième siècle, sous le joug du féroce czar Ivan Vasiliéwitz.

Conquise depuis par le roi de Pologne, Battori, elle ne fut rendue à la Russie qu'en 1582. Plus tard le faux Démétrius la livra aux flammes; elle resta neuf ans déserte, et fut repeuplée par des Cosaques du Jaïck et du Don, sous le règne du czar Michel Féodorowitz. Elle est fortifiée; la rivière Lova la traverse. Elle contient trois églises. Le commerce des cuirs l'enrichit; on y compte vingt-sept tanneries.

Vélijé contient six cents maisons et cinq mille habitans : long-temps polonaise, elle fut réunie à l'empire avec la Russie-Blanche. Son territoire est fertile en chanvre, en lin et en blé. Elle a un grand commerce avec Riga par la Dwina. On y voyait quatre églises grecques, une catholique, et quatre autres consacrées au culte de diverses sectes.

Enfin Poretchié, qui n'a été érigée en ville qu'en 1775. En peu d'années sa prospérité s'accrut tellement qu'on y comptait, à l'époque de notre passage, cinq cents maisons, trois églises de pierre, et plus de trois mille habitans. La rivière Casplia, qui coule sous ses murs, tombe dans la Dwina. Cette communication avec Riga doit l'enrichir rapidement.

Le nom de Smolensk est imprimé dans le souvenir des Français par de glorieuses victoires et par de grands malheurs. Les flammes auxquelles ses propres habitans vaincus la livrèrent, éclairèrent le triomphe du plus célèbre guerrier des temps modernes, et, à son retour, les ruines de cette cité en cendres furent le sinistre monument qui marqua l'époque de la destruction de ses armées et de la ruine de l'empire fondé par cet homme extraordinaire, dont la vie héroïque et courte retrace dans un seul tableau, et en peu d'années, les triomphes des consuls de Rome, la gloire des législateurs de l'antiquité, les conquêtes d'Alexandre, de César, de Trajan, de Charlemagne, les désastres de Cambyse, les revers de Charles XII et la triste fin de Prométhée.

Smolensk, capitale d'un gouvernement, ne le cède en ancienneté à aucune ville de Russie ; comme Novogorod, elle était déjà florissante avant l'arrivée de Rurik.

En 862, Oskold la trouva riche et très peuplée ; long-temps indépendante de Kioff et de Novogorod, elle fut soumise à cette dernière ville par Oleg, et se vit depuis réunie au grand-duché de Kioff, lorsque les grands-ducs transférèrent leur trône dans cette dernière cité.

En 996, le grand Wladimir la donna à son fils, et dès-lors elle eut ses princes particuliers. Dans le douzième siècle elle fut érigée en évêché. Long-temps victime des guerres civiles, les Tartares, en 1339, l'assiégèrent de concert avec le grand-duc de Moscou; ils ne purent la prendre, mais ils dévastèrent son territoire.

Peu d'années après, la peste la dépeupla totalement; elle devint la proie de plusieurs princes et grands-ducs, qui se l'enlevèrent tour à tour. Les Lithuaniens la conquirent dans le seizième siècle, à la fin duquel on la fortifia. Dans le dix-septième siècle, le roi de Pologne, Sigismond, s'en rendit maître; mais elle fut reprise par le czar Alexis Michaélowitz, et réunie pour toujours à la Russie.

Smolensk est située sur la pente de la rive gauche du Dniéper ou Borysthène, et divisée en deux parties; elle est entourée par une forte muraille et défendue par une citadelle. Ses murs ont près de deux lieues de circonférence.

On y remarquait d'assez beaux bâtimens occupés par les tribunaux, par l'archevêque, par le gouverneur; un couvent d'hommes et deux monastères de filles; sept églises en pierre, cinq en bois; une très belle cathédrale.

On me dit que sa population s'élevait à douze mille âmes. Hors de la ville, on voyait d'assez grands faubourgs, contenant plus de six cents maisons. Le commerce de Smolensk avec Riga et avec la Pologne était, à l'époque où je la vis, dans une grande activité, qui a dû prendre un prompt développement par les progrès de la culture et de la civilisation des provinces méridionales de l'empire.

Smolensk se trouve à six cent quatre-vingt-neuf verstes de Pétersbourg et à trois cent cinquante de Moscou (quatre verstes font à peu près une lieue). Les deux parties de cette grande ville communiquaient entr'elles par un pont flottant.

Le gouvernement de Smolensk est compté au nombre des plus riches provinces de l'empire. Sa richesse, due à l'agriculture, est moins sujette que toute autre aux vicissitudes qu'éprouve la richesse industrielle dans les empires despotiques.

Les fruits et les grains de toute espèce que produit cette contrée ne peuvent manquer de débouchés, puisque Smolensk est le point central de la communication établie entre la mer Noire et la mer Baltique.

Une noblesse nombreuse habite Smolensk, et y remplit les principales charges de l'administration. La partie qui ne se trouve ni noble ni esclave, est marchande. Sous le règne de Catherine, les limites de la servitude ont été peu à peu resserrées, et celles de la liberté se sont progressivement étendues.

La position de cette ville est très pittoresque : la beauté du Dniéper, la rapidité de ses eaux, qui annoncent presque dès sa source la majesté qu'il déploie à Kioff, et qui s'accroît jusqu'à sa chute dans le Pont-Euxin, l'escarpement de son rivage, les bâtimens en amphithéâtre qui le décorent, les ravins inégaux que la nature a placés dans les flancs de cette montagne, les maisons, les jardins, les vergers dont ils sont ornés, offrent le point de vue le plus singulier au voyageur qui, franchissant les voûtes hardies de ses ponts, aperçoit au-dessous de lui, au fond d'un abîme, cette ville artistement dessinée.

La neige qui couvrait encore la terre ne nous permit de voir ce tableau piquant qu'à travers un voile; cependant, malgré cette enveloppe uniforme et triste, il était impossible de ne pas être frappé du changement de sol, dès qu'on quitte le gouvernement de Pétersbourg, et surtout depuis une chaîne de hauteurs qui s'élève après Porkhoff, et qui offre un point d'autant plus remarquable, que c'est du sein de cette chaîne que prennent leur source la Dwina, le Wolga et le Borysthène, versant leurs eaux, l'une dans la mer du Nord, les deux autres dans la mer Caspienne et dans la mer Noire.

Néanmoins, comme on y arrive de tous côtés par une longue pente presque insensible, ces hauteurs ne paraissent à l'œil que des collines, quoique ce soit peut-être un des points les plus élevés de l'Europe.

Nous avions parcouru près de deux cents lieues en six jours : l'impératrice était fatiguée. Cependant il était difficile de voyager, dans une saison plus rigoureuse, avec plus de commodité, de promptitude, de magnificence et de plaisirs : le froid avait disparu sous la multitude des précautions; la distance avait été absorbée par la légèreté des traîneaux, et la longueur des nuits effacée par la clarté des immenses bûchers allumés de trente en trente toises.

Mais comme il fallait partout tenir une cour, être en représentation, examiner les établissemens, donner des audiences, recevoir des plaintes, remédier à des abus, donner des leçons utiles et des récompenses encourageantes, il restait peu de momens pour se délasser.

En voiture même l'impératrice, qui ne se reposait de régner que pour travailler à plaire, faisait une dépense continuelle de grâce, d'esprit et de gaîté, genre d'occupation très aimable, mais qui ne peut se soutenir si long-temps sans quelque fatigue.

Catherine résolut donc de s'arrêter trois jours à Smolensk; ce qui retarda notre arrivée à Kioff, où une foule de voyageurs de toutes les parties de l'Europe l'attendaient.

Sa majesté, après avoir rempli ses devoirs religieux à la cathédrale, se renferma dans son palais; mais le lendemain elle reçut la noblesse, les autorités, la corporation des marchands, le clergé, et donna le soir un grand bal, où trois cents dames, richement parées, nous prouvèrent les progrès qu'avait faits déjà, dans les provinces de l'empire, l'imitation du luxe, des modes et des grâces qu'on admire dans les plus brillantes cours de l'Europe. La superficie en tout offrait l'image de la civilisation; mais, sous cette écorce légère, l'observateur attentif retrouvait encore facilement la vieille Moscovie.

L'archevêque de Mohiloff vint faire sa cour à l'impératrice. Je fus surpris de sa tournure plus martiale qu'ecclésiastique. « Ne vous en » étonnez pas, me dit Catherine : il a été long- » temps capitaine de dragons; en cette qualité, » je vous conseille de vous confesser à lui. »

Le bon prélat nous prouva qu'il se ressouvenait encore de son ancien métier; car il nous accompagna à cheval jusqu'à Kioff, en faisant au galop ses trente-cinq lieues par jour, sans se plaindre ni de la fatigue ni de la glace.

Je vis avec plaisir la fin de ces trois journées, qu'il plaisait à l'impératrice d'appeler jours de repos, et qui, étant sans relâche employées aux audiences et à la représentation, me semblaient bien plus fatigantes que les jours de voyage.

Ne valait-il pas bien mieux, en effet, se voir traîné rapidement sur la glace dans une douce et large voiture, étant bien assis, vêtu commodément, et avec une société aimable, instruite et gaie, que de rester debout et en grand habit pendant toute une matinée et une partie de l'après-midi, au milieu de vastes salons, à recevoir des corporations, à écouter de longues et flagorneuses adresses, et de plus à entendre dans une église grecque la monotone mélodie du plain-chant?

Remarquez que dans ces églises l'usage des messes basses et courtes n'existe pas, et qu'il est défendu de s'asseoir ; ce qui au reste serait impossible, parce qu'on n'y trouve ni bancs ni chaises. Il faut avouer que les Latins prennent un peu plus leurs aises que les Grecs pour suivre la voie du salut. Les offices du rit grec sont bien plus longs que les nôtres; enfin nous n'avons qu'un carême, et ils en observent quatre chaque année.

Nous nous remîmes en route, et, après dix jours de marche, nous arrivâmes, le 9 février 1787, à Kioff, antique capitale des premiers czars de Russie. Cette ville est située sur le Borysthène, à près de quatre cents lieues de Pétersbourg. C'était le terme de la première partie de notre voyage, et nous devions y séjourner jusqu'au moment où la fonte des glaces laisserait libre la navigation du fleuve; ce qui probablement ne pouvait pas arriver avant la fin d'avril.

De Smolensk à Kioff, malgré l'uniformité des aspects qu'une neige épaisse offrait à nos regards, il était facile de s'apercevoir que les villages étaient plus nombreux et plus peuplés, à mesure que nous descendions vers le midi. Avant d'arriver à Kioff, nous traversâmes dix villes : Mscislaff, Tscherikoff, Novomest, Starodoub, Novogorod-Severski, Soznitsa, Betzna, Tschernigoff, Péjin, Kozélits.

Nous vîmes à Mscislaff deux couvens catholiques et une grande école de jésuites. Cet ordre, exilé de tous les royaumes de l'Europe, avait conservé un asile en Russie ; on ne croyait point que les intrigues de ces moines pussent y être dangereuses, puisqu'ils ne pouvaient sortir des deux ou trois villes qu'on leur avait assignées pour leurs résidences.

D'ailleurs, comment aurait-on pensé que leur influence politique ou religieuse pût s'étendre dans un pays où le souverain, la cour, la noblesse et le peuple, étaient si fortement attachés à une Église séparée depuis tant de siècles de l'Église romaine ?

Mais, après la mort de Catherine, on n'imita point sa prudence prévoyante : les jésuites, à force de souplesse et d'intrigues, obtinrent l'autorisation de filtrer dans l'intérieur de l'empire ; il s'en établit même à Pétersbourg et à Moscou ; et comme rien ne peut arrêter l'ambition de cette milice turbulente, si funeste à tous les gouvernemens qui l'ont protégée, elle a trouvé le moyen, par ses sourdes menées et par son mystérieux prosélytisme, de semer la désunion dans plusieurs familles, et de donner au gouvernement des inquiétudes fondées. Enfin la patience de l'empereur Alexandre s'est lassée, et ce monarque, peu d'années avant sa mort, a chassé de ses États cette pernicieuse et incorrigible congrégation.

Mscislaff, comme toutes les autres villes que nous avions parcourues, n'offrirait, à celui qui voudrait en connaître l'histoire, qu'une suite non interrompue de calamités causées par les rivalités des Lithuaniens, des Tartares, des Polonais, des princes russes qui les conquéraient, les perdaient et les ravageaient tour à tour.

Dans le dix-huitième siècle, le territoire de Mscislaff devint le théâtre de la guerre entre les Russes et les Suédois ; enfin, en 1772, elle rentra avec la Russie-Blanche sous la domination des Russes.

Nous vîmes encore à Kritscheff une école tenue par des jésuites. En 1708, près de cette ville, Charles XII traversa la rivière de Soja pour se rendre à Pultawa, où la fortune, jusque-là toujours favorable, devait si cruellement détruire ses illusions, renverser sa puissance et ternir sa gloire.

A Tscherikoff, l'impératrice a permis aux juifs de tenir une école et d'avoir une synagogue.

Novogorod-Severski, bâtie par le grand-duc Jaroslaff, dans le onzième siècle, est située sur la Desna. Elle fut appelée Severski, c'est-à-dire *septentrionale*, parce que les Sarmates, peuples du Nord, étaient venus habiter dans son voisinage sur les bords de la Desna. Elle est riche, peuplée et commerçante.

Partout l'impératrice, loin de se borner à des phrases banales, questionnait avec soin les autorités, les évêques, les propriétaires, les marchands, sur leur situation, leurs moyens, leurs vœux et leurs besoins : c'était ainsi qu'elle se faisait aimer et qu'elle laissait à la vérité quelque issue pour arriver près d'elle, pour lui découvrir les énormes abus que tant de gens étaient intéressés à lui cacher.

« On en apprend plus, me disait-elle un

» jour, en parlant à des ignorans de leurs pro-
» pres affaires, qu'en s'adressant aux savans,
» qui n'ont que des théories, et qui seraient
» honteux de ne pas vous répondre avec de
» ridicules assertions sur des choses dont ils
» n'ont aucune connaissance positive. Que je les
» plains, ces pauvres savans! ils n'osent jamais
» prononcer ces quatre mots : *je ne sais pas*,
» qui sont si commodes pour nous autres igno-
» rans, et qui nous empêchent parfois de pren-
» dre de dangereuses décisions; car, dans le
» doute, il vaut mieux ne rien faire que de mal
» faire. »

A ce propos, elle me raconta un trait fort singulier de M. Mercier de La Rivière, écrivain d'un talent distingué. M. de La Rivière, ancien intendant à la Martinique, avait publié à Paris un ouvrage qu'on estime encore aujourd'hui ; il était intitulé : *de l'Ordre naturel et essentiel des sociétés politiques*. Ce livre obtint un brillant succès par sa conformité aux principes des économistes, qui étaient alors fort en vogue.

Comme Catherine II désirait connaître leur système, elle avait fait inviter ce publiciste à faire un voyage en Russie, en l'assurant qu'il y recevrait une juste indemnité pour sa complaisance. C'était à l'époque où Catherine devait faire son entrée solennelle à Moscou ; elle lui fit dire de l'attendre dans cette capitale.

« M. de La Rivière, me dit l'impératrice, se
» mit en route avec promptitude ; et, dès qu'il
» fut arrivé, son premier soin fut de louer trois
» maisons contiguës, dont il changea précipi-
» tamment toutes les distributions, convertis-
» sant les salons en salles d'audiences, et les
» chambres en bureaux.

» Le philosophe s'était mis dans la tête que
» je l'avais appelé pour m'aider à gouverner
» l'empire, et pour nous tirer des ténèbres
» de la barbarie par l'expansion de ses lu-
» mières. Il avait écrit en gros caractères sur
» les portes de ses nombreux appartemens :
» *département de l'intérieur, département du
» commerce, département de la justice, dé-
» partement des finances, bureaux des imposi-
» tions, etc. ;* et en même temps il adressait à
» plusieurs habitans russes ou étrangers, qu'on
» lui indiquait comme doués de quelque ins-
» truction, l'invitation de lui apporter leurs
» titres pour obtenir les emplois dont il les croi-
» rait capables.

» Tout ceci faisait un grand bruit dans Mos-
» cou, et comme on savait que c'était d'après
» mes ordres qu'il avait été mandé, il ne man-
» qua pas de trouver bon nombre de gens cré-
» dules, qui d'avance lui faisaient leur cour.

» Sur ces entrefaites j'arrivai, et cette co-
» médie finit. Je tirai ce législateur de ses
» rêves; je m'entretins deux ou trois fois avec
» lui de son ouvrage, sur lequel j'avoue qu'il
» me parla fort bien; car ce n'était pas l'esprit
» qui lui manquait. La vanité seule avait mo-
» mentanément troublé son cerveau. Je le dé-
» dommageai convenablement de ses dépenses.
» Nous nous séparâmes contens; il oublia ses
» songes de premier ministre, et retourna dans
» son pays en auteur satisfait, mais en philoso-
» phe un peu honteux du faux pas que son or-
» gueil lui avait fait faire. »

Ce fut en faisant allusion à cette anecdote que l'impératrice écrivit à Voltaire : « M. de
» La Rivière est venu ici pour nous législer.
» Il nous supposait marcher à quatre pattes,
» et très poliment il s'était donné la peine de
» venir de la Martinique pour nous dresser sur
» nos pieds de derrière. »

C'était le célèbre Diderot qui avait inspiré à

cette princesse le désir de connaître M. de La Rivière. Diderot lui-même vint à Pétersbourg. Il plut beaucoup à Catherine par la vivacité de son esprit, par l'originalité de son génie et de son style, par sa véhémente et rapide éloquence.

Ce philosophe, qui ne méritait peut-être guère ce beau nom, puisqu'il était intolérant dans son incrédulité et presque ridiculement fanatique du néant, aurait dû pourtant moins qu'un autre, avec son âme de feu, croire que cette âme n'est que matière.

Au reste, son nom semble avoir survécu à la plus grande partie de ses écrits. On les vante plus qu'on ne les lit. Il parlait bien mieux qu'il n'écrivait : le travail refroidissait son inspiration ; dans ses livres il est fort au-dessous de nos grands écrivains ; mais, dans sa conversation, il était doué d'une chaleur qui entraînait ; la force des expressions qu'il trouvait sans les chercher, ne laissait pas le temps d'apprécier la justesse ou la fausseté de sa pensée ; on la croyait grande parce qu'elle était éclatante et revêtue d'images : c'était le génie du paradoxe et le prophète du matérialisme.

« Je m'entretins long-temps et souvent avec

» lui, me disait Catherine, mais avec plus de
» curiosité que de profit. Si je l'avais cru, tout
» aurait été bouleversé dans mon empire; lé-
» gislation, administration, politique, finan-
» ces, j'aurais tout renversé pour y substituer
» d'impraticables théories.

» Cependant, comme je l'écoutais plus que
» je ne parlais, un témoin qui serait survenu
» nous aurait pris tous deux, lui pour un sé-
» vère pédagogue, et moi pour son humble
» écolière. Probablement il le crut lui-même;
» car au bout de quelque temps, voyant qu'il
» ne s'opérait dans mon gouvernement aucune
» des grandes innovations qu'il m'avait conseil-
» lées, il m'en montra sa surprise avec une
» sorte de fierté mécontente.

» Alors, lui parlant franchement, je lui dis :
» *Monsieur Diderot, j'ai entendu avec le plus
» grand plaisir tout ce que votre brillant esprit
» vous a inspiré; mais avec tous vos grands prin-
» cipes, que je comprends très bien, on ferait
» de beaux livres et de mauvaise besogne. Vous
» oubliez dans tous vos plans de réforme la dif-
» férence de nos deux positions : vous, vous ne*

» *ni à votre imagination ni à votre plume;*
» *tandis que moi, pauvre impératrice, je tra-*
» *vaille sur la peau humaine, qui est bien au-*
» *trement irritable et chatouilleuse.*

» Je suis persuadée que dès-lors il me prit en
» pitié, me regardant comme un esprit étroit
» et vulgaire. Dès ce moment il ne me parla
» plus que de littérature, et la politique dis-
» parut de nos entretiens. »

Malgré ce peu de succès, l'auteur du *Père de famille*, de la *Vie de Sénèque*, et l'un des fondateurs d'un grand monument, l'*Encyclopédie*, eut plus à se louer de la Russie que de la France; car dans son pays il fut jeté en prison, tandis que l'impératrice acheta cinquante mille francs sa bibliothèque qu'elle lui laissa, et fit pour lui l'acquisition d'une maison à Paris.

Je ne crois pas hors de propos de donner ici, à l'appui de cette anecdote, les extraits de deux lettres de Catherine à Voltaire, et de la réponse de celui-ci :

« Monsieur, ma tête est aussi dure que mon
» nom est peu harmonieux. Je répondrai par
» de la mauvaise prose à vos jolis vers. Je n'en
» ai jamais fait, mais je n'en admire pas moins

» pour cela les vôtres. Ils m'ont si bien gâtée,
» que je ne puis presque en souffrir d'autres.
» Je me renferme dans ma grande ruche : on ne
» saurait faire différens métiers à la fois.

» Jamais je n'aurais cru que l'achat d'une bi-
» bliothèque m'attirerait tant de complimens.
» Tout le monde m'en fait sur celle de M. Di-
» derot. Mais avouez, vous à qui l'humanité en
» doit pour le soutien que vous avez donné à
» l'innocence et à la vertu dans la personne des
» Calas, qu'il aurait été cruel et injuste de sé-
» parer un savant d'avec ses livres. »

AUTRE LETTRE DE CATHERINE.

« La lueur de l'étoile du Nord n'est qu'une
» aurore boréale. Les bienfaits répandus à quel-
» ques centaines de lieues, et dont il vous plaît
» de faire mention, ne m'appartiennent pas.
» Les Calas doivent ce qu'ils ont reçu à leurs
» amis; M. Diderot la vente de sa bibliothèque,
» au sien; mais les Calas et les Sirven vous doi-
» vent tout. Ce n'est rien que de donner un peu
» à son prochain de ce dont on a un grand su-
» perflu; mais c'est s'immortaliser que d'être
» l'avocat du genre humain, le défenseur de
» l'innocence opprimée. »

RÉPONSE DE VOLTAIRE.

« Que votre majesté impériale me pardonne.
» Non, vous n'êtes point l'*aurore boréale;* vous
» êtes assurément l'astre le plus brillant du
» Nord, et il n'y en a jamais eu d'aussi bien-
» faisant que vous. Andromède, Persée et Ca-
» listo, ne vous valent pas. Tous ces astres-là
» auraient laissé Diderot mourir de faim. Il a
» été persécuté dans sa patrie, et vos bienfaits
» viennent l'y chercher. »

Tous les souverains de ce temps voyaient nos parlemens accuser et condamner les ouvrages hardis des philosophes, et cependant ils courtisaient ces mêmes philosophes, qu'ils regardaient comme les dispensateurs de la renommée. Catherine et Frédéric surtout étaient insatiables de célébrité, et, comme les dieux de l'Olympe, ils aimaient à s'enivrer d'encens ; c'était pour en obtenir qu'ils le prodiguaient eux-mêmes à Voltaire, à Rousseau, à Raynal, à D'Alembert et à Diderot.

On a beau faire, on vit dans l'atmosphère de son siècle ; on est entraîné par son tourbillon ; et ceux mêmes qui se sont tant affligés de sa marche, ont été les premiers à l'accélérer.

Toute la noblesse suivait leur exemple, et ce n'est qu'après avoir ainsi consolidé les fondations de l'édifice d'un nouvel ordre social, qu'ils ont conçu le projet chimérique de le renverser, oubliant que l'esprit humain, comme le temps, marche toujours en avant et ne recule jamais.

On peut arranger le présent, embellir l'avenir ; tout dans la nature peut se modifier, hors le passé, qui ne doit jamais renaître ; c'est pour nous le véritable néant, une ombre qui n'a d'existence que dans nos souvenirs.

La crainte très raisonnable que montrait Catherine II pour tout ce qui pouvait l'entraîner dans la route périlleuse des innovations, me rappelle la colère qu'elle m'exprima contre un pauvre médecin de son empire, M. Samoïloff, qui venait de s'aviser, me dit-elle, de traiter la peste comme la petite vérole, et de l'inoculer dans l'espoir de l'affaiblir graduellement : il en avait fait l'essai sur lui-même, et se l'était donnée plusieurs fois ; il demandait la permission de généraliser cette dangereuse expérience ; le bon docteur, au lieu de pension et de brevet d'invention, reçut la semonce que méritait sa charitable folie.

Ce fut le maréchal Romanzoff, gouverneur de la province, qui reçut à ses limites l'impératrice. Ce vieux et célèbre guerrier portait sur ses traits l'empreinte de son caractère : on y voyait ce mélange de modestie et de fierté qui annonce toujours le vrai mérite; mais il y perçait aussi une teinte d'amertume et de mécontentement excités en lui par les préférences et par l'immense crédit accordés au prince Potemkin.

La rivalité de commandement divisait ces deux généraux; c'était une lutte constante entre la gloire et la faveur, et, comme il n'arrive que trop souvent, la faveur triomphait toujours.

Le maréchal n'obtenait rien pour son gouvernement; ses travaux languissaient; ses troupes n'avaient que de vieux habits; ses officiers sollicitaient en vain de l'avancement : toutes les grâces, tous les encouragemens pleuvaient sur les armées que commandait, sur les provinces que gouvernait le favori premier ministre.

L'impératrice trompée attribuait à l'indolence du maréchal le triste état où elle trouvait ses troupes, ses ouvrages et son administration, tandis qu'elle louait avec enthousiasme la situation florissante des gouvernemens du prince et la rapidité magique de ses créations.

D'ailleurs Catherine était reine et femme : l'ancien favori la louait, la remerciait perpétuellement ; le vieux gagneur de batailles se plaignait toujours : aussi elle attendait le retour de l'un avec impatience et n'écoutait l'autre qu'avec humeur.

En approchant de Kioff, on éprouve cette sorte de respect qu'inspirent toujours les débris des temps antiques. La situation pittoresque de cette vieille cité ajoutait à cette impression : en la voyant, on se rappelait qu'elle avait été le fragile berceau d'un empire immense, longtemps plongé dans les ténèbres, et qui, depuis un siècle, en est sorti si colossal et si formidable.

Ce fut des murs de Kioff que partirent les premières armées qui ébranlèrent le trône des empereurs d'Orient, et les princes qui enfoncèrent leurs lances dans les portes dorées de la ville de Constantin. Ce fut à Kioff qu'une princesse grecque porta le flambeau de l'Évangile, qui se répandit avec rapidité jusqu'aux contrées glacées du pôle. Ce sera peut-être enfin de Kioff que s'élanceront les armées vengeresses qui chasseront d'Europe les féroces musulmans, et qui par là favoriseront les efforts de l'héroïque Grèce, trop long-temps abandonnée au joug intolérable et à la féroce cruauté de ses oppresseurs.

Le nom de Kioff, suivant M. Tatischeff, vient du mot sarmate *kivi*, qui veut dire *montagne*. Elle est effectivement bâtie sur des hauteurs assez escarpées. Suivant d'autres auteurs, un prince slave, Kii, lui donna son nom. On fait remonter sa fondation à l'an 430. Tributaire des Kozars, elle secoua leur joug sous le règne d'Oskold et de son successeur Oleg : depuis, elle resta sous la domination des princes russes.

A la fin du dixième siècle, son territoire fut ravagé par les Petschenegues. Peu d'années après, un usurpateur s'en empara; mais il en fut chassé définitivement en 1037, par le grand-duc Jaroslaff-Wladimirowitz, qui la déclara capitale de l'empire de Russie.

Cet empire fut, plus long-temps que tous les autres États de l'Europe, en proie à l'anarchie causée par la discorde perpétuelle des grands. Plusieurs princes se disputèrent la possession de Kioff, la pillèrent, la brûlèrent, la perdirent et la reprirent tour à tour.

En 1239, le khan des Tartares, Batti, s'empara de cette capitale. Les musulmans en restèrent les maîtres pendant quatre-vingts années. Elle fut momentanément reprise par les Lithuaniens; mais le khan de Crimée, Menguireï, la prit, démolit ses fortifications, et emmena tous ses habitans en esclavage.

Dans le dix-septième siècle, elle tomba sous le pouvoir des Polonais. Le czar Alexis Michaolowitz l'enleva au roi de Pologne, Casimir; enfin, par le traité de 1686, elle fut rendue définitivement à l'empire de Russie.

Kioff est située au bord du Dniéper, sur une colline qui s'élève perpendiculairement, en quelques endroits, à quarante sagènes ou toises au-dessus du niveau de l'eau; ce qui lui donne un aspect très imposant lorsqu'on la voit de la rive opposée, et lui conserve une apparence de son ancienne majesté.

On peut juger de cette antique splendeur par la description qu'en fait un auteur du onzième siècle : elle contenait déjà trois cents églises; on y tenait trois foires par an, et sa population, dit cet écrivain, nommé Eggard, était innombrable. Cent ans après, un incendie la dévasta et y détruisit six cents églises.

Elle occupait encore, lorsque je la vis, un vaste terrain, mais qui n'offrait à nos regards qu'un bizarre mélange de ruines majestueuses, de misérables baraques, de quelques vastes couvens, de plusieurs églises à clochers dorés, et de nombreux palais ou bâtimens en pierre commencés, mais dont la plupart étaient loin d'être achevés.

Le terrain sur lequel Kioff est bâtie la divise naturellement en trois parties : l'une est composée de la forteresse de Petschersky et de ses faubourgs; la seconde contient l'ancienne ville; et la troisième, les nouvelles maisons construites dans les fonds qui se trouvent près du Borysthène : on appelle ce dernier quartier Podol; quelques-uns le nomment Kioff inférieure; chacune de ces parties est entourée de remparts qui communiquent entr'eux par des retranchemens.

Petschersky est défendue par de bons ouvrages : on voit dans cette forteresse un magnifique couvent de moines, fondé en 1160; son antiquité et les restes mortels de plusieurs martyrs conservés dans ses vastes catacombes, l'ont rendue un objet de dévotion : il y vient de nombreux pélerins.

L'ancienne Kioff est située sur la montagne du côté du nord, et séparée de la forteresse par un profond fossé. C'est là qu'on voit la cathédrale dédiée à sainte Sophie, et près de cette église le monastère de Saint-Michel.

Au pied de la montagne, sur un terrain uni et au bord du fleuve, le quartier de Podol, ou Kioff inférieure, est habité par les bourgeois et vivifié par les marchands. Nous y avons remarqué le monastère de Bratski, dans lequel est une école où l'on enseigne le grec, le latin, le français et l'allemand, ainsi que les élémens des sciences.

Les environs de Kioff sont parsemés de plusieurs ermitages et monastères, dont les situations sont agréables et variées ; on y distingue entr'autres le monastère de Vouidoubets, dont le nom rappelle une antique tradition. Le prince Wladimir, disent les vieilles chroniques, ayant reçu le baptême, résolut de détruire les temples païens et les idoles ; il ordonna donc de traîner l'idole principale, qui se nommait *Péroun*, jusqu'au bord du Dniéper, et de la jeter dans ce fleuve.

Le peuple, attaché par son ancienne superstition au culte de cette idole, éclatant en sanglots et suivant en foule sur la rive l'idole, que le courant emportait, lui criait : *Péroun, Péroun, vouidoubey*, c'est-à-dire : *Péroun, Péroun, sors de l'eau.*

Or, par l'effet du hasard, l'idole s'arrêta près du rivage, à l'endroit où l'on bâtit le monastère dont nous parlons; ce qui depuis rendit toujours ce lieu sacré pour le peuple crédule : les moines favorisèrent cette superstition en donnant le nom de Vouidoubets à l'église et au couvent fondés sur la plage où l'idole Péroun s'était arrêtée.

Lorsque nous eûmes visité cette vieille capitale et tous les sites de ses environs, l'impératrice voulut savoir quelle impression leur aspect avait produite sur M. de Cobentzel, sur M. Fitz-Herbert et sur moi; et depuis elle répéta plusieurs fois, en riant, que la diversité de nos réponses pouvait donner une assez juste idée du genre d'esprit des trois nations que nous représentions près d'elle.

« Comment trouvez-vous la ville de Kioff? » dit-elle au comte de Cobentzel. « Madame,
» répliqua le comte avec le ton de l'enthou-
» siasme, c'est la plus belle, la plus imposante
» et la plus magnifique ville que j'aie vue. »

M. Fitz-Herbert répondit à la même question : « En vérité, c'est un triste lieu ; on n'y voit que » des ruines et des masures. » Interrogé à mon tour, je lui dis : « Madame, Kioff nous offre le » souvenir et l'espoir d'une grande ville. »

On avait construit pour l'impératrice un palais vaste, élégant ; il était richement meublé. Cette princesse y reçut les hommages du clergé, des autorités, du corps de la noblesse, de celui des marchands, et des étrangers qui s'étaient rendus à Kioff en grand nombre, attirés par la magnificence et la nouveauté du spectacle qui devait y frapper leurs regards.

En effet, l'œil étonné y voyait à la fois une cour somptueuse, une impératrice conquérante, une riche et belliqueuse noblesse, des princes et des grand fiers et fastueux, des marchands en longues robes, avec de grandes barbes, des officiers de toutes les armes ; ces fameux Cosaques du Don richement vêtus à l'asiatique, et dont l'Europe n'a que trop connu récemment les longues lances, la bravoure et l'indiscipline ; des Tartares, autrefois dominateurs de la Russie, et maintenant humblement soumis au joug d'une femme et d'une chrétienne ; un prince de Géorgie portant au pied du trône de Cathe-

rine les tributs du Phase et de la Colchide ;
plusieurs envoyés de ces nombreuses tribus de
Kirghis, peuple nomade, guerrier, souvent
vaincu, jamais dompté; enfin ces sauvages Kalmoucks, véritable image de ces Huns dont jadis
la difformité inspirait autant d'effroi à l'Europe que le redoutable glaive de leur féroce monarque Attila.

C'était tout l'Orient accouru pour voir la moderne Sémiramis recevant les hommages de tous
les monarques de l'Occident. C'était comme un
théâtre magique où semblaient se mêler et se
confondre l'antiquité et les temps modernes, la
civilisation et la barbarie, enfin le contraste le
plus piquant des mœurs, des figures, des costumes les plus divers et les plus opposés.

L'impératrice, toujours régulière dans ses
habitudes, donna, comme partout où elle s'était arrêtée, un magnifique bal aux habitans de
Kioff. J'avais espéré pendant ce long voyage que
je pourrais visiter en détail, à la suite de cette
princesse, les établissemens et les sites des différentes contrées que nous traversions. Impatienté
d'être déçu dans cette espérance, il m'échappa
de dire avec humeur qu'il était bien contrariant
de faire tant de chemin pour ne voir jamais

qu'une cour, pour n'entendre jamais que des messes grecques, et pour n'assister qu'à des bals.

Catherine le sut et me dit : « On m'assure
» que vous me blâmez de traverser mon em-
» pire pour ne donner dans toutes les villes que
» des audiences et des fêtes ; mais voici mes
» raisons : je ne voyage point pour voir les
» lieux, mais bien pour voir les hommes ; je
» connais assez, par des plans, par des descrip-
» tions, tout ce matériel qu'une course rapide
» ne me laisserait pas le temps d'examiner. Ce
» qui m'est nécessaire, c'est de donner aux
» peuples le moyen de s'approcher de moi,
» d'ouvrir accès à leurs plaintes, et de faire
» craindre à ceux qui peuvent abuser de mon
» autorité que je ne découvre leurs erreurs,
» leurs négligences ou leurs injustices. Voilà
» le profit que je prétends tirer de mes voyages;
» leur seule annonce fait du bien : ma maxime
» à moi est que *l'œil du maître engraisse les*
» *chevaux.* »

Comme nous avions prévu que nous pourrions être forcés de séjourner un ou deux mois à Kioff, nous avions ordonné, Cobentzel, Fitz-Herbert et moi, à nos gens de venir nous y rejoindre pour nous donner la possibilité de représenter convenablement, de tenir maison et de recevoir les personnes distinguées du pays, ainsi que les étrangers. Mais nos précautions et nos préparatifs furent inutiles, et nous nous vîmes obligés de renvoyer tout notre monde : l'impératrice avait absolument voulu que pendant tout le cours de ce voyage nous fussions défrayés par elle.

En arrivant dans une très belle maison qui m'était assignée, je la vis remplie de provisions de toute espèce : l'impératrice y avait envoyé maître d'hôtel, valets de chambre, cuisiniers, officiers, valets de pied, cochers, voitures, postillons, une belle argenterie, de superbe linge, plusieurs services de porcelaine, des vins exquis ; de sorte que rien ne manquait pour tenir l'état le plus splendide. Elle avait défendu qu'on nous laissât rien payer. Ainsi, tant que ce grand voyage dura, il ne nous fut permis de faire d'autres dépenses que celles des présens qu'il nous semblait convenable d'offrir aux propriétaires des maisons où on nous logeait, et qui devaient être proportionnés au rang et à la qualité de nos hôtes.

Nous nous conformâmes aux intentions de

Catherine; et, de même que j'avais pendant quelques jours dans la Pologne vécu en palatin polonais, je tins à Kioff ma petite cour plénière comme un boïard russe ou comme l'un des descendans de Rurik et de Wladimir.

Les jours où l'impératrice ne nous invitait pas à sa table, c'est-à-dire à peu près deux fois par semaine, nous donnions chez nous de grands dîners; mais, au bout de quelque temps, la contrariété de vivre ainsi séparés nous fit prendre une autre résolution : nous convînmes de nous réunir tous les trois dans la maison du comte de Cobentzel, qui était vaste et très commode, pour inviter à la fois un grand nombre de convives; ce qui fut beaucoup plus agréable pour nous. L'ennui de faire les honneurs de Kioff à tant d'étrangers nous sembla moins lourd à supporter en commun que séparés. D'après cet arrangement, je ne dînais plus chez moi que lorsque j'étais incommodé, ou quand je voulais recevoir un petit nombre d'amis.

Je revis avec un vif plaisir mêlé de reconnaissance le comte de Stackelberg, arrivant de Varsovie, et qui se montra charmé de mes succès, dont il pouvait en vérité s'attribuer une grande partie. Mais quelle différence je trouvai en lui ! c'était une autre personne : le fier et somptueux vice-roi de Pologne était devenu en Russie un courtisan presque confondu dans la foule; il me semblait voir un prince détrôné.

Cependant, quoique le prince Potemkin et les autres ministres fussent parvenus à le faire traiter froidement par l'impératrice, il se tirait avec assez de dignité de cette fausse position. L'habitude de dominer lui avait fait contracter une gravité dans le maintien et une lenteur dans ses récits qui semblaient assez étranges à la cour, mais qui indiquaient suffisamment un homme puissant, long-temps accoutumé à inspirer le respect et à commander le silence.

Les Polonais arrivaient en foule, plus certainement par crainte que par affection pour la dominatrice du Nord. On voyait briller parmi eux les comtes Branitski, Potocki, Mnicheck, le prince Sapiéha, la princesse Lubomirska.

A cette époque, le bruit s'était répandu que dix régimens russes devaient entrer prochainement dans l'Ukraine polonaise, ce qui jetait l'alarme en Pologne.

Les étourderies commises assez récemment par plusieurs jeunes Français en Russie, et la crainte de voir leur légèreté contrarier le dessein que j'avais formé de rapprocher la Russie de la France, et de détruire les vieux préjugés enracinés dans l'esprit de l'impératrice contre nous, m'avait déterminé à prier M. de Vergennes et mon père de donner difficilement et avec circonspection à la jeunesse de notre cour la permission de voyager en Russie.

Ils me comprirent; aussi je ne vis arriver à Kioff que deux Français, tous deux distingués: c'était le chevalier Alexandre de Lameth et le comte Édouard Dillon. M. de La Fayette avait aussi annoncé l'intention de venir à la cour de Catherine; mais comme il fut nommé membre de l'assemblée des notables, il ne put exécuter son projet. L'impératrice m'en montra un vif regret : elle avait un grand désir de le connaître; car alors l'enthousiasme pour l'affranchissement de l'Amérique avait gagné tout le monde, jusqu'aux têtes couronnées.

M. de La Fayette leur paraissait un héros, parce qu'il n'avait combattu pour la cause de la liberté que dans un autre hémisphère; mais, dès qu'il voulut soutenir la même cause en Europe, tous les souverains le traitèrent en coupable et en rebelle.

L'intérêt change rapidement les opinions : lorsque j'étais en Russie, l'Océan séparait encore la divinité nouvelle (la liberté) de la vieille divinité (le pouvoir absolu), et je me souviens que la décoration de Cincinnatus, que je portais, et qui aujourd'hui semblerait presque un signe de démagogie aux yeux de beaucoup de gens, excitait alors l'envie de tous les jeunes courtisans des rois.

L'impératrice reçut avec une bienveillante distinction Édouard Dillon, et particulièrement M. Alexandre de Lameth. Son esprit, comme son ambition, aimait à faire des conquêtes, surtout celle des personnes qui lui paraissaient dignes d'être conquises; elle n'ignorait pas que tous les hommes distingués par leur nom, par leur mérite, par leurs actions, par leur talent, par leurs écrits, ou par leurs succès dans le monde, sont de fort bons instrumens pour étendre la renommée des souverains qui ont flatté leur amour-propre.

Elle fit cependant une assez plaisante méprise en causant avec M. de Lameth : un jour, comme elle lui parlait de son oncle, M. le maréchal de Broglie, après avoir payé un juste tribut d'éloges aux exploits et à la capacité de cet illustre

maréchal, elle lui dit : « En vérité, j'ai toujours
» vu avec peine, pour la nation française,
» qu'un si grand capitaine, qui en fait la gloire
» et l'ornement, n'eût aucun enfant qui pût
» perpétuer son nom et briller encore dans vos
» camps. »

« Madame, lui répondit M. de Lameth, ce
» regret serait bien honorable pour lui, mais
» heureusement il n'est pas fondé. Votre ma-
» jesté est mal informée : mon oncle a été aussi
» heureux en mariage que dans sa carrière
» militaire; car sa famille est très nombreuse,
» et il est père de vingt-deux enfans. »

Je vis à Kioff beaucoup de généraux que j'a-
vais peu connus à Pétersbourg, parce qu'ils
étaient habituellement employés, ou résidaient
dans leurs terres loin de la cour. Deux surtout
me frappèrent, l'un par la violence de son caractère, l'autre par des bizarreries et par une
originalité qu'il affectait, et dont il se plaisait
à masquer des talens et un génie qui offus-
quaient ses rivaux.

Le premier, le général Kamenski, était un
homme vif, dur, pétulant et emporté. Un Français, tout effrayé de sa colère et redoutant l'effet de ses menaces, vint chercher un asile dans

ma maison ; il me dit « qu'étant entré au ser-
» vice du général Kamenski, tant qu'il avait
» été avec lui à Pétersbourg, il n'avait eu qu'à
» se louer de la manière dont il se voyait traité ;
» mais que bientôt, le général l'ayant emmené
» dans une de ses terres, la scène changea tota-
» lement : loin de la capitale, le Russe moderne
» disparaît, le Moscovite se montre tout entier ;
» il traite ses gens comme des esclaves, les
» gronde sans cesse, ne leur paie point de ga-
» ges, et les accable de coups pour la moindre
» faute, ou même souvent sans sujet. »

Excédé d'un joug si tyrannique, le Français se sauva et vint à Kioff, où les émissaires du général le poursuivaient. L'un d'eux, plus humain, le fit avertir que son maître avait juré, s'il pouvait le reprendre, de lui faire subir un châtiment exemplaire.

Indigné de cette conduite, j'allai trouver son persécuteur pour le prévenir que je ne souffrirais pas qu'un Français fût ainsi opprimé. La scène fut vive ; Kamenski me dit « qu'il trou-
» vait fort étrange que je me mêlasse de ses
» affaires domestiques, et que je prisse la dé-
» fense d'un mauvais sujet, qu'il saurait bien
» châtier malgré moi. »

« Eh bien! général, lui dis-je, j'ai deux
» titres pour protéger votre victime; je suis
» ministre et Français. Si vous ne me promet-
» tez pas formellement de cesser toute pour-
» suite contre un homme libre par les lois de
» mon pays, et que rien ne vous autorise à
» traiter en esclave, comme ministre je vais
» sur-le-champ chez l'impératrice pour me
» plaindre de votre conduite ; et ensuite, com-
» me militaire français, je vous demanderai
» raison des insultes faites à l'un de mes com-
» patriotes, insultes que dès ce moment je re-
» garderai comme personnelles, puisque je l'ai
» pris sous ma protection. »

Une affaire particulière n'aurait point effrayé le général, mais la crainte du courroux de l'impératrice l'intimida; il me fit la promesse que j'exigeais, et nous nous séparâmes.

Long-temps après, le même général me donna d'inconvenantes preuves de son souvenir et de son ressentiment : dans la première guerre des Français contre les Russes, guerre que termina glorieusement la paix de Tilsitt, mon fils le général Philippe de Ségur, après une charge brillante, ayant poursuivi avec trop d'ardeur l'ennemi qui se retirait, fut entouré, blessé et pris; on l'amena devant le général Kamenski.

Celui-ci, après lui avoir demandé son nom, voulut qu'il lui donnât quelques notions sur la position et les forces de l'armée française. D'après son refus, il le traita avec la rigueur la plus indécente : malgré ses blessures, il voulut le contraindre à faire dans la neige, où l'on s'enfonçait jusqu'aux genoux, près de vingt lieues à pied, sans lui donner le loisir d'être soigné ni pansé. Mais ses propres officiers, indignés de cette dureté, donnèrent à mon fils un kibitki, et peu de jours après il arriva au quartier du général Apraxin, qui le dédommagea par son urbanité, par sa courtoisie, des mauvais traitemens que lui avait fait éprouver le vindicatif Moscovite.

On m'a conté depuis que ce même Kamenski, dont l'âge ne calmait point les violences, en périt victime, et qu'un de ses paysans, dans un accès de désespoir, lui fendit la tête d'un coup de hache.

Le général Souwaroff était bien autrement digne d'exciter la curiosité : par son bouillant courage, par son habileté, par la confiance qu'il inspirait aux soldats, il avait trouvé le moyen, dans une monarchie absolue, où tout se donnait à la faveur, de s'avancer rapidement, quoiqu'il fût sans fortune, sans appui, et né au sein d'une famille qui n'était pas en crédit.

Il avait emporté chaque grade à la pointe de l'épée ; toutes les fois qu'il y avait quelques périls à courir, quelque ordre difficile à exécuter, quelques succès audacieux à tenter, le nom de Souwaroff était le premier qui vînt à la pensée de ses chefs.

Mais comme, dès les premiers pas de sa glorieuse carrière, il s'était vu l'objet de la jalousie active de plusieurs courtisans et favoris qui auraient été assez puissans pour s'opposer à son avancement, il forma l'étrange dessein de couvrir son mérite transcendant des formes bizarres de la folie.

Rien n'était plus lumineux que ses plans, plus profond que ses conceptions, plus rapide que son action ; mais, dans la vie ordinaire et en public, sa contenance, ses gestes, ses paroles, portaient une telle empreinte d'originalité, et même on peut dire d'extravagance, que les ambitieux cessaient de le craindre, le regardant comme un instrument utile pour agir, pour frapper, mais incapable de leur nuire et de leur disputer la jouissance des honneurs, du crédit et du pouvoir.

Par un singulier rapprochement, ce héros du despotisme emprunta, pour s'élever et pour parvenir à la gloire, le même masque dont le héros de la liberté, Brutus, s'était couvert sous le règne de Tarquin.

Souwaroff, respectueux pour ses chefs, affable pour ses soldats, se montrait avec ses égaux impoli, hautain et sans formes; il étonnait ceux qui ne le connaissaient pas, par la multiplicité et la rapide concision des questions qu'il leur adressait, comme s'il avait eu le droit de leur faire subir une sorte d'interrogatoire : c'était sa manière de connaître un homme en un clin d'œil; il ne faisait aucun cas de ceux qu'il embarrassait, et concevait une prompte estime pour celui qui lui répondait nettement et sans hésitation.

J'en avais fait l'épreuve à Pétersbourg; mes réponses laconiques lui avaient plu, et pendant son court séjour il était venu souvent dîner chez moi.

Je me souviens que, lui ayant demandé une fois s'il était vrai qu'à l'armée il ne dormait presque jamais, domptant la nature, même

sans nécessité, couchant toujours sur la paille, et ne quittant jamais ni ses bottes ni ses armes : « Oui, me dit-il, je hais la paresse; et,
» dans la crainte de m'endormir, j'ai toujours
» dans ma tente un coq très exact à me réveil-
» ler fréquemment ; lorsque parfois je veux
» céder à la mollesse, et me reposer commodé-
» ment, j'ôte un de mes éperons. »

Lorsqu'il fut nommé maréchal de l'empire, il voulut faire lui-même sa réception en présence de ses soldats, de la manière la plus bizarre : ayant fait placer dans une église, des deux côtés de la nef et en colonnes, autant de chaises qu'il existait d'officiers généraux plus anciens que lui, il entre en veste dans le temple, franchit en sautant chaque chaise, comme les écoliers lorsqu'ils sautent l'un par-dessus l'autre, et, après avoir ainsi lestement rappelé comment il avait dépassé tous ses rivaux, il se revêt du grand uniforme de maréchal, se couvre des nombreuses décorations qu'on lui avait prodiguées, et invite ensuite gravement les prêtres à terminer cette cérémonie par un *Te Deum*.

On dit que lorsque l'empereur d'Autriche lui envoya le plus honorable de ses ordres, il se reçut lui-même chevalier, et se décora publiquement, en face d'un grand miroir, avec les cérémonies les plus bizarres.

On sait qu'en Suisse, forcé par les fautes de Korsakoff à reculer devant le général Masséna, il fit creuser une fosse et s'y plaça, criant à ses soldats qu'ils devaient le fouler aux pieds et le couvrir de terre, s'ils voulaient fuir au lieu de faire face à l'ennemi.

Souwaroff n'était pas encore parvenu aux suprêmes honneurs militaires à l'époque où j'étais en Russie. Nous ne pouvions voir en lui qu'un brave soldat, qu'un officier général audacieux à l'armée, mais très bizarre à la cour.

Le premier jour qu'il rencontra M. Alexandre de Lameth, dont le défaut ne fut jamais d'avoir un caractère trop flexible, leur entretien me parut assez original pour être ici rapporté.

« De quel pays êtes-vous ? lui dit brusquement
» le général. — Français. — Quel état ? — Mili-
» taire. — Quel grade ? — Colonel. — Votre nom ?
» — Alexandre de Lameth. — C'est bon. »

M. de Lameth, un peu piqué de ce bref interrogatoire, l'interpellant à son tour et le regardant fixement, lui dit : « De quel pays

» êtes-vous?— Russe apparemment. — Quel » état?—Militaire.—Quel grade?—Général. » — Quel nom?— Souwaroff. — C'est bon. » Alors tous deux se prirent à rire, et depuis furent très bien ensemble.

Le prince Potemkin était toujours absent, occupé à faire tous les préparatifs du brillant spectacle qu'il se proposait d'offrir aux regards de sa souveraine, dès qu'elle entrerait dans ses gouvernemens.

Pendant son éloignement, on n'osait point le blâmer ouvertement; l'envie, au lieu de l'attaquer avec force, le minait sourdement de tous côtés, et à chaque occasion on insinuait à l'impératrice quelques légers murmures, quelques plaintes indirectes contre l'administration capricieuse, contre l'orgueil et les injustices du puissant favori. Le maréchal Romanzoff exprimait seul avec noblesse, et hautement, son opinion, ses griefs et son mécontentement.

Bientôt le prince arriva : dès-lors on n'entendit plus que des éloges, on ne vit plus que des hommages rendus avec la plus obséquieuse adulation.

Le prince de Nassau était venu avec lui; je le reçus en fidèle frère d'armes. Je le présentai à l'impératrice, qu'il remercia du don qu'elle lui avait fait d'une terre en Crimée, et de la permission de porter le pavillon russe sur ses bâtimens.

Sa majesté l'invita à la suivre dans son voyage; et, en attendant les ordres de ma cour, je l'autorisai provisoirement à prendre l'uniforme que portaient les propriétaires de terres dans chacun des gouvernemens de Russie.

Enfin le prince de Ligne revint de Vienne : sa présence ranima tout ce qui languissait, dissipa toute ombre d'ennui et rendit la chaleur à tous les plaisirs. De ce moment nous crûmes sentir que les rigueurs d'un sombre hiver allaient s'adoucir, et que le joyeux printemps ne tarderait pas à renaître.

L'impératrice, une ou deux fois par semaine, tenait cour plénière, et donnait alternativement de grands bals et de beaux concerts. Les autres jours sa table n'était que de huit ou dix couverts; les trois ambassadeurs qui la suivaient y étaient constamment admis, ainsi que le prince de Ligne, et souvent le prince de Nassau.

Nous passions toutes les soirées près d'elle : là elle ne souffrait plus ni gêne ni étiquette;

l'impératrice disparaissait, et on ne voyait plus que la femme aimable; on y faisait des contes, on y jouait au billard, on y parlait littérature.

Cette princesse eut la fantaisie d'apprendre à faire des vers : pendant huit jours je lui fis connaître les règles de la poésie; mais, dès que nous en fûmes à l'application, nous reconnûmes elle et moi que jamais temps ne pouvait être plus mal employé, et je crois qu'il était difficile de rencontrer une oreille moins sensible à l'harmonie des vers.

Son cerveau, tout rempli de raison et de politique, ne trouvait point d'images pour enrichir ses pensées; son esprit semblait succomber à la fatigue de la recherche pénible de la mesure et de la rime. Aussi elle convint que ses essais en ce genre ne seraient pas plus heureux que celui du célèbre Mallebranche, qui après de longs efforts, disait-il, ne put jamais parvenir à faire d'autres vers que ces deux-ci :

> Il fait le plus beau temps du monde
> Pour aller à cheval sur la terre et sur l'onde.

Catherine paraissait dépitée de l'inutilité de ses efforts; M. Fitz-Herbert lui dit : « C'est » bien fait, madame; on ne peut viser à la fois

» à tous les genres de gloire, et vous auriez dû
» vous en tenir à ces deux beaux vers que vous
» aviez composés pour votre chienne et pour
» votre médecin :

> » Ci-gît la duchesse Anderson,
> » Qui mordit monsieur Rogerson. »

Je renonçai donc à cette éducation poétique, en déclarant à mon auguste écolière qu'il était de toute nécessité qu'elle se résignât désormais à ne faire des lois et des conquêtes qu'en prose.

Le prince de Ligne ne laissait pas la moindre langueur pénétrer dans notre petit cercle; il racontait cent histoires plaisantes, et faisait à tous propos des madrigaux, des chansons : usant seul du droit de dire tout ce qui lui passait par la tête, il mêlait un peu de politique aux charades, aux portraits; et, quoiqu'il poussât quelquefois la gaîté jusqu'à la folie, il faisait passer de temps en temps, au bruit de ses grelots, quelques utiles et piquantes moralités. Il était courtisan par habitude, flatteur par système, bon par caractère et philosophe par goût; ses plaisanteries faisaient rire, et ne blessaient jamais.

Un jour il mystifia le comte Cobentzel et moi

d'une manière assez originale. Nous étions depuis quelque temps atteints, ainsi que lui, d'une petite fièvre qui nous revenait par accès. Bientôt il nous reproche notre insouciance, notre refus de suivre aucun traitement, exagère notre changement, nous montre une vive inquiétude, et nous assure enfin qu'il est décidé à nous donner l'exemple, à se soigner, et à prendre tous les moyens de se guérir pour avoir la possibilité de continuer le voyage.

Cédant à ses importunités, Cobentzel, qui souffrait d'un assez vif mal de gorge, se fait faire une copieuse saignée; moi, je prends une ou deux médecines. Peu de jours après, nous retrouvant réunis chez l'impératrice, elle dit au prince : « Vous avez bien bonne mine » aujourd'hui; je vous croyais indisposé; mon » médecin vous a-t-il vu? » « Oh! non, » madame, répondit-il; mes maux ne durent » pas long-temps; j'ai une manière particulière » de me traiter : dès que je suis malade, j'ap- » pelle mes deux amis; je fais saigner Cobent- » zel et purger Ségur, et je suis guéri. » L'impératrice le félicita sur cette recette, qu'elle était, disait-elle, tentée d'essayer, et elle ne nous épargna pas les railleries sur notre docilité.

Les réunions de Kioff offraient trois tableaux très divers : chez l'impératrice on voyait alternativement ou la cour la plus splendide, ou la société la plus resserrée et la plus joyeuse.

Dans la maison où Cobentzel, Fitz-Herbert et moi, nous nous étions chargés de faire les honneurs de la ville aux Russes et aux étrangers, on aurait pu dire que c'était le café de l'Europe; il ne désemplissait pas : on y trouvait des hommes de toutes les nations; on y entendait les langages de tous les pays; on s'y nourrissait des mets, des fruits et des vins de toutes les contrées; on y jouait à toutes les sortes de jeux; enfin le temps s'y passait en conversations générales ou en entretiens privés de tous les genres, depuis les plus sérieux jusqu'aux plus familiers.

D'un autre côté, si l'on montait au vaste monastère de Petschersky pour rendre visite au prince Potemkin, qui s'y était établi, il semblait qu'on y assistât à l'audience d'un visir de Constantinople, de Bagdad ou du Caire. Le silence et une sorte de crainte y régnaient.

Soit par une indolence naturelle, soit par une hauteur affectée qu'il croyait utile et politique, ce puissant et capricieux favori de Catherine, après avoir paru quelquefois en grand uniforme de maréchal, couvert de décorations en diamans, bardé de broderies et de dentelles, coiffé, bouclé, poudré comme le plus ancien de nos courtisans, se tenait le plus habituellement couvert d'une pelisse, le cou décolleté, les jambes demi-nues, les pieds dans de larges pantoufles, les cheveux plats et mal peignés ; il restait mollement étendu sur un large divan, entouré d'une foule d'officiers et des plus grands personnages de l'empire, invitant rarement quelques-uns d'eux à s'asseoir, et presque toujours feignant d'être trop occupé d'une partie d'échecs pour apercevoir les Russes ou les étrangers qui arrivaient dans son salon.

Je connaissais toutes ses singularités ; mais, comme presque aucun des assistans n'était instruit de la familiarité intime qui s'était établie entre ce bizarre ministre et moi, j'avoue que mon amour-propre éprouvait quelque embarras, en pensant que tant d'étrangers verraient le ministre du roi de France exposé à subir, comme un autre, sa hauteur et ses caprices.

Aussi, pour qu'on ne s'y trompât point, voici le parti que je pris : lorsque je fus arrivé au monastère, et qu'on m'eut annoncé, voyant que le prince ne se dérangeait point, et ne levait seulement pas les yeux de dessus son échiquier, j'allai droit à lui, je pris sa tête avec mes deux mains, je l'embrassai cordialement, et je m'assis sans façon, à côté de lui, sur son divan. Cette familiarité étonna bien un peu les spectateurs; mais, comme elle lui parut très naturelle, elle expliqua tout.

Au reste, soit par égard pour moi, soit par considération personnelle pour MM. de Lameth et Dillon, dont on lui avait fait l'éloge, il les accueillit avec assez de politesse et de distinction.

Je vis, peu de temps après, arriver à Kioff un Espagnol dont le nom, mêlé à nos événemens politiques, parvint depuis à une assez triste célébrité; il s'appelait Miranda : c'était un homme instruit, spirituel, intrigant et audacieux. Né en Amérique, il se trouvait uni par des liens de parenté à la famille Aristeguitta, que j'avais connue à Caracas, et dont j'ai parlé au commencement de ces Mémoires.

Pendant le cours de la guerre, le gouvernement espagnol découvrit que Miranda, manquant à ses devoirs, avait livré aux amiraux anglais des plans et des cartes de Cuba et d'autres colonies espagnoles.

On voulait l'arrêter; il s'évada, fut destitué de ses grades, et poursuivi par tous les agens de l'Espagne. Étant pensionné par l'Angleterre, il promenait en Europe son ambition mécontente et son ressentiment, en attendant la possibilité de retourner à Caracas, dès que les circonstances lui offriraient la possibilité d'y opérer une grande révolution que depuis long-temps il méditait.

Je ne connaissais pas alors tous ces faits; mais, comme il n'était muni d'aucunes lettres de recommandation lorsqu'il s'adressa à moi, je refusai de le présenter à l'impératrice. Miranda ne se découragea pas; il avait connu le prince de Nassau à Constantinople, celui-ci l'introduisit chez le prince Potemkin; son esprit les charma, et ils obtinrent de Catherine, pour lui, une audience secrète.

Là il trouva le moyen de persuader à cette princesse qu'il était un martyr de la philosophie, une victime de l'inquisition; enfin elle le prit en gré; et, lorsqu'il la quitta pour aller à Pétersbourg, elle ordonna au vice-chancelier de l'y recevoir avec distinction, et comme un homme qu'elle honorait de son estime. On verra par la suite quels furent les embarras que me causa sa présence, quand je retournai dans cette capitale.

Les jours où le prince Potemkin, dans son monastère, ne donnait pas d'audiences publiques, ou, pour mieux dire, ne tenait pas sa cour asiatique, je le voyais avec plus de plaisir dans l'intimité, entouré de ses aimables nièces et d'un petit nombre d'amis. C'était alors un tout autre homme, toujours original à la vérité, mais spirituel et capable de répandre un intérêt piquant dans tous les genres d'entretiens les plus variés.

Le régime des douanes russes était alors très fiscal, très dur, et suivi avec beaucoup de rigueur. Les ministres étrangers eux-mêmes se voyaient astreints à ne donner à leurs courriers que des sacs d'une dimension convenue, de manière à ne pouvoir laisser aucune possibilité d'y mêler aux dépêches quelques objets de contrebande; mais, dans les pays despotiques, ce sont ceux qui ont fait la loi, et dont le devoir est d'en maintenir l'exécution, qui la violent le plus souvent. En voici une preuve qui me paraît assez singulière pour être rapportée.

Lorsque mon valet de chambre Évrard, que j'avais envoyé en courrier à Versailles avec le traité de commerce signé, revint à Kioff portant les ratifications de ma cour, comme on savait qu'il était aussi chargé des présens destinés par le roi aux ministres de l'impératrice, on avait ordonné aux douanes de la frontière de le laisser passer sans le fouiller; il le savait, en profita, et, à mon insu, arriva dans Kioff avec une voiture remplie de dentelles, de bijoux et de toutes sortes d'effets de contrebande.

Or un jour, me trouvant à déjeûner chez le prince Potemkin avec ses nièces, plusieurs dames et une douzaine d'autres personnes, je m'aperçus qu'à tous momens et tour à tour on quittait le salon pour entrer dans une autre pièce dont la porte était refermée avec soin.

Toutes les fois que j'étais tenté de m'y rendre aussi, une des nièces du prince m'en empêchait, et me retenait par les plus aimables cajoleries. Enfin, cet obstable irritant de plus en plus ma curiosité, je m'échappai, je courus, j'ouvris la discrète porte, et je vis sur une grande et large table, entourée de curieux et d'acheteurs, une grande quantité de bijoux et d'autres marchandises prohibées que mon joyeux valet de chambre étalait avec complaisance en vantant leur beauté et déclarant leur prix.

A mon aspect, la surprise éclate dans tous les yeux : prince, curieux, acheteurs, tous semblent des coupables pris sur le fait. Mon marchand consterné replie précipitamment sa boutique. Une colère feinte brille dans mes regards ; je gronde sérieusement le contrebandier, et je lui déclare que dès ce moment il n'est plus à mon service.

En vain les dames veulent m'attendrir, en vain on me presse de lui pardonner ; je résiste pendant une heure à toutes les instances, et je ne me rends enfin qu'au moment où le prince, premier ministre, me supplie de faire grâce au criminel. « Il le faut bien, lui dis-je, puisque, » par un étrange hasard, vous vous trouvez être » son recéleur et son complice. »

Au milieu de toutes ces réunions de plaisir, de ces festins, de ces bals, de ces jeux, de ces fêtes, la sévère politique ne restait pas inactive, et bientôt il s'éleva du côté de Constantinople un orage précurseur de tous ceux qui depuis n'ont pas cessé, pendant près de trente ans, d'agiter et d'ébranler l'Europe.

Tous les politiques craignaient alors qu'une

rupture entre la Russie et la Porte réveillant la rivalité des grandes puissances, une guerre générale n'en fût le résultat. Il semblait en effet évident que, si l'empereur et l'impératrice cherchaient à rompre l'équilibre en ajoutant à leurs États les vastes possessions des Turcs en Europe, la France, la Prusse et la Suède s'opposeraient de toutes leurs forces à cet agrandissement, quand même l'Angleterre s'unirait aux cours impériales dans l'espoir de profiter de cette révolution, en s'emparant des îles de l'Archipel.

Il est si peu donné à l'esprit humain de prévoir d'avance les événemens les plus prochains, que personne dans ce moment ne songeait aux suites que devaient avoir les légers troubles qui agitaient la France. On croyait, au contraire, que ses embarras intérieurs, produits par l'état alarmant de ses finances, lui laisseraient peu de poids dans les affaires européennes, de sorte qu'à cette époque toutes les inquiétudes se portaient sur l'Orient.

La cour de Catherine devenait le foyer de la politique, et le point sur lequel se fixaient tous les regards des hommes d'État. Catherine II, dont l'esprit se montrait de coutume si pénétrant, se trompait tellement, dans ces circonstances, sur la situation du gouvernement français, qu'elle ne prévoyait pour lui que sécurité, gloire et bonheur.

Ce fut à Kioff que je reçus la dernière lettre de M. de Vergennes. Ce ministre me chargeait de communiquer à l'impératrice la résolution prise par le roi, de réunir autour de lui tous les notables de son royaume.

Cette princesse me montra à ce sujet la plus vive satisfaction; elle en parlait avec enthousiasme, et voyait déjà dans cette réunion le gage certain du rétablissement de nos finances, et de l'affermissement de l'ordre public. « Je » ne saurais, me dit-elle, donner trop d'éloges » à un jeune roi qui devient, dans le cœur des » Français, le digne rival d'Henri IV. »

Tous les étrangers qui se trouvaient à Kioff, de quelque nation qu'ils fussent, me félicitaient sur cet événement; tant il est vrai que partout alors, et sans qu'on s'en doutât, les sentimens libéraux, les nobles pensées, le désir de voir réformer les abus, tomber les préjugés, affaiblir le pouvoir arbitraire et marcher vers la liberté (qui, pour parler avec précision, n'est au fond que la justice), agitaient secrètement toutes les âmes, élevaient tous les esprits, et fermentaient dans tous les cœurs. Les intérêts privés ne craignant point encore les blessures qu'ils devaient en recevoir, l'intérêt général seul était écouté et compris.

Heureux jours, qui ne sont plus revenus! Que d'illusions vertueuses nous environnaient dans ce temps d'inexpérience! Et pourquoi le souffle des passions et la fureur de l'esprit de parti ont-ils depuis desséché les âmes, empoisonné les sentimens les plus naturels, et reculé pour long-temps le bonheur vers lequel on semblait marcher, d'un commun accord, à la lueur des flambeaux de la raison et de la vérité, flambeaux trop tôt changés en torches de discorde!

Je partageais alors sincèrement les brillantes espérances de la plupart des hommes de mon temps, et j'avais peine à comprendre les sombres pressentimens que cette fameuse assemblée de notables paraissait inspirer à mon père. Il ne me parlait dans ses lettres que de malheurs à craindre, que de bouleversemens rendus presque inévitables.

« Le roi, m'écrivait-il, m'ayant demandé
» mon avis sur le conseil qu'on lui avait donné
» de rassembler les notables, je l'ai prié de bien
» peser les conséquences d'une telle décision;

» car, dans les circonstances présentes, où tous
» les esprits sont en fermentation, les notables
» pourraient bien n'être que *de la graine d'é-*
» *tats-généraux :* et qui pourrait aujourd'hui en
» calculer tous les résultats? »

L'événement a justifié cette prédiction d'un vieux ministre; mais elle ne me paraissait alors dictée que par un esprit de routine et de préjugés, qui redoutait toute innovation, même la plus utile.

J'appris, peu de jours après, la mort de M. le comte de Vergennes : ce fut un malheur pour la France, et l'on pourrait même presque dire une perte pour l'Europe, sur laquelle son esprit conciliant, prévoyant et sage, était parvenu à exercer une salutaire influence.

M. le comte de Montmorin, qui le remplaça, m'exprima, dans les termes les plus honorables, la satisfaction que le roi lui avait montrée de ma conduite en Russie. Sa majesté lui avait ordonné de me dire qu'elle était contente de moi sous tous les rapports; mais, en même temps, il me prescrivait d'approfondir, avec le plus grand soin, les causes d'une mésintelligence fâcheuse et très prononcée, qui venait de se manifester à Constantinople, entre M. de

Choiseul, ambassadeur du roi, et M. de Bulgakoff, ministre de Russie, au sujet de nouvelles contestations qui pourraient amener la guerre, malgré les soins que nous avions pris pour l'éviter.

A la même époque, M. le comte de Choiseul m'écrivait que M. de Bulgakoff, éclatant tout à coup en menaces contre le ministère ottoman, renouvelait imprudemment une querelle terminée par notre médiation, et de plus aggravait ses torts en ne communiquant aucune de ses démarches à l'ambassadeur de France.

Je savais que M. de Choiseul était habitué à voir tout en noir, qu'il se livrait souvent à des inquiétudes exagérées; mais dans ce moment ses griefs étaient réels, ses craintes fondées. Il se conduisit, dans cette circonstance difficile, avec dignité, habileté et prudence. Son langage fut noble et modéré; il donna au divan des avis à la fois fermes et sages. Par cette conduite, dans le cas où l'on serait sincère, il écartait tout obstacle à la paix ; et si la Russie voulait la guerre, il enlevait à l'injustice tout prétexte plausible, et forçait la mauvaise foi à se montrer au grand jour, dans la plus honteuse nudité.

Ma position devenait délicate : d'une part il ne fallait point, me trouvant à la suite de l'impératrice et dans son intimité, au moment où je venais de conclure avec ses ministres un traité de commerce, qu'on pût me soupçonner d'une injuste partialité pour la Russie, qui me ferait sacrifier mes devoirs à la reconnaissance.

D'un autre côté, je devais éviter, en m'exprimant avec trop de vivacité, d'aigrir l'orgueil, et d'échouer complétement dans le rôle de conciliateur dont j'étais chargé. Enfin, je n'avais point de temps à perdre; je ne pouvais attendre d'instructions; l'affaire était pressante; le silence et même la tergiversation me semblaient inconvenans.

Forcé de prendre un parti décisif, au risque de ce qui pourrait en résulter, je choisis celui qui me parut le plus conforme à la dignité du roi et de mon pays. En conséquence, ayant demandé une conférence au comte Bezborodko, ministre des affaires étrangères, je lui déclarai formellement que le roi ne pourrait pas voir avec indifférence qu'après avoir demandé sa médiation, et obtenu par ses bons offices le redressement des griefs dont la cour de Russie se plaignait, on fit tout d'un coup, et sans nous en informer, revivre la même querelle, en paraissant regarder comme nulle une convention si formelle et si récente, conclue par soins de sa majesté.

Entr'autres griefs, je me plaignis de ce qu'on oubliait l'assurance positive qui m'avait été donnée, que le gouvernement russe n'exigerait point de la Porte la reconnaissance en forme des droits de l'impératrice sur la Géorgie.

J'ajoutai qu'exiger aujourd'hui, sans nouveau motif et à notre insu, cette reconnaissance, c'était une démarche si peu conforme à l'amitié subsistante entre les deux souverains, que j'attribuais cette démarche uniquement à l'imprudente ardeur de M. de Bulgakoff, qui probablement avait dépassé ou mal entendu ses instructions. Enfin, je terminai en disant que j'attendais une réponse positive pour me mettre à portée d'éclaircir les doutes du roi sur un événement si imprévu.

Le ministre russe me répondit « que l'impé-
» ratrice était prête à renouveler au roi l'assu-
» rance de son amitié. Cette princesse, ajouta-
» t-il, n'a qu'à se louer de la convention réglée
» à Constantinople, sous la médiation de sa

» majesté très chrétienne ; elle n'en demande
» que l'exécution, mais cette exécution est fort
» loin de s'effectuer. La Porte, au lieu d'a-
» dresser au pacha d'Achalzig un firman tel
» qu'elle l'avait promis, l'a chargé d'entamer
» une négociation avec le czar de Géorgie, Héra-
» clius, qu'elle appelle toujours son vassal. Elle
» assure ce prince de sa protection contre les
» Lesghis, et ne lui permet de recevoir dans
» ses États qu'un faible corps de troupes russes,
» qu'on lui propose même de débaucher pour
» le service de la Porte ottomane.

» Héraclius, continue le ministre, indigné
» de cette clause, a rompu cette négociation,
» et nous l'a mandé. Ce fut d'après ces faits que
» M. de Bulgakoff reçut l'ordre, non d'adresser
» une note officielle au divan, mais de se plain-
» dre verbalement, et de presser l'envoi du
» firman au pacha, conformément à la con-
» vention ; car l'impératrice n'abandonnera ja-
» mais ses droits sur la Géorgie, quoiqu'elle
» ait défendu à M. de Bulgakoff d'exiger la re-
» connaissance en forme de cette suzeraineté.

» Quant à ce qui concerne les Tartares du
» Kuban, comme ils font chaque jour des in-
» cursions sur le territoire russe, nous nous

» bornons à dire amicalement aux Turcs : *Si*
» *ce sont vos sujets, punissez-les ; s'ils ne le*
» *sont pas, laissez-nous les punir.*

» La Porte a obtenu l'autorisation de pren-
» dre en Crimée du sel pour la consommation
» de cent mille hommes; elle en enlève pour
» un million. Les Cosaques zaporaviens, réfu-
» giés dans les États du grand-seigneur, de-
» vaient être retenus par ses ordres au-delà du
» Bug; il leur a permis de s'établir près d'Oc-
» zakoff. Mais ces deux derniers motifs de
» plainte sont de petits détails de police que
» des pays voisins règlent ensemble, sans qu'ils
» puissent devenir le sujet de différends sé-
» rieux. Enfin M. de Bulgakoff avait ordre de
» montrer à l'ambassadeur de France la con-
» fiance la plus entière, et je lui ferai connaître
» le mécontentement de l'impératrice, s'il a
» négligé ce devoir. »

Je ne tardai pas à m'assurer des véritables causes de cette mésintelligence non moins alarmante qu'inopinée : des deux côtés la conduite avait été peu sincère. Les Turcs avaient effectivement cherché à éluder l'exécution de la promesse faite par eux à l'égard du firman.

Le ministère russe, sage dans ses instructions, n'avait ordonné à M. de Bulgakoff que d'adresser à la Porte des plaintes verbales et modérées; mais, dans le même temps, ce ministre recevait des instructions d'un genre bien différent que lui envoyait le prince Potemkin, dont les vœux secrets appelaient la guerre dans l'espoir de commander une armée, et pour trouver l'occasion d'obtenir le grand cordon de Saint-Georges, le seul qui manquât à sa vanité.

Soit que M. de Bulgakoff craignit de déplaire à ce puissant ministre, soit qu'il le crût mieux informé que les autres membres du conseil des vues secrètes de l'impératrice, il céda à ses inspirations, s'emporta, prit un langage hautain et menaçant; enfin, redoutant l'opposition de notre ambassadeur, et lui cachant ses démarches, il parvint à faire d'une discussion peu importante une querelle très grave, qui s'aigrit encore par les intrigues actives de l'Angleterre et de la Prusse.

Ces deux puissances, mécontentes du traité de commerce que je venais de conclure entre la France et la Russie, le firent envisager au ministère ottoman comme un traité d'alliance hostile contre la Porte.

Mais ce qui porta surtout l'irritation au comble, ce fut l'immense rassemblement de troupes que le prince Potemkin réunissait alors près du Pont-Euxin, sous prétexte de rendre plus imposant et plus magnifique le spectacle offert à l'Europe par le voyage pompeux de l'impératrice; et le sultan ne pouvait pas en effet voir sans une vive inquiétude les provinces russes, voisines de ses États, remplies d'infanterie, de cavalerie, hérissées d'artillerie, avec une organisation si complète et une telle abondance d'argent et de munitions, que tout s'y trouvait prêt pour commencer la guerre, et pour investir Oczakoff à l'instant même où Catherine II consentirait à en donner le signal.

Cependant ma démarche un peu vive avait produit son effet : on cherchait à se justifier; de plus, l'empereur ne paraissait pas approuver une rupture. La Prusse et l'Angleterre manifestaient assez clairement leur opposition aux vues ambitieuses de la Russie, et tout me donnait lieu de croire que l'impératrice, plus prudente que son ministre favori, voulait dans ce moment éviter la guerre, et qu'elle avait résolu de remettre à un autre temps l'exécution de son véritable et vaste projet, dont le but était, non de s'emparer de Constantinople, mais de former avec toutes ses récentes conquêtes, et en y ajoutant la Moldavie et la Valachie, un nouvel empire grec dont la couronne aurait été posée sur la tête du jeune Constantin.

Quoi qu'il en soit, Catherine, dès que le prince Potemkin fut revenu près d'elle, lui fit de si sérieux reproches sur sa précipitation, qu'il se crut obligé de s'en disculper avec moi. « Je conviens, me dit-il, qu'au moment où j'ap-
» pris la négociation entamée avec Héraclius, et
» une nouvelle irruption des Tartares qui nous
» avaient tué trois cents Cosaques, me laissant
» aller à un mouvement de colère peu réfléchi,
» j'ai induit M. de Bulgakoff en erreur, en lui
» donnant des instructions trop menaçantes;
» mais cependant je vous assure que ce ministre,
» en gardant un silence inconvenant avec M. de
» Choiseul, a mal compris mes intentions, et
» je viens de lui écrire qu'il devait réparer
» promptement cette faute, et tout communi-
» quer dorénavant sans réserve à votre ambas-
» sadeur. »

J'informai sans tarder M. le comte de Choiseul de toutes ces explications; je l'avertissais en même temps de l'activité avec laquelle se pressaient les armemens russes, à Kherson et à Sevastopol.

« Malgré les dispositions pacifiques dont on
» me donne l'assurance, lui disais-je, les périls
» qui menacent l'empire ottoman, grossissent;
» on ne peut probablement lui prédire plus
» d'un an de tranquillité. De part et d'autre les
» griefs s'amassent, et les matériaux des mani-
» festes s'accumulent. La politique et la bonne
» foi veulent que, pour ne point donner de
» réalité aux soupçons inspirés aux Turcs con-
» tre nous par la malveillance, loin de les en-
» dormir au moment où les Russes, dans leur
» voisinage, font des armemens si formidables
» sur la mer Noire, nous leur conseillions de se
» mettre à leur tour sur un pied de défense res-
» pectable et imposant. »

Depuis peu de temps, à la vérité, le système politique de l'empereur semblait subir un notable changement : loin de paraître prêt à seconder toutes les vues de Catherine II, son alliée, il avait ordonné au comte Cobentzel de ne plus user d'aucune réserve envers moi, et d'appuyer, autant qu'il le pourrait, mes démarches, dans le but de faire renoncer le gouvernement russe à l'idée dangereuse du bouleversement de l'empire ottoman.

Ce langage, au fond, était sincère; cependant beaucoup de motifs me portaient à croire que, si l'empereur avait résolu de s'opposer à l'expulsion totale des Turcs et à la conquête de Constantinople, il n'était pas si éloigné de laisser Catherine s'emparer d'Oczakoff et d'Akerman, afin qu'elle pût rester par là, sans rivaux, maîtresse du commerce de la mer Noire, ainsi que des débouchés du Borysthène et du Dniester.

Sur ce point, l'opinion de M. de Choiseul se trouvant à tous égards conforme à la mienne, il tira peu à peu les Turcs de leur léthargie, leur persuada d'armer leurs vaisseaux, de fortifier leurs garnisons, d'envoyer des troupes sur les bords du Danube; enfin il leur conseilla de répondre aux menaces de M. de Bulgakoff par un langage juste, ferme et modéré.

Les discussions continuèrent relativement au firman, aux Tartares et aux Zaporaviens. L'impératrice, en me faisant communiquer les nouveaux griefs qu'elle prétendait avoir contre la Porte, m'assura que, voulant tout sacrifier à l'amour de la paix, elle fermerait les yeux sur la négociation entamée avec Héraclius, et qu'elle attendrait patiemment que la Porte reconnût elle-même l'indécence et l'injustice de son refus d'exécuter une convention faite et jurée sous la médiation de la France.

De telles démonstrations, et la conduite de l'Autriche, auraient pu me rassurer dans toute autre circonstance; mais avec quelle certitude pouvait-on prévoir les événemens dans un pays où je voyais un ministre assez puissant et assez hardi pour envoyer de son chef des ordres hostiles à un ambassadeur, et pour faire entrer des régimens en Pologne ou les en retirer, sans attendre l'autorisation de sa souveraine, et sans en informer les autres ministres?

Sur ces entrefaites, je reçus de ma cour une dépêche qui me prescrivait précisément la même conduite et le même langage que j'avais pris sur moi de suivre et de tenir à l'occasion des affaires de Turquie; et, peu de jours après, M. de Montmorin, par l'ordre du roi, me félicita obligeamment d'avoir ainsi, dans une circonstance délicate, deviné les instructions que je devais recevoir.

Le prince Potemkin, irrité de voir ses vues contrariées par mes démarches et par celles du comte de Cobentzel, ne put long-temps se con-

tenir, et bientôt il exhala son mécontentement.
« Il est donc décidé, me dit-il, que votre na-
» tion, la plus éclairée de tout l'univers, vou-
» dra éternellement protéger le fanatisme et
» l'ignorance; et sous quel prétexte ? sous celui
» de ne pas perdre un commerce dont la pos-
» session pourrait vous être garantie par des
» acquisitions brillantes et solides dans l'Ar-
» chipel. L'Europe tout entière a le droit d'ac-
» cuser la France, qui s'obstine seule à vouloir
» conserver dans son sein la peste et la bar-
» barie. »

Il m'était toujours pénible de combattre une opinion que je ne pouvais désapprouver. Cependant, pour remplir mes devoirs, je lui répondis « qu'un homme aussi éclairé que lui
» devait mieux comprendre et apprécier les mo-
» tifs du roi de France, qui, satisfait de voir
» son royaume florissant, tranquille et res-
» pecté, ne pouvait former d'autres vœux que
» celui du maintien du repos général.

» L'espoir d'un agrandissement plus illusoire
» que réel, disais-je, ne le décidera point à
» troubler le bonheur de ses sujets, à compro-
» mettre la tranquillité publique, à dépouiller
» de ses possessions un ancien allié, enfin à re-

» nouveler le temps des croisades pour effec-
» tuer un partage qui enflammerait l'ambition,
» la cupidité, la jalousie de toutes les puissances
» de l'Europe, et la rendrait le théâtre d'une
» guerre générale, aussi longue, aussi rui-
» neuse, aussi difficile à terminer que la guerre
» de trente ans. »

A peu près à la même époque, M. Fitz-Herbert reçut des dépêches du cabinet britannique, qui refusait de souscrire à l'ultimatum envoyé par le ministère russe. Dès ce moment toute négociation relative au renouvellement du traité de commerce entre l'Angleterre et la Russie fut définitivement rompue.

Les ratifications du traité que j'avais conclu venaient d'être échangées. Chacun des quatre plénipotentiaires russes reçut du roi quarante mille francs et le portrait de sa majesté, entouré de diamans dont le prix montait à la même valeur. Les chancelleries russe et française reçurent chacune mille ducats.

L'impératrice me donna son portrait enrichi de diamans, ainsi que de très belles fourrures et quarante mille francs. Peu de jours après, comme elle se faisait peindre en costume de voyage, je reçus d'elle un autre portrait bien

plus ressemblant, et dont la copie est placée en
tête du second volume de ces Mémoires.

Conformément aux ordres qu'on m'avait envoyés, j'exprimai à cette princesse la satisfaction que le roi avait éprouvée en formant un
lien d'amitié avec elle. « Son désir, lui dis-je,
» est d'étendre et de fortifier la confiance dont
» ce traité est le gage, et de resserrer de plus
» en plus une union si utile au repos de l'Eu-
» rope, dont l'équilibre ne peut être mieux
» maintenu que par deux grandes puissances
» qui ne doivent avoir, dans leur position ac-
» tuelle, que des intérêts communs. » Sa réponse
fut très amicale, très obligeante, et aussi pacifique que je pouvais l'espérer.

Ce n'était pas assez d'avoir signé un traité de
commerce, il fallait qu'il eût des résultats réels.
J'invitai M. le comte de Montmorin à se concerter avec le contrôleur général sur les moyens
les plus propres à encourager l'établissement de
maisons françaises dans les ports de la Russie,
établissement d'une nécessité urgente, et sans
lequel notre traité ne serait qu'illusoire.

Je rappelai à cet égard tous les sages régle-
mens de la factorerie anglaise; et, pour favoriser
notre navigation dans le Nord, je proposai une

grande diminution sur les droits d'ancrage, de lestage, de délestage, dont on grève nos bâtimens, tandis qu'ils ne devraient être supportés que par les bâtimens étrangers.

Je demandais aussi qu'on établît dans nos ports des écoles de langues allemande et anglaise, afin que nos négocians ne se vissent plus forcés de préférer des armateurs anglais, hollandais ou hambourgeois, aux nôtres.

Ces prévisions et ces remontrances furent inutiles; les esprits étaient déjà trop agités en France pour que nos ministres pussent se livrer à d'autres occupations que celle de se défendre d'une crise politique dont ils pressentaient l'approche.

Plus on avait à craindre des troubles intérieurs, plus on redoutait tout événement qui aurait pu amener la guerre; aussi le ministre me pressait de nouveau de chercher activement à pénétrer les véritables desseins des deux cours impériales.

Beaucoup d'obstacles rendaient à cet égard mon succès difficile. Les personnes qui pouvaient me servir, les membres subalternes de l'administration dont j'avais tiré parti, étaient absens. Je vivais au milieu d'une cour qu'on n'instruisait de rien. Les secrets politiques, s'il en existait, restaient renfermés entre Catherine, le prince Potemkin et le comte Bezborodko. Jamais je ne m'étais trouvé plus près du souverain et plus loin des affaires.

Cependant, comme, en observant la nouvelle et oblique marche de l'Autriche, il était facile de juger que l'empereur, s'il affectait extérieurement la plus vive amitié pour l'impératrice et une animosité presque égale à la sienne contre les musulmans, voulait secrètement seconder nos démarches pour empêcher une rupture avec la Porte, j'espérai que le comte Cobentzel, dès que l'empereur serait arrivé, pourrait me donner quelques lumières plus certaines, puisque l'intimité politique qui existait entre son souverain et l'impératrice le mettrait probablement à portée de recevoir des confidences qu'on était fort éloigné de me faire.

L'imagination de Catherine ne pouvait rester en repos : aussi ses plans étaient plus précipités que mûris; on s'apercevait que cette précipitation étouffait dans leur germe une partie des créations de son génie.

Elle voulait en même temps former un tiers-état, attirer le commerce étranger, établir des manufactures, étendre l'agriculture, fonder le crédit, multiplier le papier-monnaie, faire hausser le change, baisser l'intérêt de l'argent, bâtir des villes, créer des académies, peupler des déserts, couvrir la mer Noire d'escadres nombreuses, anéantir les Tartares, envahir la Perse, continuer progressivement ses conquêtes sur les Turcs, enchaîner la Pologne et étendre son influence sur toute l'Europe.

C'était beaucoup entreprendre; et, quoiqu'il y eût plus à faire dans un pays aussi neuf en civilisation, il est certain qu'on aurait obtenu plus de succès si on eût embrassé moins d'objets à la fois, ou si on eût voulu au moins, renonçant aux projets de conquêtes, ne s'occuper que de la prospérité intérieure, seule et vraie gloire pour les souverains.

Au reste, Catherine jouissait déjà de quelques fruits de ses travaux : la douceur de son règne favorisait l'accroissement rapide de la population; plusieurs manufactures avaient fait des progrès; la culture s'étendait de jour en jour; des écoles fondées adoucissaient par degrés les mœurs et répandaient peu à peu les lumières; les tribunaux commençaient à juger avec équité, et conformément aux lois, toutes les affaires qui ne concernaient pas des hommes trop puissans; l'esclavage était adouci; les droits concédés à la noblesse de s'assembler, d'élire ses syndics, ses juges, et d'adresser ses plaintes au trône, donnaient quelque activité aux propriétaires, les accoutumaient à connaître les affaires, préparaient aux gouvernemens des instrumens utiles, et empêchaient les deux capitales de la Russie d'énerver l'empire en concentrant dans ces deux grandes villes toute l'industrie, toute la richesse et toutes les consommations.

Malgré le désir qu'on me montrait de conserver la paix, je voyais régner une inquiétude et une méfiance qui s'accordaient peu avec ces dispositions pacifiques. On refusait des chevaux et des passe-ports à tous les étrangers qui désiraient d'aller à Kherson, en Crimée, ou dans toute autre partie des gouvernemens du prince Potemkin.

M. de Lameth venait d'annoncer le dessein de se rendre à Constantinople par Kherson. On ne lui répondit point par un refus formel, mais le prince me pria de l'engager à renoncer à ce projet.

« Dans les circonstances actuelles, me dit-il,

» cette démarche serait vue de mauvais œil par
» l'impératrice; elle nourrirait les injustes pré-
» ventions qu'on lui inspire contre les Fran-
» çais, et me nuirait dans le dessein que j'ai
» formé, de concert avec vous, d'amener cette
» princesse à la confiance qu'elle doit aux dis-
» positions amicales de votre cour. Il n'existe
» pas, à la vérité, de rupture entre la Porte et
» nous; mais comme on arme des deux côtés,
» il serait désagréable à l'impératrice qu'un
» colonel français, traité par elle avec distinc-
» tion, traversât tous les postes russes pour
» passer dans le camp des Turcs. Cependant,
» ajouta-t-il, comme ministre, je suis prêt à
» vous délivrer les passe-ports si vous insistez à
» les demander; mais, comme ami, je dois
» vous engager à éviter tout ce qui pourrait
» nuire à un rapprochement si récent. »

Je lui répondis « que c'était attacher bien de
» l'importance au voyage d'un jeune Français
» dont le seul but était de s'instruire et de s'a-
» muser; » je l'assurai que, « dans le temps où
» la guerre entre l'Angleterre et nous était près
» d'éclater, si lui ou tout autre général russe se
» fût trouvé en France, nous l'aurions laissé
» partir de Brest pour se rendre à Portsmouth,

» sans en concevoir la moindre inquiétude. »

Cependant je fis ce qu'il désirait; car mon rôle était de concilier et non d'aigrir. M. de Lameth, quoiqu'il fût justement étonné d'une telle méfiance, consentit obligeamment, et par amitié pour moi, à subir cette contrariété.

M. de Choiseul me surprenait toujours par la vivacité de ses inquiétudes, par la continuité de ses plaintes, par l'activité avec laquelle il pressait les armemens des Turcs. Je lui avais cependant adressé des dépêches propres à le calmer; mais le comte de Bezborodko m'expliqua tout : il m'apprit qu'un courrier expédié par lui dans le mois précédent, et qui portait ses dépêches à M. de Bulgakoff, ainsi que les miennes pour M. de Choiseul, avait été attaqué et volé sur les frontières par des brigands. On verra que cet incident ne contribua pas faiblement à déjouer toutes les mesures que nous avions prises pour rassurer la Porte et prévenir une rupture.

Quelques jours après, le prince Potemkin me fit une insinuation relative à un traité d'alliance qu'il était, selon lui, désirable et possible de conclure entre la France et la Russie. Profitant de cette circonstance, je lui dis « qu'a-

» vant tout il faudrait connaître parfaitement
» les vues de sa cour, et savoir si elle renonçait
» sincèrement à la destruction d'un empire dont
» la conservation intéressait plusieurs grandes
» puissances. »

« Il le faut bien, dit-il, puisque vous voulez
» conserver la peste, et que vous refusez de
» croire qu'un gouvernement chrétien ou des
» républiques grecques garantiraient mieux vo-
» tre commerce, que ne peut le faire l'orgueil
» capricieux et dédaigneux des musulmans.
» Mais au moins devriez-vous consentir à lais-
» ser resserrer les Turcs dans des frontières
» plus naturelles, plus convenables, pour éviter
» des guerres dont on est à chaque instant me-
» nacé. »

« J'entends, lui répondis-je ; vous voulez Oc-
» zakoff et Akerman : c'est à peu près deman-
» der Constantinople ; c'est déclarer la guerre
» pour prouver le désir de conserver la paix. »

« Non, répliqua-t-il ; mais, si on nous attaque,
» nous prendrons les indemnités qui nous con-
» viendront. Il serait cependant possible, si
» vous le vouliez, et sans combattre, de rendre
» indépendans les princes de Moldavie et de
» Valachie, et de délivrer ainsi ces provinces

» chrétiennes du glaive des bourreaux et du
» pillage des brigands. »

« Sans combattre ! lui dis-je ; vous ne le
» croyez pas : jamais les Turcs ne souscriront à
» une telle concession sans avoir été vaincus. »

Cet entretien finit et me prouva qu'avec de
telles idées empreintes dans la tête d'un ministre
si puissant, il serait bien difficile que le comte
Bezborodko pût maintenir long-temps l'impératrice dans les dispositions pacifiques qu'elle manifestait, et qui, pour le moment, me paraissaient sincères.

Un courrier de Constantinople apporta au
prince Potemkin des nouvelles qui irritèrent
Catherine : M. de Bulgakoff lui mandait que
plusieurs officiers français, déguisés en marchands, s'étaient rendus par terre à Oczakoff.

Je dis au prince « qu'il devait bien s'attendre,
» au moment où les frontières des Turcs se
» trouvaient menacées, à voir la France, leur
» alliée, employer, pour les mettre en défense,
» des officiers que notre cour avait envoyés
» dans ce dessein à Constantinople. » J'ajoutai
« que leur déguisement seul me semblait inex-
» plicable, parce que nous agissions sans feinte
» et ouvertement. »

Les Anglais saisirent cette circonstance pour aigrir les soupçons de l'impératrice, et, pendant quelque temps, la bienveillance de cette princesse pour moi se changea en froideur marquée.

Le parti de l'opposition en Pologne s'efforçait alors de profiter du séjour de Catherine à Kioff, pour nuire dans son esprit au roi Stanislas. Le maréchal Potocki par son adresse, et le général Branitski par le crédit de sa femme, nièce du prince Potemkin, persuadèrent à ce prince que le roi s'opposait aux acquisitions qu'il voulait faire en Pologne; mais le prince de Nassau et le comte Stackelberg, déjouant cette intrigue, réconcilièrent le premier ministre et le roi.

« Savez-vous ce que font ici ces nobles de la
» grande et petite Pologne ? disait le prince de
» Ligne; ils se trompent, on les trompe, et ils
» en trompent d'autres. Leurs femmes flattent
» l'impératrice, et se persuadent qu'elle ne sait
» pas qu'ils l'ont insultée dans les aboiemens de
» la dernière diète. Tous cherchent un regard
» du prince Potemkin, et ce regard est difficile
» à rencontrer; car le prince tient du borgne
» et du louche. Ces belles Polonaises sollicitent

» le ruban de Sainte-Catherine pour l'arranger
» avec coquetterie, et pour exciter la jalousie
» de leurs amies et de leurs parentes.

» L'impératrice se plaint des ministres d'An-
» gleterre et de Prusse, qui aiguillonnent l'hu-
» meur des Turcs, tandis qu'elle agace conti-
» nuellement ces enfans de Mahomet. On désire
» et on craint la guerre; Ségur fait ce qu'il
» peut pour l'éloigner; moi, qui n'ai rien à
» risquer, et qui ai peut-être quelque gloire à
» acquérir, je souhaite la guerre de tout mon
» cœur, et puis mon ami me reproche de sou-
» haiter ce qui doit causer tant de malheurs.
» Alors je ne la désire plus; mais souvent un
» reste de fermentation dans le sang m'y ra-
» mène. »

On voit par là combien un tel ami, jouissant
de toute la confiance de Catherine, était loin
de me seconder pour la maintenir dans ses dispositions pacifiques.

Stanislas proposa à l'impératrice de lui prêter
des troupes; elle refusa cette offre. Les circonstances étaient favorables pour Stanislas, mais
ce prince était incapable d'en profiter. Portant au milieu d'une nation turbulente un esprit léger, doux et brillant, lorsqu'il aurait

fallu développer du caractère et du génie, ce monarque, accablé sous le poids de sa faible couronne, restait toujours tyrannisé par ses voisins et bravé par ses sujets.

L'hiver venait de disparaître : les eaux du Borysthène n'étaient plus enchaînées par les glaces ; la nature, quittant son voile de deuil et se colorant des feux du printemps, donnait à Catherine le signal du départ. On célébra sa fête.

Cette princesse, après avoir visité religieusement le monastère de Petschersky, distribua beaucoup de grâces et de cordons, de diamans et de perles. « La Cléopâtre de Kioff, dit à ce » propos le prince de Ligne, n'avale point de » perles, mais elle en donne beaucoup. »

Enfin l'impératrice s'embarqua, le 1er mai 1787, sur sa galère, suivie de la flotte la plus pompeuse qu'un grand fleuve eût jamais portée. Elle était composée de plus de quatre-vingts bâtimens avec trois mille hommes d'équipage et de garnison ; à leur tête marchaient sept galères d'une forme élégante, d'une grandeur majestueuse, peintes avec art, garnies d'équipages nombreux, lestes, uniformément vêtus. L'or et la soie étincelaient dans les riches appartemens construits sur les tillacs.

L'une de ces galères qui suivaient celle de l'impératrice, reçut à son bord MM. de Cobentzel et Fitz-Herbert; une seconde fut assignée au prince de Ligne et à moi; les autres étaient destinées au prince Potemkin, à ses nièces, au grand-chambellan, au grand-écuyer, aux ministres et aux grands que Catherine avait admis à l'honneur de l'accompagner. Le reste de la flotte portait les officiers inférieurs, les bagages, les munitions. Mademoiselle Protasoff et le comte Momonoff étaient logés dans la galère de sa majesté.

Nous trouvâmes chacun sur les nôtres une chambre et un cabinet dont le luxe égalait l'élégance, un divan commode, un excellent lit en taffetas chiné, et un secrétaire en acajou.

Chaque galère avait sa musique. Une foule de chaloupes et de canots voltigeaient sans cesse à la tête et sur les flancs de cette escadre, qui ressemblait aux créations de la féerie.

Notre marche était lente; nous nous arrêtions souvent, et nous profitions de ces momens de repos pour monter sur de rapides esquifs, et pour nous promener sur les rives du fleuve ou dans les îles fraîches et verdoyantes dont son cours était parsemé.

Une affluence immense de peuple salua l'impératrice par de bruyantes acclamations, à l'instant où l'on vit, au bruit du canon, les matelots de sa majestueuse escadre frapper en cadence, avec leurs rames peintes et brillantes, les eaux du Borysthène.

Sur les bords du fleuve une foule de curieux, qui se renouvelaient sans cesse, venaient de tous les points de l'empire admirer la marche de notre cortége, et offrir en tribut à leur souveraine les productions de leurs climats divers.

Souvent on voyait des corps légers de Cosaques manœuvrer dans les plaines que baigne le Dniéper. Les villes, les villages, les maisons de campagne, et quelquefois de rustiques cabanes, étaient tellement ornés et déguisés par des arcs de triomphe, par des guirlandes de fleurs, par d'élégantes décorations d'architecture, que leur aspect complétait l'illusion au point de les transformer à nos yeux en cités superbes, en palais soudainement construits, en jardins magiquement créés.

La neige avait disparu; une riante verdure couvrait la terre; les prés étaient émaillés de fleurs; un soleil brillant animait, vivifiait, colorait tous les objets. L'air retentissant des sons de la musique harmonieuse de nos galères, les costumes divers des spectateurs qui bordaient le rivage, variaient sans cesse ce riche et mouvant tableau.

Enfin plus tard, lorsque nous approchâmes de quelques grandes villes, nous vîmes rangés à leurs postes des escadrons de troupes d'élite, éclatantes par la beauté de leurs armes et par la richesse de leurs uniformes. Le contraste de leur magnifique tenue avec le dénuement des régimens du maréchal Romanzoff, annonçait assez que nous quittions le gouvernement de ce vieux et illustre guerrier, et que nous allions entrer dans ceux que la fortune avait soumis au prince Potemkin.

Les élémens, la saison, la nature et l'art, tout semblait conspirer pour assurer le triomphe de ce favori puissant. Il espérait, en entourant sa souveraine de tant de prestiges, au moment où elle parcourait les contrées récemment conquises par ses armes, enflammer son ambition et lui inspirer le désir de tenter audacieusement de nouvelles conquêtes.

Nos matinées seules étaient libres. Nous les employions agréablement en lectures, en conversations, en visites d'une galère à l'autre, en promenades sur les bords du fleuve.

A une heure, nous nous rendions tous les jours sur la galère de l'impératrice, et nous dînions avec elle. Sa table, suivant sa coutume, ne passait point dix couverts. Une fois par semaine seulement elle invitait toutes les personnes qui avaient l'honneur de l'accompagner. Alors son dîner était servi sur un très grand bâtiment, où soixante couverts pouvaient être facilement placés.

Cinq jours après notre départ, nous nous arrêtâmes devant la ville de Kanieff, où le roi de Pologne avec sa cour nous attendait.

C'était là que devait avoir lieu l'entrevue de Stanislas et de Catherine, tous deux remarquables, vingt-cinq ans auparavant, par leur grâce, par leur beauté, tous deux autrefois unis par un amour réciproque, et tous deux, depuis tant de lustres, non moins changés dans leurs formes que dans leurs sentimens.

Au moment où nous allions être témoins, le prince de Ligne et moi, de cette reconnaissance théâtrale, où la politique avait plus de part que l'amitié, nous ne pouvions nous empêcher de sourire en voyant la tristesse et la jalousie que le jeune favori éprouvait, ou feignait d'éprouver, à l'approche d'un tête-à-tête devenu si étranger à l'amour; car il était évident que Stanislas, dont la couronne flottait incertaine sur sa tête, n'avait sollicité que par crainte et par intérêt, de son altière protectrice, la faveur d'une réunion passagère; et ce rendez-vous, plus diplomatique que sentimental, ne lui était accordé que par une froide bienséance.

Je ne vis jamais l'impératrice plus aimable que le premier jour de notre navigation : le dîner fut très gai; nous étions tous charmés de sortir de la triste ville de Kioff, où les glaces nous avaient bloqués trois mois.

Le printemps rajeunissait nos idées; la beauté du temps, la magnificence de notre flotte, la majesté du fleuve, le mouvement, la joie de la multitude des spectateurs qui accouraient sur les bords, le mélange militaire ou asiatique que nous présentaient les costumes variés de trente nations différentes, enfin la certitude de voir chaque jour des objets curieux et nouveaux, réveillaient, aiguillonnaient notre imagination; elle semblait voyager encore plus rapidement que nous.

Sans nous appesantir sur rien, nous passions

continuellement d'un sujet de conversation à l'autre. Nous comparions les temps anciens aux modernes, la France à l'Attique, l'Angleterre à Carthage, la Prusse à la Macédoine, l'empire de Catherine à celui de Cyrus. On racontait des anecdotes anciennes et nouvelles. L'impératrice nous en fit connaître plusieurs relatives à Pierre le Grand et à Élisabeth.

Comme nous la félicitions d'avoir en si peu de temps adouci des mœurs naguère encore si rudes et si âpres, elle répondit : « Il est vrai » que les vieillards russes doivent trouver quel- » que différence entre leur temps et le nôtre. » Je ne puis penser sans horreur au sort du » peuple sous le règne de l'impératrice Anne, » ou plutôt sous celui de son ministre Biren; » cet homme cruel, qui la dominait, fit tuer, » mutiler ou exiler plus de soixante-dix mille » personnes. »

Nous parlâmes des tribus sauvages qui peuplaient encore les parties reculées de son empire. « Le temps, dit-elle, n'a point encore » marché pour ces tribus nomades; depuis leur » origine, elles ont toujours conservé la même » simplicité de mœurs : vivant sous la tente, se » nourrissant de la chair et du lait de leurs

» troupeaux, soumises à des chefs qui sont
» plutôt des pères de famille que des maîtres,
» on peut les croire heureuses; car elles n'ont
» qu'un petit nombre de besoins et de désirs
» toujours aisés à satisfaire. Je ne sais pas si en
» les civilisant, comme je l'ai voulu, je ne les
» aurais pas gâtées; les légers tributs de four-
» rures qu'elles me paient les contrarient peu,
» puisque la chasse est leur habitude et leur
» passion. »

Un seul grand changement s'est opéré pour ces antiques hordes de Huns, de Kirghis, de Tartares, connues jadis sous mille noms différens : elles furent long-temps, par leur vie errante, par leurs invasions et par leurs ravages, l'effroi du monde; mais, ce monde, aujourd'hui civilisé, peuplé, armé, éclairé, leur ayant ôté toute possibilité de conquête, ces hordes ont cessé d'être belliqueuses, à tel point qu'elles ne se battent même que très rarement entr'elles.

Nous parlâmes de leur religion, de leurs shamans ou sorciers, de leurs idoles. L'impératrice nous dit « qu'une de ces tribus avait un culte
» assez difficile à connaître; leurs prêtres ont
» gardé de toute antiquité un recueil de priè-

» res, de maximes ou de cantiques écrits dans
» une langue dont l'intelligence est perdue de-
» puis bien long-temps, et qu'ils récitent par
» tradition sans les comprendre.

» Ce fait, ajouta-t-elle, excita ma curiosité;
» je consultai des *savans*, qui sur ce point,
» comme sur beaucoup d'autres, ne *savaient*
» rien. J'ordonnai de continuer des recherches;
» enfin depuis peu on a cru reconnaître que ces
» prières étaient écrites dans la langue antique
» et sacrée des Indes, le sanskrit. »

Comme dans la suite de cet entretien cette princesse passait en revue assez rapidement les systèmes des législateurs de la Grèce, de l'Asie, de Rome et de l'Arabie, je lui dis qu'elle paraissait avoir perdu tout-à-fait le droit de dire du mal des savans, selon son habitude.

« Oui, ajouta le prince de Ligne; car son-
» gez-y bien, madame, après ce que nous ve-
» nons d'entendre, nous allons être obligés, en
» conscience, de vous inscrire sur la liste de
» ces savans que vous ménagez si peu. »

« Ah! je le sais, dit-elle, mon ensemble vous
» plaît; vous me louez en gros; mais je parie
» que, dans les détails, vous trouvez en moi
» bien des sujets de critique. Je fais à tous mo-

» mens des fautes de langue et d'orthographe.
» M. de Ségur conviendra que j'ai parfois la
» tête bien dure, puisqu'il n'a pu parvenir à
» me faire composer seulement six vers; et en
» vérité je crois, malgré ses éloges, que si j'é-
» tais particulière en France, ses charmantes
» dames de Paris ne me trouveraient pas assez
» aimable pour m'inviter à souper. »

« Songez, je vous prie, madame, m'écriai-je
» alors, que je représente ici près de vous la
» France, et que je ne dois pas souffrir qu'on
» la calomnie ainsi. »

Comme l'impératrice était en train, continuant sur ce ton, elle nous dit : « Allons, que
» croyez-vous que j'aurais été dans le monde
» si j'y fusse née homme et particulier ? »

M. Fitz-Herbert répondit qu'elle aurait été
un profond législateur; Cobentzel, un grand
ministre ou un ambassadeur; moi, je l'assurai
qu'elle serait devenue un général très renommé.

« Ah! pour le coup, reprit-elle, vous vous
» trompez; car je connais ma tête, elle est ar-
» dente; j'aurais tout risqué pour chercher la
» gloire, et, n'étant que sous-lieutenant, dès la
» première campagne je me serais fait casser la
» tête. »

Un autre jour, nous parlions de toutes les conjectures qu'on allait faire en Europe sur son voyage. A cet égard nous étions tous du même avis, et nous prétendions que partout on allait se figurer qu'elle et l'empereur voulaient conquérir la Turquie, la Perse, peut-être même l'Inde et le Japon ; enfin qu'en ce moment le cabinet voyageur de Catherine occupait et inquiétait tous les autres.

« Ce cabinet de Pétersbourg, dit-elle, qui
» flotte aujourd'hui sur le Dniéper, paraît donc
» bien grand, puisqu'il donne aux autres tant
» d'occupation ? »

« Oui, madame, dit alors le prince de Ligne ;
» et je n'en connais cependant pas un plus pe-
» tit, car il n'a que quelques pouces de dimen-
» sion : il s'étend depuis une tempe à l'autre,
» et depuis la racine du nez jusqu'à celle des
» cheveux. »

Notre navigation devait durer pendant l'espace de quatre cent quarante-six verstes, qui séparent Kioff de Kaydak. A Kaydak, les cataractes commencent, et de là il fallait reprendre nos voitures pour nous rendre à Kherson.

Le Borysthène ou Dniéper, dont les sources se trouvent près du village de Dniéproff, à cent cinquante verstes de Smolensk, se grossit rapidement. Son cours entier est de quinze cents verstes ou environ quatre cents lieues.

Avant d'arriver à son embouchure, entre Kinburn et Oczakoff, il forme un golfe dont la longueur est de quinze lieues et la largeur de quatre. Son lit, depuis Kaydak, est embarrassé par treize cataractes qui occupent un espace de soixante verstes. Plusieurs de ces roches sont couvertes d'eau; d'autres s'élèvent à une assez grande hauteur au-dessus de sa surface.

Ce fleuve est rapide; plusieurs bancs de sable y rendent quelquefois la navigation assez dangereuse. Il reçoit plusieurs rivières : du côté de la Pologne, l'Ingoultz, le Bug et le Liman; du côté de la Russie, la Soja, la Dezna, la Soula, le Ptia, la Vorskla et la Samara.

Indépendamment des villages dont ses bords sont parsemés, on y rencontre Tripolié, ville bâtie par Wladimir pour défendre les frontières de ses États. Elle fut, comme toutes les autres, souvent en proie aux guerres civiles, et momentanément détruite dans le douzième siècle par les Tartares.

A peu de distance est un village nommé Staiki, sur un ruisseau qui marque la frontière de la Pologne, et depuis lequel toute la rive droite appartient aux Polonais.

Ensuite on voit la ville de Péréiaslaff, jadis habitée par les Kozars, et à droite la ville de Trektémiroff, qui fournit des meules aux contrées voisines russes et polonaises.

A vingt verstes plus loin, on aperçoit Kanieff, précédemment ville, aujourd'hui bourg. Ce fut là où se rendit le roi de Pologne pour nous recevoir.

Autrefois une tribu de Tartares, nommés Baskas, s'empara de cette ville; plus tard Achmet-Baska, un de leurs chefs, les divisa en slobodes, et les nomma Cosaques. Ils se rendirent maîtres de cette contrée.

Depuis, accrus en nombre par des troupes de déserteurs russes et polonais, ils y construisirent un fort, qu'ils nommèrent Tcherkasse. Bientôt des hommes sans aveu et de toutes les nations les rejoignirent; ils fondèrent une ville située dans une île du Borysthène, et qui devint assez fameuse sous le nom de Kortitz.

Ce fut alors qu'on les appela Zaporaviens, pour les distinguer d'autres tribus ou slobodes établies au-dessus des cataractes. Ces brigands amphibies, occupés sans cesse à guerroyer et à piller, se voyant chassés peu à peu de leurs premiers établissemens, se retirèrent et habitèrent différentes îles du Dniéper, d'où ils sortaient en foule pour faire des incursions en Pologne et en Russie.

Catherine II, ayant enfin détruit cette étrange république, établit sur son territoire des régimens de Cosaques réguliers, auxquels on assigna pour leur subsistance et leur entretien des terres et des villes.

Nous vîmes plusieurs de ces villes, qui n'ont plus aujourd'hui la même destination : l'une est Daubrowka, située au confluent de la Soula et du Dniéper; Krementchuk, plus remarquable, était un bourg appartenant au régiment de Mirgorod; ensuite elle fut érigée en ville. C'est actuellement le chef-lieu de district du gouvernement d'Ekaterinoslaff. Elle est assez grande, mais ne se distingue par aucun monument. Un pont flottant, de la longueur d'un quart de lieue, lui sert de communication avec la ville de Krioukoff, bâtie sur la rive opposée.

En descendant le fleuve, on rencontre les petites villes de Kliberda et de Pérévolochno, autrefois ruinées par les Tartares; enfin Ortik et Kaydak. C'est près de cette dernière ville que l'impératrice devait poser la première pierre de la ville d'Ekaterinoslaff.

Chacune des cataractes a un nom particulier : la première s'appelle Kaydak; la plus dangereuse de toutes est la huitième, nommée Ninajétinsk : elle a sept cents toises de longueur, et, dans cet espace, six pieds et un quart de chute.

De Kaydak jusqu'à Kherson, on traversait une plaine alors presque déserte. Kherson est située à l'embouchure du Dniéper, à vingt-deux lieues de la mer.

Il était nécessaire de retracer ici en peu de mots cette partie de notre itinéraire, pour n'y plus revenir. A présent, retournons sur notre flotte, que nous avons laissée au moment où, toute pavoisée, elle se rangeait en ligne devant les murs de Kanieff, dont les hauteurs et les plaines resplendissaient de l'éclat des armes d'une multitude d'escadrons polonais magnifiquement vêtus.

L'artillerie de la flotte et de la ville annonçait l'approche des deux monarques. Catherine envoya, sur une chaloupe élégante, plusieurs de ses grands officiers, qui vinrent saluer le roi de Pologne.

Ce prince, accompagné par eux, et croyant

devoir, pour éviter toute étiquette embarrassante, garder un *incognito* peu compatible avec tant d'éclat, leur dit : « Messieurs, le roi de » Pologne m'a chargé de vous recommander le » comte Poniatowski. »

Lorsqu'il fut monté sur la galère impériale, nous nous pressâmes en cercle autour de lui, curieux de voir les premières émotions et d'entendre les premières paroles de ces augustes personnages, dans une circonstance si différente de celle où ils s'étaient vus autrefois, unis par l'amour, séparés par la jalousie, et poursuivis par la haine.

Mais notre attente fut presque totalement déçue; car, après un salut réciproque, grave, majestueux et froid, Catherine ayant présenté sa main à Stanislas, ils entrèrent dans un cabinet, et y restèrent enfermés une demi-heure.

Dès que ce tête-à-tête fut fini, leurs majestés vinrent nous rejoindre; et comme nous n'avions pas pu les entendre, nos regards curieux cherchaient à lire leurs pensées sur leurs traits; mais quelques légers nuages répandus sur leurs fronts, rendaient cette lecture assez difficile : c'était, du côté de l'impératrice, un nuage d'embarras et de contrainte inaccoutumés; et, dans les yeux du roi, une certaine empreinte de tristesse, qu'un sourire affecté ne pouvait entièrement déguiser.

Ce prince vint obligeamment parler à tous ceux d'entre nous qu'il connaissait; l'impératrice lui présenta les autres. Je reçus de lui un accueil très gracieux.

Tout avait été calculé pour ne point laisser de vide dans une journée que, de part et d'autre, on désirait peut-être également abréger. Bientôt on s'embarqua dans de belles chaloupes pour se rendre sur la galère du festin. Il était difficile d'en voir un plus somptueux, plus délicat et plus recherché.

L'impératrice avait à sa droite le roi, et à sa gauche l'ambassadeur Cobentzel; le prince Potemkin, M. Fitz-Herbert et moi, nous étions placés vis-à-vis de leurs majestés.

On parla peu, on mangea peu, on se regarda beaucoup; on écouta une belle musique, et on but à la santé du roi, au bruit d'une grande salve d'artillerie.

En sortant de table, le roi prit de la main d'un page les gants et l'éventail de l'impératrice, et les lui présenta. Ce prince ensuite cherchait et ne pouvait trouver son chapeau ; l'impératrice, qui l'avait aperçu, se le fit apporter, et le lui donna. « Ah ! madame, lui dit » Stanislas en le recevant, vous m'en avez donné » autrefois un bien plus beau. »

On revint à la galère impériale ; le cercle fut court, et n'offrit rien de remarquable. Le roi se rembarqua à huit heures, et retourna à Kanieff.

Dès que le soleil eut fait place à l'ombre, la montagne de Kanieff étincela de feux ; ses flancs étaient sillonnés d'un fossé serpentant, rempli de matières combustibles. Lorsqu'elles furent enflammées, elles présentèrent l'image de la lave d'un volcan, image d'autant plus parfaite que dans le même moment, au sommet de la montagne, une éruption de cent mille fusées embrasait les airs, et multipliait ses clartés en se réfléchissant dans les eaux du Borysthène.

Notre flotte était aussi magnifiquement illuminée, de sorte que cette fois, dans notre horizon, il n'y eut point de nuit.

Le roi nous avait tous invités : nous nous rendîmes chez lui ; il nous donna un bal superbe, mais l'impératrice n'y voulut point aller. Stanislas l'avait inutilement conjurée de prolonger son séjour de vingt-quatre heures; le temps des faveurs était passé pour lui. Catherine lui dit qu'elle craindrait par ce retard de faire attendre l'empereur, qui devait la rejoindre à Kherson.

Nous continuâmes donc notre route le lendemain, et ce fut ainsi que se termina cette entrevue, qui, malgré sa magnificence théâtrale, occupera mieux sa place dans l'histoire que dans le roman; car ce ne fut certainement point par des sentimens trop tendres qu'elle fut embellie et animée.

Cependant si le voyage du roi de Pologne et son entrevue ne purent ranimer dans le cœur de l'impératrice une affection depuis long-temps éteinte, il n'en tira pas moins quelque avantage de sa conférence; les intrigues tramées contre lui par le parti de l'opposition furent déjouées. Le prince Potemkin essaya même de réconcilier avec ce prince le grand général Branitski, son neveu; celui-ci s'y prêta de si mauvaise grâce, et s'exprima avec une hauteur si déplacée, qu'ils se séparèrent plus brouillés que jamais.

Comme le roi, dans cette occasion, avait montré beaucoup de condescendance pour l'impératrice, cette princesse, touchée de ses procédés, résolut de le soutenir contre les attaques de ses ennemis. Elle lui donna la décoration de l'ordre de Saint-André, et, avec son autorisation, le roi revêtit de l'ordre de l'Aigle-Blanc le général Engelhard, neveu du prince Potemkin.

En partant de Kanieff, Stanislas-Auguste courut promptement à la rencontre de l'empereur Joseph II, dans l'espoir de se concilier sa bienveillance, et de détourner les périls que lui faisaient redouter la puissance et l'ambition de ce formidable voisin, qui venait déjà de manifester quelque désir d'étendre les frontières de la Gallicie.

L'empereur le reçut bien, et l'assura que, loin de projeter quelque nouveau démembrement de la Pologne, il s'opposerait à tous ceux que d'autres puissances voudraient effectuer. Vaine promesse! aux yeux des souverains les plus sévères dans leur conduite privée, la politique se croit rarement obligée à se soumettre aux règles de la morale; l'intérêt dicte et rompt leurs sermens.

Stanislas, momentanément rassuré, s'aveuglait sur le vrai danger de sa position. La force seule garantit l'indépendance; elle est déjà perdue dès qu'on se croit assez faible pour ne lui donner d'autres garanties qu'une protection étrangère; c'est en se montrant prêt à combattre qu'on inspire le respect, et qu'au lieu de protecteurs on trouve des alliés.

Notre navigation continuait d'être heureuse. Elle fut seulement quelquefois ralentie par des vents contraires, et nous arrivâmes sans accident, le 10 mai, à Krementchuk.

La tristesse du séjour de Kioff, la rigueur de la saison, et surtout l'humeur du maréchal Romanzoff, avaient obscurci de quelques nuages la gaîté naturelle de Catherine. En débarquant à Krementchuk, un spectacle tout différent frappa ses regards : le printemps, ranimant la nature, donnait aux objets un air de fête, et le charme de la première verdure embellissait tout, jusqu'aux marais.

Une maison vaste, élégante, bâtie et distribuée conformément au goût de l'impératrice; un jardin anglais où la magie du prince Potemkin avait fait transporter à grands frais des arbres d'une grosseur singulière; une vue charmante dont l'ombrage, les fleurs et les eaux variaient agréablement les perspectives; douze mille hommes de troupes habillées et équipées à neuf; toute la noblesse du gouvernement rassemblée et richement vêtue; la réunion des marchands accourus de toutes les contrées de l'empire; enfin le plaisir d'être en mouvement, après trois mois d'immobilité, et celui de voir s'avancer vers son but cet extraordinaire voyage, qui fixait l'attention de l'Europe : tels furent les préludes des scènes nouvelles dont j'allais être témoin.

La satisfaction de Catherine, nourrie chaque jour par des objets nouveaux et piquans, se manifestait à tous les yeux. Le prince Potemkin, extraordinaire en tout et toujours, se montrait aussi actif dans ses gouvernemens qu'il paraissait indolent à Pétersbourg.

Tout ce que sa vive imagination, son pouvoir illimité et la connaissance profonde qu'il avait du caractère de sa souveraine, pouvaient lui fournir de moyens pour exalter sa tête, pour flatter son amour-propre, était employé avec un art inconcevable.

Il savait, par une espèce de prodige, lutter contre tous les obstacles, vaincre la nature, abréger les distances, parer la misère, tromper l'œil sur l'uniformité des plaines sablonneuses, l'esprit sur l'ennui d'une longue marche, et donner un air de vie aux déserts les plus stériles.

Toutes les stations étaient mesurées de façon à éviter la plus légère lassitude; il avait soin de ne faire arrêter la flotte qu'en face des bourgs ou villes situées dans des positions pittoresques. D'immenses troupeaux animaient les prairies; des groupes de paysans vivifiaient les plages; une foule innombrable de bateaux portant des jeunes garçons et des jeunes filles, qui chantaient des airs rustiques de leur pays, nous environnaient sans cesse; rien n'était oublié.

Il faut convenir que, si ce premier ministre, médiocre général, politique capricieux, se montrait fort loin d'être un grand homme d'État, il était au moins le plus grand et le plus habile des hommes de cour.

Cependant, en retranchant tout ce qu'il y avait d'artifice dans ses créations, on y reconnaissait aussi quelques réalités : lorsqu'il avait pris possession de son immense gouvernement, on n'y comptait que deux cent quatre mille habitans; et sous son administration la population, en très peu d'années, s'était élevée à huit cent mille, nombre encore faible pour une province longue de deux cents lieues et large de cent.

Cet accroissement se composait de colons

grecs, allemands, polonais, d'invalides, de soldats et de matelots congédiés. Un Français, établi depuis trois ans dans cette contrée, me dit qu'en la parcourant chaque année, il trouvait de nouveaux villages établis et florissans, dans les lieux qu'un an auparavant il avait laissés déserts.

Le prince nous fit jouir, à Krementchuk, du spectacle d'une grande manœuvre, où se déployèrent quarante-cinq escadrons et une nombreuse infanterie. J'ai vu peu de troupes plus belles et en plus brillante tenue. Leurs mouvemens purent nous donner une idée de cette tactique russe si effrayante pour les Turcs, quoiqu'elle dût être sans doute insuffisante contre d'autres troupes. Depuis, nous leur avons donné de savantes leçons, dont ils n'ont que trop bien profité.

Toutes leurs manœuvres, à l'époque où je les vis, consistaient à marcher sur quatre colonnes, en se couvrant d'un rideau de tirailleurs, précédés d'un corps de Cosaques. Supposant ensuite que l'ennemi s'avançait en forces, les quatre colonnes formaient quatre bataillons carrés, à centre vide, sur trois de hauteur. Les Cosaques se retiraient derrière elles, et se formaient sur un rang dans leurs intervalles, de sorte que la ligne de bataille offrait l'apparence de quatre bastions et de deux courtines; l'artillerie se plaçait aux angles des carrés.

Dans ce moment, comme il fallait supposer qu'on était entouré, parce que c'est le genre d'attaque des Turcs, on exécutait un feu très vif, après lequel, supposant encore que l'ennemi avait été mis en désordre, les carrés marchaient en avant, les tirailleurs sortaient de leurs rangs, et les Cosaques, la lance à la main, et jetant de grands cris, volaient à la poursuite des vaincus pour compléter leur défaite.

Après cette brillante revue militaire, l'impératrice, témoignant sa satisfaction au prince, lui dit, avec une joie qui partait du cœur : « Depuis Pétersbourg jusqu'à Kioff, j'ai cru » voir le ressort de mon empire détendu et usé; » ici je le retrouve dans toute son activité et » dans toute sa vigueur. »

Cette princesse, ayant ensuite, conformément à ses habitudes, qu'elle ne variait jamais, donné audience au clergé, aux autorités, aux marchands, invita toute la noblesse à un cercle suivi d'un bal magnifique, et remonta sur sa galère.

Le fleuve devenait plus large, et cependant notre navigation devenait plus difficile : à chaque instant des vents trop faibles ou des vents contraires nous faisaient échouer sur des îles ou sur des bancs de sable; quelquefois ils nous forçaient de rester à l'ancre vingt-quatre heures de suite.

Mais l'aspect de ces rives inconnues, le plaisir de traverser un pays naguère habité par des Cosaques zaporaviens, brigands destructeurs, ennemis de tout travail agricole ou industriel, pays aujourd'hui peuplé de citoyens soumis et laborieux, enfin la commodité et l'agrément de nos galères, ainsi que le charme des lectures et des entretiens, abrégeaient le temps pour nous, et transformaient presque en plaisirs, par leur variété, ces légers accidens d'un si long voyage.

L'impératrice même paraissait si contente d'elle et de nous, qu'elle aurait vu avec peine, disait-elle, s'approcher le terme de cette navigation, si elle n'avait pas craint de faire attendre long-temps l'empereur, qu'on savait arrivé à Kherson.

Le prince de Ligne, plus âgé que moi de vingt ans, m'étonnait sans cesse par la vivacité de son imagination et par la jeunesse de son esprit : dès le matin, frappant contre la faible cloison qui séparait son lit du mien, il me réveillait pour me réciter des impromptus en vers et en chansons, qu'il venait de composer; et, peu de temps après, son chasseur m'apportait une lettre de quatre ou six pages, où la sagesse, la folie, la politique, la galanterie, les anecdotes militaires et les épigrammes philosophiques, étaient mêlées de la manière la plus originale.

Il exigeait une prompte réponse : aussi rien ne fut jamais plus suivi et plus exact que cette étrange correspondance quotidienne, entre un général autrichien et un ambassadeur français, couchés l'un à côté de l'autre sur la même galère, non loin de l'impératrice du Nord, et naviguant sur le Borysthène, à travers le pays des Cosaques, pour aller visiter celui des Tartares.

Mille amusemens divers, les récits curieux et piquans que nous faisait Catherine, les réflexions spirituelles, bien qu'un peu mélancoliques, de M. Fitz-Herbert, les folies du grand-écuyer, et la gaîté intarissable de Cobentzel, qui nous faisait jouer avec lui des proverbes dans la chambre à coucher de l'impératrice (genre de talent où il excellait), variaient agréablement nos journées.

Néanmoins, les écueils et les retards se multipliant de plus en plus, l'inquiétude de l'impératrice allait peut-être se changer en humeur, lorsque nous apprîmes que l'empereur, le lendemain de son arrivée à Kherson, en était parti, et s'était rendu en toute diligence à Kaydak, dont nous n'étions éloignés que de six lieues.

Le dessein de ce monarque avait été de venir à la rencontre de la galère de l'impératrice; mais, le prince Potemkin, qui s'était rendu d'avance à Kaydak, ayant prévenu à temps sa souveraine, elle se fit descendre à terre, nous laissa presque tous sur sa flotte, monta précipitamment en voiture, et courut au devant de l'empereur, qu'elle rencontra prés de la maison isolée d'un Cosaque, où ils s'arrêtèrent peu d'heures, et d'où ils partirent ensuite ensemble pour Kaydak, où nous les rejoignîmes le lendemain matin, le 19 mai.

Comme l'impératrice s'était pressée au point de ne prendre avec elle aucun de ses gens, l'embarras pour faire dîner les deux grands souverains ne fut pas médiocre. Le prince Potemkin, le grand général Branitski, ainsi que le prince de Nassau, que ce dernier avait mené dans sa voiture à Kaydak, leur firent, comme ils le purent, un repas qui fut très gai, mais aussi détestable qu'on pouvait l'attendre de si nobles cuisiniers.

Nous restâmes à Kaydak toute la journée du 19 pour attendre, non pas notre flotte entière, car plusieurs de nos bâtimens étaient restés échoués, mais au moins ceux qui portaient les hommes et les effets les plus indispensables pour la continuation du voyage.

Le 20, on alla camper sous des tentes à deux lieues de là, à l'endroit où l'impératrice voulait bâtir Ekaterinoslaff. On entendit la messe dans la tente impériale, et leurs majestés posèrent, en présence de l'archevêque, la première pierre de l'église de cette nouvelle capitale, dont la position est extrêmement riante. Elle est placée sur une hauteur d'où l'on aperçoit les longues sinuosités du Borysthène, et les îles boisées qui embellissent cette partie de son cours.

Nous allâmes diner ensuite dans la maison de campagne du gouverneur de la province; elle était située sur le bord du fleuve, vis-à-vis de la plus fameuse des cataractes qui long-temps ont fait regarder ce passage comme absolument impraticable pour le commerce.

En effet, le Borysthène est barré en cet endroit dans toute sa largeur par des chaînes de rochers, dont les uns à fleur d'eau et les autres très élevés forment plusieurs chutes et plusieurs cascades; leur bruit nous empêchait presque de nous entendre. L'eau s'y brise et y écume avec furie.

On ne croirait pas possible, au premier coup d'œil, que l'esquif le plus léger et les rameurs les plus hardis pussent franchir un pareil obstacle. Cependant un canot et un assez gros bâtiment étaient mouillés à quelque distance, avec l'ordre de franchir cette barrière. Nous voulûmes, le prince Potemkin, M. de Nassau et moi, nous y embarquer; mais l'impératrice nous le défendit formellement.

Les bâtimens, se dirigeant de notre côté, franchirent très heureusement ce périlleux passage avec la rapidité d'une flèche, mais aussi avec des mouvemens violens qui faisaient croire à chaque instant qu'ils allaient être brisés, ou remplis par les vagues et submergés; le canot surtout disparaissait presqu'à tous momens.

On nous dit cependant que, lorsque les eaux étaient plus hautes, le passage s'exécutait avec plus de facilité, en y employant l'adresse de quelques anciens Zaporaviens accoutumés à cette dangereuse navigation; et le prince Potemkin comptait tellement sur leur expérience et sur leurs promesses, qu'il avait formé le dessein de faire descendre jusqu'à Kherson toute la flotte de galères sur laquelle nous étions venus de Kioff à Kaydak.

En sortant d'Ekaterinoslaff, nous entrâmes dans ce qu'on appelle en Russie les *steppes*, vastes et solitaires prairies, totalement dépourvues d'arbres, et coupées seulement à longs intervalles par quelques coteaux tout nus, au pied desquels serpentaient de faibles ruisseaux. On parcourt souvent sept à huit lieues sans y rencontrer un homme, une maison, un arbuste.

L'Afrique a ses déserts de sable; ceux de l'Orient sont moins arides, ce sont des déserts de verdure. Des troupeaux immenses de moutons, des haras nombreux de chevaux, animent seuls ces profondes solitudes où on les laisse errer toute l'année.

Au premier coup d'œil, cet immense et verdoyant horizon, où rien n'arrête la vue, produit sur l'esprit la même impression que l'Océan : il semble donner plus de grandeur aux idées, plus de profondeur aux réflexions; mais, à mesure qu'on s'avance, cette uniformité inspire la tristesse, et bientôt on se fatigue péniblement en ne voyant, au-dessus et autour de soi, que le ciel et des prés qui n'ont point de bornes.

On n'y aperçoit d'autres variétés que de nombreuses éminences qui paraissent élevées par la main des hommes, et relativement auxquelles les opinions ont été long-temps partagées : les uns croyaient que c'étaient d'anciens tombeaux, et d'autres assuraient que ces tertres avaient été formés par les Scythes et par les Tartares, afin de découvrir de plus loin les ennemis qui pourraient vouloir les surprendre. La vérité de la première de ces deux opinions a été depuis définitivement prouvée.

Toute l'étendue de pays qui se prolonge, en Europe, depuis le Bug jusqu'à Azoff, et en Asie, depuis le Caucase jusqu'aux frontières de la Chine, n'est qu'une immense mer de verdure.

La partie de ces steppes où nous nous trouvions, et sur laquelle la civilisation cherche à étendre ses conquêtes et ses travaux, ressemblait à une toile unie dont un peintre commence à faire un grand tableau, en y plaçant quelques hameaux, quelques bocages, quelques champs cultivés; mais cet ouvrage, avançant avec lenteur, lui laissera encore pendant plus d'un siècle toute l'apparence d'un désert.

La veille de notre arrivée à Kherson, nous passâmes, sur un pont, la petite rivière Kaminka, qui servait autrefois de limites entre les Tartares nogais et les Cosaques.

Ce désert de cent lieues que nous venions de traverser, rendit peut-être plus grande et plus agréable la surprise que nous causa la vue de Kherson. Je crois cependant qu'indépendamment de la disposition où notre esprit se trouvait, nous n'aurions pu nous défendre d'un juste étonnement, en voyant tant de nouvelles et imposantes créations : une forteresse presque achevée; des casernes pour vingt-quatre mille hommes; une amirauté avec tous ses magasins; un arsenal garni de six cents pièces de canon; deux vaisseaux de guerre et une frégate prêts à lancer; des édifices publics qui s'élevaient partout à la fois; plusieurs églises d'une noble architecture; enfin une ville déjà commerçante, qui contenait deux mille maisons, des boutiques remplies de marchandises venues de Grèce, de Constantinople et de France, et environ deux cents vaisseaux de commerce qui mouillaient ou arrivaient dans le port.

Si on y ajoute l'activité de dix-huit mille travailleurs, une grande pompe militaire, le concours de plusieurs ministres et consuls étrangers, ou de voyageurs, on comprendra facilement combien un tel spectacle, dans une contrée que la Russie n'a conquise qu'à la paix de Kainardgi, dont on ne s'était occupé activement que depuis six années, et qui n'était débarrassée que depuis trois ans du voisinage des Tartares, devait exalter l'amour-propre de l'impératrice, justifier la surprise de ceux qui la suivaient, et les éloges qu'ils donnaient au talent comme à l'activité du prince Potemkin.

Il est vrai que ce premier moment d'étonnement fut bientôt mêlé de réflexions qui rendirent notre admiration plus modérée; en voyant Kherson de plus près et plus en détail, on nous fit remarquer que sa position était mal choisie : les vaisseaux ne peuvent remonter le Dniéper que déchargés; ceux de guerre qu'on y construit sont obligés, pour descendre le fleuve, de se faire alléger par le secours de chameaux*.

---

* On appelle *chameaux* de grands bâtimens longs, carrés et à plates varangues, qui, assujettis deux à deux avec des câbles, servent à faire passer un vaisseau dans les endroits où il n'y a pas assez d'eau.

On n'avait point construit de quais, ni de magasins pour le commerce; les tribunaux, mal organisés, rendaient mal et lentement la justice; enfin l'infection des marais et des îles remplies de roseaux qui entouraient la ville, en faisait un séjour malsain et souvent mortel pour ses habitans.

Je ne laissai point ignorer au prince Potemkin ces observations, que je tenais de plusieurs négocians. Il avait senti et reconnu tous ces inconvéniens. Pour y remédier, son projet était de former, trente verstes plus bas, un port marchand, d'y bien régler la quarantaine, de construire des quais et des magasins, d'établir une justice consulaire, enfin de dessécher les marais les plus voisins.

Déjà il avait demandé et obtenu l'argent nécessaire pour la plupart de ces opérations; mais celle du desséchement me semblait impossible: d'ailleurs on ne pouvait l'effectuer sans détruire et perdre les roseaux, seul chauffage et seule couverture de presque toutes les maisons dans un endroit où, à cent lieues à la ronde, on ne trouvait point de bois.

Les premiers momens de notre séjour à Kherson furent employés en courses dans la ville, en grandes audiences, en repas de cent vingt couverts, en concerts et en bals. L'impératrice nous mena dîner dans une maison de campagne à quatre lieues de Kherson. Le lendemain nous vîmes lancer, en sa présence, un vaisseau de quatre-vingts canons, un de soixante-six et une frégate. Le jour suivant il y eut bal paré à la cour, dans un palais construit pour elle avec plus d'élégance que de solidité.

L'impératrice avait formé le projet de se rendre à Kilbourn, vis-à-vis d'Oczakoff; mais cette reconnaissance militaire du territoire turc, et qui ressemblait un peu trop à une bravade, ne put avoir lieu. L'arrivée d'une escadre ottomane, composée de quatre vaisseaux et de dix frégates, et qui vint mouiller dans le Liman près d'Oczakoff, contraria le dessein de Catherine; elle n'y renonça qu'avec une humeur très visible. Ainsi, n'ayant plus rien qui pût nous retarder davantage, nous partîmes pour la Crimée, à la suite des deux augustes chefs de notre caravane.

Avant de quitter Kherson, il est à propos de parler des nouvelles que nous y reçûmes de la marche des affaires importantes qui se traitaient alors à Constantinople : l'arrivée imprévue de l'escadre turque à l'embouchure du Borysthène, et celle de plusieurs militaires français à Oczakoff, avaient produit, dans l'esprit des ministres de Catherine et de toute sa cour, un mécontentement qui allait jusqu'à l'indignation.

« Comment concevoir, disaient-ils, qu'au
» moment où nous venons de signer un traité
» d'amitié, et à l'instant même où l'impératrice
» se fait accompagner du ministre de France,
» en le comblant de distinctions et de marques
» de confiance, on voie des ingénieurs français
» occupés à diriger les travaux, les canons, les
» vaisseaux et les préparatifs hostiles de ses en-
» nemis? »

Le prince Potemkin me parla plusieurs fois de ces prétendus griefs avec amertume et vivacité, me reprochant d'avoir, par de vaines alarmes, excité les Turcs à des mesures menaçantes qui pourraient provoquer la guerre.

Si j'avais voulu user de finesse, feindre d'ignorer ce que je savais, et blâmer ce que j'avais conseillé, je n'aurais point, par là, calmé l'humeur qu'on me montrait, et j'aurais seulement perdu cette considération qui ne peut se conserver que par une noble franchise.

Je répondis donc, non en courtisan, mais en

ministre, « que les Turcs avaient raison d'être
» inquiets ; que la conduite de M. de Bulgakoff
» avec M. de Choiseul nous avait ôté toute pos-
» sibilité de les rassurer. » J'ajoutai même « que
» nous avions dû conseiller, approuver et secon-
» der les dispositions défensives de la Porte.

» Notre marche, disais-je, est franche et con-
» stante ; nous vous avons toujours déclaré que
» plus le roi se montrait empressé à faire re-
» dresser les griefs dont la Russie pouvait avoir
» à se plaindre, plus sa majesté, mue par de
» grands intérêts, était décidée à veiller, autant
» qu'il dépendrait d'elle, à la conservation de
» l'empire ottoman.

» Malgré vos protestations pacifiques, conti-
» nuais-je, que j'aime à croire sincères, peut-
» on s'étonner des précautions que la prudence
» dicte à la Porte ? Mettez-vous à sa place : si
» le grand-seigneur venait à Oczakoff avec ses
» visirs, un puissant allié, une flotte formida-
» ble et une armée de cent cinquante mille
» hommes, pourrait-on s'étonner et vous blâ-
» mer en vous voyant montrer alors quelque
» alarme, vous tenir sur vos gardes, et prendre
» le parti sage de fortifier Kherson et de ras-
» sembler vos troupes ? »

L'argument était irréfutable, le prince n'y répliqua point; la franchise de mon langage eut un succès que n'aurait pu m'obtenir une maladroite dissimulation. La froideur que l'impératrice me montrait depuis quelques jours, disparut peu à peu.

Le résultat de la fermeté des Turcs fut heureux; on cessa de mépriser leur faiblesse, et, pour le moment au moins, on négocia plus amicalement.

J'avais vu à Kanieff un roi, sans force et sans autorité, entouré de la magnificence et de l'éclat des plus grands monarques; par un contraste remarquable, je voyais à Kherson un empereur puissant, simple dans ses formes, modeste dans ses manières, familier dans son accueil, ennemi de toute étiquette, permettant et provoquant la conversation sur tous les sujets, et ne voulant briller d'aucun autre éclat que de celui que lui donnaient une instruction étendue, un jugement solide, un esprit orné.

Lorsque Catherine II voulut à Kaydak me présenter à lui, il lui dit : « Madame, je ne suis ici » que le comte de Falkenstein, et c'est moi qui » dois être présenté au ministre de France. »

Ce prince était arrivé en Russie dans une simple calèche, accompagné d'un officier général et de deux domestiques. Le strict *incognito* qu'il gardait, lui était aussi commode qu'utile pour mieux voir et pour mieux entendre; aussi il voulait absolument qu'on le traitât comme un voyageur, et non comme un monarque.

Tous les matins il venait au lever de l'impératrice, se mêlant avec nous, et attendant comme nous que cette princesse parût. Dans la journée, il parcourait tous les environs du lieu où nous nous étions arrêtés; et, comme le hasard fit que mon entretien lui plût, il faisait souvent de longues promenades seul avec moi, en me donnant familièrement le bras.

Ce prince, dans ses conversations, me montra qu'il était peu disposé à seconder l'ambition de Catherine. La politique du roi, à cet égard, lui semblait fort sage. « Constantinople, disait-il,
» serait un objet de jalousie et un sujet de dis-
» corde, qui rendra toujours impossible l'ac-
» cord des grandes puissances pour un partage
» de la Turquie. »

Je le trouvai très peu frappé du progrès des établissemens russes : « J'y vois, disait-il, plus
» d'éclat que de réalité. Le prince Potemkin est
» actif, mais plus propre à commencer de grands

» travaux qu'à les finir. Au reste, tout paraît
» facile quand on prodigue l'argent et la vie
» des hommes. Nous ne pourrions tenter en
» Allemagne ni en France ce qu'on hasarde
» ici sans obstacle. Le maître ordonne ; des
» milices d'esclaves travaillent. On les paie peu
» ou point ; on les nourrit mal ; ils n'osent lais-
» ser échapper un murmure, et je sais que de-
» puis trois ans, dans ces nouveaux gouverne-
» mens, la fatigue et l'insalubrité des marais
» ont fait périr cinquante mille hommes sans
» qu'on les plaignit, et même sans qu'on en
» parlât. »

Un autre jour, l'entretien étant tombé sur le prince Potemkin : « Je comprends, me dit-il,
» que, malgré ses bizarreries, cet homme sin-
» gulier ait pris et conservé un grand ascendant
» sur l'impératrice : il a une volonté forte, une
» imagination vive ; par là, il lui est non-seule-
» ment utile, mais nécessaire ; car vous con-
» naissez les Russes, et vous conviendrez qu'il
» serait difficile de trouver parmi eux un autre
» homme capable de contenir et de comprimer
» un peuple encore si âpre, si récemment en
» contact avec la civilisation, et une cour trop
» long-temps accoutumée aux conjurations. »

Plus M. de Cobentzel me voyait honoré de la bienveillance de l'empereur, plus la confiance qu'il me montrait devenait intime; mais, tout en m'assurant de la sincérité des démarches qui lui étaient prescrites pour seconder les miennes relativement à la paix, il me parut craindre que l'empereur ne se laissât enfin entraîner à la guerre, si l'impératrice, bornant ses prétentions à la prise d'Oczakoff et d'Akerman, le rassurait pleinement sur toute autre idée d'agrandissement.

« Cependant, ajoutait-il, ce serait avec une
» extrême répugnance que ce prince s'y prête-
» rait, dans la crainte qu'une rupture avec la
» Prusse et un refroidissement avec la France
» ne fussent les résultats de cette condescen-
» dance pour son alliée. »

Sur ces entrefaites, M. de Bulgakoff, ministre de l'impératrice, et M. de Herbert, internonce de l'empereur, étant arrivés de Constantinople, quelques conférences s'ouvrirent entre eux, M. le comte Bezborodko et moi.

Ils me dirent « que les affaires s'embrouil-
» laient de plus en plus; la populace de Candie
» s'était livrée à de violens excès contre le con-
» sul russe à la Canée, et, après avoir arraché

» son pavillon, l'avait contraint d'abandonner
» sa maison, et de se réfugier dans celle du
» consul de France. Le bruit s'était aussi ré-
» pandu qu'à Rhodes, à la suite d'une émeute,
» le consul russe avait perdu la vie. »

Il fut convenu entre nous, d'après le consentement de l'impératrice, que l'on rédigerait par écrit des propositions dont nous arrêtâmes les bases.

M. de Bulgakoff devait, après nous avoir suivis jusqu'à Sevastopol, s'embarquer et présenter ces propositions à la Porte, en les communiquant auparavant à notre ambassadeur, ainsi qu'elles l'étaient déjà à l'internonce, et en agissant de concert avec eux.

Le comte Bezborodko m'assura qu'il avait vivement reproché à M. de Bulgakoff sa conduite à l'égard de M. de Choiseul, conduite que l'on pouvait regarder comme la source de toutes les alarmes inspirées aux Turcs. Comme ce ministre tint le même langage à M. le comte de Cobentzel, je ne pus douter de sa sincérité.

Les bases de ces propositions arrêtées entre nous, et conformes aux traités précédens, furent celles-ci : *Que la Porte enverrait le firman convenu; qu'on garderait réciproquement le silence sur la suzeraineté de la Géorgie; que la Porte forcerait les Algériens à restituer des navires russes pris par eux; qu'elle permettrait qu'on châtiât les Tartares du Kuban, qui venaient de faire près de mille Russes prisonniers; qu'elle contiendrait au-delà du Bug les Zaporaviens retirés chez elle; qu'elle ne prendrait désormais en Crimée que la quantité de sel convenue; qu'elle n'insisterait plus sur la demande faite de lui livrer l'hospodar Maurocordato, réfugié en Russie; enfin qu'elle punirait les séditieux qui venaient d'outrager les consuls de l'impératrice dans les îles de Rhodes et de Candie.*

Ces propositions étaient toutes raisonnables; et cependant, dans le cas où l'on ne serait pas sincère, rien n'était si facile que de s'attirer un refus; il ne fallait que les présenter d'un ton hautain et menaçant. Le prince Potemkin pouvait en être tenté, se voyant à la tête d'une armée effective, formée de cent cinquante-trois mille hommes complets, cantonnés à Krementchuk, à Kherson, à Élisabethgorod, à Pultawa et dans les villes de Crimée.

Un nouvel incident vint fortifier l'espoir de conserver la paix : l'empereur reçut quelques nouvelles inquiétantes des Pays-Bas, où se manifestait une assez grande fermentation. Ces nouveaux troubles devaient naturellement le détourner de toute idée de coopération avec l'impératrice, si elle voulait attaquer les Turcs.

Un envoyé de Naples vint dans ce temps à Kherson, sous le prétexte de porter à l'impératrice les assurances amicales de sa cour; l'objet réel de la mission de M. de Gallo était d'examiner les établissemens de Kherson, afin de s'assurer des moyens qu'on pourrait prendre pour tirer parti du nouveau traité de commerce que le roi de Naples venait de conclure avec la Russie.

Nous partimes de Kherson le 29 mai, pour nous rendre à Kisikerman, située sur la rive droite du Borysthène, à soixante-quinze verstes au nord-est de Kherson. Cette petite ville appartenait autrefois aux Tartares nogais, et fait à présent partie de la nouvelle Russie. Les Grecs qui la fondèrent, l'appelèrent d'abord Olviopol; les czars lui donnèrent le nom de Bélaiavéja, depuis Bérislaff, et les Tartares celui de Kisikerman, ce qui voulait dire dans leur langue *ville des filles*. Elle fut tour à tour la proie des Kozars, des Petschenèques et des Tartares.

Les marais salans et les pétrifications qu'on

trouve en abondance dans la plaine qui l'entoure, donnent lieu de croire que jadis son territoire était couvert par les eaux.

Nous passâmes en cet endroit le Borysthène; en débarquant sur la rive opposée, l'impératrice trouva une troupe de Tartares des familles les plus distinguées, qui étaient venus au devant de cette princesse, pour lui rendre hommage et pour lui servir d'escorte ; de là, pour arriver à Pérékop, nous traversâmes le grand désert des Nogaïs. On n'aperçoit dans cette immense prairie dénuée d'arbres, qu'un seul vestige du travail des hommes : c'est un antique pont de pierres blanches construit sur la petite rivière Kalentchak.

Les Tartares, comme les Arabes, étaient partagés en tribus, dont les unes habitaient les villes de la Crimée, et les autres, toujours errantes, parcouraient les steppes avec leurs nombreux troupeaux.

Lorsque leur pays fut conquis par l'impératrice, la plus grande partie de ces peuples nomades abandonnèrent leur patrie, et se réfugièrent dans le Kuban; nous n'en vimes donc qu'un petit nombre dont les tentes, les chevaux, les troupeaux et quelques chameaux donnaient encore un peu de vie à cet uniforme paysage.

De plus, comme le prince Potemkin voulait sans cesse lutter contre les obstacles, varier les grands tableaux qu'il offrait aux regards de Catherine, et animer la solitude même, il eut soin, autour d'un camp formé de tentes très élégantes et richement meublées, qu'il avait fait préparer pour sa souveraine, de faire paraître inopinément à ses yeux cinquante escadrons de Cosaques du Don.

Leurs costumes asiatiques et pittoresques, la célérité de leurs manœuvres, l'agilité de leurs chevaux, leurs courses, leurs cris, leurs lances, firent oublier momentanément les steppes, passer agréablement des heures qu'il eût été difficile autrement de ne pas trouver un peu longues et tristes.

Ce fut dans ce lieu que l'impératrice, de nouveau aigrie contre moi, et qui ne me parlait pas depuis quelques jours, recommença à me traiter avec sa bienveillance ordinaire : quelques obligeans courtisans l'avaient assurée que, trop pressé de m'éloigner d'elle, il me tardait de retourner en France, et de profiter d'un congé que M. de Montmorin venait de m'envoyer.

Aussi, en montant en voiture à Kisikerman, elle m'avait dit, sans attendre ma réponse : « Pourquoi vous gêner, monsieur le comte? Si
» vous craignez l'ennui des déserts, qui vous
» empêche de partir pour Paris, où tant de
» plaisirs vous appellent? »

On comprend facilement que j'étais pressé d'obtenir quelques explications sur une interpellation si étrange et si peu attendue : aussi, dès qu'elle fut établie dans son camp, et que nous pûmes la voir, je m'approchai d'elle et lui demandai le sens d'une plaisanterie que je n'avais pas comprise.

« Ce n'est point une plaisanterie, me répon-
» dit-elle. Je vous l'ai déjà dit plusieurs fois;
» j'étais sûre que vos belles dames de Paris vous
» plaignaient de faire quinze cents lieues dans
» un pays barbare, et au milieu d'un désert,
» avec une ennuyeuse czarine. Or, apprenant
» que vous aviez demandé un congé, j'ai voulu,
» quelque contrariété que votre départ pût me
» causer, vous mettre tout-à-fait à l'aise à cet
» égard. »

Je me récriai alors vivement sur l'étrange idée qu'elle avait de moi et de mes sentimens pour elle. « C'est en même temps, lui dis-je,

» madame, me juger aveugle, ingrat, sans dis-
» cernement et sans goût. J'ose même ajouter
» que j'y vois avec peine un reste de prévention
» contre les Français, qui ne méritent pas une
» opinion si peu fondée. Nulle part vous n'êtes
» plus appréciée et admirée qu'en France, et
» sur ce point je représente bien fidèlement
» près de vous mon pays. Ce sera avec un véri-
» table chagrin qu'après le retour de votre ma-
» jesté à Pétersbourg, je m'éloignerai momen-
» tanément de sa cour. Il faudrait, pour que
» mon départ eût lieu plus tôt, qu'elle m'exilât. »

« Je n'en ai, dit-elle en riant, nulle envie.
» Je voudrais que vous pussiez toujours rester
» près de moi, et vous le savez bien. Si je vous
» en ai un peu voulu de la visite que m'ont
» faite récemment vos Turcs barbus, vos spiri-
» tuels disciples, cette bouderie est tout-à-fait
» passée. »

Elle me parla ensuite des propositions qu'on ferait à la Porte. « Le roi verra par ma condes-
» cendance, dit-elle, que mes dispositions pour
» la paix sont sincères, et que je ne suis point
» aussi ambitieuse qu'on se plaît à le supposer.»
De ce moment elle reprit avec moi toute sa grâce et son enjouement.

Le soir, dès qu'elle eut congédié son cercle, l'empereur, voulant profiter de la beauté de la soirée, me prit par le bras, s'éloigna du camp, et se promena assez long-temps sur cette vaste prairie où l'œil ne voyait pas de bornes.

A l'aspect de plusieurs chameaux et de quelques pasteurs tartares errans dans la plaine : « Quel singulier voyage ! me dit ce prince ; et » qui aurait pu s'attendre à me voir avec Ca-» therine II, et les ministres de France et d'An-» gleterre, errant dans le désert des Tartares ! » C'est une page toute neuve d'histoire. »

« Il me semble plutôt, lui répondis-je, que » c'est une page des *Mille et une Nuits*, que je » m'appelle Giafar, et que je me promène avec » le calife Haroun-al-Raschild déguisé selon sa » coutume. »

Quelques momens après, l'empereur s'arrête subitement et se frotte les yeux. « En vérité, » me dit-il, je ne sais si je veille, ou si votre » mot des *Mille et une Nuits* me fait illusion ; » regardez de ce côté. »

Je tournai la tête, et le même objet qui excitait sa surprise me causa le plus vif étonnement. En effet, à deux cents pas de nous, nous voyions une grande, haute et immense tente qui marchait toute seule sur l'herbe et s'avançait de notre côté.

Malgré la hauteur des herbes, nous courûmes assez vite tous deux pour mieux distinguer ce phénomène singulier. Bientôt la tente s'arrêta, et nous vîmes une trentaine de Kalmouks qui en sortaient.

L'empereur me dit d'y entrer; et comme il avait fait apparemment, et en riant, quelques signes aux Kalmouks, ils me suivirent et baissèrent la couverture qui fermait l'entrée de la tente, de sorte que je me trouvai, pour ainsi dire, leur prisonnier.

Alors tout me fut expliqué; voici la structure de ces tentes : on fait avec des lattes une espèce de treillage, dont on compose une sorte de parc circulaire de quatre pieds de haut, couronné par un cercle en bois, qui fait une espèce de lambris à hauteur d'appui. Sur ce lambris on pose et on élève de grandes lattes hautes d'une trentaine de pieds; à leur sommet un petit cercle en bois les empêche de se rejoindre; toutes ces lattes sont fixées par des chevilles en cuir.

Sur le tout on jette une immense couverture faite de poil de chameau, et qui descend jusqu'à terre. On relève des pans de cette couverture du côté où l'on ne craint ni le vent ni le soleil. D'autres couvertures du même feutre servent, dans la tente, de lits et de divans. On laisse en haut une ouverture pour donner passage à la fumée. Trente hommes peuvent habiter commodément chacune de ces tentes, autour desquelles couchent leurs troupeaux.

Lorsqu'ils décampent, ils enlèvent la couverture, ôtent les chevilles, ploient toutes les lattes en faisceaux, et mettent le tout sur un chariot. Mais, lorsqu'ils ne veulent que changer de place pour chercher d'autres pâturages à peu de distance, alors, sans rien déranger à la tente, les Kalmouks, qui sont dedans, se tournent tous dans la même direction, soulèvent le treillage, et marchent ainsi en portant leur légère maison.

C'est précisément cette manœuvre qui avait été la cause de notre grande surprise, lorsque nous voyions cette tente se mouvoir, sans qu'elle parût tirée ni poussée par aucun homme ni par aucun animal.

Quand ils m'eurent ainsi fait faire avec eux une petite promenade de quelques toises, je recouvrai ma liberté et je retrouvai l'empereur, qui riait beaucoup de mon emprisonnement. Il entra lui-même dans la tente, et convint avec moi qu'un pareil logement, pour ceux qui en avaient l'habitude, devait être assez commode et très propre à les mettre à l'abri des rigueurs de toutes les saisons.

Le lendemain nous arrivâmes à Pérékop, isthme étroit qui sépare la mer Noire de la mer d'Azoff. Une muraille et un fossé s'étendent de l'une à l'autre mer. On y voit un fort carré et en pierres, et un bourg composé de quelques baraques. Pérékop est l'entrée, la porte et la clef de la presqu'île de Crimée, à laquelle l'impératrice conquérante venait de rendre l'antique nom de Tauride.

La presqu'île de Crimée est entourée à l'est par la mer d'Azoff, au sud et à l'ouest par la mer Noire, et bornée au nord par les plaines désertes de l'ancienne Scythie. Elle s'étend du 51e au 53e degré de longitude, et du 44e au 46e degré de latitude.

Le partie plate de cette presqu'île, malgré la fertilité de son terrain, était, lorsque je la vis, presque aussi déserte que les steppes des Nogais. Le nord était coupé de lacs salés, riche branche de commerce. De nombreux troupeaux paissaient dans ces vastes pâturages; le long de la route, de loin en loin, on apercevait quelques hameaux et quelques champs qui commençaient à être cultivés.

La partie montagneuse et méridionale, où l'on entre après avoir passé la rivière nommée Salguire, offre un coup d'œil tout différent : l'air y est sain; le ciel, pur; la nature, féconde; la majesté de ces monts, dont quelques-uns s'élèvent à dix-huit cents pieds de hauteur, est imposante.

Les nombreuses vallées qui les séparent sont riches de fleurs, de fruits, de bois, de ruisseaux, de cascades et de culture. Des arbres touffus de toute espèce, de rians bocages, des lauriers, des vignes qui se marient aux troncs des arbustes, des maisons de plaisance entourées de jolis jardins, présentent aux voyageurs mille aspects variés et délicieux.

Au revers des montagnes, on éprouve la chaleur du climat de Naples et de Venise, tandis qu'au nord, dans la plaine, aucune hauteur n'arrêtant la course des vents depuis la mer Baltique jusqu'au Pont-Euxin, c'est-à-dire pendant l'espace de huit cents lieues, on y ressent la rigueur du froid des zones glacées. L'embouchure du Borysthène même est quelquefois prise par les glaces, de sorte que jusqu'aux montagnes on reste sous le climat de la Russie, pour passer en peu d'heures sous celui de l'Italie.

Toutes les côtes offrent aux navigateurs de bons ports, des rades sûres; et, en considérant l'étendue de la Tauride, la variété de ses productions, et tous les moyens de défense que la nature lui a prodigués, on trouve très simple que tant de peuples s'en soient disputé pendant tant de siècles la possession.

Les plus anciens peuples qui l'ont habitée et dont la mémoire soit parvenue jusqu'à nous, sont les Kimères ou les Kimbres, qui ont donné leur nom au Bosphore Kimérien ou Cimmérien.

Depuis, les Scythes s'emparèrent des plaines; mais ils ne purent parvenir à se rendre maîtres des montagnes. Les Kimériens s'y maintinrent long-temps sous le nom de Taures, ce qui fit appeler Tauride la presqu'île.

Le commerce y attira les Grecs, et, six cents ans avant Jésus-Christ, les Milésiens établirent sur les côtes orientales la colonie de Panticapée, dans les lieux où se trouvent actuellement Kertch et Théodosie.

Les Héracliens du Pont fondèrent sur la côte occidentale l'antique Kherson ou Eupatorie. Les

Grecs de Mitylène fondèrent au nord-est dans le Bosphore, et près de l'embouchure du Ku-ban, un royaume qu'un prince nommé Spar-take fit fleurir. Allié des Athéniens, il chassa de la presqu'île les Scythes.

Quatre cents ans avant Jésus-Christ, les Tau-res, restés dans le pays, s'accrurent, combattirent les Grecs, et les chassèrent d'une grande partie de leurs possessions. Mais, cent douze ans avant l'ère chrétienne, le fameux Mithridate, roi de Pont, subjugua toutes ces nations et conquit la Tauride.

Ce héros, vaincu par les Romains, laissa les débris de son trône à son lâche successeur Phar-nace, qui ne put ni résister à ses ennemis, ni gouverner ses peuples, ni conserver ses États que lui avaient rendus les Romains. Ceux-ci parurent alors pour la première fois en Tauride.

Les Alaniens ou Alains, peuple barbare, s'en emparèrent et chassèrent totalement les Taures.

Dans le deuxième siècle de l'ère chrétienne, les Goths envahirent ce pays et furent eux-mêmes subjugués par les Ongres ou Huns, qui achevèrent de détruire le royaume du Bosphore.

Au septième siècle, les Kozars à leur tour ex-pulsèrent les Grecs. En 640, l'empereur grec

Théophile réunit à son empire la Chersonèse, ainsi que toutes les villes et colonies grecques dont les débris se trouvaient en Tauride; mais elles furent obligées de payer un tribut aux Kozars.

Plus tard, divers peuples barbares, les Comans, les Petschenèques, les Polotzvisiens, désolèrent cette contrée par leurs invasions; enfin les Tartares, dans le treizième siècle, devinrent les souverains de la Tauride, qu'ils appelèrent Krim ou *forteresse*.

Leurs tribus errantes occupèrent le grand désert, tandis que Menguely-Guerray, à la tête des tribus sédentaires, jeta les fondemens du royaume des khans de Crimée; ils résidaient dans une ville nommée aujourd'hui Star-Krim, ou *la vieille forteresse*.

Les Grecs et les Goths, établis dans la Crimée, y restèrent tributaires des Tartares. Eux et les Vénitiens y faisaient un grand commerce; mais les Génois, favorisés par l'empereur Michel Paléologue, le leur enlevèrent, et, après plusieurs victoires sanglantes, se virent si puissans qu'ils s'affranchirent du tribut payé aux Tartares.

Caffa, Soudak et Balaclava, étaient les centres et les dépôts de leurs immenses richesses.

Caffa ou Théodosie surtout fut fameuse dans l'Orient par sa population et son opulence; mais à la fin du quinzième siècle les Tartares, long-temps affaiblis par leurs divisions, se réunirent, et avec le secours des Turcs anéantirent la puissance des Génois.

Les Turcs ne tardèrent pas à se rendre les maîtres de toute la Crimée; et là, comme partout, leur domination couvrit la contrée de ruines, en exila le commerce, anéantit l'agriculture, et plongea ce malheureux pays dans des ténèbres plus épaisses que celles qui l'enveloppaient du temps des Scythes et des Taures.

En 1478, Mahomet II avait nommé khan de Crimée Menguely-Guerray, descendant de Gengis. Les princes ou khans de cette race, presque indépendans de fait, restèrent cependant toujours vassaux du grand-seigneur.

Selim-Guerray, dix-neuvième khan, fut célèbre par sa vaillance; il battit les Autrichiens, les Polonais et les Russes, et sauva l'étendard de Mahomet. Les janissaires voulaient le faire monter sur le trône de Constantinople; il le refusa.

Ce fut en 1736, pour la première fois, que les Russes, conduits par le maréchal Munich, entrèrent en Crimée et la dévastèrent.

En 1757, Alym-Guerray, haï de ses sujets, fut renversé du trône par les Nogais; ils nommèrent pour khan Krim-Guerray, remarquable par ses vertus et par ses talens.

En 1764, Krim-Guerray conduisit cinquante mille Tartares contre les Russes, et ravagea la Nouvelle-Servie; un médecin perfide l'empoisonna à Bender.

En 1771, le prince Dolgorouki et les Russes, après avoir envahi la Crimée, donnèrent le titre de khan à Saheb-Guerray. Celui-ci céda à l'impératrice les villes de Kertch et Kilbourn, et bientôt les Turcs rétablirent le dernier khan déposé.

Après plusieurs combats, le frère de Saheb, soutenu par les Russes, reconquit la presqu'île, qui cependant resta depuis livrée aux guerres civiles : les Russes les prolongèrent en s'y mêlant.

En 1779, la France obtint l'évacuation de la Crimée par l'armée russe, et le khan fut obligé de faire confirmer son élection par le grand-seigneur.

Mais, les dissensions intérieures continuant toujours, le khan Sahim-Guerray, dont les ports étaient bloqués par les vaisseaux russes, se trouvant sans défense et menacé par l'armée que commandait le prince Potemkin, descendit du trône, et céda à Catherine II la Crimée, le Kuban et l'île de Taman. La Porte, abandonnée par l'empereur d'Autriche et par le roi de France, se vit forcée d'y consentir.

Cette importante révolution, qui, en renversant le dernier souverain de la race de Gengiskhan, donnait à la Russie la possession de la mer Noire, et qui la faisait pour ainsi dire planer sur la capitale de l'empire ottoman, ne produisit alors qu'une légère impression en Europe.

Ainsi Catherine, victorieuse sans obstacle, put, au gré de ses désirs, entrer triomphalement dans l'antique Tauride, et s'asseoir sur le trône de ces princes tartares, dont les ancêtres avaient si souvent forcé les czars de Russie à venir présenter leurs serviles hommages aux chefs insolens de la *horde dorée*.

Le 30 juin, nous passâmes les fameuses lignes de Pérékop, qui, malgré la force de leur position et la profondeur de leurs fossés, n'ayant jamais pu arrêter la marche d'aucun ennemi, ne sont plus aujourd'hui qu'un simple objet de curiosité; nous visitâmes ensuite la forteresse d'Or qui les défend.

Comme nous en sortions, nous vîmes un corps

assez nombreux de cavalerie tartare, richement vêtue et armée, qui venait au devant de l'impératrice, pour lui servir de garde d'honneur. Cette princesse, dont les idées étaient toutes grandes, élevées et hardies, avait voulu n'être escortée, pendant son séjour en Crimée, que par ces mêmes Tartares, si dédaigneux pour son sexe, si constamment ennemis des chrétiens, et si récemment subjugués par elle. Une preuve de confiance si peu attendue réussit, comme presque tout ce qui est audacieux.

« Convenez, mon cher Ségur, me disait le
» prince de Ligne en riant, que ce serait un
» étrange événement qui ferait un beau bruit
» en Europe, si les douze cents Tartares qui
» nous enveloppent, s'avisaient de nous entraî-
» ner à toute bride vers un petit port voisin,
» d'y embarquer l'auguste Catherine, ainsi que
» le puissant empereur des Romains, Joseph II,
» et de les conduire à Constantinople pour l'a-
» musement et la satisfaction de sa hautesse
» Abdul-Hamet, le souverain commandeur
» des croyans : et ce tour d'adresse n'aurait rien
» d'absolument immoral ; car ils pourraient
» bien, sans aucun scrupule, escamoter deux
» souverains qui viennent, au mépris du droit

» des gens et de tous les traités, d'escamoter
» leur pays, de détrôner leur prince et d'en-
» chaîner leur indépendance. » Heureusement
cette folie n'entra point dans la tête des loyaux
enfans de Mahomet.

Nous continuâmes fort tranquillement notre
marche sous leur conduite, et nous nous arrêtâmes pour passer la nuit dans un lieu nommé
Aïbar, où l'on avait établi un camp pour nous,
et construit une maison assez élégante pour
l'impératrice.

Là on avait logé M. Fitz-Herbert et moi dans
une de ces tentes tartares dont j'ai fait précédemment la description. Les Russes voyaient
avec surprise un ministre d'Angleterre et un
ministre de France, malgré la rivalité de leurs
pays et l'opposition de leurs intérêts, unis par
la plus franche amitié; on n'aurait pas pu dire
du mal de l'un, sans que l'autre le défendît.

L'impératrice se divertissait d'une intimité
si rare, et elle trouvait sans doute piquant de
nous faire, en cette occasion, coucher dans la
même tente, et écrire sur la même table des
dépêches rédigées certainement dans deux sens
bien opposés.

Le 31, ayant traversé le Salguire et quittant

enfin les plaines désertes, nous nous approchâmes de la chaine des montagnes, et nous jouîmes délicieusement, dans leurs vallées, du plaisir de revoir des ombrages épais, des coteaux pittoresques, des champs cultivés, de jolies maisons, des paysans actifs, laborieux, enfin tout le mouvement de la vie, dont nous avions presque perdu la trace en traversant les steppes incultes et solitaires.

Le soir nous arrivâmes dans la ville de Bachtchi-Saraï, et toute la cour s'établit dans le palais des anciens khans.

Bachtchi-Saraï est située dans un vallon très étroit ou plutôt dans une gorge sur la rivière Tschourouk. Fondée dans le seizième siècle par les Tartares, ses maisons assez mesquinement bâties s'étendent en amphithéâtre sur la pente des montagnes très hautes qui l'entourent, qui la pressent, et dont les immenses rochers semblent à tous momens près de l'écraser. C'est un des plus singuliers points de vue qui puissent exciter la curiosité des voyageurs.

Il arrive quelquefois d'échouer à l'entrée du port, et c'est précisément ce que faillit éprouver l'impératrice, à l'instant où, apercevant les minarets de Bachtchi-Saraï, elle atteignait son but, et jouissait d'avance avec fierté du plaisir de s'asseoir sur un trône musulman conquis par ses armes.

On arrive ou plutôt on descend dans Bachtchi-Saraï, par une pente extrêmement rapide et des deux côtés hérissée de roches. La voiture de Catherine était pesante; les chevaux qui la conduisaient, ardens et indociles : ces animaux fougueux, pressés par un poids inaccoutumé, s'emportent, prennent le mors aux dents, et se précipitent entre les rochers avec une telle impétuosité, que nous croyions à tout moment voir le carrosse verser et se briser en éclats.

Les efforts des Tartares pour les arrêter furent vains : l'effroi avait saisi tous les voyageurs ; Catherine seule (me dit ensuite l'empereur) ne laissa pas voir sur ses traits le moindre signe de crainte. Enfin le sort voulut qu'après avoir passé, on ne sait comment, par-dessus quelques roches et sans accident, les chevaux à l'entrée d'une rue s'arrêtèrent d'eux-mêmes tout à coup, et si brusquement que plusieurs d'entr'eux tombèrent. La voiture, dans cette dernière secousse, monta sur leurs corps, et aurait alors versé, sans le secours des cavaliers tartares qui la soutinrent de toutes leurs forces.

Bachtchi Saraï, fort dépeuplée depuis la conquête, contenait cependant encore neuf mille habitans, presque tous musulmans. La politique de Catherine ne gênait ni leur commerce ni leur culte; elle les laissait suivre en tout leurs anciens usages, de sorte que nous pouvions nous croire véritablement transportés dans une ville de Turquie ou de Perse, avec cette seule différence que nous avions le loisir d'y tout examiner, sans avoir à craindre aucune des humiliations que les chrétiens sont forcés de subir dans tout l'Orient.

Ce qui m'étonna le plus dans ces premiers momens, ce furent le flegme, l'orgueil et l'indifférence apathique ou affectée des marchands turcs et tartares : vieux ou jeunes, ces Turcs, ces Tartares, assis tranquillement devant la porte de leurs maisons, ou dans l'intérieur de leurs boutiques, loin de montrer aucune surprise, aucune curiosité, aucun mouvement expressif de joie ou de colère à la vue du cortége, si nouveau et si imposant pour eux, qui s'offrait avec tant de pompe à leurs regards, restaient immobiles, sans se lever, sans diriger leurs yeux de notre côté; quelquefois même ils nous tournaient le dos.

Ces fanatiques, se croyant toujours une grande supériorité sur nous qu'ils traitent d'*infidèles* et de *chiens*, conservent leur orgueil stupide, même lorsqu'ils sont vaincus; et, loin de s'humilier, jamais ils n'attribuent la honte de leurs revers à leur ignorance : ils n'en accusent que la fatalité.

On nous dit que le palais du khan, devenu le nôtre, avait été construit, sur des dimensions plus petites, d'après le modèle du sérail de Constantinople. Ce palais est près de la rivière, sur le bord de laquelle les Tartares ont construit un quai; on y arrive par un petit pont de pierres, et on entre dans une grande cour.

Vers la gauche se trouve la grande mosquée du khan; plus loin, les écuries; à droite, le palais du sérail; il n'a qu'un étage, et est composé de plusieurs corps de bâtimens séparés et d'inégale hauteur; un jardin divisé en quatre terrasses l'environne.

Près de la mosquée, on aperçoit le cimetière où l'on enterrait les khans, les mirzas ou grands, et les prêtres. Ces lieux consacrés aux morts sont très pittoresques, dans l'Orient, par la forme variée des tombeaux, et par la beauté des arbres qui les ombragent.

Leurs majestés impériales occupaient les appartemens du sultan. Fitz-Herbert, Cobentzel, le prince de Ligne et moi, nous étions logés dans les chambres des sultanes qui donnaient sur de jolis jardins, entourés à la vérité de murailles très élevées.

Chaque appartement n'avait pour tout meuble qu'un large et commode divan qui en faisait le tour. Le milieu de la pièce était entièrement occupé par un grand bassin carré, de marbre blanc, au centre duquel des tuyaux faisaient jaillir sans cesse des gerbes d'une eau fraîche et limpide.

Un jour faible éclairait l'appartement : les cristaux des fenêtres étaient chargés de peintures; lors même qu'on les ouvrait, le soleil trouvait à peine passage à travers les branches nombreuses de rosiers, de lauriers, de jasmins, de grenadiers et d'orangers, qui couvraient ces fenêtres de leurs feuillages et leur servaient, pour ainsi dire, de jalousies.

Je me souviens qu'étant couché sur mon divan, accablé par l'extrême chaleur, et jouissant cependant avec délice du murmure de l'eau, de la fraîcheur de l'ombrage et du parfum des fleurs, je m'abandonnais à la mollesse orientale,

rêvant et végétant en vrai pacha; tout à coup
je vis devant moi un petit vieillard à longue
robe, à barbe blanche, et portant sur sa tête
chauve une calotte rouge.

Son aspect, son humble attitude, son salut
asiatique, rendirent mon illusion complète, et
je pus me croire quelques instans un véritable
prince musulman, dont quelque aga ou bostangi
venait prendre les ordres sacrés.

Comme cet esclave parlait un peu la langue
franque, c'est-à-dire un mauvais italien, je sus
par lui qu'il avait été autrefois jardinier du khan
Sahim-Guerray. Je le pris pour mon guide; il
me fit parcourir toutes les parties intérieures
de ce palais oriental, dont les nombreux détours
et l'irrégularité rendraient la description très
difficile.

Les mahométans soumis ne pouvaient rien nous
refuser : ainsi nous entrâmes dans la mosquée
pendant les prières. Nous y vîmes un de ces
spectacles qui attristent la raison humaine :
trente ou quarante derviches fanatiques, qu'on
appelait en arabe des *tourneurs*, pirouettaient
sur eux-mêmes avec la rapidité d'une toupie,
et en criant de toutes leurs forces *allah-hou*,
allah-hou, *allah-hou*, avec une telle violence,

qu'à la fin ils tombaient la poitrine sur la terre, exténués et presque sans respiration.

On a eu raison de dire que, si Dieu a fait l'homme à son image, l'homme le lui a bien rendu, puisque, presque partout, les hommes ont cru la Divinité ou les dieux assez bizarres, assez injustes, assez cruels, pour que tant de momeries ridicules, tant de mortifications extravagantes, et, ce qui est plus horrible encore, tant de sacrifices de victimes humaines, pussent être pour eux d'agréables offrandes.

A un quart de lieue de la ville, on aperçoit sur une montagne un bourg exclusivement peuplé de juifs karaïtes, qui sont comptés au nombre des plus anciens habitans de cette presqu'île. Ces karaïtes étaient les seuls juifs qui, s'en tenant à la loi de Moïse, ne croyaient pas au Talmud.

A cinq verstes plus loin on aperçoit une autre montagne isolée et très haute; elle a la forme d'un cône, et se nomme Tiape-Kairmen. Le roc vif dont elle est formée contient trois rangs de cavernes. Les environs de Bachtchi-Saraï sont parsemés de jolies maisons de campagne, qui appartenaient autrefois aux princes tartares et à leurs femmes.

L'impératrice ne s'arrêta que cinq jours à
Bachtchi-Saraï : la satisfaction de cette princesse brillait sur tous ses traits; elle jouissait,
avec l'orgueil d'une souveraine, d'une femme
et d'une chrétienne, de se voir assise sur le
trône des Tartares, jadis conquérans de la Russie, et qui, peu d'années avant leur défaite,
venaient encore ravager ses provinces, troubler
son commerce, dévaster ses nouvelles conquêtes et en rendre la possession incertaine.

Nous jouissions presque comme elle d'un
spectacle si nouveau, qui nous avait permis de
voir sans obstacles, et avec détail, l'intérieur
de ces fameux harems dont nul chrétien ailleurs ne peut seulement connaître la distribution.

Dans les premiers momens qui suivirent la
conquête, l'émigration des Tartares fut considérable; mais la douce tolérance du gouvernement de Catherine désarma bientôt la
haine de ces musulmans si fiers, et excita leur
confiance. Non-seulement cinquante mille d'entr'eux s'étaient décidés à rester dans leur patrie;
mais on en voyait même plusieurs, déjà partis,
solliciter la permission de revenir, permission
qu'on leur accordait difficilement, parce que

l'expérience du passé faisait croire qu'ils ne deviendraient jamais de bons cultivateurs.

En sortant de Bachtchi-Saraï, nous parcourûmes d'agréables vallées, et nous traversâmes la Cabarta, dont les rives sont si pittoresques qu'on peut comparer toutes les campagnes qu'elle arrose, aux jardins les plus délicieux. Nous arrivâmes pour dîner à Inkerman, précédemment nommée Théodora par les Grecs et Actiar par les Tartares : là, de hautes montagnes, s'étendant en demi-cercle, forment un golfe large et profond sur les bords duquel étaient jadis bâties l'antique Kherson et la ville d'Eupatorie. Ce port et cette rade célèbre de la Chersonèse Taurique, plus tard appelée Héracléotique, avaient reçu de l'impératrice le nom de Sevastopol.

La vue de ces côtes de la Tauride, consacrées à Hercule, à Diane, réveillait en nous les souvenirs fabuleux de la Grèce, ainsi que la mémoire plus historique des rois du Bosphore et des exploits de Mithridate.

Pendant le repas de leurs majestés impériales, aux accords d'une musique harmonieuse, on ouvrit tout à coup les fenêtres d'un grand balcon. Alors le plus magnifique spectacle frappa nos regards : à travers une ligne de Tartares à cheval qui se séparèrent, nous aperçûmes derrière eux une baie profonde de douze verstes et large de quatre. Au milieu de cette rade terminée par l'aspect d'une vaste mer, une flotte formidable, construite, armée, équipée en deux années, était rangée en bataille en face de l'appartement où nous dînions avec l'impératrice.

Cette armée salua sa souveraine du feu de tous ses canons, dont le bruit éclatant semblait annoncer au Pont-Euxin qu'il avait une dominatrice, et que ses armes pouvaient en trente heures faire briller son pavillon et planter ses drapeaux sur les murs de Constantinople.

Nous nous embarquâmes au fond du golfe. Catherine passa en revue les vaisseaux de son armée navale, admirant de larges et de profondes anses que la nature semblait avoir creusées dans les deux flancs de cette rade, pour en faire le plus beau port du monde connu.

Après avoir ainsi parcouru l'espace de deux lieues, nous débarquâmes au pied d'une montagne sur laquelle s'élevait en amphithéâtre la nouvelle Sevastopol, fondée par Catherine. Déjà plusieurs magasins, une amirauté, des retranchemens, quatre cents bâtimens qui s'élevaient, une foule d'ouvriers, une forte garnison, deux hôpitaux, plusieurs ports pour le carénage, pour le commerce et pour la quarantaine, donnaient à cette naissante création l'apparence d'une ville imposante.

Il nous semblait inconcevable qu'à huit cents lieues de la capitale, dans une contrée si nouvellement conquise, le prince Potemkin eût trouvé la possibilité de former en deux ans un pareil établissement, bâtir une ville, construire une flotte, élever des forts, et réunir un si grand nombre d'habitans : c'était réellement un prodige d'activité.

Les trois vaisseaux lancés en notre présence à Kherson, et d'autres à Taganrok, devaient incessamment arriver. Mais, en les attendant, nous voyions une escadre de vingt-cinq bâtimens de guerre, qui garnissaient la rade, complétement armés et équipés, et prêts, dès que Catherine le voudrait, à déployer leurs voiles au premier signal.

L'entrée du golfe est sûre, commode, à l'abri de tous les vents, et assez étroite pour que les feux des batteries placées sur les deux rivages, puissent non-seulement se croiser, mais encore porter à mitraille d'une côte à l'autre.

Il était naturel de croire que la vue de tant de forces sur terre et sur mer exalterait l'imagination de l'impératrice et enflammerait son ambition. Les hommages adulateurs des grands de sa cour, l'orgueil de se voir si près de Byzance, les inspirations et les discours belliqueux du ministre favori et des princes de Ligne et de Nassau, pouvaient éloigner Catherine des dispositions pacifiques qu'elle avait manifestées.

Cependant elle parut y persister. Les instructions données à l'issue des conférences de Kherson ne furent point changées, et M. de Bulgakoff s'embarqua pour Constantinople, avec ordre de présenter à la Porte les propositions conciliantes qui avaient été convenues.

L'impératrice voulut savoir ce que je pensais de ses nouveaux établissemens maritimes. Je lui dis : « Votre majesté a effacé le triste souvenir » de la paix du Pruth. Elle a changé les bri- » gands zaporaviens en sujets utiles, et soumis » les Tartares, anciens oppresseurs de la Rus- » sie. Enfin, madame, par la création de Se- » vastopol, vous avez achevé dans le midi ce que » Pierre le Grand avait commencé dans le nord. » Il ne vous reste plus d'autre gloire à con- » quérir que celle de vaincre la nature, en peu-

» plant et en vivifiant toutes ces nouvelles con-
» quêtes et ces vastes steppes que nous venons
» de traverser. »

En effet, rien ne pouvait plus empêcher Catherine de jouir paisiblement d'une telle gloire, à moins qu'au lieu de s'occuper de ces travaux utiles, elle ne voulût tenter d'autres conquêtes, et par là peut-être compromettre sa fortune; car souvent des revers inattendus dérangent les combinaisons les plus habiles, et ternissent en un instant les règnes les plus glorieux.

Les revers de Louis XIV dans sa vieillesse, les désastres de Charles XII, la position critique de Pierre le Grand sur le Pruth, la destruction des armées de Napoléon, sont de grandes leçons que le sort des armes, dans tous les siècles, donne au génie, mais que le génie, toujours trop confiant dans sa force et dans sa fortune, n'accepte malheureusement presque jamais pour lui-même.

C'étaient sans doute de pareilles réflexions qui rendaient Catherine incertaine, et qui luttaient dans son esprit contre les suggestions de son ambition, de ses ministres et de ses courtisans.

Théodora, bâtie sur une montagne escarpée,

fut, dit-on, fondée par Doras, l'un des capitaines de Mithridate. Cette ville devint l'apanage du dernier empereur des Grecs, Constantin Paléologue. A la fin du quinzième siècle, les Turcs la prirent et la donnèrent aux Tartares.

Sur la côte au nord, entre la rade de Sevastopol et l'isthme de Pérékop, existait l'ancienne Eupatorie, nommée Kosloff par les Tartares.

Les roches des montagnes, dont l'imposante enceinte forme le vaste golfe de Sevastopol, et que les Grecs nommaient le Cténus, sont criblées de cavernes qui attirent justement la curiosité des voyageurs.

Ces immenses catacombes furent jadis les retraites des Taures, de ces pirates qui en sortaient comme des oiseaux de proie pour exercer sur la mer Noire leurs brigandages. Plus tard ces cavernes devinrent le refuge des Grecs proscrits et des chrétiens persécutés.

On y voit encore des chapelles, des débris d'autel; les regards y sont frappés par un escalier de cinquante toises, taillé intérieurement dans le roc.

A une lieue environ au sud-ouest de Sevastopol, nous aperçûmes les ruines de l'antique Kherson, vaste débris d'édifices autrefois magnifiques. Cette ville, bâtie six cents ans avant Jésus-Christ, et l'une des principales cités des rois du Bosphore, fut sans doute, depuis, sous le règne du fameux et infortuné Mithridate, témoin de ses triomphes sanglans et des cruautés qui ternirent sa gloire.

Constantin le Grand l'affranchit de tout tribut en 322. Son indépendance accrut à tel point sa richesse, qu'elle dominait sur toutes les villes méridionales de la presqu'île.

Plus loin, à l'extrémité d'un promontoire qui s'élève à pic sur les flots d'une mer féconde en tempêtes, l'imagination cherche à retrouver l'antique temple consacré à Diane de Tauride.

Iphigénie, Oreste, Pylade, semblaient reparaître à nos yeux, et embellir pour nous l'histoire de ces temps barbares par les riantes couleurs de la fable.

Les Grecs appelaient encore ce lieu Parthénion, et disaient que là avait été un temple consacré à la *déesse vierge*. Aujourd'hui il y existe un monastère dédié à saint Georges, près duquel est un sentier taillé dans le roc, qui, depuis le sommet de la montagne, conduit à la porte d'un ermitage construit sur la pointe d'une jetée. Cette jetée s'avance directement de quinze toises en se détachant de la côte et au-dessus de la mer.

On y a construit plusieurs cellules et une église taillée dans le roc, qui n'est éclairée que par l'ouverture de la porte et par deux fenêtres étroites.

C'était dans les environs de ce lieu si riche en souvenirs et en illusions, que l'impératrice avait donné une terre au prince de Ligne; elle ne pouvait rien choisir de plus conforme au goût de ce prince aimable et brillant, dont l'héroïsme tenait plus à l'héroïsme de la fable et du roman qu'à celui de l'histoire.

Nassau et moi, nous fîmes une course en prolongeant la côte vers le midi. Nous vîmes le port des Symboles. Là, comme près de tous les ports de la Chersonèse Héracléotique, on trouve un immense nombre de cavernes contenant des chambres, des chapelles, des cellules, des sépulcres, des cercueils, avec des inscriptions grecques.

L'aspect de ces roches, de ces montagnes escarpées, de ces grottes profondes et de ces horribles précipices, attriste l'esprit; c'étaient des lieux de plaisance vraiment dignes des Taures et de leur bon roi Thoas.

Trop préoccupés sans doute de ces sombres idées, Balaclava, autrefois Symbolon, ne put nous en distraire. Cette ville était assez commerçante, et presque encore toute peuplée de Grecs, d'Arméniens et de juifs, conservant en pleine liberté, sous la domination des Russes comme sous celle des Tartares, leurs cultes, leurs usages et leurs mœurs.

Ainsi que dans toutes les anciennes villes grecques ou asiatiques, les rues sont étroites, les maisons basses, et les pavés composés de pierres de diverses couleurs.

Les habitans actifs et industrieux de cette ville s'efforcent, pour embellir ce triste séjour, de construire, sur la pente des noires et hautes montagnes qui les environnent, une grande quantité de petits jardins en terrasses.

Ayant rejoint la cour, nous partimes de Sevastopol pour retourner à Bachtchi-Saraï, en traversant l'Alma, et cette route ne nous offrit d'autre objet remarquable qu'une haute montagne nommée Biaklia-Kauba, qui, depuis son sommet jusqu'à sa base, est toute criblée de cavernes : quand la tyrannie régnait sur la terre, ce n'était que dans les profondeurs de son sein que les hommes pouvaient trouver refuge et sécurité.

A Bachtchi-Saraï le prince de Ligne vint, en riant, me dire : « Savez-vous de quoi s'occu-
» pent à présent nos deux grands souverains
» voyageurs, le puissant empereur des Romains
» et l'illustre autocratrice de toutes les Russies?
» Je viens de surprendre quelques mots de la
» conversation de ces deux grands despotes. Eh
» bien! mon cher, qui l'aurait cru? ils s'entre-
» tenaient amicalement d'un très beau projet,
» celui du rétablissement des républiques grec-
» ques. »

« Vous ne m'étonnez pas autant que vous le
» croyez, lui répondis-je : on voudrait en vain
» éloigner de soi l'air de son siècle; chacun
» forcément le respire et en est imprégné. L'air
» du nôtre est celui de la philosophie et de
» la liberté; il s'étend partout doucement, en-
» tre dans les palais comme dans les cabanes.
» On ne peut le comprimer; et, si la force le
» tentait, comme l'Angleterre vient de l'essayer
» en Amérique, elle ne ferait que le transfor-
» mer en vent furieux. » Le prince de Ligne se moqua de cette rêverie philosophique. Nous ne

nous doutions pas alors que c'était une prophétie.

De retour dans le sérail du khan, il était assez naturel que la vue et que l'air de ces cabinets voluptueux réveillassent quelques idées de galanterie : la curiosité du prince de Ligne, qui restait plus jeune à cinquante ans que je ne l'étais à trente, m'entraîna dans une étourderie qui heureusement n'eut pas les suites auxquelles nous aurions pu nous attendre, mais qui nous attira une juste et sévère leçon.

On ne peut faire d'injure plus grave aux musulmans, que celle de s'approcher de leurs femmes; à cet égard tout plaisir, même celui des yeux, est interdit à tout autre homme qu'à leurs époux.

Cette contrainte irritait les désirs curieux du prince. « A quoi sert, me disait-il, de parcou-
» rir un vaste jardin dont il ne nous est pas
» permis d'examiner les fleurs? Il faut au moins,
» avant de quitter la Tauride, que j'entrevoie
» une femme tartare sans voile, et j'y suis très
» décidé. Voulez-vous m'accompagner dans cette
» entreprise? »

Je ne résistai point à cette tentation, et nous parcourûmes plusieurs vallons avec un espoir qui fut long-temps trompé. Enfin, non loin d'une maison isolée, nous aperçûmes, sur la lisière d'un petit bois, trois femmes assises et qui baignaient leurs pieds dans un limpide ruisseau.

Nous nous glissâmes derrière les arbres, en évitant de faire le bruit le plus léger, et nous arrivâmes heureusement en face d'elles et masqués par un buisson.

Comme les voiles de ces femmes étaient à terre près d'elles, nous pûmes les regarder tout à notre aise. Mais, hélas! quel désappointement! aucune n'était ni jolie, ni jeune, ni même passable. « Ma foi, s'écria inconsidéré-
» ment mon compagnon, Mahomet n'a pas tant
» de tort en voulant qu'elles se cachent. »

Soit qu'on l'eût entendu, soit que le froissement des feuilles nous eût trahis, nos trois musulmanes se levèrent brusquement et s'enfuirent en jetant de grands cris.

Nous les suivions pour les apaiser, lorsque nous vimes accourir de la montagne quelques Tartares qui criaient plus fort qu'elles, nous menaçaient de leurs poignards et nous lançaient des pierres.

Comme nous n'étions point venus pour guerroyer, nous n'eûmes garde de les attendre ;

une rapide course et l'épaisseur des bois nous mirent bientôt à l'abri de leur poursuite.

Jusque-là le mal n'était pas grand, suivant la morale relâchée qui dit que *tout péché caché est à moitié pardonné;* mais mon imprudent ami ne s'en tint pas là.

Le lendemain, au dîner de l'impératrice, nous trouvâmes cette princesse mélancolique et silencieuse, l'empereur absorbé dans ses réflexions, le prince Potemkin sombre et distrait : la conversation était nulle, ou languissait.

Or ne voilà-t-il pas que, pour dérider sa majesté et pour égayer ses convives, le prince de Ligne, qui ne pouvait supporter l'apparence de l'ennui, s'avise de raconter nos prouesses et nos aventures de la veille? J'avais beau le pincer, il continua intrépidement sa narration.

On commençait à rire selon son attente, lorsque Catherine, nous regardant d'un œil fixe et sévère, nous dit : « Messieurs, cette plaisanterie » est d'un très mauvais genre et d'un très mau- » vais exemple. Vous êtes au milieu d'un peu- » ple conquis par mes armes; je veux qu'on » respecte ses lois, son culte, ses mœurs et » ses préjugés. Si l'on m'avait raconté cette

» aventure sans m'en nommer les héros, loin
» de porter mes soupçons sur vous, j'en aurais
» plutôt cru coupables quelques-uns de mes
» pages, et je les aurais sévèrement punis. »

Nous n'avions rien à répliquer. Le prince de Ligne resta muet comme moi, et de plus un peu confus de son indiscrète loquacité. Notre résignation satisfit l'impératrice, qui reprit son aimable gaîté; même, quelques jours après, ayant accordé une audience à une princesse musulmane, nièce de Sahim-Guerray, elle nous permit de nous cacher de manière à tout voir sans être vus.

La princesse était plus belle que nos trois femmes tartares; cependant ses sourcils peints, et le fard luisant qui la couvrait, en faisaient, malgré ses beaux yeux, une vraie figure de porcelaine.

Notre repos fut court : nous quittâmes les roches escarpées de Bachtchi-Saraï, le palais du khan et son sérail, et nous arrivâmes sur les bords du Salguire, dans la ville d'Achmetschet, nommée Symphéropol par Catherine. C'est aujourd'hui la capitale de la presqu'île; elle est située au milieu d'une plaine unie, entourée à quelque distance de collines dont les vallées sont peuplées de bocages frais, de jardins rians, de peupliers majestueux à forme pyramidale.

Les riches Tartares, habitans de ces vallées, choisissent les plus beaux arbres dont les branches s'étendent circulairement, et, au centre de cette corbeille de feuillage, ils construisent de jolis kiosques; les couleurs vives et variées de ces légers pavillons élevés en l'air, offrent aux voyageurs un coup d'œil inattendu et attrayant.

Achmetschet était la résidence des sultans Kalgas, premiers officiers des khans de Crimée, et chefs de leurs troupes. Dans cette ville, ainsi que dans toutes celles où nous séjournâmes pendant la durée de notre voyage, on avait préparé pour l'impératrice une maison commode, élégante et spacieuse.

Nous ne nous arrêtâmes qu'un jour à Symphéropol, et de là nous nous rendîmes à Karasou-Bazar, que les Grecs nommaient Mavron-Kastron. Cette ville, située dans une large vallée, sur le bord du Karasou, était une des plus grandes de la Tauride. On ne pouvait y admirer que la beauté de sa position; elle ne contenait aucun édifice remarquable, aucune ruine antique. Ses maisons étaient, comme toutes les maisons tartares, bâties irrégulièrement, très basses et rangées sans aucune symétrie : avant la conquête, elle appartenait ainsi que Symphéropol au sultan Kalga.

Les montagnes de Crimée, qui commencent à s'élever aux rives du Salguire, ne forment point de groupes réguliers jusqu'à Karasou-Bazar. C'est seulement à partir de cette ville qu'elles composent une chaîne qui s'étend d'un côté jusqu'à Bachtchi-Saraï, et de l'autre jusqu'à Star-Krim.

Si la nature ne présentait point dans ce lieu à leurs majestés impériales d'objets propres à intéresser leur curiosité, l'activité infatigable du prince Potemkin y suppléa. Indépendamment de la belle et large route qu'il avait fait tracer et aplanir par ses soldats, il les avait employés à créer, sur la rivière de Karasou, un vaste jardin anglais, au centre duquel s'élevait le palais le plus élégant. Ce n'était plus Armide qui voulait séduire Renaud ; c'était au contraire le Renaud russe qui créait galamment des prodiges pour son Armide.

Lorsque Catherine descendit le soir de son palais pour jouir de la fraîcheur de l'ombre, de la limpidité des eaux et du parfum des fleurs, elle vit tout à coup, au moment où le soleil disparaissait au fond des sombres vallées, toutes les collines, dans un horizon de cinq lieues de diamètre, illuminées par trois cordons de feux de diverses couleurs, et, au milieu de ce brillant horizon, une montagne conique dont le centre étincelant formait en traits lumineux le chiffre de l'impératrice; du sommet de ce mont partit un magnifique feu d'artifice, couronné par un bouquet de trois cent mille fusées.

Le lendemain de cette fête, dont la pompe parut tirer momentanément les musulmans de leur froideur orgueilleuse et de leur apathique indifférence, Catherine, ayant passé en revue un corps nombreux de troupes russes, partit escortée, comme à l'ordinaire, par un escadron de Tartares, rentra dans les montagnes, et se dirigea vers Soudak. Avant d'y arriver, nous traversâmes la bourgade grecque de Toplic et un village tartare nommé Elbouzi.

Soudak offre aux navigateurs un assez bon port. Cette ville, située à cinquante-cinq verstes de Karasou-Bazar, est assise sur un rocher élevé et isolé à peu de distance de la mer. Ce rocher est environné de trois côtés par des montagnes et par des précipices très profonds, dont l'aspect me parut aussi imposant que varié.

Les Grecs la nommaient Sidagios; les Italiens, Soldaï; les Tartares, Soudak. Depuis 1204, elle jouit jusqu'à la fin du quatorzième siècle d'une entière indépendance; plus tard elle devint tributaire des Ongres et des Tartares. Les Génois s'en emparèrent; mais bientôt ils en furent chassés par les Turcs. On n'y voyait plus que quelques ruines de plusieurs tours et de trois forts qui attestaient, ainsi que sa vaste enceinte, son antique grandeur.

Les vignes de Soudak étaient préférées à toutes celles de la presqu'île; elles occupent une vallée de près de trois lieues. Leurs ceps féconds, mêlés confusément à un nombre immense d'arbres fruitiers de toutes les espèces, y forment un vaste jardin naturel, qui frappe agréablement les regards, surtout par le contraste de cette riante perspective avec celle des hautes montagnes, des cascades bruyantes et des sombres forêts qui l'environnent.

Nous continuâmes notre marche vers la partie orientale de la Tauride, et nous arrivâmes à Star-Krim, à vingt verstes de Soudak et à la même distance de Théodosie.

Star-Krim, connue dès le sixième siècle, devint, dans le treizième, une des principales cités de la Tauride. Son commerce très étendu tomba en décadence à l'époque de l'invasion des Tartares ; cependant quelques-uns de leurs khans y établirent leur résidence.

Les Grecs la nommaient Karca ou Karkoupol ; les Tartares, Star-Krim, qui signifie *vieille forteresse*. L'impératrice lui donna le nom de Levkopol.

Nous parcourûmes sa vallée très étendue et entourée de montagnes, dont les pentes, les sinuosités, fixent l'attention par la variété des objets qu'elles présentent. On y rencontre un mont élevé, d'où l'on peut voir à la fois la mer Noire, celle d'Azoff, et le Sivache, ou *mer putride*.

Nous nous y arrêtâmes peu, et nous arrivâmes en quelques heures dans les murs ou plutôt sur les ruines de l'infortunée et célèbre Théodosie.

Elle portait ce nom harmonieux dans le temps de sa grandeur. Les Tartares, frappés de sa magnificence, l'appelèrent Kérim-Stambouly, c'est-à-dire Constantinople de Crimée. Depuis sa destruction, on l'appelait Caffa. Catherine lui rendit son nom antique, mais sans espoir probable de ressusciter son ancienne splendeur.

Théodosie, fondée par les Milésiens, est située sur un coteau pierreux et sablonneux, près du rivage de la mer. Sa vaste enceinte était entourée de hautes murailles garnies de tours; lorsque nous les vîmes, elles commençaient à tomber en ruines.

Sa position, favorable au commerce, l'éleva promptement au rang des principales cités de l'Orient. Son port était rempli d'un grand nombre de vaisseaux qui lui apportaient les productions des rives du Don, du Wolga et des côtes de la Colchide; les fourrures du Nord, les cuirs dorés de Russie, le caviar, les esturgeons, se vendaient avec profit en Grèce et en Italie. Caffa était, pour les musulmans, un grand marché d'esclaves qu'ils tiraient de la Circassie, du Caucase et de la Géorgie. Sa population s'accrut rapidement par les habitans du royaume du Bosphore, qui venaient en foule s'y établir.

Dans le premier siècle de l'ère chrétienne, les Alains la détruisirent; depuis, les Bosphoriens relevèrent ses ruines, que leur disputèrent les Chersonèses.

A la fin du treizième siècle, les Génois, sous les ordres de Valdo Doria, y fondèrent une nouvelle ville, qui ne tarda pas à devenir riche, commerçante, grande, peuplée et célèbre.

Quelques auteurs prétendent qu'on y comptait quarante mille maisons. On y établit un évêque catholique, dont la juridiction s'étendait depuis Saraïa, sur le Wolga, jusqu'à Varna en Bulgarie. Les Arméniens y eurent aussi un évêque et y fondèrent une grande école.

Dans le quatorzième siècle, les Tartares l'investirent sans pouvoir s'en emparer. Le pape Clément VI voulut lever une armée de croisés pour sa délivrance. Ce fut à cette époque que ses vastes fortifications furent construites.

Plus l'empire d'Orient s'approchait de sa décadence, plus Théodosie voyait croître sa puissance par la foule des Grecs qui venaient chercher dans ses murs un abri contre les armées ottomanes. Mais à son tour enfin elle succomba, et, douze ans après la prise de Constantinople par Mahomet II, Théodosie perdit son indépendance ainsi que la plus grande partie de ses richesses. Elle fut cédée aux Tartares; longtemps la domination de ceux-ci fut douce et tolérante.

Caffa pouvait espérer, par son riche commerce qui se relevait, de conserver encore quelque prospérité ; mais, d'une part, dans le dix-huitième siècle, l'établissement du port de

Taganrok par les Russes, qui ouvrait un nouveau débouché aux négocians et aux navigateurs, de l'autre, les dissensions sanglantes des princes tartares, enfin l'invasion de la Crimée par les Russes sous les ordres du prince Dolgorouki, consommèrent la ruine de la presqu'île et celle de Caffa.

Lorsque Catherine monta sur le trône, il n'existait plus que l'ombre de cette ville célèbre. Nous n'y trouvâmes pas deux mille habitans, errans au milieu de tous ces débris d'églises, de palais, d'édifices somptueux; le silence de la destruction y régnait.

A la vue de ce sombre spectacle qui formait un si affligeant contraste avec celui des magiques créations dont les regards de l'impératrice avaient été jusque-là frappés, cette princesse ne put se défendre de verser quelques larmes : il semblait que le destin eût voulu, au terme de son voyage triomphal, en tempérer l'orgueil par le triste aspect de ces témoins solennels des vicissitudes humaines, et de la destruction que doivent subir tour à tour les cités les plus florissantes, destruction à laquelle n'échapperont même pas les plus grands empires.

Pour nous distraire des impressions produites

par ces débris et par cette solitude, nous parcourûmes la presqu'île de Kertch. C'est une plaine coupée par plusieurs ruisseaux et par quelques bouquets de bois. On y trouve des lacs salés. Le terrain s'élève en approchant de la mer d'Azoff et du détroit de Yénicalé.

Kertch était appelée par les Grecs Panticapée, et plus tard Bosphore. Elle est située au pied d'une montagne et sur le bord du détroit jadis Cimmérien, aujourd'hui détroit de Yénicalé. Sa rade est vaste et sûre.

Ce fut, dit-on, à Panticapée que mourut Mithridate. A quatre verstes de Kertch, on voit sur le sable quelques tertres assez élevés. Les habitans de ce pays disent, d'après une tradition vulgaire, que l'un de ces tertres fut le tombeau de Mithridate. Cependant presque tous les historiens s'accordent pour affirmer que le fils de ce grand roi, l'infâme Pharnace, envoya le cadavre de son père à son vainqueur Pompée, qui était alors en Asie, et que ce Romain, digne de sa renommée, ayant répandu de nobles larmes sur les restes mortels d'un héros infortuné, leur fit rendre avec pompe à Sinope les honneurs funèbres. Kertch ne contient plus qu'une église, une forteresse et un petit nombre de maisons habitées par des pêcheurs grecs. Aucun débris de monumens, aucun reste de colonnes, ne rappelle le souvenir de son ancienne grandeur.

A cinq lieues plus loin et à l'angle de la presqu'île, se trouvent la forteresse de Yénicalé et quelques cabanes dont les possesseurs ne s'occupent que de la pêche de l'esturgeon. La longueur de toute cette presqu'île, de Caffa jusqu'à Yénicalé, est de cent vingt verstes, et sa plus grande largeur de cinquante.

L'impératrice avait d'abord formé le projet de suivre la côte en s'élevant vers le nord, afin de voir les villes d'Arabat, de Marioupol, de Taganrok, de Tcherskak, chef-lieu des Cosaques du Don, et enfin Azoff. Mais la saison avancée, l'insalubrité de la côte, et l'importance des affaires qui rappelaient Catherine dans sa capitale, la décidèrent à changer sa marche. Théodosie fut donc le terme de ce grand voyage.

Au moment de quitter ces déplorables ruines, il m'arriva une aventure assez singulière, et que cependant je n'aurais pas cru devoir raconter, si elle ne m'avait pas paru propre à donner une juste idée des mœurs d'un pays où la servitude existe, et en même temps de l'originalité qui caractérisait le prince Potemkin.

Nous allions nous mettre en route ; l'impératrice était déjà montée dans sa voiture, et, pour la rejoindre, je descendais précipitamment les marches extérieures de son palais. Soudain s'offre à mes yeux une jeune femme, vêtue à l'asiatique ; sa taille, sa démarche, ses yeux, son front, sa bouche, tous ses traits enfin me présentaient, avec une inconcevable ressemblance, l'image parfaite de ma femme.

La surprise me rend immobile ; je doute si je veille ; je crois un moment que madame de Ségur est venue de France me retrouver, et qu'on s'est plu à me le cacher et à me ménager cette rencontre inopinée : l'imagination va vite, et j'étais dans le pays des prestiges.

Cependant le prince Potemkin, me voyant immobile comme une statue, m'appelle inutilement, et accourt pour m'avertir que l'impératrice m'attend. La jeune femme s'éloignait ; mon rêve trop court se dissipe ; en peu de mots je le raconte au prince.

« La ressemblance est-elle donc si parfaite ? » me dit-il. « Complète et incroyable, » lui répliquai-je. « Eh bien ! *batushka* (mon petit » père), reprit-il en riant, cette jeune Circas-

» sienne appartient à un homme qui m'en lais-
» sera disposer; et, dès que vous serez à Péters-
» bourg, je vous en ferai présent. » « Je vous
» remercie, dis-je à mon tour; je ne l'accepte
» point, et je crois qu'une telle preuve de sen-
» timent paraîtrait fort étrange à madame de
» Ségur. »

Nous nous séparâmes, et je croyais tout fini ;
mais, quelque temps après, le prince me laissa
voir que mon refus l'avait piqué ; il l'attribuait
à une fausse délicatesse qui m'empêchait de recevoir un présent de lui. « Je vous prouverai
» votre erreur, lui dis-je, en acceptant toute
» autre offre qu'il vous plaira de me faire. »

Il me prit au mot, et, à son retour dans la
capitale, après la prise d'Oczakoff, il me donna
un jeune enfant kalmouk, nommé Nagun : c'é-
tait la plus originale petite figure chinoise qu'on
pût voir. J'en pris soin quelque temps ; je lui fis
apprendre à lire ; mais, au moment où je revins
en France, la comtesse de Cobentzel, qu'il divertissait beaucoup, me pressa si vivement de
le lui céder, que j'y consentis. J'ai encore chez
moi le portrait de ce petit Tartare.

Nous partîmes de Caffa pour retourner directement à Pétersbourg ; et, après avoir traversé

de nouveau les steppes de la Crimée, l'isthme de Pérécop, et le désert des Nogais, nous arrivâmes à Kisikerman, où Joseph II et Catherine se séparèrent, en se renouvelant mutuellement les assurances d'une amitié dont ce long voyage avait dû resserrer les nœuds.

De là nous nous rendîmes à Krementchuk, où l'impératrice se reposa. L'empereur me dit au moment de son départ, qu'après avoir visité Kilbourn, parcouru la Gallicie et revu sa capitale, il rassemblerait deux camps pour faire exécuter de grandes manœuvres, et qu'il m'invitait à l'y rejoindre, lorsque je quitterais Pétersbourg pour profiter du congé qui m'avait été accordé.

Pendant la dernière partie de notre voyage, et lorsque nous renouvelâmes, au milieu des steppes, nos promenades accoutumées, ce prince, me mettant à portée de l'entretenir sur les affaires de Constantinople, me parla assez ouvertement de ses vues politiques et de celles de Catherine.

Je ne crois pas inutile de rappeler en peu de mots cette conversation, pour faire connaître l'idée qu'il s'était formée du caractère de l'impératrice, de ses établissemens, de son ambition et de ses moyens.

« Vous voilà content, je l'espère, me disait-
» il un jour : M. de Bulgakoff et M. de Herbert
» vont présenter à la Porte des propositions con-
» venues avec vous : ne croyez-vous pas à pré-
» sent la paix probable ? »

« Monsieur le comte, lui répondis-je (car
» il se fâchait sérieusement lorsqu'il m'arrivait
» par distraction de l'appeler *sire*, ou *votre*
» *majesté*), tout dépend de la manière dont
» l'impératrice elle-même considère ces pro-
» positions, et du ton avec lequel elles seront
» présentées ; peut-être ne les regarde-t-elle
» que comme de bons matériaux préparés pour
» un manifeste. Je crains que la vue de ses for-
» ces, rassemblées sur mer et sur terre, n'ait
» dissipé dans son esprit la crainte des obstacles
» que pourraient rencontrer ses vues d'agran-
» dissement.

» Tout est prêt ; et, dès qu'elle le voudra,
» sous prétexte que les Turcs tardent à la sa-
» tisfaire sur les griefs dont elle se plaint, une
» partie de ses troupes peut attaquer Oczakoff
» et Akerman. Ces places sont incapables de
» résister long-temps, et on les prendra facile-
» ment. En même temps une autre partie de
» son armée, embarquée sur la flotte de Sevas-

» topol, peut opérer une descente sur la côte
» située entre Constantinople et Varna, insul-
» ter ainsi la capitale de l'empire ottoman, et
» peut-être même s'en emparer, si la terreur
» saisissait l'esprit superstitieux des musul-
» mans.

» Les Turcs au contraire, ne possédant plus
» la Crimée, devraient, avant de pouvoir atta-
» quer les Russes, traverser la Bulgarie, la Bes-
» sarabie, la Moldavie, la Valachie, la Nouvelle-
» Servie, où une armée disciplinée subsiste
» avec peine. D'ailleurs cinquante mille Russes
» suffiraient pour les arrêter soit au Bug, soit
» au Dniester. Je ne vois qu'un obstacle poli-
» tique qui puisse faire hésiter cette princesse,
» et vous savez mieux que moi jusqu'à quel
» point elle peut redouter cet obstacle. »

« Je vous entends fort bien, répliqua l'empe-
» reur; ma condescendance à l'époque de la
» conquête de la Crimée, vous fait craindre
» que je ne seconde encore de nouvelles vues
» d'agrandissement. Vous vous trompez, et je
» désire sincèrement conserver la paix. La pos-
» session de la Crimée par les Russes n'avait
» nul inconvénient pour moi; son seul résultat
» était de rendre les Turcs plus pacifiques, en

» leur ôtant tout moyen de commencer une
» guerre offensive.

» D'ailleurs j'y trouvais d'immenses avanta-
» ges : d'abord celui de mettre mes propres
» États à l'abri de toute attaque des Turcs, par
» la crainte que leur donneraient les troupes
» et les vaisseaux russes de la Crimée, prêts à
» les prendre à revers; de plus, la certitude de
» détacher la cour de Pétersbourg de celle de
» Berlin, et d'ôter à celle-ci un allié puissant.

» Voilà réellement ce qui m'a déterminé à
» faire céder à Catherine la Tauride par la Porte;
» mais aujourd'hui tout est bien différent : je
» ne souffrirai point que les Russes s'établissent
» à Constantinople. Le voisinage des turbans
» sera toujours moins dangereux pour Vienne
» que celui des chapeaux.

» Au reste ce dessein, formé par l'imagina-
» tion exaltée de l'impératrice, ne peut se réa-
» liser, et ne lui fallût-il même qu'un ukase
» pour se rendre maîtresse de Constantinople,
» et pour y faire couronner son petit-fils Con-
» stantin, elle ne saurait s'y maintenir contre
» toutes les forces des Ottomans relégués dans
» l'Asie-Mineure, et contre plusieurs grandes
» puissances qui embrasseraient leur cause;

» d'ailleurs il lui faudrait, dans ce cas, dégar-
» nir de troupes tout son empire, en abandon-
» ner la moitié et en changer la capitale. »

« Je crois en effet, repris-je, qu'on peut se
» tranquilliser sur l'existence de Constantino-
» ple, dont la conservation importe autant à la
» cour de Vienne qu'à celle de France; mais
» il est difficile en même temps, d'après les pré-
» paratifs immenses dont nous sommes témoins,
» de ne pas être alarmé sur un autre projet
» beaucoup plus vraisemblable, celui d'étendre
» les limites russes jusqu'au Dniester. Si ce des-
» sein s'exécutait, il entraînerait inévitable-
» ment une guerre très nuisible à nos intérêts.

» Ce que j'espère, ajoutai-je, c'est que la
» sagesse de l'empereur et son amitié pour le roi
» l'engageront à continuer ses négociations paci-
» fiques, et à prendre tous les moyens nécessai-
» res pour prévenir une rupture. Il me semble
» que le roi a le droit d'y compter ; car, dans
» le temps de l'invasion de la Crimée, il n'a en-
» gagé les Turcs à céder cette presqu'île à la
» Russie, que dans le dessein de faire une chose
» utile à la tranquillité et aux intérêts politi-
» ques de son beau-frère et de son allié. »

« J'y fais ce que je puis, me dit l'empereur ;

» mais, vous le voyez vous-même, cette femme
» est exaltée; il faut que les Turcs cèdent sur
» les points en contestation. Comment, s'ils pro-
» voquent Catherine par un refus, empêcher
» qu'elle ne se dédommage par la prise de quel-
» ques villes? Elle a des troupes nombreuses,
» sobres, infatigables. On les mène où l'on
» veut.

» Vous voyez le peu de cas qu'on fait ici de
» la vie et de la peine des hommes : à huit cents
» lieues de la capitale, ils tracent des routes,
» creusent des ports, bâtissent sur des marais,
» construisent des palais, et plantent des jar-
» dins anglais au milieu des déserts; tout cela
» sans paye, sans lit, parfois sans vivres, et tou-
» jours sans murmures.

» L'impératrice est le seul souverain de l'Eu-
» rope qui soit réellement riche : elle dépense
» beaucoup, partout, et ne doit rien; son papier
» vaut ce qu'elle veut; si la fantaisie lui en pre-
» nait, elle ferait de la monnaie avec du cuir.
» L'Angleterre est écrasée sous une montagne
» de papiers. La France vient de faire la con-
» fession publique du malheureux état de ses
» finances; et moi je puis à peine être au pair
» des dépenses que viennent de me coûter mes

» colonies en Gallicie et les nouvelles forteresses
» que j'y ai fait construire. »

Je lui répliquai « que tous ces embarras trop
» réels étaient des raisons de plus pour redou-
» bler d'efforts, afin d'éviter de se voir entraîné
» dans une guerre dispendieuse. »

Comme nous revînmes à différentes reprises
sur le même sujet de conversation, je m'atta-
chai à lui démontrer que la puissance colossale
des Russes avait encore plus d'élévation que de
bases solides.

« Voyez, lui disais-je; tout ici a plus d'éclat
» que de réalité : tout s'y commence; rien ne s'y
» achève. Le prince Potemkin abandonne avec
» promptitude ce qu'il entreprend avec ardeur;
» aucun de ses projets n'est mûri ni suivi. Il
» vous a fait poser, à Ekaterinoslaff, la pre-
» mière pierre d'une capitale qu'on n'habitera
» point, d'une église grande comme Saint-
» Pierre de Rome, et où l'on ne dira peut-être
» jamais la messe. Il a choisi, pour fonder cette
» nouvelle cité de Catherine, une montagne
» d'où l'on a une très belle vue, mais qui est
» totalement privée d'eau.

» Kherson, mal placée, a coûté vingt mille
» hommes; elle est entourée de marais pesti-

» lentiels. Les vaisseaux ne peuvent y entrer
» chargés.

» Depuis six ans les steppes sont plus déserts
» qu'ils ne l'étaient. La Crimée a perdu les
» deux tiers de sa population. Caffa est ruinée
» et ne se relèvera pas. Sevastopol seule est déjà
» un établissement imposant; mais il faudra
» encore beaucoup de temps pour qu'on y voie
» une véritable ville.

» On s'est efforcé de tout parer, de tout em-
» bellir, de tout vivifier momentanément aux
» yeux de l'impératrice; mais, Catherine étant
» une fois partie, tous les prestiges disparai-
» tront avec elle de ces immenses contrées.

» Je connais le prince Potemkin : son coup
» de théâtre a eu lieu, la toile est baissée; il va
» s'occuper d'autres scènes, soit en Pologne, soit
» en Turquie. L'administration, et tout ce qui
» exige de la suite, est incompatible avec son
» caractère : la guerre même, s'il la commen-
» çait, lui pèserait bientôt; et s'il avait une fois
» gagné le grand cordon de Saint-Georges,
» nous le verrions aussi prompt à rechercher la
» paix qu'il montre d'ardeur pour la rompre. »

« Je conviens de tout cela, me disait l'empe-
» reur; on nous a menés d'illusions en illusions.

» Ce qui est intérieur ici a de grands défauts ;
» mais l'extérieur a autant de réalité que d'éclat.
» Le soldat, le paysan esclave, sont des outils
» dont on se sert pour abattre ce qu'on veut.
» La noblesse asservie ne connaît d'autre loi
» que la volonté de sa souveraine, d'autre but
» que sa faveur. Elle commande : les troupes se
» lèvent, les vaisseaux sont lancés. Il n'existe en
» Russie aucun intervalle entre l'ordre, quel-
» que capricieux qu'il soit, et son exécution.
» Si un Charles XII était à la tête de cette na-
» tion, il porterait, avec six cent mille hommes,
» la terreur jusqu'aux extrémités de l'Europe. »

Il était facile de juger que l'empereur, avec de pareilles idées, n'opposerait pas une bien opiniâtre résistance aux volontés de Catherine, et qu'il se laisserait entraîner malgré lui à la guerre, si elle le plaçait dans l'alternative de la seconder, ou de perdre une alliée si puissante.

Il n'en est cependant pas moins vrai qu'à cette époque, ainsi que le disait l'emphatique Diderot, la Russie n'était encore qu'*un colosse aux pieds d'argile ;* mais on a laissé durcir cette argile, et elle s'est changée en bronze.

L'empereur, tout en se moquant des défauts du prince Potemkin, comprenait très bien l'as-

cendant qu'il avait pris sur Catherine. « Mais
» ce que je ne conçois pas, me disait-il un jour,
» c'est qu'une femme si fière, et si soigneuse
» de sa gloire, montre une si étrange faiblesse
» pour les caprices de son jeune aide de camp
» Momonoff, qui n'est réellement qu'un enfant
» gâté.

» Je ne saurais vous dire combien j'ai été
» choqué d'une inconvenance que vous avez dû
» remarquer comme moi : plusieurs fois, et à
» Kherson particulièrement, en présence d'un
» cercle nombreux, c'est-à-dire en public, elle
» l'admettait toujours à sa partie de whist avec
» les personnages les plus graves; de plus elle
» souffrait patiemment que ce jeune homme,
» indécemment distrait, prît le blanc d'Espa-
» gne avec lequel en Russie on marque les
» points, qu'il s'en servît pour dessiner sur le
» tapis des figures ou des paysages, et qu'enfin
» chacun, immobile et baissant les yeux, at-
» tendît, pour reprendre ses cartes, que cet
» amusement puéril fût terminé. »

L'observation était juste : Catherine, d'un
caractère beaucoup plus doux et facile que ne le
croyaient ceux qui n'étaient pas dans son intimité, poussait peut-être à l'extrême son indul-

gente bonté pour les travers du prince Potemkin, pour les folies de son grand-écuyer et pour les distractions de Momonoff : mais cette réflexion un peu satirique perdait beaucoup de sa force dans la bouche de celui qui la faisait ; car lui-même, trop empressé de plaire à Catherine, il prodiguait au jeune favori de fréquentes preuves de considération, de bienveillance ; et même, tolérant les bizarres hauteurs de Potemkin, il souffrait quelquefois que cet orgueilleux ministre le fît attendre assez long-temps dans son salon, comme les autres courtisans de l'impératrice.

Que prouvent de telles inconséquences? C'est que les princes sont des hommes, et que, si leur vanité l'oublie quelquefois, leurs faiblesses le rappellent trop souvent à leurs sujets et même à leurs plus obséquieux adulateurs.

L'impératrice, après avoir reçu les adieux de l'empereur à Kisikerman, se remit en route, et arriva à Krementchuk le 16 juin. Cette princesse se montrait extrèmement satisfaite d'avoir ainsi achevé sans accident la partie la plus intéressante de ce grand voyage.

« On avait fait, me disait-elle, tout ce qu'il
» était possible pour m'en détourner. De tous

» côtés on m'assurait que ma marche serait
» hérissée d'obstacles et de désagrémens ; on
» voulait m'effrayer des fatigues de la route, de
» l'aridité des déserts, de l'insalubrité du cli-
» mat. Ces gens-là me connaissaient bien mal ;
» ils ne savent pas que me contrarier, c'est
» m'exciter, et que chaque difficulté qu'on
» m'oppose, est un élan qu'on me donne. »

Nous ne nous arrêtâmes à Krementchuk que deux jours, et nous en repartîmes le 18 pour nous rendre à Pultawa, où nous attendaient cinquante mille Russes campés sur ce même terrain où la fortune, trahissant Charles XII et couronnant Pierre le Grand, avait changé les destinées du nord et de l'orient de l'Europe.

Ce fut à Krementchuk que Catherine II me prouva que, malgré mes derniers efforts pour mettre les Turcs en état de se défendre, elle m'avait franchement rendu toute sa bienveillance : au moment où j'étais occupé à parcourir les environs de la ville, on vint me dire que l'impératrice me demandait. Je me rendis à ses ordres, et je la trouvai seule dans son cabinet avec le prince de Ligne.

« Je vous ai vu de ma fenêtre, me dit-elle,
» vous promenant avec l'air d'un homme qui

» rêve tristement ou qui s'ennuie ; j'ai pensé
» que je ne vous ferais aucune peine en cher-
» chant à vous distraire d'idées qui ne me
» semblaient pas trop gaies. »

« Oui, ajouta le prince de Ligne en riant,
» vous aviez la marche lente et la grave tristesse
» du vice-chancelier de sa majesté ; mais ne
» vous abusez cependant pas sur l'obligeante
» attention dont vous venez de recevoir une
» preuve ; car, dans cet instant même, moi
» qui suis sincère, je vous avouerai que nous
» disions beaucoup de mal de vous. »

« Il a raison, reprit l'impératrice ; car je
» prétendais que, quelque désir que je vous
» montrasse de vous retenir près de moi, vous
» me quitteriez bientôt, pour ne plus revenir.
» Au reste, le prince de Ligne s'amuse à vos
» dépens, car il ne vous dit pas un mot de
» vérité : le fait est qu'il me faisait le plus
» grand éloge de votre caractère et de vos ta-
» lens, et que je ne le démentais pas ; j'ai
» même ajouté que, jugeant des autres d'après
» moi-même, je croyais qu'on ne vous rever-
» rait plus en Russie, parce qu'il était proba-
» ble qu'avant peu de temps le roi vous ap-
» pellerait dans ses conseils. »

On peut bien croire que je me confondis en
remercimens. « J'imiterai, madame, ajoutai-
» je, l'exemple que je reçois, et j'oserai dire
» aussi un peu de mal de votre majesté : elle a
» un défaut évident qui tient de la supériorité;
» c'est celui d'être trop bonne, trop indul-
» gente, trop partiale pour ceux qu'elle ho-
» nore de sa bienveillance. Au reste, je puis
» assurer votre majesté, qu'un suffrage comme
» le sien me paraît le plus haut prix auquel la
» plus noble ambition puisse désirer d'at-
» teindre. »

Cette princesse, ayant prolongé avec sa grâce
ordinaire cet entretien, m'apprit qu'elle avait
envoyé, dans tous les ports du nord et du sud
de son empire, les ordres nécessaires pour nous
faire jouir des avantages stipulés par notre traité
de commerce.

Ce fut aussi à Krementchuk que le prince
de Nassau se sépara de nous pour retourner en
France. Je le chargeai de mes dépêches, en
prévenant M. de Montmorin qu'il pourrait
mieux que personne lui faire connaître en détail les moyens militaires de la Russie et les
dispositions du prince Potemkin, avec lequel il
avait vécu plusieurs mois dans la plus grande

intimité, avant de nous rejoindre à Kioff.

L'impératrice, ne s'étant point arrêtée à Constantinograd, arriva à Pultawa, où son séjour ne devait pas être une des époques les moins brillantes et les moins intéressantes de son voyage.

Pultawa, petite ville, mal fortifiée, très peu peuplée, n'offrant aux regards aucun édifice, aucun monument digne de fixer l'attention, n'aurait été connue que des érudits; mais, en 1709, une éclatante victoire et un grand désastre, fixant sur elle l'attention de l'Europe, la rendirent immortelle.

La plaine qui l'entoure, transformée en champ de bataille, vit décider le sort de la Suède, de la Pologne et de la Russie. Là, un héros dévastateur tomba de son char de triomphe; là, enfin, s'affermit le trône du législateur de la Moscovie. Si Pierre eût succombé, ce vaste empire serait rentré peut-être pour toujours dans les ténèbres de la barbarie; il vainquit, et, bientôt après, la Russie s'éleva au premier rang des plus grandes puissances du monde.

Dans cette journée célèbre, les deux héroïques souverains du Nord combattirent à la fois en généraux et en soldats. Pierre le Grand, selon sa coutume, pour apprendre à ses guerriers qu'il fallait obéir avant de commander, et gagner chaque grade à la pointe de l'épée, avait donné le commandement de son armée à Bauer. Ses ailes étaient commandées par Menzikoff et Schérémetoff; le czar servait sous eux comme général-major : s'enfonçant avec ardeur dans la mêlée, il vit son habit percé de plusieurs balles.

Charles, blessé au commencement de l'action, s'était fait porter sur un brancard qu'un boulet de canon brisa; quelques lances lui formèrent un nouveau brancard, sur lequel il continua long-temps à braver les feux et les glaives ennemis : de tels exemples inspirent le courage et la constance aux guerriers les plus timides.

Le roi de Suède avait investi Pultawa avec vingt-sept mille hommes. Pierre, qui s'occupait à fortifier Taganrok, accourt pour le combattre à la tête de soixante mille soldats.

La rivière Worskla séparait les Russes des assiégeans, dont le camp était fortifié par des redoutes. L'empereur, par une manœuvre habile, feint de s'éloigner, passe la rivière, se retranche et fond à l'improviste sur les Suédois. Ceux-ci courent aux armes, repoussent l'ennemi, et attaquent avec leur impétuosité ordinaire les retranchemens russes.

Ce fut alors que, des deux côtés, par des prodiges de valeur, on rendit quelques heures la victoire incertaine. Enfin, le nombre l'emporta; Charles fut tourné; sa cavalerie repoussée se jeta sur son infanterie, et la mit en désordre.

Le héros de la Suède fut forcé de se retirer devant le rival qu'il avait si long-temps vaincu et dédaigné. La retraite se changea en déroute; le carnage fut affreux; le désastre, complet. Charles, ayant perdu la plus grande partie de son armée, ses ministres, ses généraux, ses meilleurs officiers, son artillerie, ses bagages, fut réduit à fuir et à chercher un refuge en Turquie.

Ce récit que je viens d'esquisser devint à Pultawa, pour nous, un tableau animé, mouvant, vivant, enfin, presqu'une réalité. Nous vîmes l'armée russe partagée en deux corps, dont l'un occupait les retranchemens russes, et l'autre les redoutes suédoises. Sous les yeux de l'impératrice, le prince Potemkin fit exécuter, avec beaucoup d'ensemble, de précision et de célérité, tous les mouvemens qui pouvaient nous retracer cette fameuse bataille dont on lui présentait l'image.

Le déploiement des quatre colonnes de cavalerie, leur charge impétueuse, le feu vif et soutenu de l'infanterie, tandis que l'aile gauche simulait l'attaque d'un bois et tournait la droite des ennemis, ne laissèrent rien à désirer pour la fidélité du tableau.

La joie et la gloire brillaient dans les yeux de Catherine; on aurait pu croire que le sang de Pierre le Grand coulait dans ses veines. Ce grand et magnifique spectacle couronnait dignement son voyage, aussi romanesque qu'historique.

Le prince Potemkin lui fit hommage d'un magnifique collier de perles; elle le combla de présens, et fut prodigue en grades et décorations pour les généraux et pour les officiers. L'administration civile eut aussi une grande part à sa munificence.

Rien n'arrêtant plus cette princesse, elle partit de Pultawa pour se rendre à Karkoff. Là, le prince Potemkin prit congé d'elle, et retourna à Krementchuk, chargé d'accélérer toutes les dispositions nécessaires pour combattre, si la paix ne pouvait se conserver.

Karkoff est située sur un coteau élevé, près des rivières Karkoff et Lopani, à trois cent soixante lieues de Pétersbourg. Elle fut fondée au milieu du dix-septième siècle par les Cosaques, dans le dessein d'en faire une barrière contre les incursions des Tartares de Crimée. On y comptait douze mille habitans; son commerce, assez actif, consistait en suif, beurre, cire et miel. La plupart de ses maisons étaient encore en bois.

Nous traversâmes ensuite les riches et fertiles provinces de Kursk et d'Orel. Avant d'arriver à Kursk, nous vîmes les villes de Belgorod et d'Oboïan, dans lesquelles on remarquait les progrès rapides de la civilisation. Précédemment, au milieu de leurs maisons mal bâties et mal distribuées, les regards ne pouvaient s'arrêter que sur quelques églises et sur quelques couvens; depuis, l'impératrice y avait établi des hospices, des tribunaux et des écoles. Je n'y remarquai d'autres ruines que celles d'une forteresse, devenue inutile depuis que les armes de Catherine avaient étendu les limites de son empire.

Kursk, capitale d'un gouvernement, était riche et peuplée. On l'avait rebâtie sur un nouveau plan. Ses habitans nous montrèrent le couvent de Zuamensk ou des Miracles, appelé ainsi en mémoire de la fuite d'une armée étrangère qui jadis avait assiégé la ville, fuite que la crédulité russe regarda comme miraculeuse.

On y comptait deux mille maisons, deux écoles, l'une pour les jeunes nobles, l'autre pour les enfans des marchands et des bourgeois, plusieurs tanneries et quelques fabriques. Elle est renommée pour la beauté de ses cuirs; elle envoie diverses productions de son sol en Pologne, et jusqu'à Breslaw; enfin elle reçoit de la Sibérie et même de Kiakta, frontière de la Chine, un grand nombre de pelleteries. Les Tartares, autrefois dominateurs de la Russie, attaquèrent encore Kursk dans le dix-septième siècle, et perdirent sous ses murs deux grandes batailles.

Après avoir quitté cette ville, l'impératrice se rendit à Orel, où nous séjournâmes. Là, nous étions encore à deux cent soixante-dix lieues de Pétersbourg, et à quatre-vingt-douze de Moscou. Orel est placée dans une plaine riante, entre l'Oka et l'Orlik; c'est une jolie ville, capitale du gouvernement qui porte son nom. Autrefois elle était fortifiée.

Cette province était très riche en blé et en

chanvre; elle recevait des vins de la Moldavie, de la Tauride et d'Astracan. On y comptait dix-sept paroisses et trois mille maisons tant en bois qu'en pierres. Catherine l'avait embellie par de nobles édifices destinés aux tribunaux et à l'administration. La rivière Oka, après un cours très étendu, se joint au Wolga, près de Nijni-Novogorod.

La jeunesse d'Orel offrit un spectacle très agréable à l'impératrice : les enfans des familles les plus distinguées de la ville jouèrent devant sa majesté, avec autant d'ensemble que d'intelligence, une comédie qui parut assez piquante; quoiqu'elle fût de circonstance, la louange n'y était pas gâtée par la flatterie.

Dans les provinces de l'intérieur et du centre de l'empire, la fertilité du terrain, l'activité du commerce, et la douceur du gouvernement de Catherine, accroissaient annuellement leur prospérité : aussi, là, les hommages n'avaient pas besoin d'être commandés; on recevait l'impératrice comme une mère, et le peuple, protégé par elle contre les abus de pouvoir des seigneurs, faisait éclater un enthousiasme qui n'était inspiré que par la reconnaissance.

En continuant notre route jusqu'à Moscou,

nous ne trouvâmes rien de bien remarquable que la ville de Toula ; on pouvait presque la compter parmi les créations de Catherine, tant elle l'avait embellie. Déjà une grande partie des maisons de bois avaient fait place à de beaux bâtimens en pierres. Indépendamment des autres établissemens, on y devait à la générosité de l'impératrice une maison pour les enfans trouvés, et une retraite pour les invalides.

La position de Toula, bâtie en partie sur une hauteur, en partie dans une plaine que traverse l'Oupa, est riante et pittoresque. Retracer l'histoire de cette ville, ce serait presque répéter celle de toutes les autres cités de la Russie. On ne verrait dans ce récit que des tableaux de discordes, de guerres civiles et de tous les maux causés par une longue anarchie.

Ce fut près de Toula, dans le dix-septième siècle, que se livra une grande bataille entre le faux Démétrius, dont le vrai nom était Otrépieff, et les Russes commandés par Shouisky : l'imposteur y fut vaincu.

Cette ville était depuis long-temps connue par sa manufacture d'armes ; elle en fournit pour toute l'armée russe. On y faisait aussi des ouvrages en acier, et cette branche d'industrie, encouragée par Catherine, était arrivée à un tel point de perfection, qu'elle pouvait prétendre à rivaliser avec les fabriques anglaises.

Sa majesté fit présent à chacun de nous de quelques productions dans ce genre, très habilement travaillées. Le premier médecin de l'impératrice, M. Rogerson, reçut d'elle une très brillante épée; comme il s'empressait de me la montrer : « Docteur, lui dis-je, je vous en félicite; » vous avez là une nouvelle recette, sûre et » expéditive. » Mon compliment ne fut pas aussi cordialement reçu que j'aurais pu l'attendre d'un homme si célèbre par sa science, et par conséquent si fort au-dessus de l'atteinte de toute maligne plaisanterie.

Avant d'arriver à Moscou, nous traversâmes les villes peu remarquables de Serpoukoff et de Podol. Enfin, nous arrivâmes le 4 juillet à Kolumensky, élégante maison de plaisance impériale, située à deux lieues de Moscou.

L'impératrice s'y reposa trois jours, s'établit ensuite dans sa capitale au Kremlin, et, avant de partir pour Pétersbourg, se reposa encore à Pétrowsky, autre maison de plaisance à une lieue de Moscou.

Pendant cette dernière partie de notre route,

j'eus avec Catherine un court entretien, que je crois devoir rappeler, parce qu'en peu de traits il peint le caractère ardent de cette femme extraordinaire.

Je me trouvais dans sa voiture avec M. Fitz-Herbert : l'extrême chaleur rendait la conversation languissante ; Catherine s'était endormie, ou du moins semblait l'être. Fitz-Herbert causait avec moi. Après avoir traité différens objets, l'entretien tomba sur la guerre d'Amérique, et sur la révolution qui avait enlevé à l'Angleterre treize florissantes provinces.

M. Fitz-Herbert prétendait que cette perte deviendrait plus avantageuse que nuisible à son pays. Un tel paradoxe m'étonnait; mais il soutenait son opinion avec autant de persistance que d'esprit, s'efforçant de me prouver qu'avant peu de temps, l'Angleterre, délivrée de la dépense très considérable que lui coûtait l'administration de ses colonies, retirerait de son commerce avec elles, sans aucuns frais, d'immenses avantages qui la dédommageraient suffisamment de la perte d'une domination illusoire.

La discussion se prolongea, et l'impératrice n'ouvrit les yeux qu'au moment où il fallut descendre de voiture. Le lendemain, me retrouvant

chez cette princesse avec le prince de Ligne, elle me dit : «Vous avez eu hier avec M. Fitz-Herbert
» la plus inconcevable conversation, et je ne
» conçois pas qu'ayant autant d'esprit, il ait pu
» soutenir une opinion si singulière. »

« Comment, madame, lui répondis-je, vous
» nous avez entendus, et cependant vous parais-
» siez si bien dormir ! » « Je n'avais garde, ré-
» pliqua-t-elle, d'ouvrir les yeux ; j'étais trop
» curieuse d'entendre la suite de votre entre-
» tien. J'ignore si le roi Georges III est du même
» avis que son ministre ; mais, pour moi, je
» sais bien que, si j'avais comme lui perdu, sans
» pouvoir la reprendre, une des treize provin-
» ces qu'on lui a enlevées, je me serais brûlé
» la cervelle d'un coup de pistolet. »

« Il me parait, madame, repris-je, que
» votre majesté a fait un pacte secret avec la
» fortune. » « Je l'ignore, s'écria le prince de
» Ligne ; mais ce qui est certain, c'est qu'avec
» une telle fermeté de caractère, que le vulgaire
» appellerait mauvaise tête, on enlève des pro-
» vinces aux autres, et on garde les siennes. »

Je parlerai peu de Moscou : ce nom rappelle de trop sombres souvenirs. D'ailleurs on a fait cent fois la description de cette grande et belle capitale : il est peu de nos familles dans lesquelles il ne se trouve un guerrier couvert de gloire et de blessures, dont les récits ne leur aient fait connaître les palais, les jardins, les temples, les baraques, les masures, les champs, le Kremlin, le quartier chinois, les clochers dorés, qui présentaient à nos yeux, dans Moscou, l'image bizarre de plusieurs groupes de palais ou de châteaux, environnés chacun de leurs villages.

Les flammes en ont dévoré la plus grande partie. Depuis elle est sortie de ses cendres, et ce sera dorénavant une nouvelle ville que nos voyageurs auront à visiter et à peindre.

Il est facile d'imaginer quelle fut la magnificence des fêtes qu'une noblesse nombreuse, fière et riche, s'empressa de donner à l'impératrice ; mais s'il était un peu fatigant d'y assister, il serait encore plus ennuyeux de les décrire.

Ces grandes fêtes se ressemblent toutes : de grands bals sans gaîté, de grands spectacles sans intérêt, des vers de circonstance sans esprit, d'éclatans feux d'artifice qui ne laissent après eux que de la fumée, beaucoup d'argent, de temps et de fatigues perdus : voilà ce qu'on en sait, ce qu'on en dit, ce qu'on en dira toujours; ce qui n'empêchera jamais ni de les recommencer, ni d'y courir.

Au reste, ces solennités de Moscou furent, à cette époque, des fêtes très réelles pour les marchands et pour le peuple; car l'impératrice, dans le dessein de célébrer dignement la vingt-cinquième année de son règne, leur remit une partie des impôts qu'ils devaient lui payer.

Cette princesse me donna, ainsi qu'à toutes les personnes qui avaient eu l'honneur de l'accompagner, une médaille qu'elle venait de faire frapper. On en trouvera la gravure à la tête de ce livre. D'un côté on voit le profil de Catherine, et de l'autre la carte de son voyage en Crimée; l'inscription russe rappe### que cette époque était celle de la vingt-cinquième année de son règne, et que le grand voyage auquel elle la consacrait, avait été entrepris pour l'utilité publique.

Malgré mon peu de penchant pour les fêtes, je ne passerai point sous silence celle qui fut donnée à l'impératrice par le comte de Schérémétoff, dans une de ses terres située à une lieue de Moscou.

Nous trouvâmes la route brillamment éclairée. L'immense parc du comte, dessiné avec art, était illuminé en transparens de toutes les couleurs. On joua sur un très beau théâtre un grand opéra russe; tous ceux qui comprenaient le poëme le trouvaient intéressant et bien écrit. Je ne pouvais juger que la musique et les ballets : l'une m'étonna par son harmonieuse mélodie; les autres par l'élégante richesse des costumes, la grâce des danseuses et la légèreté des danseurs.

Ce qui me parut presque inconcevable, c'est que le poëte et le musicien auteurs de l'opéra, l'architecte qui avait construit la salle, le peintre qui l'avait décorée, les acteurs et actrices de la pièce, les figurans et figurantes des ballets, ainsi que les musiciens de l'orchestre, étaient tous des serfs du comte Schérémétoff.

Ce seigneur, l'un des plus riches de la Russie, les avait fait élever et instruire avec le plus grand soin; ils lui devaient leurs talens : que ne pouvaient-ils aussi lui devoir leur liberté! Donner des lumières à ceux qu'on retient dans la servitude, c'est les éclairer sur leur malheur.

Le souper fut au moins aussi somptueux que le spectacle; jamais je ne vis plus de vases d'or et d'argent, plus de porcelaine, d'albâtre et de porphyre. Enfin, ce que l'on aura peine à croire, c'est que les immenses cristaux qui couvraient une table de cent couverts, étaient ornés et enrichis de pierres précieuses et fines, de toutes les couleurs, de tous les genres et du plus grand prix.

Ainsi les seigneurs russes, si récemment entrés dans la civilisation, imitaient déjà les patriciens de Rome au faîte d'une grandeur que suivit de trop près sa décadence, et l'on pouvait trouver alors à Moscou plus d'un Lucullus.

Catherine, à son tour, voulait donner au Kremlin des bals et des fêtes dont la pompe devait être proportionnée à sa puissance; mais tout fut décommandé, parce qu'elle apprit soudainement que, les gouverneurs de plusieurs provinces ayant négligé l'exécution de ses ordres, et laissé dégarnir les greniers d'abondance qu'elle avait établis, une disette de grains, aussi réelle qu'imprévue, désolait ses peuples.

« Il serait indécent, dit cette princesse, qu'on
» me vît au milieu des jeux et des fêtes, lorsque
» mes sujets gémissent d'un fléau dont j'aurais
» dû les garantir. »

J'étais près d'elle lorsqu'on lui annonça un de ces gouverneurs coupables de négligence. « J'espère, dit le comte Bezborodko, que votre

» majesté lui adressera publiquement la sévère
» réprimande qu'il mérite. » « Non, répondit
» Catherine, ce serait trop l'humilier : j'atten-
» drai qu'il soit seul avec moi ; car *j'aime à*
» *louer, à récompenser tout haut, et à gronder*
» *tout bas.* »

L'impératrice, s'étant retirée et reposée quelques jours à Pétrowsky, repartit pour Pétersbourg, et nous arrivâmes à Czarskozélo le 22 juillet, après avoir revu pour la seconde fois, avec elle, la jolie ville de Twer, Wischney-Wolotschok, Waldaï, et cette grande Novogorod, fameuse autrefois comme république, long-temps dominatrice du Nord, illustre par ses victoires et heureuse par son indépendance.

Ses ennemis la respectèrent ; mais la discorde l'ébranla. Elle appela dans ses dissensions intestines des princes étrangers, ils devinrent ses maîtres ; Rurik se servit de ses forces pour faire des conquêtes et pour fonder un nouvel empire. Novogorod, quelquefois relevée, mais souvent vaincue, succomba ; lorsque nous la vîmes, il n'en restait plus que des ruines, une vaste enceinte, une belle cathédrale, cinquante-huit églises, un palais impérial, trois couvens, quinze cents maisons de bois, quarante en pierres, quelques vieux murs et de grands souvenirs.

Ce long et singulier voyage, qui venait de nous offrir successivement l'image d'une immense galerie ornée de tableaux les plus variés, les plus nouveaux, étant enfin terminé, je pris congé de l'impératrice, et je revins à Pétersbourg reprendre le cours d'une vie diplomatique, qui me parut, dans les premiers momens, un peu monotone et sérieuse : c'était en effet quitter l'action rapide et variée du roman, pour revenir à la marche lente et grave de l'histoire.

Sorti du cercle de la féerie, je ne devais plus voir à chaque instant, comme dans notre marche triomphale et romanesque, de nouveaux objets de surprise : des flottes créées soudainement, des escadrons de Cosaques et de Tartares accourant du fond de l'Asie, des routes illuminées, des montagnes en feu, des palais enchantés, des jardins créés en une nuit, des cavernes sauvages, des temples de Diane, des harems délicieux, des tribus nomades, des chameaux et des dromadaires errans dans le désert, des hospodars de Valachie, des princes du Caucase détrônés, des rois de Géorgie persécutés, offrant, tous, leurs hommages, et adressant leurs prières à la reine du Nord.

Il fallait en revenir aux calculs secs de la politique, à ces débats de la diplomatie, où l'on ne pèse souvent qu'avec de bien petites et peu justes balances, les plus grands intérêts du monde, le sort des nations et le sang des peuples.

Mais si l'Orient ne présentait plus à mes regards que le cours assez commun des affaires ordinaires, de grandes négociations traversées par de petites intrigues, et des guerres méthodiques pareilles à celles qui, depuis deux siècles, agitaient le monde sans en changer la face, je devais en même temps recevoir de l'Occident des nouvelles annonçant trop visiblement l'époque de l'un de ces grands bouleversemens politiques qui opèrent une révolution totale dans l'esprit, dans les lois, dans les mœurs, dans la force des sociétés humaines : sujet de réflexions, d'espérances et de craintes, bien autrement graves et profondes que les sentimens inspirés par ce rêve court et brillant de la Tauride, par ce chapitre des *Mille et une Nuits*, dont l'illusion venait de disparaître.

Catherine, non moins désenchantée, s'occupait, dans les premiers momens de son séjour à Czarskozélo, des mesures nécessaires pour venir au secours de ses peuples épuisés par une affreuse disette. Les plus riches provinces de l'empire manquaient totalement de grains, et la plupart des seigneurs russes, loin de retirer aucun revenu de leurs terres, se voyaient obligés de nourrir à leurs frais leurs malheureux paysans.

Cette calamité, et la nécessité où Joseph II se trouvait d'envoyer des troupes dans les Pays-Bas, alors en fermentation, refroidissaient les désirs ambitieux que le prince Potemkin avait inspirés à l'impératrice, par la vue de sa belle armée et par le spectacle pompeux des forces navales réunies dans le port de Sevastopol.

Un courrier de l'empereur apportait des dépêches par lesquelles ce prince communiquait à Catherine la résolution qu'il avait prise de rappeler des Pays-Bas leurs gouverneurs et son ministre, d'ordonner aux états de se soumettre et de lui envoyer des députés, les menaçant d'employer contr'eux la force de ses armes, s'ils n'adoptaient pas tous ses projets d'innovations administratives, dont il espérait leur démontrer la justice et l'utilité.

L'effet de ces nouvelles fut de rendre le ministère russe plus décidé à éviter la guerre. Le comte de Bezborodko s'ouvrit avec moi, à cet égard, plus qu'il ne l'avait encore fait. Pour me donner une preuve évidente de l'intimité qu'il désirait établir entre nos deux cours, il me dit que le cabinet de Londres, voulant se venger de la Hollande et de nous, avait envoyé, par le chevalier Harris, des sommes très considérables au stathouder pour soutenir son parti. M. de Woronzoff écrivait, de Londres, qu'une aussi forte sortie d'argent ayant influé sur le change, on cherchait avec beaucoup d'adresse à déguiser la cause de cette baisse subite.

D'après cette information, plus ou moins fondée, et quelques communications analogues de M. de Cobentzel, on voyait clairement que l'impératrice et l'empereur voulaient nous aigrir contre l'Angleterre, et nous amener à faire cause commune avec les deux cours impériales.

Profitant de cette circonstance, je m'efforçai de faire sentir aux ministres de Catherine la nécessité de modifier les dispositions du dernier traité, relatives à la Moldavie et à la Valachie.

« Vous serez toujours à la veille d'une guerre,
» leur disais-je, si vous laissez subsister le va-
» gue qui existe à l'égard du double droit de

» protection de la Porte et de la Russie sur ces
» deux provinces; il faut fixer définitivement
» la nature, la différence et les limites de cette
» protection, ou plutôt de cette sorte de suze-
» raineté. »

De plus, je demandais « qu'on n'augmentât
» pas les difficultés des négociations, en dispu-
» tant avec trop d'opiniâtreté sur le protocole
» oriental du sultan, dans la rédaction du fir-
» man qu'il devait envoyer au pacha d'Achalzig;
» on devait surtout cesser, si l'on agissait sin-
» cèrement, de paraître craindre une invasion
» de la part des Turcs.

» Vos succès politiques et militaires, ajou-
» tais-je, ont rendu ces musulmans totalement
» nuls pour l'offensive; mais, si vous voulez les
» resserrer dans d'étroites limites, vous devez
» vous attendre à trouver leur défensive d'au-
» tant plus formidable qu'elle sera plus con-
» centrée. »

Tous ces entretiens finirent par des protestations pacifiques, par des démonstrations de reconnaissance des bons offices du roi, et je pus
me convaincre que, dans ce moment, le cabinet
de Pétersbourg désirait sincèrement et espérait
un plein succès de la négociation entamée à

Constantinople par MM. de Choiseul, de Bulgakoff et de Herbert.

Je trouvai à Pétersbourg M. de Miranda ; il avait eu une altercation assez vive avec le chargé d'affaires d'Espagne : celui-ci voulait le contraindre à quitter l'uniforme de colonel, ou à produire les titres qui l'autorisaient à le porter. L'impératrice désirait beaucoup qu'on arrangeât cette contestation.

Le chargé d'affaires espagnol, m'ayant fait lire une lettre assez sèche qu'il avait écrite à cet officier, me montra aussi la réponse de M. de Miranda ; celle-ci était non-seulement déplacée, mais insultante, et rédigée dans les termes les plus injurieux. Je lui fis entendre que, cette affaire devenant personnelle, je n'avais aucun conseil à lui donner, et que je ne pouvais plus m'en mêler. Mais, quelques jours après, il me communiqua l'ordre formel que lui avait envoyé sa cour, d'engager l'impératrice à lui livrer M. de Miranda, comme fugitif et comme accusé de crime d'État et de trahison.

Je refusai de l'appuyer dans ses démarches, parce que, selon mon opinion, en pareilles circonstances l'extradition n'était ni juste ni politique. Je lui promis seulement de rompre dorénavant toutes liaisons avec Miranda, que j'avais fréquemment vu pendant mon séjour à Kioff.

Cependant comme les ministres, pour plaire à l'impératrice, traitaient cet Espagnol avec une grande considération, l'invitaient à leurs grands dîners, et le recevaient avec le corps diplomatique, je leur déclarai, de concert avec le duc de Serra Capriola, ministre de Naples, qu'une telle conduite envers un homme qui avait insulté le chargé d'affaires d'Espagne, était un manque d'égards pour les cours de Madrid, de Naples et de Versailles, et que, si elle continuait, nous cesserions toute communication avec eux.

Ce langage ferme irrita d'abord l'impératrice: son aide de camp, M. de Momonoff, s'était fort lié avec Miranda; cette princesse elle-même le voyait souvent. Mais enfin, au bout de quelques jours, elle se calma, conseilla à Miranda de s'éloigner, et le renvoya comblé de ses bienfaits. Il partit.

Depuis je le retrouvai en France; il commandait l'aile gauche de notre armée à Nerwinde, et le général comte de Valence, blessé à cette bataille, lui attribua publiquement notre défaite dans cette action, où le courage de notre aile droite, l'intrépidité de Valence, et la valeur brillante de M. le duc de Chartres, aujourd'hui duc d'Orléans, nous avaient, pendant quelques heures, assuré la victoire.

En 1806, Miranda, réalisant les projets qu'il avait depuis si long-temps formés, descendit sur la côte de Caracas à la tête de cinq cents colons espagnols réfugiés dans les États-Unis. Plusieurs brillans exploits l'élevèrent même momentanément au rang de dictateur de Venezuela. Il fut un des premiers acteurs de cette grande révolution qui affranchit tant de colonies du joug espagnol, et fonda la république de Colombie. Mais la fin de ce général fut malheureuse : après une capitulation peu honorable, livré à ses ennemis par ses compatriotes, il fut transporté en Espagne, et mourut en 1816 dans les prisons de Cadix.

Les affaires commençaient à se compliquer : pour rendre cette complication moins obscure, il est nécessaire de remonter un peu plus haut.

Après plusieurs abolitions et restaurations du stathoudérat en Hollande, cette dignité avait été rendue héréditaire, en 1748, dans la personne du prince d'Orange Guillaume IV; mais on oublia de tracer des limites sûres entre le pouvoir et la liberté : l'un conservait des priviléges indéfinis; l'autre n'était exprimée qu'en formules trop vagues pour assurer l'indépendance nationale, et pour satisfaire l'ambition du prince.

Guillaume V, marié à la sœur de Frédéric Guillaume II, roi de Prusse, n'était doué ni de cette modération qui concilie les différens intérêts, ni de cette force de caractère qui maîtrise les esprits. On remarquait en lui cette demi-énergie qui provoque les soulévemens, cette faiblesse qui les fait réussir, et cette disposition au ressentiment, qui ne laisse nuls moyens de transaction et d'accommodement.

Cependant, en lisant avec quelque attention l'histoire des pays qu'il gouvernait, ce prince aurait trouvé sa marche, ses devoirs et ses vrais intérêts clairement tracés. Ailleurs, l'origine de l'élévation du premier chef de l'État peut avoir été obscure et douteuse; mais, en Hollande, le stathouder devait savoir qu'on n'avait confié l'autorité à ses prédécesseurs que pour sortir des chaînes de l'Espagne, et pour conquérir l'indépendance.

Ainsi, à la tête d'une nation républicaine et jalouse de sa liberté, il fallait que le prince n'eût qu'un seul but, celui d'assurer la tranquillité de la nation, d'augmenter la prospérité commerciale de la république, et de faire respecter ses armes ; car c'était l'unique objet de la création du stathoudérat.

Guillaume V perdit de vue cet objet capital : l'ambition de la gloire aurait fait chérir son pouvoir ; le désir trop ardent d'accroître son autorité lui fit perdre l'affection générale.

Les circonstances lui étaient cependant favorables : placé entre la France et l'Angleterre, le stathouder aurait dû suivre le système d'une sage neutralité, et ne s'armer que contre celle de ces deux puissances qui aurait voulu attaquer l'indépendance ou les intérêts commerciaux de la république.

Or, l'Angleterre aspirait alors ouvertement à la domination maritime. La France, au contraire, gouvernée par un roi pacifique, ne pouvait inspirer aucun sujet d'inquiétude aux Hollandais. Ainsi, leur armée de terre ne devenait pour eux qu'un objet secondaire, tandis qu'il paraissait de plus en plus nécessaire d'accroître leurs forces navales, afin de pouvoir lutter contre l'ambition maritime des Anglais.

A cet égard, dans toute la république, l'opinion était presque unanime. Le stathouder ne l'écouta point. L'armée de terre offrait au prince les moyens d'augmenter son pouvoir ; il s'en occupa uniquement, et il négligea l'armée navale. Cette erreur, utile à la politique de l'Angleterre, fut encouragée par elle ; dès-lors Guillaume V se livra entièrement au cabinet de Londres, et se montra l'ennemi passionné de celui de Versailles.

Les Hollandais, au contraire, s'aigrirent de plus en plus contre l'Angleterre, et sentirent le besoin de se rapprocher de la France, qui, loin de menacer comme autrefois leur territoire, désirait sincèrement leur repos et l'accroissement de leurs forces défensives contre l'Angleterre.

Sur ces entrefaites, la guerre s'étant déclarée entre la France et la Grande-Bretagne, les états-généraux se décidèrent à garder une sage neutralité ; mais le gouvernement anglais, au mépris du droit des gens, s'empara de plusieurs vaisseaux hollandais. Il comptait assez sur la faiblesse partiale du stathouder pour ne craindre de lui aucunes représailles : son espoir ne fut pas trompé.

Alors les états-généraux irrités résolurent de s'adresser à Catherine II et d'implorer son appui.

Cette princesse venait de se mettre à la tête d'une ligue maritime du Nord, dans le but de faire respecter les pavillons neutres par les puissances belligérantes.

Le stathouder n'osa s'y opposer; et à son regret, ainsi qu'à celui de l'Angleterre, l'accession à la neutralité armée fut signée.

Aussitôt le cabinet de Londres déclara la guerre à la république : ainsi Guillaume se vit contraint de s'unir à la France, qu'il haïssait, et de combattre l'Angleterre, qu'il regardait comme l'appui de son pouvoir.

Dès ce moment, un injuste dépit lui faisant oublier les maximes sages et glorieuses de ses prédécesseurs, il se tint dans une inaction que ses ennemis regardèrent ou feignirent de regarder comme trahison.

Les hommes ardens, les esprits factieux, qui dans tous pays, comme les orages, sont prêts à briser un vaisseau mal gouverné, s'efforcèrent de changer en haine la méfiance publique; ils accusèrent le stathouder de s'opposer à la réunion des forces navales de la république.

Cependant, malgré son inactivité, deux amiraux hollandais, Zoutemann et Kinsberg, dépassant noblement leurs instructions, se réunirent et battirent les Anglais à Doggersbank. Guillaume accueillit mal les vainqueurs : ce fut, pendant toute cette guerre, le seul exploit des républicains; les Anglais leur enlevèrent plusieurs colonies que les armes victorieuses du roi de France leur firent restituer.

Au lieu de calmer la fermentation des esprits, Guillaume l'accrut en employant, depuis la paix, tous les moyens qui étaient en son pouvoir, afin d'influencer les élections des députés et des magistrats. Il espérait par là réunir en lui la puissance législative et le pouvoir exécutif.

Ces intrigues portèrent au comble l'exaspération des partisans zélés de la liberté : un léger incident, une frivole dispute de préséance fit enfin éclater une rupture, à laquelle, de part et d'autre, on n'était que trop disposé.

Bientôt on se prépara à courir aux armes, et des émeutes aux combats le passage fut court; toute transaction était devenue presque impossible entre deux partis dont l'un semblait vouloir anéantir la liberté, et l'autre le stathoudérat.

Le prince avait pour lui les troupes réglées; les états-généraux ne pouvaient lui opposer que des milices bourgeoises. Dans cette position embarrassante, ils réclamèrent l'appui de Louis XVI, qui les avait soutenus précédemment contre l'empereur Joseph II, et qui récemment venait de conclure un traité d'alliance avec la république.

L'intérêt de notre cour était évidemment de soutenir les états-généraux contre le stathouder, dont le dévouement à l'Angleterre était connu. Aussi notre cabinet promit son assistance ; mais malheureusement, comme on le verra bientôt, les embarras intérieurs qui l'occupaient, et le triste état de nos finances, nous empêchèrent de réaliser nos promesses.

Un secours prompt aurait infailliblement tout apaisé ; nos irrésolutions fatales assurèrent le triomphe de nos rivaux, trahirent le secret de notre faiblesse, et furent les premiers signes d'une décadence politique, dont nous ne nous relevâmes plus tard que par les efforts et les éruptions volcaniques d'une révolution.

L'Angleterre, humiliée par le traité qui lui avait enlevé l'Amérique, s'irritait de voir notre influence remplacer la sienne en Hollande, en Russie, en Autriche, et la balancer à Berlin comme à Constantinople.

Alors la position de la France était brillante et glorieuse ; mais Louis XVI ne put jouir qu'un moment de cet éclat : le cabinet de Londres, prompt à saisir l'instant favorable, trouva le moyen, par une habile intrigue, d'irriter contre les Hollandais le nouveau roi de Prusse Frédéric Guillaume, et de le déterminer à venger sa sœur, la princesse d'Orange, qu'on avait fait insulter par la populace.

Frédéric se déclara pour le stathouder; et après quelques hésitations, s'étant assuré que la France n'avait point encore rassemblé de forces pour l'arrêter, il envahit rapidement le territoire de la république, la soumit au pouvoir du stathouder, et la rendit ainsi à l'influence des Anglais.

Après avoir rappelé en peu de mots l'origine et la marche de cette soudaine révolution, il ne me restera plus, à mesure que l'occasion s'en présentera, que quelques détails à donner sur les très petites causes qui produisirent un si grand changement, et sur l'influence qu'il eut relativement à notre situation politique.

A l'époque de notre retour de Crimée, les troubles excités dans la Hollande commençaient seulement à éclater; mais personne ne pouvait encore en prévoir l'étrange dénouement.

L'activité et la fermeté déployées par le ministère français pendant la guerre d'Amérique, sa récente et noble conduite pour arrêter l'ambition de Joseph II, ne permettaient pas de croire qu'un gouvernement pût, en si peu de temps, passer de l'extrême force à l'extrême faiblesse, et perdre ainsi en un instant la considération acquise par tant de brillans succès.

Aussi, le seul objet qui eût alors paru susceptible d'inspirer quelque inquiétude, était celui qui concernait la contestation élevée entre la Russie et la Porte; et même sur ce point j'avais de justes motifs pour me tranquilliser : les embarras personnels de l'empereur dans le Brabant, la disette qui affligeait la Russie, les protestations pacifiques des ministres de l'impératrice, enfin les dépêches rassurantes de M. le comte de Choiseul, postérieures à l'arrivée de M. de Bulgakoff à Constantinople, se réunissaient pour faire espérer la durée de la paix.

Cependant je savais que le grand-visir, suivant les impulsions des ministres d'Angleterre et de Prusse, avait mal accueilli M. de Bulgakoff, et répondu avec hauteur à ses premières démarches. Mais M. de Choiseul se flattait que cet obstacle pourrait être vaincu, et qu'on obtiendrait l'éloignement d'un visir dont l'aveuglement pouvait entraîner l'empire ottoman à sa perte.

Dans ces circonstances, ne voyant aucune raison impérieuse qui exigeât la prolongation de mon séjour en Russie, je me décidai à profiter du congé qui m'avait été accordé; et l'arrivée à Pétersbourg de M. le chevalier de Sainte-Croix, que M. de Montmorin y envoyait pour remplir en mon absence les fonctions de chargé d'affaires, me confirma dans cette résolution.

En conséquence, je pris, le 5 septembre 1787, congé de l'impératrice, et je laissai à M. de Sainte-Croix un mémoire instructif pour le mettre au fait de l'état précédent et actuel des affaires du roi en Russie.

La fin de ce mémoire était une sorte de compte rendu, à sa majesté et à son conseil, de ce qui s'était passé pendant le temps de ma mission, des efforts employés pour rendre notre médiation nécessaire à l'impératrice, utile à la Porte, enfin un tableau rapide qui rassemblait, en peu de pages, les détails de nos différends et de nos liaisons politiques avec la Russie depuis l'avénement de Catherine au trône.

J'étais au moment de monter en voiture pour retourner en France, avec cette agitation de plaisir que fait éprouver un retour dans sa patrie et dans sa famille, après une longue absence, lorsque je reçus un message de l'impératrice : cette princesse m'invitait à dîner, quoique j'eusse déjà pris congé d'elle, et elle me priait de retarder mon départ de quelques jours.

Je me rendis à ses ordres : en sortant de table, je la suivis au théâtre de l'Ermitage; et, lorsque le spectacle fut fini, cette princesse, me prenant à part, me dit : « Savez-vous, monsieur le
» comte, que je suis peut-être au moment de
» me voir entraînée, malgré moi, dans une
» guerre contre les Turcs? Ils ont menacé mon
» ministre de l'envoyer aux Sept-Tours, sui-
» vant l'usage plein d'urbanité de ces Barbares,
» lorsqu'ils veulent déclarer la guerre. »

« J'ai su, madame, lui répondis-je, qu'en
» effet quelques ministres étrangers avaient don-
» né des conseils hostiles à la Porte. Cependant
» M. de Choiseul croit que cette effervescence
» momentanée se dissipera bientôt par la ferme-
» té, par la sage modération de votre majesté,
» et par la justice des propositions conciliatrices
» qu'elle fait au grand-seigneur, propositions
» que soutiennent avec chaleur l'internonce de
» l'empereur et l'ambassadeur du roi. »

« Il est vrai, reprit Catherine, que M. de
» Choiseul montre beaucoup de zèle dans cette
» affaire. On me mande qu'il est sérieusement
» irrité contre les Turcs, qu'il les croit frap-
» pés de folie, et qu'il ne néglige rien pour leur
» faire entendre raison. »

Je saisis cette occasion pour assurer l'impératrice de la sincérité des sentimens du roi, qui emploierait toujours son crédit à la Porte pour y être utile aux vues conciliantes de sa majesté impériale, pour faire redresser les griefs dont elle aurait à se plaindre, et pour conserver la paix entre les deux empires.

« Dans ce moment, madame, ajoutai-je, les
» têtes musulmanes sont vivement agitées par
» les dangereuses instigations des ministres an-
» glais et prussien, qui se sont emparés de l'es-
» prit du grand-visir; et, tant que ce visir res-
» tera en place, le succès des négociations de
» MM. de Bulgakoff, de Choiseul et de Herbert,
» sera douteux. »

« J'en conviens, dit l'impératrice ; mais,
» quand nous parviendrions à renverser le
» grand-visir, cela ne suffirait pas. Le reis-
» effendi est tout aussi animé et mal disposé
» que lui. Ils ont fait tant de dépenses en arme-

» mens, qu'ils redoutent la furie du peuple,
» qui croira cet argent perdu si la paix se
» prolonge. Aussi je ne serais pas étonnée d'ap-
» prendre, par le premier courrier, qu'ils m'ont
» déclaré la guerre. Au reste, je ne la veux
» point; mais je ne la crains pas. »

« On ne peut pas, il est vrai, madame, lui
» répondis-je, prévoir avec certitude les réso-
» lutions d'un gouvernement tel que celui des
» Turcs. Cependant la saison, étant si avancée,
» leur donnera peut-être le temps de changer
» d'avis, de ministres, et de sentir combien il
» serait insensé de doubler leurs dépenses pour
« en justifier l'emploi. S'ils avaient vu, comme
» moi, les troupes et les flottes de votre majesté,
» ils seraient moins pressés de la combattre. »

Je vis le lendemain les ministres de Catherine; ils ne croyaient pas autant qu'elle à la
guerre. « Il faudrait, disaient-ils, que le divan,
» qui tout à l'heure paraissait tant craindre
» d'être attaqué par nous, eût perdu la tête,
» si, passant subitement de la peur à la témé-
» rité, il nous déclarait brusquement la guerre :
» ce qui est probable, c'est que l'hiver se pas-
» sera en négociations. »

Enfin, pour me prouver la sincérité de l'im-

pératrice, ils ajoutèrent « que Catherine II,
» décidée à faire connaître au roi et à l'Europe
» son désir de conserver la paix, fermerait les
» yeux sur la hauteur peu convenable du lan-
» gage de la Porte, et sur l'insolence avec la-
» quelle elle avait fixé une époque pour le re-
» dressement des prétendus griefs dont elle se
» plaignait. En conséquence, on venait d'au-
» toriser M. de Bulgakoff à se relâcher, dans
» cette négociation, sur tous les points compa-
» tibles avec la dignité de sa majesté impériale,
» et à accepter les expédiens proposés par M. de
» Choiseul dans l'intérêt des Turcs, pour apla-
» nir toutes les difficultés. »

C'était ainsi que nous nous occupions à Pétersbourg des moyens de détourner un orage qui grondait depuis quatre années; mais un courrier, qui nous arriva le 12 septembre, dissipant tout à coup nos illusions, nous apprit que la tempête venait enfin d'éclater du côté où jusque-là on l'aurait certainement le moins attendu. Ce n'était plus la Russie qui menaçait l'empire ottoman, c'était l'empire ottoman qui attaquait la Russie. Les conseils de l'Angleterre et de la Prusse triomphaient. Le grand-seigneur avait fait enfermer le ministre russe aux

Sept-Tours, et déclarer la guerre à Catherine.

Dès que je fus instruit de ce grand événement, je renonçai à mon départ, et j'expédiai un courrier à M. de Montmorin pour lui demander de nouvelles instructions. « La position » des affaires, lui disais-je, est devenue plus » critique que nous ne l'avions prévu. La Prusse » et l'Angleterre ont fait partir la première » étincelle d'un feu qui peut de proche en pro- » che embraser l'Europe. Quelque nécessaire » que m'eût paru le congé que j'avais demandé » et reçu, je n'en profite pas ; je le regarde » comme nul ; je reste à mon poste, et je désire » vivement que le roi veuille agréer cet hom- » mage de mon zèle. »

Je sus bientôt, par les lettres de M. de Choiseul et par les dépêches de l'internonce autrichien au comte de Cobentzel, les détails de cette soudaine révolution dans le système du divan. Jamais on n'avait dû se croire plus sûr de conserver la paix qu'au moment où les Turcs résolurent de déclarer la guerre.

Fidèle à ses promesses, l'impératrice avait autorisé M. de Bulgakoff à adopter tous les expédiens proposés par notre ambassadeur : on transigeait sur la rédaction du firman adressé au pacha d'Achalsig ; la Russie se contentait des promesses faites par la Porte de contenir les Tartares du Kuban. On fermait les yeux sur les infractions relatives au sel de Crimée et aux Zaporaviens.

A la vérité on refusait de livrer Maurocordato, mais on renonçait à demander aux Turcs l'extradition des transfuges russes. La Porte obtenait le redressement des abus commis par les consuls dans l'Archipel, à condition de restituer les vaisseaux russes pris par les puissances barbaresques.

Voilà ce que M. de Cobentzel et moi nous avions obtenu de Catherine. Des courriers allaient partir pour porter cette convention satisfaisante à Constantinople, à Versailles et à Vienne, lorsque le courrier expédié par M. de Herbert nous informa des mesures violentes prises par le grand-seigneur contre le ministre russe, malgré les instances de l'ambassadeur de France et de l'internonce impérial, qui conjuraient le ministère ottoman d'attendre les réponses que l'on devait recevoir de Pétersbourg.

Le vice-chancelier, en me communiquant, par ordre de l'impératrice, ces étranges nouvelles, m'exprima, de sa part, sa vive reconnaissance des bons offices du roi dans ces circonstances.

Catherine espérait que ce prince rendrait justice aux efforts qu'elle avait faits pour conserver la paix, ainsi qu'à la complaisance avec laquelle elle s'était prêtée à tous les moyens que notre cour jugeait propres à prévenir une rupture.

Cette princesse se voyait avec peine obligée d'opposer la force à la force; mais au moins elle se flattait d'avoir démontré évidemment au roi que l'agression ne pouvait lui être attribuée.

Le comte Bezborodko, m'ayant invité à venir chez lui, me répéta les mêmes protestations. « Tandis, me dit-il, que, de concert avec
» vous, nous employions tous les moyens que
» la sagesse pouvait suggérer pour conserver
» la paix, les ministres de Prusse et d'Angle-
» terre déjouaient nos efforts par leurs in-
» trigues, effrayaient le grand-visir et le reis-
» effendi sur leur position personnelle ; ils
» faisaient envisager notre traité de commerce
» avec la France comme une alliance offensive,
» nos armemens dans le midi comme un signe
» d'invasion prochaine ; enfin ils enflammaient

» toutes leurs passions pour les entraîner à la
» guerre, et les rassuraient en même temps
» sur l'issue de cette guerre, en exagérant les
» embarras de l'empereur, causés par les trou-
» bles du Brabant, et ceux que la disette nous
» occasionait à nous-mêmes.

» Aussi, à notre grande surprise, dès que
» M. de Bulgakoff fut arrivé de Sevastopol à
» Constantinople, la Porte, au lieu de conti-
» nuer les négociations sur les points précédem-
» ment contestés, demanda arrogamment la
» restitution de la Crimée, en menaçant notre
» ministre de le jeter en prison, si, dans le plus
» court délai, elle ne recevait pas à cet égard
» une réponse satisfaisante.

» Vous voyez, ajouta-t-il, que jamais agres-
» sion ne fut plus évidente, et cependant, dans
» le moment même, je puis vous donner ma
» parole que l'impératrice, quoique offensée,
» ne forme point le projet de renverser l'empire
» ottoman ; qu'elle veut seulement obtenir une
» juste satisfaction de l'injure qui vient de lui
» être faite ; que, pour y parvenir, elle compte
» sur l'amitié du roi ; et que, si par ses bons
» offices la Porte, revenant à la raison, cessait
» d'écouter des conseils funestes, rendait la li-

» berté à M. de Bulgakoff, et réparait son offense,
» sa majesté consentirait à renouer les négocia-
» tions sur les mêmes bases qu'elle leur avait
» données avant la rupture. »

Ignorant quelles seraient les vues du roi dans des circonstances si nouvelles, je me bornai à répondre que j'allais transmettre à sa majesté les communications que je recevais, ainsi que les assurances des dispositions pacifiques dans lesquelles sa majesté impériale persistait si noblement.

Je lui appris que je restais à Pétersbourg pour attendre les instructions de ma cour. « Je puis
» seulement, dis-je, assurer d'avance l'impé-
» ratrice que le roi apprendra avec beaucoup
» de sensibilité la nouvelle rupture qu'il avait
» désiré si vivement de prévenir, et qu'on le
» trouverait toujours disposé à employer ses ef-
» forts pour ramener le calme et mettre fin, le
» plus tôt possible, à une guerre qui pourrait
» devenir si funeste au repos de l'Europe. »

Il était certain que le ministère ottoman, trompé par des conseils dangereux, commettait une folie inexplicable, et s'exposait sans aucune nécessité à des malheurs, à des pertes qu'il aurait pu éviter.

Mais il faut aussi convenir de bonne foi que les Anglais et les Prussiens n'auraient jamais trouvé les moyens d'entraîner l'ignorance et l'orgueil des musulmans dans un tel égarement, si le prince Potemkin n'eût point effrayé d'abord, et ensuite irrité la Porte par le langage menaçant qu'il avait précédemment dicté à M. de Bulgakoff, et par le développement fastueux et inutile des forces militaires réunies pour embellir le cortége triomphal de Catherine.

Au reste, on devait commencer à voir clairement que l'Angleterre, informée de la crise où se trouvaient nos affaires intérieures, croyait cet instant favorable pour nous abaisser et pour reprendre sa prépondérance en Europe. En conséquence, elle cherchait à nous susciter partout des embarras et des ennemis. Elle était sûre de triompher, si la pénurie de nos finances nous rendait timides, ou d'accroître notre détresse en nous entraînant dans une guerre générale.

A cet effet, étant parvenue à lier à son système le nouveau roi de Prusse, elle nous mettait dans l'alternative de nous brouiller avec la Porte, si nous ne la soutenions pas, ou de rompre nos nouveaux liens avec la Russie, si nous continuions à protéger les Turcs.

En même temps elle nous plaçait dans la nécessité de combattre les Prussiens qu'elle défendrait, ou d'abandonner la Hollande à leur domination; enfin elle nous attirait même le ressentiment de l'empereur, si nous cessions de faire cause commune avec lui, au moment où les cabinets de Londres et de Berlin étaient gravement soupçonnés de fomenter les troubles du Brabant.

Notre situation devenait critique : c'était le moment où notre cour aurait dû prendre un grand parti; une conduite vigoureuse et décidée aurait alors probablement déconcerté nos ennemis, rassuré la Hollande, contenu la Prusse, ramené la Porte à la raison, et porté ainsi au dehors cette active fermentation des esprits, qui agitait alors la France, et qui demandait impérieusement occupation extérieure ou explosion au dedans.

Une quadruple alliance était facile à conclure entre nous, l'Espagne et les deux cours impériales; leur intérêt les y disposait. Le roi, ainsi que mon père et M. de Castries, en conçurent la pensée; mais ces deux ministres ne purent garder leur crédit.

L'influence nouvelle de l'archevêque de Toulouse dans le conseil, en bannit les grandes vues, et réduisit la politique à l'intrigue; les volontés ne furent plus que des velléités. On oublia que la bonne foi et la fermeté constituent seules l'habileté d'un gouvernement.

Au dedans comme au dehors, on résista mollement, on céda de mauvaise grâce et sans dignité; des plans aussitôt rompus que formés n'eurent aucune suite; dès-lors les passions sentirent qu'elles n'avaient plus de frein. Les pilotes gouvernant sans art et sans prévoyance, le vaisseau de l'État fut livré aux caprices des vents et des flots.

En Europe, nos rivaux cessèrent de nous craindre; nos amis, de compter sur nous et même de nous compter. En France, les anciens préjugés, les nouveaux principes, les classes, les ordres, les corps, les intérêts, les opinions, s'entre-choquèrent. Nous tombâmes sur les écueils qui nous brisèrent.

Enfin, dans le gouffre où le courant nous entraînait, nous ne trouvâmes notre salut et notre régénération que par une révolution devenue inévitable, révolution que tous provoquèrent, dont presque tous se plaignirent, et qui, semblable à Médée, ne put nous rajeunir qu'après nous avoir déchirés et inondés de sang.

Un court récit développera la triste série de ces événemens précurseurs des terribles secousses qui bouleversèrent l'Europe, et dont les vibrations se feront encore sentir long-temps.

La guerre entre les Russes et les Turcs étant déclarée, ce qu'il importait de savoir, c'était le parti que prendrait dans cette circonstance chacune des grandes puissances européennes.

La conduite de l'empereur ne semblait pas difficile à prévoir ; elle était dictée par l'agression des Turcs et par les stipulations de son traité d'alliance avec Catherine : il devait donc joindre ses forces à celles de la Russie.

L'Angleterre n'avait excité la Porte à la guerre que dans l'espoir de faire désirer sa médiation pour obtenir la paix ; par là son influence détruirait la nôtre à Constantinople comme à Pétersbourg.

Les intentions de la Prusse étaient plus problématiques : elle avait perdu le grand roi dont le génie créa sa force et sa gloire ; Frédéric était mort l'année précédente : son neveu Frédéric-Guillaume II laissait encore ignorer s'il était capable de soutenir dignement le plus lourd des fardeaux, le nom et l'héritage d'un grand homme.

On pouvait seulement s'apercevoir que déjà l'influence des conseils du cabinet de Londres prévalait dans son esprit sur toute autre. Ses ministres reçurent l'ordre d'agir partout de concert avec ceux de l'Angleterre. En conséquence, ils intriguèrent comme eux à Constantinople pour déjouer nos négociations pacifiques, et désavouèrent ces mêmes intrigues à Pétersbourg.

Le baron de Keller renouvela, au nom de son souverain, les protestations d'un intérêt sincère pour le succès des armes de l'impératrice. Cette princesse lui répondit ironiquement « qu'il était » très facile au roi de Prusse de lui prouver » cet intérêt, en remplissant loyalement les en- » gagemens stipulés dans l'ancien traité d'al- » liance non encore expiré. »

On savait d'avance que l'Espagne, Naples, le Danemarck et le roi de Sardaigne, garderaient une neutralité conforme à leur position et à leurs moyens.

La Suède inquiétait peu ; on ne prévoyait pas que Gustave III, avec une armée de trente mille hommes, oserait bientôt attaquer le colosse russe.

Ce qui intéressait principalement le cabinet de Pétersbourg, c'était de savoir si le nôtre se montrerait ami ou ennemi, ou s'il resterait neutre. On aurait désiré notre alliance; on craignait nos anciennes liaisons avec la Porte: l'illusion n'était pas détruite; le souvenir de nos succès en Amérique faisait encore attribuer un grand poids à notre puissance.

Mais déjà l'incertitude de nos conseils annonçait leur faiblesse; aucune instruction ne me mettait à portée d'inspirer quelques craintes au ministère russe, ou d'entretenir son espérance. Nous ne nous prononcions même pas pour la neutralité, quoiqu'il fût évident que c'était une mesure nécessaire, si nous voulions conserver l'honneur de la médiation, garder notre influence, et empêcher tout rapprochement entre l'Angleterre et la Russie.

Je fus donc contraint, dans cette fausse position, d'user d'une grande réserve et de ne prononcer que des paroles vagues : mon activité se bornait à bien remplir l'ordre qui m'était donné d'observer avec soin les dispositions de l'impératrice, ainsi que l'impression produite sur sa politique par la marche audacieuse de l'Angleterre et de la Prusse, par les conseils modérés de l'empereur, qui se voyait entraîné à la guerre contre son gré, et par la temporisation de notre cour, temporisation difficile à caractériser.

J'appris que les Anglais invitaient le ministère russe à soutenir le stathouder en Hollande; en revanche ils offraient leur médiation pour contraindre les Turcs à une paix dont ils nous attribuaient assez ridiculement la rupture.

L'impératrice était trop irritée de leurs artifices pour bien accueillir leurs insinuations. Cependant elles produisirent un certain effet; car, peu de jours après, le comte Bezborodko et M. de Marcoff me reprochèrent assez amèrement d'avoir conseillé aux Turcs de s'armer, lorsque nous étions à Kioff. « De là, disaient-ils,
» sont venues toutes les difficultés qui, en ai-
» grissant les esprits, ont amené la rupture. »

« Ces armemens, leur répondis-je, n'étaient
» que défensifs; les vôtres les avaient motivés;
» et, s'il n'était pas inutile de revenir sur le
» passé, il serait bien plus naturel d'attribuer
» les hostilités des Turcs à leurs craintes, au
» rassemblement de votre armée sur le Pont-
» Euxin, au voyage triomphal de l'impératrice,
» au spectacle belliqueux de Sevastopol, au

» langage un peu vif de M. de Bulgakoff, et à
» cette inscription menaçante qu'on nous mon-
» trait sur une porte de Kherson : *Ici est le che-*
» *min qui conduit à Byzance.* Seulement, ce
» que je ne conçois pas, ajoutais-je, c'est que
» les conseils anglais et prussiens aient pu, en
» si peu de temps, opérer une si soudaine ré-
» volution à la Porte, et changer sa terreur en
» témérité. »

Je sus bientôt, par les ministres et par les dépêches de M. de Herbert, les détails de ce changement inopiné. Le grand-seigneur paraissait d'abord décidé à la paix; il avait voulu prendre le timon des affaires; il assistait au conseil et pressait la marche des négociations. Tout à coup le grand-visir réveille dans son cœur deux passions auxquelles les Turcs ne résistent guère : le fanatisme qui égare, et la peur qui précipite dans le danger qu'on veut éviter.

Un grand conseil, ou *mouschavert*, est convoqué le 13 août. Le grand-seigneur recommande à ses membres le plus grand secret. Ceux qui le trahiraient sont menacés d'excommunication.

A la suite d'une délibération dont l'orgueil, le courroux et l'ignorance bannissent la raison, on invite M. de Bulgakoff à une conférence.

Cette invitation inattendue inquiétait l'internonce ; il en demanda l'objet. On lui répondit avec arrogance que cette affaire ne le regardait pas. « N'oubliez point, répliqua M. de Herbert, que M. de Bulgakoff est le ministre de » l'alliée de l'empereur, et que les intérêts de » ces deux souverains sont communs. » « *Ol-* » *sun* (ou soit), reprit l'officier musulman avec » un geste dédaigneux ; mais le grand-visir seul » peut expliquer ses intentions. »

Alors l'internonce s'adressa directement au grand-visir Youssouf-pacha, et se rendit chez lui ; mais il ne put pénétrer dans sa maison ; on le renvoya au reis-effendi.

Les démarches de M. de Choiseul furent conformes à celles de l'internonce ; ils écrivirent énergiquement au reis-effendi, qui ne daigna pas leur répondre, et ils furent réduits à protester contre ces étranges procédés, en annonçant les suites funestes qui pourraient en être le résultat.

M. de Bulgakoff se rendit seul à l'audience ; le grand-visir, après lui avoir adressé de vifs reproches, lui proposa de consentir sur-le-champ à la restitution de la Crimée. Pour lui donner le temps de rédiger sa réponse, au lieu de le laisser retourner chez lui, on le fit passer dans un autre appartement.

Le ministre russe, ayant refusé, comme il le devait, d'accueillir une si extravagante proposition, voulait se retirer; mais le grand-visir, lui ayant rappelé qu'il avait menacé, l'hiver précédent, de faire entrer sur le territoire ottoman soixante mille hommes rassemblés par le prince Potemkin, lui déclara que dès ce moment tout traité était rompu, et lui annonça la résolution prise par le grand-seigneur de le faire transférer aux Sept-Tours, avec les personnes de sa suite qu'il désignerait.

M. de Bulgakoff désigna un secrétaire, trois drogmans et deux domestiques; le reste de son cortége revint à Péra.

La Porte assigna au ministre prisonnier un traitement pour son entretien, un officier pour son service, la permission de faire venir ses meubles et ses effets; enfin on lui construisit un kiosque élégant, afin qu'il pût y prendre l'air.

MM. de Choiseul et de Herbert renouvelèrent en vain leurs réclamations contre cette violation du droit des gens; leurs démarches, leurs instances et leurs menaces furent inutiles.

M. de Bulgakoff fut conduit aux Sept-Tours

sur un cheval richement enharnaché, précédé et suivi d'une garde nombreuse.

Peu de temps après, l'ancien khan de Crimée, Sahim-Guerray, fut étranglé à Rhodes, pour le punir de ses anciennes concessions à la Russie. Les Turcs gardèrent à Constantinople son frère Arslan : c'était un fantôme de khan destiné à réveiller l'espoir et le courage des Tartares.

Les Turcs, sourds aux conseils de notre ambassadeur, n'omirent rien de tout ce qui pouvait mettre évidemment tous les torts de leur côté. Leur manifeste fut extravagant : au lieu de prendre pour prétexte de justes motifs d'inquiétude, ils n'en alléguèrent d'autres qu'une prétendue demande faite par la Russie pour obtenir la cession de la Crimée et celle de la Bessarabie : or, la première était consommée depuis plusieurs années par un traité, et il n'avait jamais été question de la seconde.

Enfin le divan, pour rendre son agression plus incontestable, après avoir jeté en prison le ministre de Russie, fit attaquer par la flotte turque dans le Liman la frégate russe *la Scorey* ou *la Rapide*.

Cette frégate, secondée par un brick, repoussa vivement l'attaque des Turcs, traversa leur flotte, dégréa plusieurs bâtimens et entra sans perte à Sevastopol.

D'un côté, les grands rassemblemens de troupes formés depuis huit mois par les Russes, et de l'autre, la violence du fanatisme turc, devaient faire présager de promptes opérations et des événemens rapides.

Il en fut tout autrement : les Turcs perdirent un temps considérable à rassembler leurs forces asiatiques dispersées, et le prince Potemkin, toujours bizarre, se montra aussi indolent pour combattre, qu'il avait été prompt à menacer.

Quarante mille hommes furent envoyés contre les Tartares du Kuban et contre les peuples du Caucase. Trente mille autres veillèrent à la défense de la Crimée; quarante mille se cantonnèrent depuis Kherson jusqu'au Bug.

Le prince, qui les commandait, établit son quartier-général à Élisabeth ; il y attendit la réserve qu'on devait lui envoyer.

Romanzoff réunit, près de Kioff, soixante-dix mille hommes. Enfin, à ma grande surprise, j'entendis l'impératrice annoncer qu'elle serait obligée de se tenir tout l'hiver sur la défensive, étant informée que trois cent quatre-vingt mille Turcs devaient s'avancer vers la Bessarabie.

Le quartier du grand-visir était déjà à Andrinople. La Porte avait chargé Mansour d'appeler aux armes et de réunir sous ses drapeaux toutes les nations tartares.

Dans ces circonstances, le maréchal Romanzoff et le prince Potemkin, oubliant, comme ils le devaient, leurs dissentimens, se réconcilièrent. Le prince fit les avances; il écrivit au maréchal que, se regardant comme son élève, il lui demandait des conseils ou plutôt des ordres.

L'impératrice fit paraître son manifeste; il était rédigé avec une noble dignité et une sage modération : l'ineptie des Turcs avait rendu cet ouvrage facile.

Catherine désirait avec impatience apprendre quelques nouvelles qui l'éclairassent sur les intentions de la France. Enfin, le 2 octobre, un courrier de Versailles m'arriva; il avait cru me trouver à Vienne, et m'y portait l'ordre de revenir sur-le-champ à Pétersbourg. On peut juger si je me félicitai de n'être point parti, et d'avoir ainsi pressenti la pensée de mon gouvernement.

Cet empressement du ministère français pro-

désirait; on espéra que nous nous déclarerions contre les Turcs, qui venaient de mépriser nos conseils, et de suivre aveuglément ceux de l'Angleterre. Malheureusement, il n'en était rien : notre ministère persistait dans ses irrésolutions, et continuait à me prescrire une réserve qui lui paraissait prudence, et qui au fond n'était que faiblesse.

Pressé de questions, je déclarai que le courrier étant parti au moment où le roi apprenait la détention de M. de Bulgakoff, M. de Montmorin n'avait eu le temps de me donner d'autre ordre que celui de faire connaître aux ministres de Catherine la vive impression produite sur l'esprit du roi par cet étrange événement, et de les assurer qu'il avait envoyé à M. de Choiseul les ordres les plus pressans pour obtenir l'élargissement de M. de Bulgakoff.

Une communication si froide étonna l'impératrice; cependant elle espérait encore que les intrigues de l'Angleterre en Turquie, en Hollande et en Russie même, concertées avec la Prusse, pour nous enlever toute influence, lasseraient notre patience, et nous détermineraient à opposer de puissantes alliances à la ligue déjà menaçante qui commençait à se former contre nous.

Au reste, comme on ne peut parler longtemps aux gens qui paraissent décidés à garder le silence, les ministres russes cessèrent de me provoquer à sortir d'une réserve qui m'était prescrite : ainsi, pendant quelque temps, je ne m'occupai que du soin d'entretenir, par mes assiduités, la faveur dont l'impératrice daignait m'honorer.

Cette princesse m'admettait plus que jamais dans sa société intime; elle m'invitait souvent à dîner, et presque tous les jours me permettait d'assister avec elle à un spectacle qui avait lieu dans son palais de l'Ermitage.

La vue de cet Ermitage répondait assez mal à son nom; car, en y arrivant, on était frappé de la grandeur des pièces et des galeries qui le composaient, de la magnificence de son ameublement, du grand nombre de tableaux des plus grands maîtres, qui l'ornaient, et d'un agréable jardin d'hiver, où la verdure, les fleurs et le chant des oiseaux semblaient transporter le printemps de l'Italie au milieu des glaces du pôle.

La bibliothèque la mieux choisie annonçait assez que l'ermite de ce lieu avait plus de penchant pour les lumières de la philosophie que pour les pratiques monacales.

On y voyait aussi une sorte de cours d'histoire presque animée ; c'était la collection la plus complète des médailles de tous les pays et de tous les siècles.

Enfin, à l'extrémité de ce palais, on entrait dans une salle de spectacle élégamment construite, et copiée en petit d'après le modèle antique du théâtre de Vicence ; elle était demi-circulaire, n'avait point de loges, et n'offrait aux regards qu'un amphithéâtre de gradins.

Une fois seulement tous les quinze jours, pendant l'hiver, l'impératrice invitait au spectacle le corps diplomatique et toutes les personnes présentées à la cour. Le reste du temps, le nombre des spectateurs se réduisait à une douzaine de personnes : c'étaient ordinairement le grand-duc et la grande-duchesse, l'aide de camp Momonoff, le grand-écuyer, le grand-chambellan, le comte Strogonoff, le vice-chancelier, le comte Bezborodko, le prince Potemkin, la comtesse Skawronski sa nièce, mademoiselle Protasoff, l'ambassadeur Cobentzel, le prince de Ligne et moi.

M. Fitz-Herbert était parti : politiquement parlant, je ne pouvais que m'en féliciter ; car, dans la position actuelle des affaires, j'aurais trouvé en lui un adversaire redoutable par son esprit, par son adresse, et par l'affection qu'il avait inspirée à l'impératrice ; mais cependant son absence m'était pénible, car je lui avais voué une tendre et sincère amitié.

Le grand-duc et la grande-duchesse profitaient rarement de la permission qu'ils avaient de venir à l'Ermitage ; plus rarement encore on y voyait la princesse d'Arshkoff : son caractère tranchant et impérieux convenait mal à celui de Catherine.

Cette femme hautaine avait l'air d'une méprise de la nature ; elle tenait plus de notre sexe que du sien. Exagérant la part qu'elle avait prise à l'avénement de l'impératrice au trône, elle s'attribuait exclusivement le triste honneur de cette révolution, qu'elle racontait à toute l'Europe dans ses voyages.

Aussi dans les premiers jours du règne de sa souveraine, montrant une ambition sans mesure, elle avait demandé le commandement d'un régiment des gardes, et peut-être même espéré un ministère. Mais Catherine II, qui n'était pas d'humeur à lui laisser gouverner l'empire, accueillit ironiquement, me dit le prince Potemkin, ses importunes sollicitations, et, la ramenant ensuite à des prétentions plus conformes à son genre d'esprit, la nomma directrice de l'académie qu'elle venait de fonder.

On s'était occupé, par les ordres de l'impératrice, à faire venir de France une bonne troupe de comédie. Celle que j'y vis nous offrait une réunion de talens fort distingués : on y remarquait le célèbre acteur Aufrène; quelques fameux compositeurs et virtuoses, Paesiello d'abord, plus tard Cimarosa, Sarti, le chanteur Marchesi et madame Todi, faisaient les délices, non de l'impératrice, dont l'oreille était insensible à l'harmonie, mais du prince Potemkin et de plusieurs amateurs éclairés.

Catherine II voulut faire un cours assez complet de notre théâtre : tous les soirs on représentait devant elle quelque pièce de Molière ou de Regnard. Mais il serait difficile d'exprimer quel fut, dans les premiers jours, l'embarras de nos pauvres acteurs, obligés de jouer sur un grand théâtre, voyant en face d'eux une salle magnifique bien éclairée, mais presque déserte, et dont dix ou douze spectateurs peuplaient seuls la solitude. Là, les applaudissemens, même unanimes, ne faisaient pas un bruit fort encourageant, et c'était bien certainement le cas de peser les suffrages au lieu de les compter.

L'impératrice m'avait demandé de lui lire une tragédie de *Coriolan* que j'avais composée sur le vaisseau qui me ramenait d'Amérique. Son indulgence jugea cet ouvrage avec une prévention si favorable, qu'elle voulut absolument le faire représenter.

J'eus beau m'en défendre, elle l'exigea ; j'obtins seulement que cette représentation n'aurait lieu qu'en présence du petit cercle de l'impératrice.

On me le promit, et mon *Coriolan* fut en effet joué deux ou trois fois devant un public de douze spectateurs, parmi lesquels je n'avais à craindre aucune cabale. Aussi le bravo fut universel, et l'auteur demandé.

Mais on sait que les promesses des cours sont légères, et le sage doit y peu compter : au reste, en me trompant, on me garda le plus inviolable secret ; et, quoique ce fût le secret de la comédie, rien n'en transpira pour le moment.

Un certain jeudi, je suis invité au grand spectacle de l'Ermitage avec le corps diplomatique et toute la cour. J'arrive ; l'impératrice m'appelle ; elle me fait asseoir à ses pieds sur le gradin qui était au-dessous du sien. La toile se lève; les acteurs paraissent; et, à mon grand étonnement, je vois que c'est ma tragédie qu'on joue.

Jamais, de ma vie, je n'éprouvai d'embarras pareil : les acteurs jouaient à merveille, et le public, pour imiter l'impératrice, applaudissait vivement.

Ma contenance était assez gauche; je me tenais en silence, immobile et les yeux baissés comme une statue. Mais tout à coup l'impératrice, qui était derrière et au-dessus de moi, prend ma main droite dans la sienne, ma main gauche dans l'autre, et me force ensuite à m'applaudir moi-même.

Après cette obligeante plaisanterie, il fallut bien prendre courage et soutenir de mon mieux, à la fin de la pièce, les nombreux complimens dont la courtoisie ne permettait guère à personne de se dispenser.

Le jour suivant l'impératrice, se moquant de ma peur, voulut, après, s'étendre en éloges sur ma tragédie; alors je pris le seul parti qui me semblait convenable, c'était celui de faire moi-même la critique de mon drame et d'en rappeler les nombreux défauts.

« Je vais vous donner une preuve, me dit sa

» majesté avec cette grâce qui savait si bien at-
» tacher ceux à qui elle daignait vouloir plaire,
» je vais vous donner une preuve que vous
» avez mérité mon suffrage, sinon par la beauté
» des vers, dont je suis un mauvais juge, mais
» au moins par la noblesse des sentimens et
» des pensées. Cette preuve, la voici : vous
» savez que j'ai l'oreille peu poétique; cepen-
» dant voilà un passage de votre tragédie que
» j'ai retenu. » Et elle me dit les vers suivans :

Une honteuse paix n'est qu'un affront sanglant
Que le peuple vaincu supporte en frémissant :
Elle aigrit son courroux ; jamais il ne l'endure
Que le temps qu'il lui faut pour guérir sa blessure;
Il l'accepte par crainte, il la rompt sans remords,
Et les dieux qu'il parjure approuvent ses efforts.
Alors, des deux côtés, une fureur cruelle
Rend la guerre sanglante et la haine immortelle,
Porte l'épuisement, l'effroi, l'oppression,
L'esclavage, l'opprobre et la destruction.
Voilà les tristes fruits de toute paix honteuse,
Loi toujours sans effet, trêve toujours trompeuse.

On voit que ces pensées politiques, qui pouvaient être du goût de l'impératrice, l'avaient, autant que sa bienveillance, un peu aveuglée sur le mérite médiocre du poëte diplomate.

Cette princesse me demandait de temps en

temps, avec un sourire un peu ironique, si j'avais reçu des nouvelles de France; enfin, un jour, elle m'apprit la nouvelle de l'entrée des troupes prussiennes en Hollande, et parut craindre vivement que nos troupes ne pussent pas arriver à temps pour prévenir les suites de cette invasion.

Sa crainte n'était que trop fondée : après de longues délibérations dans le conseil du roi, la fermeté des ministres de la guerre et de la marine avait paru l'emporter sur la circonspection timide de l'archevêque de Toulouse, nommé récemment chef du conseil des finances; et Louis XVI, naturellement courageux, quoique pacifique, s'était décidé à promettre l'appui de ses forces aux Hollandais.

En conséquence, il avait ordonné à mon père de prendre les mesures nécessaires pour le rassemblement d'une armée qui devait se réunir à Givet, et de lui présenter l'état des fonds qu'exigeait une prompte entrée en campagne.

Ce travail fut bientôt fait; mais inutilement mon père en présentait le tableau à chaque séance du conseil; et, malgré tous ses efforts secondés par ceux de M. le maréchal de Castries, on différait chaque jour l'importante décision qui seule devait tout mettre en mouvement.

On ne parlait alors en France, et dans les pays voisins, que du rassemblement de l'armée française; mais cependant Givet ne voyait arriver aucun drapeau près de ses murs.

J'appris dans la suite, par mon père, une anecdote qui peut servir à expliquer cette inconcevable tergiversation, et à apprendre en même temps à ceux qui veulent écrire l'histoire des grandes scènes qui se passent sur le théâtre du monde, sans en avoir connu les acteurs, et sans les avoir vus dans l'intérieur des coulisses, quelles sont souvent les causes légères, et presque puériles, qui influent sur les affaires de la plus haute importance.

M. de Brienne, archevêque de Toulouse, dénué des grandes qualités qui constituent un bon évêque et un habile homme d'État, était doué de cet esprit fin, léger et facile, qui donne dans la société des succès certains.

Or malheureusement, à cette époque, c'était une société brillante et choisie, s'intitulant exclusivement *la bonne compagnie*, qui faisait les réputations et distribuait les grandes places.

Trop légère pour distinguer le fond, de la superficie, et l'intrigue, de la politique, elle se laissait facilement tromper par de vaines apparences, et prenait presque toujours ce qu'on appelait l'amabilité pour le vrai mérite.

Monsieur l'archevêque de Toulouse, lié dans sa jeunesse avec M. Turgot et avec quelques partisans du système des économistes, avait montré aux états de Languedoc une élocution facile, une douce gravité, un esprit conciliant. A Paris, dans les salons, il parlait à merveille d'affaires aux personnes qui ne les entendaient pas, et qui croyaient les entendre.

Quelques femmes de beaucoup d'esprit, telles que mesdames de Tessé, de Beauvau, de Montesson, firent la réputation politique de ce prélat. Les amis de M. Necker opposèrent l'archevêque à M. de Calonne. Dans l'assemblée des notables, il se concilia l'appui du clergé en soutenant ses priviléges, et, en même temps, il s'attira momentanément, par sa résistance aux plans du ministre, la confiance de quelques patriotes, même celle de M. de La Fayette qu'il trompa.

D'un autre côté, malgré la répugnance connue du roi pour les premiers ministres, et surtout pour les prêtres qui s'occupaient d'affaires temporelles, il espérait arriver à son but par le crédit d'un ami subalterne, l'abbé Vermont.

Précédemment, il avait persuadé au duc de Choiseul d'envoyer à Vienne cet abbé, en le chargeant d'enseigner les principes de la langue française à l'archiduchesse Marie-Antoinette.

Cette princesse, montée au trône, continuait à donner une partie de sa confiance à l'abbé. L'archevêque employa utilement son crédit, et cet agent fidèle le vantait sans cesse dans ses entretiens particuliers avec la reine.

Ce fut par ces moyens qu'ayant aplani tous les obstacles qui auraient pu arrêter son ambition, il fut porté au ministère, lorsque M. de Calonne, vaincu par les parlemens et par les notables, vit briser sa baguette magique, et disparut.

Il ne s'agissait plus d'intriguer, mais de gouverner : M. de Brienne, au timon de l'État, ne sut employer que les petits moyens dont il s'était servi pour y parvenir. Il ne pouvait rien vaincre, et voulait tout éluder. Toute grande mesure épouvantait sa faiblesse, et s'il ne pouvait éviter qu'on en prît une, il employait toute sa prétendue habileté à en retarder, à en paralyser l'exécution. C'était donc avec un vif regret qu'il voyait le roi déterminé à soutenir par les armes la Hollande, son alliée, contre les Anglais et les Prussiens.

Les embarras que devait causer au ministre des finances une nouvelle guerre, lui semblaient insurmontables ; et, sans songer au rôle humiliant qu'il allait faire jouer à notre cour, il ne s'occupa plus qu'à retarder, autant que possible, l'heure des dépenses et celle des hostilités.

Voici l'étrange et presque ridicule moyen qu'il tenta et qui lui réussit : le roi, par sympathie de vertu et de bonté, aimait personnellement M. de Malesherbes, ministre d'État qu'il venait de rappeler au conseil. M. de Malesherbes, comme la plupart des grands hommes, avait son faible : c'était celui de se plaire à raconter les nombreuses anecdotes dont sa riche mémoire était meublée ; et il faut convenir que personne ne racontait mieux que lui. Il attachait dans ses récits par la philosophie de sa raison, par la bonhomie de son caractère, et par la finesse doucement maligne de son esprit. Quand il avait une fois commencé, il s'arrêtait difficilement, et aucun de ses auditeurs n'était tenté de mettre le signet.

J'ai dit plus haut que mon père, impatient d'obtenir la décision et la signature qu'il demandait, soumettait à chaque séance cet objet à la délibération du conseil : alors l'archevêque interpellant avec adresse M. de Malesherbes sur quelque événement passé, analogue aux circonstances présentes, celui-ci commençait à raconter. Vainement les deux maréchaux voulaient mettre fin à cet épisode, le roi se plaisait à écouter. Le récit se prolongeait, l'heure s'écoulait ; il était tard lorsqu'on commençait à discuter, et l'affaire principale était renvoyée à un autre conseil.

On aura peine à croire que quatre séances, c'est-à-dire quinze jours, se perdirent ainsi. La discussion des mesures à prendre ne venait que d'être terminée, lorsqu'on apprit la prompte invasion du duc de Brunswick, la terreur des Hollandais, la défection du prince de Salm qui les commandait, la prise de leurs villes et l'achèvement complet d'une révolution qui livrait cette république au stathouder et à l'Angleterre.

On jugera sans peine à quel point les craintes de l'archevêque avaient trompé son jugement, si on se rappelle les paroles que, peu de temps après, le duc de Brunswick prononça assez publiquement. « Le roi de Prusse, dit-il, hésitait
» encore à s'engager dans une guerre avec la
» France, qui pouvait attirer sur lui les armes
» de l'Autriche, son alliée. En conséquence,

» la plus grande circonspection m'était pres-
» crite. J'envoyai deux officiers de mon état-
» major pour reconnaître Givet : s'ils y avaient
» trouvé un camp, je me serais arrêté; mais,
» comme ils n'y virent pas un seul drapeau,
» une seule tente, j'accélérai ma marche, et la
» Hollande fut conquise. »

On ne peut que déplorer le sort des États compromis par de telles fautes. Le prélat qui nous avait valu cette humiliation fut élevé au rang de principal ministre, et les deux maréchaux qui avaient voulu conserver notre gloire intacte, donnèrent leur démission, ne pouvant se résoudre à servir sous les ordres de l'archevêque.

Il faut avouer, cependant, qu'au moment où l'on apprit la conquête de la Hollande et les funestes suites de notre inexcusable lenteur, l'honneur français se fit entendre; le cri *aux armes* sortit du palais de nos rois. Vainement les Anglais déclarèrent qu'ils combattraient pour soutenir le stathouder; on arma nos vaisseaux, et M. de Montmorin s'occupa des moyens nécessaires pour opposer à la ligue anglo-prussienne une contre-alliance formidable.

Le moment était encore favorable; tout pouvait se réparer : la guerre eût été à cette époque une diversion utile, qui aurait à la fois relevé notre influence, et porté au dehors l'ardeur d'une jeunesse lasse du repos, et qui, par sa chaleur active, accroissait sans cesse la fermentation intérieure des esprits.

J'appris confidentiellement, par une personne dévouée à la cause française et fort initiée dans la confiance de l'impératrice, que cette princesse se montrait de plus en plus irritée contre les Anglais.

« Il ne me paraît pas possible, lui disait-elle,
» que la France évite une guerre provoquée par
» l'Angleterre et par la Prusse. Ces deux puis-
» sances ont fomenté des troubles en Brabant et
» une rupture à Constantinople, pour occuper
» l'empereur et pour priver Louis XVI de son
» appui ; mais il ne tient qu'au roi de déjouer
» leurs intrigues par sa fermeté ; et, s'il ne com-
» met pas la faute d'aigrir la Russie en proté-
» geant les Turcs, il peut compter sur mon
» amitié, ainsi que sur les secours de l'empe-
» reur, comme sur ceux du roi d'Espagne. »

« Mais, madame, lui répondit la personne
» a laquelle elle s'adressait, vous n'ignorez pas
» que la France croirait blesser ses intérêts

» commerciaux en souffrant la ruine de l'em-
» pire ottoman. »

« Eh! je ne projette point cette ruine, re-
» prit Catherine ; si je la voulais, ce ne seraient
» pas les demi-secours de vaisseaux, d'artilleurs
» et d'ingénieurs français, qui m'en empêche-
» raient. D'ailleurs, qu'on y prenne garde; car
» je serais certaine de recouvrer l'amitié de l'An-
» gleterre, dès que j'en montrerais le moindre
» désir. »

J'informai M. de Montmorin de tous ces faits, ainsi que du langage tranchant tenu par le chargé d'affaires d'Angleterre. Il venait de déclarer aux ministres russes que sa cour ferait la guerre à la France, dès que celle-ci voudrait troubler les Prussiens dans leur invasion, et que si l'impératrice, croyant trop facilement à nos fausses allégations contre la conduite de l'ambassadeur anglais à Constantinople, continuait à se rapprocher ainsi des Français, anciens amis des Turcs, et à aigrir par là l'Angleterre, depuis vingt ans son alliée, celle-ci trouverait facilement en Suède toutes les ressources que son commerce alors perdrait sans regret en Russie.

Comme à cette occasion Catherine me dit un jour que les Anglais persistaient à soutenir qu'ils n'avaient donné aucun conseil hostile à la Porte, je rappelai à cette princesse que c'étaient ses propres ministres à Kioff, et M. de Bulgakoff à Kherson, qui m'avaient donné les preuves et les détails des intrigues anglo-prussiennes ourdies pour déjouer les négociations pacifiques de M. de Choiseul et de l'internonce de l'empereur.

J'espérais que ces informations multipliées pourraient rendre à notre ministère quelque énergie. Cet espoir parut un moment se réaliser; on sembla sortir d'engourdissement. Je reçus un courrier qui m'apportait enfin des instructions si long-temps attendues.

Cependant elles avaient encore un certain cachet de doute et de faiblesse peu convenable à la gravité des circonstances. M. de Montmorin, après m'avoir rappelé les vieilles préventions de l'impératrice contre la France et son ancien penchant pour l'Angleterre, me disait qu'il était peu probable que cette princesse voulût sincèrement former avec nous des liens intimes ; qu'ainsi il ne conviendrait pas à la dignité du roi de s'attirer un refus, qui accroîtrait encore les embarras de notre position et l'audace de nos ennemis.

Néanmoins il me prescrivait de faire adroitement, et sans compromettre le roi, des insinuations tendantes à conclure, contre la ligue anglo-prussienne, un traité de quadruple alliance entre la Russie, l'empereur, l'Espagne et la France.

Pour me conformer à cette timide politique d'un gouvernement qui craignait visiblement de trop s'engager, je saisis le prétexte de communiquer au ministère russe des nouvelles de M. de Choiseul, qui venait de reprocher vivement aux Turcs leur agression.

J'allai trouver le comte Bezborodko, celui des ministres de l'impératrice qui jouissait le plus de sa confiance intime ; et, après m'être entretenu avec lui des négociations de Constantinople, de l'invasion du duc de Brunswick en Hollande, et des troubles fomentés en Brabant par la Prusse, je hasardai mon opinion personnelle sur la nécessité de se mettre en garde contre la turbulente activité des cabinets de Londres et de Berlin, qui s'efforçaient d'étendre la discorde au midi et au nord de l'Europe.

« Leurs efforts, disais-je, se dirigent évi-
» demment contre les intérêts de la France en
» Hollande, contre ceux de l'Autriche dans les
» Pays-Bas, et contre la tranquillité de l'impé-
» ratrice, dont l'influence les gêne, et à la-

» quelle ils voudraient faire perdre la Crimée.
» Ne serait-ce pas le moment de nous entendre,
» de nous rapprocher, pour maintenir par notre
» union le repos de l'Europe, que deux puis-
» sances ambitieuses veulent troubler ? »

« Je le pense comme vous, reprit le ministre;
» mais avez-vous quelque raison de croire que
» votre gouvernement partage cette opinion ?
» C'est surtout ce qu'il nous serait nécessaire de
» savoir, avant d'en faire quelque ouverture à
» l'impératrice. »

« Les dépêches que j'ai reçues, lui répon-
» dis-je, sans me rien dire de positif, me mon-
» trent le désir de connaître à cet égard, autant
» qu'il serait possible, les dispositions de sa
» majesté impériale. Mais, comme tout ceci
» est encore bien vague, il importe, je crois,
» pour la dignité de nos deux souverains, de
» n'entamer une aussi importante affaire que
» dans le plus grand secret. C'est ce qui fait
» que je n'en ai point parlé à monsieur le vice-
» chancelier, et que je n'ai voulu communiquer
» mes idées qu'à vous, parce que je connais votre
» prudence, votre tact et la juste confiance dont
» l'impératrice vous honore. »

La finesse et la circonspection ne sont pas des

moyens qu'on puisse employer long-temps avec les princes d'un caractère élevé, ferme et décidé. Le lendemain de ma conférence avec le ministre, comme je me trouvais à l'Ermitage, l'impératrice, me prenant à part, me conduisit au bout de sa galerie. Ses yeux brillaient d'une satisfaction qu'on pouvait lire sur tous ses traits.

« Vous vous êtes entretenu hier, me dit-
» elle, avec le comte Bezborodko. Ce qu'il m'a
» dit me fait plaisir. Je vois que le roi ouvre
» les yeux sur les vrais moyens de déconcer-
» ter les intrigues de ceux qui veulent trou-
» bler son repos comme le mien. Je suis très
» disposée à conclure une utile alliance avec
» lui ; il doit, j'espère, compter sur l'assenti-
» ment de l'Espagne, et je n'ai point de motifs
» pour former aucun doute sur celui de l'em-
» pereur.

» Nous avons déjà éprouvé, en 1756, l'utilité
» d'une pareille alliance : l'ancien traité indi-
» quera suffisamment les bases de celui que l'on
» pourrait conclure. Ainsi vous voyez que tout
» ne dépend plus que de votre cabinet, et que
» je le verrai de bon cœur affermir sa puissance
» contre celle de ses rivaux. »

Cette princesse m'apprit ensuite que les Russes

venaient de remporter une victoire à Kilbourn contre les Turcs, que ceux-ci avaient perdu cinq mille hommes dans cette affaire, et qu'elle attendait une dépêche du prince Potemkin qui lui en donnerait les détails. « L'empereur, » ajouta-t-elle, a rassemblé son armée, et j'es-
» père qu'il assiégera bientôt Belgrade. »

Le jour suivant, le comte Bezborodko, m'ayant invité à venir chez lui, se montra très satisfait des dispositions de sa souveraine. « Elle me pa-
» rait, me dit-il, voir avec un grand plaisir
» qu'un tel lien puisse se former par votre en-
» tremise. Elle a manifesté si clairement son dé-
» sir de terminer promptement cette grande af-
» faire, qu'il me paraîtrait à présent convenable
» que vous en dissiez quelques mots au vice-
» chancelier. Vous pouvez être sûr que le plus
» religieux secret lui sera recommandé. L'em-
» pereur, sans doute, est déjà instruit des dis-
» positions de votre cabinet ? »

« Je l'ignore, lui répondis-je ; ce n'était
» qu'une première idée, et il est très possible
» qu'avant d'en parler à son allié, le roi ait
» voulu connaître à cet égard la pensée de
» l'impératrice. »

Cependant comme il m'était ordonné récemment de montrer la plus entière confiance au comte de Cobentzel, je lui communiquai sous le secret tout ce qui venait de se passer; et, quoiqu'il n'eût point reçu d'instructions à ce sujet, je le trouvai plus ardent peut-être que moi pour le succès de cette importante négociation.

Enfin, je me rendis chez le vice-chancelier, comte Ostermann; il n'était au fait de rien. Cette ouverture le surprit étrangement; il me répondit, en termes vagues, « qu'il rendrait » incessamment compte à sa majesté de notre » entretien; » et, peu de jours après, avec un étonnement encore plus marqué, il me dit « que l'impératrice, sensible au désir d'une » union intime que le roi lui montrait, donne- » rait les ordres nécessaires pour suivre cette » négociation, et qu'elle désirait que notre » gouvernement m'envoyât, avec des pleins pou- » voirs, un projet de traité. »

Je lui répliquai « qu'il me paraissait plutôt » nécessaire, pour le prompt succès de cette » affaire, que le ministère russe me fît connaître » les dispositions qu'il voudrait insérer dans cet » acte; qu'au reste, j'allais faire part de sa pro- » position à ma cour. »

J'expédiai donc un courrier à Versailles,

m'estimant fort heureux d'avoir, dans un espace de temps si court, réussi au-delà des espérances du roi, et d'avoir ainsi dissipé les inquiétudes de notre ministère, relativement à une alliance que la Russie semblait souhaiter au moins aussi vivement que lui.

Tout devait me faire croire qu'une négociation si heureusement entamée, et dont les principales parties contractantes souhaitaient également le succès, éprouverait peu d'obstacles, et serait terminée avant qu'aucune puissance rivale pût en deviner l'objet et la traverser.

Cependant, à ma grande surprise, j'appris que M. le baron de Keller, ministre de Prusse, et le chargé d'affaires d'Angleterre, venaient d'expédier chacun un courrier à leur cour, et dans un moment où aucun événement, aucune affaire urgente, ne paraissait motiver cette expédition.

Je ne restai pas long-temps dans le doute : le vieux résident de Hollande, qui sous une prudente réserve cachait des sentimens très républicains et par conséquent fort opposés aux vues politiques du stathouder, de l'Angleterre et de la Prusse, vint me trouver en grand secret. « Vous projetez, me dit-il, la formation

» d'une quadruple alliance dont je désirerais
» fort le succès, et qui certainement troublerait
» étrangement le triomphe de ceux qui vien-
» nent de faire une révolution si soudaine dans
» mon pays. »

Je traitai d'abord de fable la nouvelle qu'on lui avait donnée. « Peine perdue, répondit-
» il; le secret est éventé. Je sais tout ; voici le
» fait : l'infidélité d'un commis du comte Oster-
» mann vous a trahi ; le baron de Keller a su
» par lui, et en détail, où vous en étiez ; il en
» a donné sur-le-champ avis au chargé d'af-
» faires d'Angleterre, Frazer : tous deux se sont
» hâtés d'en prévenir leurs gouvernemens, et
» je puis même vous dire le contenu de la dé-
» pêche de Frazer ; car c'est le ministre prus-
» sien qui la lui a dictée, et qui, ne connaissant
» pas mes opinions, me l'a montrée. »

J'informai promptement l'impératrice de ce contre-temps. Elle en montra une vive colère ; le commis fut chassé et puni. Mais notre secret n'en était pas moins découvert, et, au bout de trois semaines, il devint public.

J'en fus d'abord peu contrarié ; j'espérais que par cette publicité notre ministère, compromis, se croirait trop engagé pour reculer. On verra combien je jugeais mal les esprits irrésolus qui présidaient alors à nos destinées.

La fortune continuait à seconder les armes de Catherine II. Elle me dit que les Turcs venaient d'éprouver une nouvelle défaite au Caucase ; mais qu'elle apprenait, avec autant de peine que de surprise, qu'on avait trouvé, dans la foule des musulmans morts aux combats livrés précédemment à Kilbourn, les corps de trois ingénieurs français.

« Vous savez, madame, lui dis-je, qu'ils
» avaient été envoyés à Oczakoff dans le temps
» où l'on redoutait plutôt une attaque du côté
» des Russes, que l'agression imprévue des Ot-
» tomans. Les dates suffisent pour prouver
» qu'ils n'avaient pas eu le temps de recevoir
» les contre-ordres qu'on a dû leur envoyer.
» Votre majesté n'ignore pas que, depuis, toutes
» les positions ont changé, et qu'aujourd'hui
» nous vous souhaitons avec sincérité des succès
» qui rétablissent promptement la paix. »

Sa réponse fut obligeante : elle la prononça assez haut pour qu'elle fût entendue de certaines personnes qui avaient saisi l'occasion de la présence de nos officiers français parmi les Turcs, pour l'aigrir contre nous. « Je suis persuadée,

» me dit-elle, monsieur le comte, de votre
» intérêt pour moi : vous ne pouvez pas souhai-
» ter du bien à des Barbares et à mes ennemis ;
» je suis même bien convaincue qu'en faisant
» actuellement des vœux pour moi, vous suivez
» les ordres du roi autant que votre inclination. »

Cette princesse me parla ensuite de la surprise que lui causait la résistance de nos parlemens, qui refusaient d'enregistrer la plupart des édits que leur adressaient les ministres du roi.

« Je ne puis m'expliquer, ajouta-t-elle,
» comment, au milieu de circonstances si cri-
» tiques pour l'honneur de la France, une na-
» tion généreuse et éclairée peut ainsi contrarier
» les intentions d'un monarque qui n'est animé
» que de l'amour du bien public, qui récem-
» ment a terminé une guerre glorieuse par une
» paix honorable, et qui aujourd'hui, par af-
» fection pour ses sujets, offre de leur faire des
» sacrifices si touchans, et de prescrire à sa
» cour des réformes si courageuses. »

Je lui répondis « que cette effervescence était
» l'effet inévitable de la réunion d'activité et
» de lumières qu'on trouvait dans notre pays ;
» que souvent, lorsqu'on se hâte trop d'éclai-
» rer le peuple, on éblouit son jugement et on

» enflamme ses passions. Cependant j'espère,
» ajoutai-je, que la sagesse du roi saura, non-
» seulement calmer cette effervescence, mais
» encore en tirer parti pour triompher des in-
» trigues de ceux qui croiraient pouvoir profi-
» ter de nos troubles intérieurs. »

« Ah! croyez-moi, reprit-elle, une guerre
» seule peut changer la direction des esprits,
» les réunir, donner un but plus utile aux pas-
» sions, et réveiller le vrai patriotisme. Cette
» guerre, diversion nécessaire, est encore pro-
» blématique. Je ne crois cependant pas pos-
» sible que vous l'évitiez. Les Anglais et les
» Prussiens vous y provoquent, et j'ai reçu des
» avis qui m'apprennent que le roi de Suède se
» rapproche d'eux visiblement. »

Je ne tardai pas à éprouver personnellement l'influence du changement opéré dans notre ministère : je sus qu'à la nouvelle de la rupture des Turcs et des Russes, le prince de Nassau était parti de Paris, et qu'autorisé par l'archevêque de Toulouse, il s'était rendu à l'armée du prince Potemkin, et avait entamé avec lui quelques négociations secrètes.

Aussitôt je lui écrivis, et je me plaignis vivement de cette démarche. Il ne tarda pas à ve-

nir lui-même à Pétersbourg m'apporter sa réponse. « Je vous avoue franchement mes torts,
» me dit-il; je n'entends rien aux intrigues, et
» vous m'avez ouvert les yeux. Je croyais bonnement vous rendre service, en appuyant
» auprès du prince Potemkin les tentatives que
» vous êtes chargé de faire pour conclure une
» alliance avec la Russie. J'aurais dû m'apercevoir que l'archevêque de Toulouse, brouillé
» avec votre père, espérait se servir de moi
» pour partager ou pour vous enlever les honneurs de cette négociation; mais un mot de
» vous à votre frère d'armes a suffi : me voici à
» vos ordres; je ne ferai point un pas, je ne dirai pas une parole sans votre aveu. » A ce langage, je le reconnus et je l'embrassai.

Alors je lui dis que l'impératrice lui parlerait probablement des affaires de la France, de la situation dans laquelle il les avait laissées, et je lui indiquai ce qu'il devait taire ou répondre. Depuis ce moment je n'eus qu'à me louer de sa loyale et scrupuleuse fidélité.

Catherine, comme je l'avais prévu, lui parla de notre projet d'alliance, et lui dit « que, mal-
» gré son désir de la conclure, elle ne pouvait
» aller plus loin qu'elle ne l'avait fait, avant

» de connaître positivement nos intentions.
» Croyez-vous, lui dit-elle, que le gouverne-
» ment français persiste dans la fermeté qu'il
» annonce? »

Sa réponse ne fut pas douteuse; car c'était l'homme du monde le moins capable de deviner ou même de comprendre l'irrésolution et la timidité. Il assura donc l'impératrice que nous étions décidés à soutenir notre alliée la Hollande, si injustement attaquée par la Prusse et par l'Angleterre; et, comme je le lui avais conseillé, il ajouta ce peu de mots : « Je sais que
» ce qu'on désire surtout en France, c'est que
» votre majesté consente à fermer ses ports aux
» Anglais. »

« Je ne dis non sur rien, répliqua l'impéra-
» trice. Mais il faut, avant de prendre à cet
» égard une décision, que mon armée navale,
» qui doit mettre bientôt à la voile, soit entrée
» dans la Méditerranée. »

J'instruisis le conseil du roi de tous ces détails; et, sans me plaindre de la mission secrète donnée au prince de Nassau, je fis suffisamment connaître à monsieur l'archevêque de Toulouse que sa petite intrigue n'avait pas eu de succès.

A peu près dans ce temps, le prince et la

princesse d'Orange écrivirent à l'impératrice, pour l'informer de l'heureuse et prompte révolution qui avait rétabli leur autorité. La réponse de Catherine II fut, me dit-on, froide et légèrement ironique.

Ainsi, sur tous les points, les dispositions de cette souveraine ne pouvaient qu'accroître mes espérances et ma satisfaction. Il me tardait seulement de recevoir de ma cour des ordres plus clairs et plus positifs; ils n'arrivèrent que trop tôt.

Un courrier m'apporta des dépêches qui me jetèrent dans le plus grand étonnement, et ne me permirent plus une ombre d'espoir raisonnable. M. de Montmorin, au lieu de me féliciter d'avoir réussi par-delà ses désirs et ses conjectures, me reprochait sévèrement d'avoir marché trop vite et de m'être trop avancé.

Cependant, loin de m'écarter de mes instructions, je m'étais borné à montrer le désir d'une union intime, comme j'en avais l'ordre littéral; et, en vérité, ce n'était pas ma faute si cette insinuation, faite à propos, au moment où les Anglais hasardaient ouvertement les démarches les plus hardies et les plus menaçantes, avait été accueillie avec transport par l'impératrice, et regardée par elle comme une proposition formelle d'alliance.

Loin de me permettre aucunes ouvertures, je les avais attendues et non faites. De plus, à six cents lieues de moi, le prince de Nassau, confidentiellement autorisé, avait tenu au prince Potemkin un langage conforme au mien. Fallait-il d'autres preuves pour démontrer que je n'avais pas dépassé mes instructions!

Au reste, tout s'expliqua bientôt : la crise de nos finances, les obstacles opposés par les parlemens à presque toutes les mesures proposées par le ministère pour sortir de cet embarras, refroidirent la velléité belliqueuse qu'on avait un instant montrée; la peur l'emporta sur le ressentiment, et nous conclûmes avec l'Angleterre une convention dont notre désarmement fut le déplorable résultat. On ne suivit plus la négociation du projet de quadruple alliance, qu'avec lenteur et pour la forme; ce qui devint très nuisible à notre considération.

Le comte de Woronzoff écrivit de Londres aux ministres de l'impératrice, que l'Angleterre avait joué l'archevêque de Toulouse, en faisant espérer à ce principal ministre, qu'au prix de l'abandon de la Hollande, elle nous laisserait libres de soutenir la Porte contre la Russie, c'est-à-dire qu'après avoir détruit notre influence à Vienne, à la Haye, à Berlin et à Pétersbourg, elle nous permettrait de tenter des efforts inutiles pour protéger les Turcs, qu'il était impossible de défendre.

Cet acte de faiblesse et le triomphe de nos rivaux me consternèrent; toutes mes illusions s'évanouirent, et dès ce moment j'entrevis l'abîme où des conseils sans force et des passions sans frein, devaient entraîner ma patrie et son roi.

Obligé de dissimuler ces pénibles sentimens et ces sombres présages, j'affectais diplomatiquement une tranquillité que j'étais bien loin d'éprouver. Un jour, ayant été invité au spectacle de l'Ermitage, je m'efforçai, tant que le cercle dura, de ne rien laisser lire sur mes traits qui pût augmenter la satisfaction que je voyais briller dans les yeux des ministres prussien, hollandais, portugais, suédois même, et dans ceux de leurs partisans; mais, lorsque le spectacle fut commencé, me livrant à mes rêveries, mon esprit se plongea peu à peu dans les plus décourageantes réflexions.

J'étais ainsi absorbé, lorsque tout à coup j'entends une voix très près de mon oreille; c'était celle de l'impératrice, qui, s'étant penchée vers moi, me disait tout bas : « Pourquoi vous » attrister? à quoi servent ces noires idées? que » faites-vous? Songez que dans tout ceci vous » n'avez rien à vous reprocher. » Ainsi cette princesse habile, aimable et pénétrante, avait lu dans mes plus secrètes pensées.

Au reste, comme son esprit avait autant d'élévation que son caractère de fermeté, elle persista long-temps à croire que la faiblesse de notre gouvernement ne serait pas un mal incurable.

Le langage de l'ambassadeur de l'empereur la confirmait dans cette idée : il avait reçu des instructions de sa cour pour empêcher, autant qu'il le pourrait, tout rapprochement entre l'Angleterre et la Russie, et pour accélérer la marche des négociations relatives à la quadruple alliance. Il était naturel de penser que Joseph II n'agissait ainsi qu'avec une connaissance intime des intentions de sa sœur et du roi de France, son beau-frère et son allié.

Puisque les troubles intérieurs qui nous agitaient, exercèrent tant d'influence alors sur la politique européenne, il ne sera pas hors de propos de jeter en arrière un coup d'œil rapide, et de rappeler en peu de mots l'origine, les causes et les progrès de ces troubles.

Le désordre introduit dans nos finances par la faiblesse de Louis XV, par le luxe de sa cour, par les caprices de ses maîtresses, par la guerre de sept ans entreprise sans motifs légitimes, conduite sans habileté et terminée sans succès, s'était maintenu sous le règne de Louis XVI.

Ce prince ne manquait certainement pas des vertus nécessaires pour substituer l'ordre au désordre; il était difficile d'espérer dans un roi des intentions plus pures, des goûts plus sages, des sentimens plus vertueux; mais il était jeune, et les abus étaient vieux.

Une cour est souvent plus difficile à réformer qu'un peuple. Les vœux de celui-ci viennent de loin; la résistance de l'autre entoure le prince, et les plaintes de ceux qui vivent des abus, font, quand on les attaque, plus de bruit aux oreilles du monarque, que les soupirs de ceux qui gémissent dans les campagnes sous le poids des tributs.

Aussi le seul effet des efforts du roi, conseillé d'abord par Turgot et Malesherbes, et depuis par M. Necker, fut de pallier, d'adoucir le mal, et non de le guérir. Dès qu'on voulut, par des réformes nécessaires, en couper la racine, la cour retentit de plaintes ; la bonté du roi s'alarma ; M. Necker fut renvoyé.

D'un autre côté, une jeunesse ennuyée de la paix, avide de nouveautés et de combats, impatiente de venger l'honneur national des affronts de 1763, entraîna les ministres à la guerre. Louis s'y vit engagé, malgré son amour pour la paix. L'Amérique devint libre ; l'Angleterre fut vaincue ; mais cette gloire coûta près d'un milliard à la France.

Ainsi l'abîme des finances s'élargit ; mais les lauriers qui l'ombrageaient, permirent à peine à notre orgueil d'entrevoir sa profondeur. Cependant la pente était rapide ; l'État s'y précipitait. Il aurait fallu, pour arrêter sa chute, employer la force d'un génie prudent et vigoureux ; un homme d'un esprit fin et léger se présenta : le timon des affaires fut confié à M. de Calonne.

En se trompant lui-même, ce ministre, confiant et téméraire, trompa quelques instans l'opinion publique : les promesses de réformes dissipèrent les craintes ; les emprunts furent remplis ; des espérances brillantes parurent des réalités ; les prodigalités continuèrent ; la cour fut satisfaite; enfin la convocation des notables fit croire au peuple qu'il allait être soulagé, que ses vœux seraient entendus, et que l'effrayante disproportion qui existait entre ses moyens et ses charges, entre nos revenus et nos dépenses, allait disparaître.

J'ai déjà dit que, dans toute l'Europe, la convocation de cette assemblée nationale avait produit la même illusion. On croyait partout que la générosité d'un prince qui s'annonçait, dès son début, comme un émule de Henri IV, secondée par un ministère qui appelait autour de lui les lumières des hommes les plus éclairés de la France, verrait ses intentions bienfaisantes couronnées d'un plein succès.

L'événement ne justifia pas cette attente; on n'avait pas assez examiné les remarquables changemens survenus dans nos esprits, dans nos opinions, dans nos mœurs. La France n'était plus la même : un règne efféminé; des revers honteux; une administration mobile, tantôt arbitraire et audacieuse, tantôt faible et craintive; des vérités et des erreurs répandues par une nouvelle philosophie; l'enthousiasme pour une liberté que nous avions long-temps enviée à l'Angleterre, et que nous venions d'affermir en

Amérique; le mécontentement des peuples trop grevés d'impôts; la popularité acquise par les parlemens lorsqu'ils résistaient au ministère; leurs exils, leurs rappels, enfin un désir presque général d'innovations et de réformes, produisaient, au milieu d'une monarchie presque absolue, une sorte de fermentation républicaine.

On aimait le roi, on le respectait; mais on haïssait la cour. La cour elle-même était divisée : une partie des grands personnages qui la composaient, séduits par les prestiges de M. de Calonne, soutenaient avec chaleur ses plans; l'autre, plus nombreuse, se montrait parlementaire, soit par principes, soit par esprit d'opposition, soit enfin par le désir de renverser les ministres et de les remplacer.

M. de Calonne, toujours présomptueux et imprudent, appela précisément dans les rangs des notables les personnes dont il aurait dû le plus craindre les opinions et la rivalité; mais ce qui devait surtout lui ravir toute possibilité de succès, c'était le peu de confiance qu'inspirait son caractère personnel, et les anciens ressentimens des corps judiciaires contre lui.

Peut-être plusieurs de ses projets, conçus et présentés par un autre ministre, auraient pu réussir, et je crois qu'alors les violentes secousses qui depuis ébranlèrent l'État jusque dans ses fondemens, auraient été évitées ou du moins fort retardées; mais le sort en avait décidé autrement.

Le 22 février 1787, le roi fit l'ouverture de l'assemblée des notables. Alors, au lieu de l'enthousiasme que cette sorte d'appel au vœu national devait exciter, on vit partout se manifester l'esprit de méfiance, de critique, d'opposition, de censure et même de raillerie.

La liberté fut portée jusqu'à la licence : les épigrammes, les pamphlets, les pasquinades, pleuvaient sur les ministres et sur les notables. On donnait à leurs assemblées, par allusion à certaines pièces de théâtre, les noms de *fausses confidences* et de *consentement forcé*. Une seule de ces déplorables plaisanteries, si peu convenables à la gravité des circonstances, présentait une idée d'un grand sens. L'auteur, personnifiant l'économie, la faisait apparaître en présence des notables, et ceux-ci, tout joyeux, s'écriaient : « Ah ! si l'économie est admise ici, » nous n'avons plus rien à y faire. »

C'était dire en riant une grande vérité; car, si un gouvernement ferme se fût armé de la force nécessaire pour supprimer les dépenses inutiles, que de malheurs il nous eût épargnés! Il nous aurait probablement sauvés d'une révolution. Or, il faut le dire, quelque heureux que puissent être ses résultats, une révolution est d'abord un bouleversement; elle ne peut opérer l'amélioration du sort des générations futures que par le sacrifice de la génération présente.

M. de Calonne, à l'ouverture de l'assemblée, prononça un discours où brillaient son esprit facile et son imperturbable confiance. Cependant son éloquence séduisante ne pouvait détourner les esprits, des graves réflexions produites par le tableau de la triste position de nos finances, qu'il était forcé de présenter dans sa réalité.

Le déficit annuel, malgré la différence des calculs de M. Necker et de M. de Calonne, était toujours énorme; les uns le portaient à cinquante-six, les autres à quatre-vingts, d'autres enfin à cent quarante millions.

Le ministre déclarait que, pour le combler, les économies se trouvaient insuffisantes, les augmentations d'impôts impraticables, et que les emprunts n'étaient qu'une ressource momentanée, pire que le mal qui les avait rendus nécessaires.

« Le seul remède, disait-il, dans de telles cir- » constances, est la réforme des abus. » En conséquence, il demandait la suppression de la taille, la libre exportation des grains, le reculement des douanes, l'allégement de la gabelle, l'aliénation d'une partie des domaines royaux, la suppression des vingtièmes remplacés par un impôt territorial, l'annulation des priviléges du clergé et de la noblesse, relativement au paiement des impôts, enfin l'établissement des assemblées provinciales, dans le but de rendre les contributions moins arbitraires, moins pesantes et mieux réparties.

On parlait même aussi de restituer l'état civil aux protestans, dont la proscription nous avait enlevé tant de branches d'industrie, et avait enrichi à nos dépens tant de contrées étrangères.

Déjà, en 1752, le maréchal de Richelieu avait sollicité pour eux cet acte de justice sans l'obtenir. M. de Malesherbes venait de publier pour eux un éloquent écrit; enfin, en 1778 et en 1787, le parlement s'était intéressé hautement en leur faveur.

Toutes ces propositions, exposées avec clarté

dans le discours de M. de Calonne et dans ses divers écrits, étaient justes, prudentes, et semblaient devoir porter jusqu'à l'enthousiasme l'affection du peuple pour le roi qui les avait adoptées. Si quelques-unes n'avaient pas été mûries, une assemblée aussi éclairée que celle des notables pouvait facilement les modifier et les amender.

Enfin, ne devait-il pas légitimement compter sur quelques preuves de zèle et de confiance, ce prince dont le ministre, autorisé par lui, avait proféré publiquement ces paroles : « Jus- » qu'à présent la maxime du gouvernement » était : *si veut le roi, si veut la loi;* aujourd'hui » celle de Louis XVI est : *si veut le bonheur du* » *peuple, si veut le roi?* »

Mais, au lieu de songer à perfectionner l'ouvrage du ministre, on ne parut occupé que du désir de le renverser. Personne ne prévoyait une révolution : plusieurs, par esprit de corps ou par intérêt personnel, redoutaient la réforme des abus ; quelques-uns souhaitaient des innovations plus grandes, plus fortes, plus hardies ; tous se méfiaient de la légèreté du contrôleur général, et croyaient que les ressources qui lui seraient données, ne serviraient qu'à multiplier les prodigalités de la cour.

Déjà les parlemens de Dijon et de Besançon, adressant au roi des remontrances très vives, avaient déclaré illégales quelques nouvelles contributions, quoiqu'elles eussent été établies pour remplacer la corvée.

De vives réclamations s'étaient élevées sur l'ébranlement du crédit de la caisse d'escompte, comme sur l'indécent agiotage dont les eaux de Paris et la banque de Saint-Charles étaient l'objet.

Avec de telles dispositions, quel résultat satisfaisant pouvait-on espérer, puisque le gouvernement, qui sollicitait des appuis, ne rencontrait que des obstacles? Un commun effort était nécessaire pour relever nos finances; on avait espéré l'exciter, et l'on ne trouva qu'une divergence de volontés et d'opinions, qui nécessairement devait tout paralyser.

Dès les premières séances des notables, une nombreuse et forte opposition se montra. L'archevêque de Narbonne défendit hautement les prérogatives du clergé. L'archevêque de Toulouse, soutenant la justesse des calculs de M. Necker, les opposa à ceux de M. de Calonne.

Un grand nombre de membres s'efforcèrent

de prouver que les assemblées provinciales seraient dangereuses ou inutiles, que l'impôt territorial était inexécutable en nature, et que, pour l'établir en argent, il fallait préalablement mieux approfondir son étendue, son résultat, et mieux connaître la situation réelle des besoins et des ressources de l'État.

Mais ce qui prouva surtout l'aigreur et l'irritation des esprits, ce furent les violens reproches adressés par l'archevêque de Narbonne, au nom du clergé, et par plusieurs bureaux de l'assemblée, au contrôleur général, relativement à un passage de l'un de ses discours, dans lequel ce ministre, toujours porté à croire ce qu'il désirait, s'était hasardé à dire que les notables étaient d'accord avec lui, quant au fond, sur presque toutes les parties de ses plans et de ses projets.

Les princes de Conti, de Beauvau, et les plus influens personnages, joignaient leurs reproches à ceux de l'archevêque. Les séances devenaient orageuses; rien n'avançait; le mécontentement du peuple se réveillait; le clergé s'indignait; les parlemens s'irritaient; des pamphlets licencieux, n'épargnant pas même la personne du monarque, disaient : « Le roi est en-

» dormi; le contrôleur général, convulsionnaire;
» la noblesse, apathique; le clergé, attaqué de
» la fièvre continue; le peuple, à l'agonie. »

Aux éclaircissemens multipliés fournis par
M. de Calonne, on opposait les réponses les plus
ironiques et les propositions les plus diverses.
Les évêques demandaient l'assemblée du clergé.
M. de La Fayette osa imiter l'exemple donné
par M. de Malesherbes quelques années auparavant, et demanda la convocation des états-
généraux; sa proposition ne causa qu'un grand
étonnement : on était loin de penser que la réa-
lisation de ce vœu hardi serait si prochaine.

Une correspondance très aigre entre M. Necker et M. de Calonne devint publique, et leurs
accusations réciproques accrurent la fermentation des esprits.

Le contrôleur général soutint ainsi une pénible lutte qui dura deux mois; mais enfin le
roi, étant assailli perpétuellement de plaintes
qui s'élevaient de tous côtés, et venant d'être
privé, par la mort de M. de Vergennes, d'un
conseiller sage et ferme, céda, non sans regret,
au vœu public.

Le 8 avril 1787, M. de Calonne et le garde
des sceaux Miroménil furent renvoyés; on

donna les finances à M. de Fourqueux, et les sceaux à M. de Lamoignon. M. de Calonne, quoique regretté par le roi, fut exilé en Lorraine, et M. Necker, à vingt lieues de Paris.

Le nouveau ministre des finances, trop faible pour tenir le gouvernail dans un temps si orageux, se vit promptement remplacé par M. de Villedeuil, qui n'obtint pas plus de succès; enfin le crédit de la reine fit donner à l'archevêque de Toulouse, depuis archevêque de Sens, la place de chef du conseil des finances, titre créé pour ne pas blesser l'amour-propre des autres ministres.

L'assemblée des notables se sépara le 28 mai. Son opposition constante laissait le gouvernement dans une situation bien plus critique que celle qui l'avait déterminé à la convoquer. La suppression des corvées, un nouvel impôt sur le timbre, et la création des assemblées provinciales, étaient la seule partie des projets du ministère que les notables eussent adoptée.

Le jour de sa dernière séance, M. de Lamoignon s'efforça vainement de ranimer la confiance publique par une exposition vraie des sentimens du roi. « Avant le règne de ce prince, » disait-il, on pouvait justement reprocher au

» pouvoir royal de grands empiétemens, tels
» que l'abolition des états-généraux et des as-
» semblées de notables. Aujourd'hui, quelle
» différence ! L'amour du roi pour son peuple
» l'élève au-dessus d'un vain orgueil ; c'est le
» monarque lui-même qui vient au devant de ce
» peuple, et qui veut rassembler, consulter les
» assemblées provinciales pour connaître le vœu
» national, afin de pouvoir, avec son appui,
» remplir tous ses engagemens et réformer tous
» les abus. »

Inutiles paroles ! l'esprit de résistance était devenu universel ; le clergé refusait constamment d'aliéner une partie de ses biens pour payer ses propres dettes ; l'impôt du timbre, présenté au parlement, éprouva la plus forte opposition, et provoqua les plus vives remontrances.

Ce corps demanda les mêmes communications qui avaient été faites aux notables. « S'il est
» vrai, disaient ces magistrats, que les peuples
» doivent être convaincus de la justice d'une
» loi dès qu'elle est enregistrée, il n'est pas
» moins indispensable que le parlement soit
» frappé auparavant de cette conviction, qui ne
» doit pas seulement suivre la vérification, mais
» la déterminer. »

Le roi exigeait l'enregistrement; le parlement persistait dans son refus. Tout à coup, le 25 juillet, il fut investi de troupes. Les frères de sa majesté s'y rendirent et signifièrent aux magistrats la volonté expresse du monarque.

Le parlement décréta de nouvelles remontrances qui furent rédigées par M. Ferrand, depuis pair de France, et imprimées. Ces remontrances produisirent sur le public une profonde impression. On y représentait, sous de fortes couleurs, la consternation où la nation était plongée, l'accroissement graduel et intolérable des charges publiques, qui s'étaient augmentées de cent trente millions depuis la conclusion de la paix.

« On ferme, disaient-elles, toute issue à la
» vérité pour l'empêcher de parvenir jusqu'au
» roi. Les choix de ses ministres avaient été
» désavoués par l'opinion universelle. Le roi
» était supplié de s'armer contre sa propre
» bonté. Si, ajoutait-on, les courtisans ne lui
» avaient point déguisé la situation de l'État,
» il n'aurait pas permis tant d'acquisitions, de
» dons et d'échanges ruineux. Le nouvel impôt,
» contraire à la bonne foi, était menaçant pour
» la tranquillité publique. Enfin le monarque

» était conjuré de retirer sa déclaration, et
» d'assembler les états-généraux. »

Louis XVI, irrité, ordonna d'enregistrer sans délai ; sur le refus du parlement, sa majesté l'exila à Troyes. Alors la cour des aides déclara que tout enregistrement forcé était nul ; elle rappela en même temps ces paroles d'Henri IV :
« Les voies irrégulières prises par un gouver-
» nement sont des violences qui ne prouvent
» que la force et non le droit. »

Le public, dans Paris, prenait hautement le parti des magistrats exilés. Le lieutenant de police fit fermer le club nommé *club du salon*; ordre arbitraire et inutile : ce club, alors, était composé de personnes distinguées de la noblesse ou de la haute bourgeoisie, ainsi que des artistes et des hommes de lettres les plus considérés.

Cette réunion offrait, pour la première fois, l'image d'une égalité qui devint bientôt, plus que la liberté même, le vœu le plus ardent de la plus grande partie de la nation. Aussi le mécontentement produit par la clôture de ce club fut si vif, que l'autorité se crut obligée de le rouvrir.

Tandis que le gouvernement manifestait cette

crainte des réunions particulières, les assemblées provinciales inspiraient encore plus d'ombrage aux grands corps de la magistrature. Le parlement de Bordeaux défendit à ces assemblées de tenir leurs séances ; celui de Bretagne demanda le rappel du parlement de Paris. Le parlement de Besançon, plus violent que les autres, pria le roi de ne plus lui envoyer d'édits relatifs à de nouveaux impôts ; il se déclarait incompétent pour les sanctionner, et réclamait la convocation des états-généraux.

Ce fut à cette époque que le roi nomma principal ministre l'archevêque de Toulouse. Les maréchaux de Ségur et de Castries donnèrent leur démission ; mais le garde des sceaux, le baron de Breteuil, et M. de Montmorin, conservèrent leurs porte-feuilles. M. de Brienne fut nommé ministre de la guerre ; M. de La Luzerne, ministre de la marine.

L'exil du parlement de Bordeaux à Libourne donna un nouvel aliment au mécontentement public : toutes les cours souveraines se déclarèrent hautement en faveur des exilés ; d'une extrémité de la France à l'autre, la clameur devint universelle.

Le principal ministre dut sentir alors qu'il

était bien plus facile de briller dans une opposition, que de se soutenir à la tête d'un gouvernement, au milieu de tant d'orages. Je crois même que s'il eût été doué du génie dont il manquait, il se serait encore difficilement tiré d'une pareille crise.

En effet, tout semblait désorganisé : le roi, bon, mais faible, tourmenté par des conseils contradictoires, restait indécis entr'eux; il n'était animé que d'un unique sentiment, celui de l'amour du bien public; mais, pour l'opérer, chaque intérêt privé le lui présentait sous des faces différentes. Il ne possédait pas la force nécessaire pour persister dans une détermination, pour suivre un système, et pour soutenir un ministre.

La cour défendait à grands cris les abus. La noblesse, autrefois rivale du trône, n'avait plus d'autre désir que celui de conserver ses priviléges pécuniaires et honorifiques, de s'élever rapidement aux grades qui pouvaient faire espérer la gloire, et d'obtenir des pensions ou des sinécures nécessaires pour soutenir son rang et son luxe.

Le clergé, fondant le maintien de sa puissance sur son accord avec l'autorité, se serait montré prêt à la seconder, si cette autorité n'eût pas été forcée d'exiger de lui d'indispensables sacrifices d'argent. Enfin les parlemens, dont l'assistance avait fortifié le trône pour détruire la puissance seigneuriale, prétendaient succéder aux états-généraux et protéger les intérêts du peuple contre le pouvoir ministériel. Ainsi c'était pour maintenir leur indépendance, et pour devenir la seule digue opposée à l'autorité du monarque devenue absolue, qu'ils se montraient récalcitrans contre le surcroît des charges publiques.

Ce concours de circonstances réunissait en apparence et pour le moment, contre la cour, toutes ces volontés diverses, tous ces intérêts différens.

Le gouvernement ne pouvait payer ni ses dettes ni même ses dépenses annuelles : il demanda des sacrifices, la noblesse et le clergé les refusèrent; il proposa des emprunts, les prodigalités de M. de Calonne avaient anéanti le crédit fondé par M. Necker; on créait des assemblées provinciales pour ramener la confiance, les grands corps de magistrature regardaient cet établissement comme funeste à leur autorité ; enfin on établit des impôts, les parlemens s'y opposèrent pour acquérir une plus grande popularité. Quel homme d'État aurait pu triompher de tant d'obstacles?

Nous avons vu précédemment qu'un seul moyen s'offrait alors au premier ministre pour réveiller l'honneur français, et pour donner une autre direction aux passions qui agitaient et égaraient les esprits : ce moyen était la guerre; une guerre juste, provoquée par des affronts récens; une guerre dans laquelle trois puissans alliés se montraient disposés à nous soutenir; une guerre indispensable pour le maintien de notre influence, de notre considération, de nos intérêts commerciaux et de notre repos intérieur.

Cependant ce moyen fut le seul que l'archevêque-ministre n'osa pas tenter. Il lui fut offert, même commandé : il effraya sa faiblesse. Timide contre nos ennemis naturels, audacieux contre la nation, il n'osa risquer d'employer nos armes pour combattre des puissances rivales, et hasarda des coups d'État contre le peuple et contre les parlemens, qui, provoquant alors, par une sorte d'appel à la nation, la convocation des états-généraux, sonnèrent l'heure de la révolution.

Au reste, cette révolution, ainsi appelée par tant de fautes, n'éclata que deux ans après, et ne s'annonça, pendant le cours de l'année 1787 et de la suivante, que par ces hostilités qui précèdent toujours les actions générales.

A la fin de 1787, le roi retira plusieurs de ses édits. Le parlement de Paris, offrant quelques concessions, obtint son rappel; cet acte de soumission passagère affaiblit sa popularité sans satisfaire le pouvoir. M. d'Espréménil, conseiller dans cette cour, et alors fort ardent, dit « que » le parlement était parti couvert de gloire, et » qu'il rentrait couvert de boue. »

La haine contre M. de Calonne survivait à sa disgrâce : M. Duport, devenu célèbre dans l'assemblée constituante par la force de sa dialectique, après avoir, dans le parlement, attribué tous nos maux à ce qu'il appelait le *visirat* de nos ministres, déclara que M. de Calonne était accusé par la voix publique et par le cri unanime de toute la France. Le parlement ordonna d'informer contre cet ex-ministre, mais le roi s'y opposa.

Enfin ce prince voulut faire lui-même enregistrer, en sa présence, deux édits, celui du rappel des protestans et celui d'un emprunt de quarante millions. Le parlement protesta contre les formes de cette séance.

M. le duc d'Orléans se leva et déclara au roi que la délibération était illégale; il fut exilé à Villers-Coterets. Deux conseillers qui prononcèrent de violens discours contre cet enregistrement forcé, MM. Freteau et Sabbatier, furent arrêtés et conduits dans des prisons d'État.

A la même époque, les pairs de France se plaignirent vivement, dans un mémoire, de la défense qui leur avait été faite d'assister aux séances du parlement.

Telle était la situation déplorable du royaume, lorsque je reçus, en Russie, des reproches ministériels pour avoir trop accéléré la formation d'une quadruple alliance, qui aurait pu rendre à notre gouvernement quelque force, quelque dignité au dehors, et le repos au dedans, en tournant vers la guerre les esprits d'une ardente jeunesse, qui ne combattait les abus du pouvoir et ce pouvoir lui-même, qu'à défaut d'autres occupations et d'autres adversaires.

Toute la France était travaillée par une secrète fermentation : il fallait nécessairement aux esprits désireux d'honneur et de renommée, une lutte quelconque : des ministres habiles auraient saisi l'occasion d'en changer l'objet.

Nos troubles, cependant, n'avaient point encore affaibli en Europe, et surtout en Russie, le souvenir de nos succès et l'idée de notre puissance. Les souverains seuls commençaient à concevoir de légères alarmes; mais les peuples apprenaient avec une joie d'espérance qu'il était un pays où l'on s'occupait d'atténuer les fardeaux qui pesaient sur eux.

La noblesse, se rappelant son ancienne existence détruite par les gouvernemens, voyait avec quelque satisfaction le pouvoir arbitraire et ministériel attaqué; et, ne présageant point jusque-là de péril pour elle dans les innovations, elle leur était en secret plus favorable que contraire.

Le clergé seul redoutait cet esprit philosophique, son ennemi naturel; mais il était fier de la profondeur de ses racines, et ne pensait pas qu'aucune force pût le renverser.

Catherine II, jugeant des autres par elle-même, trouvait de l'élévation dans la bonté du roi Louis XVI; elle espérait que ce prince, joignant quelque force à ses vertus, triompherait des obstacles qu'opposaient à son amour pour son peuple et à ses loyales intentions, d'une part les passions des courtisans, ennemis de la réforme des abus, et de l'autre l'ambition des parlemens, ainsi que l'ardeur immodérée des innovateurs, qui, au lieu de tout réparer, risquaient de tout renverser.

Enfin cette princesse, bien qu'étonnée de la faiblesse politique de notre cabinet, la regardait comme l'effet d'un embarras passager, et ne pouvait croire qu'elle fût durable. C'était dans cette persuasion qu'elle pressait de tous ses vœux la conclusion d'une alliance avec nous, l'empereur et le roi d'Espagne.

Telles étaient ses dispositions, auxquelles précédemment notre ministère n'osait pas espérer de la ramener; et pourtant, lorsqu'on y avait réussi, elles devenaient pour le principal ministre qui, par malheur, présidait à nos destinées, plutôt un sujet de contrariété que de contentement.

La crainte des Anglais l'ayant d'abord porté à proposer cette quadruple alliance, il était inconvenant et presque ridicule de la décliner. D'un autre côté, la même crainte des Anglais l'empêchait de conclure un traité qui serait probablement suivi de la guerre, comme le présageaient les menaces que faisait artificieusement à cet égard le cabinet britannique; et M. de

Brienne, ainsi que tous les hommes faibles, ne sachant ni terminer ni rompre, prenait le plus mauvais parti, celui d'éluder et de gagner du temps.

M. de Montmorin, s'il en eût été le maître, aurait marché avec plus de franchise; mais, obligé de suivre un système dilatoire qui n'était pas le sien, il m'écrivait qu'avant de se décider à conclure, il fallait connaître les véritables desseins de Catherine relativement aux Turcs, et quelles limites sa prudence imposerait à son ambition.

Il m'était non-seulement difficile, mais impossible de le satisfaire sur ce point. L'impératrice, à cet égard, n'avait pas encore de projets fixes. Comme les indemnités dépendent des succès ou des revers, ce n'est pas au commencement d'une guerre qu'on peut savoir à quelles conditions on fera la paix.

D'ailleurs, ce qui semblera extraordinaire, quoique ce fût une vérité, c'est qu'il n'existait pas même encore de plan de campagne déterminé. L'empereur avait pressé le prince Potemkin de lui communiquer le sien; celui-ci en promettait toujours et n'en envoyait jamais.

On l'avait vu, pendant la paix, roulant dans

sa tête les plus vastes desseins de conquêtes, et il semblait pris au dépourvu par la guerre. Au moment où cette guerre avait été déclarée, il s'était montré, pendant quinze jours, silencieux, indécis, consterné, ne sachant où prendre des vivres, ni quels ordres donner aux différens corps de son armée.

Lorsqu'il se fut enfin rassuré et que les préparatifs furent achevés, on ne put obtenir de lui des renseignemens exacts pour concerter un plan de campagne entre les deux cours impériales. On convint seulement que les Russes assiégeraient Oczakoff, et les Autrichiens, Belgrade.

Ainsi les Turcs purent à loisir rassembler leurs forces et prendre l'offensive. La conquête de la Crimée était leur but principal; ils l'entreprirent, et commencèrent par débarquer huit mille hommes d'élite au nord-ouest de la presqu'île, dans le dessein de s'emparer de Kilbourn.

Le général Souwaroff commandait les Russes. Le combat fut opiniâtre et sanglant : deux fois les musulmans firent plier et reculer leurs ennemis. Souwaroff, donnant l'ordre comme chef et l'exemple comme soldat, rallia ses troupes. Atteint d'une blessure, il continua à se battre, décida la victoire, mit les Turcs en déroute, et fut une seconde fois blessé en les poursuivant. Il leur tua quatre mille hommes, en perdit peu, et fit un grand nombre de prisonniers. L'impératrice célébra ce succès par un *Te Deum*.

Cette princesse apprit avec peine qu'on voulait transférer à Paris la négociation de la quadruple alliance. Le comte de Cobentzel, par ordre de l'empereur, en pressait toujours la marche.

Ma position devenait fausse : les ministres russes, étonnés d'une réserve et d'un langage qui m'étaient dictés, m'attribuaient et me reprochaient les moyens dilatoires que j'étais contraint d'employer, insistant toujours sur la nécessité de savoir préalablement quelles étaient les indemnités que les cours impériales voudraient exiger comme conditions de la paix.

Je ne pus obtenir que cette réponse vague : « Les événemens décideront ces indemnités; » nous ne pouvons les connaître d'avance. Vous » pouvez seulement assurer le roi que notre » dessein n'est point de détruire l'empire otto- » man, mais d'obtenir, par une juste satisfac- » tion, une paix honorable et solide. »

Tandis que nos lenteurs inspiraient au cabinet russe quelque méfiance, les Prussiens augmentaient cette défiance en répandant le bruit d'un prétendu rapprochement entre la France et la Prusse. De plus, les Anglais informaient l'impératrice des secours que donnaient aux Turcs plusieurs officiers français, qui dirigeaient constamment les travaux de l'arsenal de Constantinople.

Le prince Potemkin m'écrivit; et me reprocha vivement cette assistance, peu conforme à nos démonstrations amicales.

L'Angleterre, enhardie par nos irrésolutions, adressa au ministère russe des plaintes rédigées en termes peu convenables, au sujet de l'alliance projetée entre la France et la Russie.

Catherine répondit avec dignité, et se montra justement surprise de pareilles alarmes. Elle dit qu'elle était libre de former des alliances qui lui paraissaient nécessaires. « Je ne me
» mêle point, ajouta-t-elle, des liens contractés
» par le cabinet de Londres avec la Prusse et la
» Hollande. Au reste, je réglerai ma conduite
» sur celle que les autres tiendront avec moi. »

En communiquant ces nouvelles à M. de Montmorin, j'insistais sur la nécessité de sortir de ces incertitudes, qui rendaient nos ennemis plus audacieux et nos amis plus froids. Je demandais surtout des réponses satisfaisantes, relativement aux secours qu'on nous reprochait de donner aux musulmans.

Il fallait en effet profiter à temps des avances qu'on nous faisait. Jusqu'à ce moment l'impératrice paraissait modérée dans ses vues; mais, si elle n'était point retenue par quelques liens utiles formés avec nous, un succès éclatant pourrait bientôt ranimer son ambition et étendre ses projets jusqu'à la conquête de Constantinople.

Dans de pareilles circonstances, je me félicitais de l'absence de M. Fitz-Herbert; ses talens m'auraient bien plus embarrassé que la singulière candeur de M. Frazer, chargé des affaires de sa cour.

Celui-ci, interrogé par les ministres russes sur les motifs qui portaient son cabinet à se montrer si hostile, et à souffler en Turquie, ainsi qu'en Suède, l'esprit de haine et de guerre contre la Russie, répondait ingénument : « Que voulez-vous? nous avons l'ordre de faire,
» en tout point, le contraire de ce que souhaite
» la France : elle désirait la paix entre vous et
» la Porte, nous excitons les Turcs à la guerre;

» si la France avait excité la guerre, nous au-
» rions conseillé la paix. »

L'impératrice s'amusa beaucoup d'un langage si peu diplomatique, et cependant ce loyal Anglais n'avait d'autre tort que celui de dire tout crument la vérité.

Malgré cette franchise, l'Angleterre et la Prusse offrirent à la Russie leur médiation pour accélérer la paix. Catherine accueillit assez mal une offre qu'elle ne croyait pas faite avec sincérité.

J'avais inutilement rempli un pénible devoir, en appuyant, par tous les argumens que je pouvais trouver, la proposition faite par ma cour de transférer la négociation d'alliance à Paris ; mais, quoique le comte de Cobentzel m'eût secondé, Catherine envoya l'ordre à M. de Simolin de représenter à notre ministère tous les inconvéniens et toutes les lenteurs qu'entraînerait cette translation.

Le départ du courrier russe fut retardé quelque temps par la désunion qui venait de s'établir dans le ministère : MM. de Marcoff et d'Ostermann s'étaient brouillés ; et, à la suite de ce différend, il y eut entr'eux des scènes assez vives. Au reste, la lenteur était un mal d'habitude dans le cabinet russe : le comte Cobentzel attendait depuis six semaines les papiers nécessaires pour expédier un courrier à l'empereur ; et à l'époque du partage de la Pologne, sous le ministère du comte Panin, l'ambassadeur russe à Varsovie avait écrit dix-sept dépêches urgentes sans recevoir de réponses.

Les affaires du Nord, au lieu de s'éclaircir, continuaient à s'embrouiller : l'impératrice, informée secrètement des intentions du roi de Prusse, qui voulait ajouter Dantzick à ses possessions, déclara hautement qu'elle protégerait cette ville.

La modération de Catherine n'était, au dire de plusieurs personnes, que momentanée ; son ambition semblait se ranimer par accès ; et, lorsque les dépêches de ses généraux lui présageaient quelques grands succès, elle projetait des établissemens dans la Morée et dans l'Archipel.

Cependant le courrier qu'elle avait ordonné d'expédier en France, partit. On me communiqua le contenu des dépêches qu'il portait : la réponse de l'impératrice au roi était amicale et confiante ; elle lui montrait le désir de s'allier avec nous ; et, quoiqu'elle ne pût encore prévoir les événemens d'après lesquels elle devrait mesurer les indemnités que la justice de sa cause lui permettrait d'exiger, elle provoquait des ouvertures de notre part, annonçant d'ailleurs assez clairement qu'elle ne nous demanderait que de rester neutres entr'elle et les Turcs, comme elle le serait aussi entre nous et les Anglais, si la guerre maritime se déclarait.

Ainsi tout ce que j'avais annoncé se vérifiait et me justifiait pleinement, en prouvant que je m'étais strictement renfermé dans le cercle de mes instructions.

Mon espoir se ranima; les conférences se multiplièrent. La Russie voulait faire entrer le Danemarck dans notre alliance; mais nos anciennes liaisons avec la Suède rendaient cette accession difficile.

Dans ce temps, le secrétaire de légation qui avait remplacé près de moi M. Charrette de La Colinière, étant obligé de s'éloigner, la reine obtint qu'on m'enverrait un jeune homme qu'elle honorait de sa protection : c'était M. Genet, frère de madame Campan.

Je le trouvai spirituel, instruit, possédant plusieurs langues et doué de quelques talens agréables; mais sa tête était fort vive. Depuis, on le vit entrainé par le char de la révolution, et nommé par les girondins ministre de la république aux États-Unis; là, sa bouillante activité échoua dans une tentative qu'il fit pour attaquer le crédit de l'illustre Washington, et pour rendre le gouvernement américain plus démocratique.

L'indolence du prince Potemkin contrariait excessivement l'impératrice; et, tandis qu'il n'entreprenait rien, il accusait les Autrichiens de ne rien faire. Son seul désir, son seul but était la prise d'Oczakoff; et, pour ne pas la manquer, il faisait d'aussi grands préparatifs contre cette faible ville, que s'il avait dû attaquer Luxembourg.

Cependant l'ingénieur Lafitte m'avait écrit qu'elle n'était pas en état de résister à une brusque attaque; mais le temps perdu par le prince fut mis à profit par les Turcs, qui renforcèrent la garnison, accélérèrent les travaux et complétèrent l'état défensif de la place.

Si les musulmans eussent été moins ignorans en tactique et en discipline, ils auraient tiré de grands avantages des tergiversations de leur ennemi; mais je connaissais leur aveugle fanatisme, leur obstination à faire la guerre sans règles, et, dès le 14 mars 1788, j'annonçai au ministère français qu'Oczakoff, Belgrade, Choczim seraient pris, et que les armées impériales, marchant toujours de succès en succès, forceraient la Porte à se soumettre aux conditions que leur dicteraient ces deux puissances.

Néanmoins Potemkin, immobile à Élisabeth, rongé d'inquiétude, tourmenté de craintes chimériques, fatiguait constamment Catherine par ses plaintes, sans indiquer les maux dont il se plaignait, et les remèdes qu'il voulait qu'on y apportât.

Romanzoff, au contraire, paisible en Ukraine, mais actif dans la conception de ses plans et dans leur exécution, faisait avancer avec ordre et promptitude ses troupes en Pologne; il se montrait tranquille sur les événemens, certain du succès, et envoyait exactement toutes les semaines, à l'impératrice, les rapports les plus complets et les plus satisfaisans.

Ce contraste dans le caractère et dans la conduite des deux généraux frappait certainement Catherine; mais il ne changeait rien à ses sentimens, et la même différence existait toujours dans le crédit accordé par elle à ces deux rivaux : l'un arrachait son estime, et obtenait sa reconnaissance; l'autre conservait son affection.

Potemkin était, pour ainsi dire, créé par cette princesse; elle avait prédit qu'il serait un grand homme, tenait par amour-propre à sa prédiction, et voulait, bon gré mal gré, qu'elle s'accomplît.

On peut juger de l'inaction du prince Potemkin par le fait suivant : le prince de Ligne avait commencé pour moi, dans le courant de décembre 1787, au fort d'Élisabeth, une lettre qu'il ne finit que le 15 février 1788. « Point de » nouvelles, me disait-il, depuis le commen-
» cement de mon épître que j'envoie enfin; car » il ne me parait pas que les Tartares, que » l'on nous annonce toujours, arrivent jamais. » Mais, en revanche, il nous est arrivé de Pa-
» ris un prince de Nassau qui vous a *détarta-
» risés,* en engageant votre M. de Montmorin à » retirer M. de Lafitte et à changer le système » protecteur de la France pour les Turcs.

» Sa ténacité en négociations, comme aux » coups de fusil, lui vaudra toujours des suc-
» cès; sa réputation et la logique qu'il sait, » sans avoir eu le temps de l'étudier, ont bien » servi vos désirs dans cette occasion impor-
» tante.

» Ne l'ai-je pas vu avant-hier, sabre en

» main, me sauver la vie? Il n'est jamais deux
» jours comme un autre; voici le fait : je me re-
» mettais de quelques accès de fièvre; car heu-
» reusement ici nous n'avons point de médecins.
» On me dit qu'il y avait du soleil; c'était lui
» que j'attendais pour ma guérison. Nassau
» guide mes pas hors de la triste forteresse,
» grande comme la main; mes gens me portent
» sur leurs bras et me couchent sur l'herbe. Je
» m'endors au premier rayon du soleil; un
» gros et horrible serpent, à qui ces mêmes
» rayons redonnaient la vie aussi bien qu'à
» moi, veut me l'ôter, ou tout au moins m'en-
» tortiller dans ses anneaux. J'entends du
» bruit : c'était le prince de Nassau qui frap-
» pait sur ce serpent tant qu'il pouvait, et le
» coupait en vingt parties qui toutes remuaient
» encore, quoique séparées les unes des autres.

» On nous a amené aujourd'hui quelques
» prisonniers turcs; ils sont aussi ennuyeux que
» ceux du bal de l'Opéra. J'ai eu bien de la
» peine à me mettre dans la tête que ce n'étaient
» point des masques, et que nous étions réelle-
» ment en guerre avec eux. »

On doit pourtant, avec quelque sévérité qu'on
juge le prince Potemkin, convenir que cet

homme extraordinaire mêlait à ses bizarreries de nobles et rares qualités. Le prince de Ligne me retraçait son portrait avec fidélité, lorsqu'il m'écrivait du camp d'Oczakoff : « Je vois ici un
» commandant d'armée qui a l'air paresseux et
» qui travaille sans cesse, qui n'a d'autre bu-
» reau que ses genoux, d'autre peigne que ses
» doigts, toujours couché et ne dormant ni
» jour ni nuit, parce que son zèle pour sa sou-
» veraine, qu'il adore, l'agite toujours, et
» qu'un coup de canon qu'il n'essuie pas, l'in-
» quiète par l'idée qu'il coûte la vie à quel-
» ques-uns de ses soldats. Peureux pour les
» autres, brave pour lui, s'arrêtant sous le
» grand feu d'une batterie pour y donner tran-
» quillement ses ordres; cependant plus Ulysse
» qu'Achille; inquiet avant tous les dangers,
» gai quand il y est; triste dans les plaisirs,
» malheureux à force d'être heureux, blasé sur
» tout, se dégoûtant aisément, morose, in-
» constant; philosophe grave, ministre habile,
» ou enfant de dix ans; point vindicatif, de-
» mandant pardon d'un chagrin qu'il a causé,
» réparant vite une injustice; croyant aimer
» Dieu, craignant le diable, qu'il s'imagine
» être encore plus grand et plus gros qu'un

» prince Potemkin : d'une main il fait des si-
» gnes aux femmes qui lui plaisent, et de l'au-
» tre des signes de croix. » Je m'arrête; car ce
portrait très original était trop prolongé dans la
lettre du prince de Ligne, qui savait rarement
s'arrêter quand sa vive imagination l'entraînait.

La diplomatie se montrait alors plus active
que les armées : la Porte même, sortant de son
apathie ordinaire, avait trouvé le moyen, par
l'entremise secrète des Prussiens, de déterminer le roi de Suède à armer ses vaisseaux, dans
le dessein d'empêcher ceux de Catherine de s'é-
loigner et de porter une seconde fois le pavillon
russe dans l'Archipel.

Frédéric-Guillaume était parvenu à se faire
un parti dans la ville de Dantzick. Quelques
corps de troupes prussiennes s'en approchaient,
et les agens de ce prince, réveillant en Pologne
l'amour de la liberté, présentaient aux esprits
ardens de ce pays, trop opprimé, l'espoir de secouer le joug de la Russie.

Tous ces éclairs, précurseurs des orages, agitaient Catherine sans l'ébranler, et la nouvelle
qu'elle reçut de la signature d'un traité d'alliance entre l'Angleterre, la Hollande et la
Prusse, lui faisait désirer plus vivement la

conclusion d'une quadruple alliance dont la nécessité devenait plus évidente de jour en jour.

Mais vainement elle nous demandait d'expliquer clairement nos intentions; vainement elle s'efforçait de pénétrer les secrets de notre système politique. Malheureusement nous n'en avions pas, et il était impossible de deviner les plans d'un cabinet livré, par la faiblesse et par la crainte, à l'irrésolution.

On m'ordonnait cependant toujours de continuer la négociation; un singulier incident vint momentanément en multiplier les difficultés. L'Espagne avait alors à Pétersbourg un ministre instruit, probe et spirituel : la rigueur excessive du climat porta malheureusement atteinte à sa santé; il fut attaqué d'une maladie que les médecins nomment *mélancolie hypocondriaque*.

Ce mal, de la nature la plus bizarre, troublait sa raison sur un point exclusivement; elle restait complète sur tous les autres. Ses dépêches, qu'il me communiquait, étaient toujours remarquables par le bon sens qui les dictait, par l'élégance qui les ornait, et long-temps rien dans sa conversation ordinaire ne trahit son infirmité; il était toujours le même dans les conférences et dans la société. Un très petit nombre d'amis seulement s'étaient aperçus de la déviation de ses idées, qui le portaient à croire que beaucoup de gens lui en voulaient, et qu'il était entouré d'ennemis.

Je fus un des premiers auxquels il confia ses peines : leur objet, dans ce moment, était la prétendue inimitié du comte de Goërtz, ministre de Prusse. Il se figurait que ce ministre gagnait ses domestiques, et payait des ouvriers pour faire toutes les nuits, près de sa maison, un bruit terrible qui ne lui permettait pas de dormir.

Je m'affligeai de son étrange erreur; je lui gardai le secret; mais tous mes efforts pour le ramener à la raison furent infructueux. Quelques mois après, je devins moi-même le sujet de ses inquiétudes : dès que je parlais bas à quelqu'un, il croyait que je disais du mal de lui, et m'en faisait de vifs reproches. Enfin, comme l'impératrice avait voulu qu'on jouât devant elle à l'Ermitage une des vieilles comédies de notre théâtre, *l'Homme singulier*, mon malheureux Espagnol se persuada que j'avais inséré dans cette pièce quelques vers destinés à le peindre et à le ridiculiser. Par compassion pour sa faiblesse, j'eus beau lui montrer le livre anciennement imprimé où se trouvait cette comédie, rien ne put le désabuser.

Bientôt le comte de Cobentzel et le duc de Serra-Capriola, ministre de Naples, devinrent ses confidens et, peu après, les objets de ses soupçons : il accusait l'un d'empêcher toutes les femmes et filles de Pétersbourg de répondre à ses désirs, et l'autre d'avoir défendu à tous les horlogers de lui vendre une montre qui pût marquer l'heure avec précision.

Nous gémissions de voir un si honnête homme tourmenté par des peines qu'aucun soin de l'amitié ne pouvait adoucir. Son état nous donna d'autres genres d'inquiétudes, lorsque nous reçûmes de nos cours l'ordre de lui communiquer les détails de la négociation secrète relative à la quadruple alliance.

Cependant, comme je remarquais toujours que, dans ses entretiens politiques et dans ses lettres, sa raison se conservait tout entière, nous prîmes patience, espérant que son état n'aurait aucune influence fâcheuse sur les affaires dont nous étions chargés.

Malheureusement notre sécurité ne put pas durer : s'éloignant de nous de plus en plus, il se rapprocha tout à coup des Prussiens, des Anglais, des Portugais, qui traversaient nos négociations; et nous apprîmes que, regardant son secrétaire de légation comme un de ses ennemis, il l'avait enfermé sous clef vingt-quatre heures, et lui avait retiré ses chiffres.

Dans ces circonstances embarrassantes, et voulant éviter le plus possible un éclat, nous convînmes, d'après le conseil du comte de Cobentzel, de consulter à cet égard le vice-chancelier. « Il y a quelques jours, nous dit celui-
» ci, malgré ma juste considération pour vous,
» j'aurais eu peine à vous croire, ayant toujours
» vu la personne dont il s'agit, très éclairée,
» très prudente et très sensée. D'ailleurs, plu-
» sieurs membres du corps diplomatique disaient
» assez malignement que ce ministre était de-
» venu l'objet de certaines intrigues dans le
» but de le déplacer; on le disait même assez
» hautement à la cour du grand-duc. Mais,
» avant-hier, cet homme infortuné m'a de-
» mandé une conférence secrète; et, lorsqu'il
» fut tête à tête avec moi, il se plaignit amère-
» ment de la haine générale qui le poursuivait,
» des griefs qu'il prétendait avoir contre vous,
» et de la manière injuste dont il était traité

» par les ministres de l'impératrice, *qui avaient*
» *donné*, disait-il, *les ordres les plus sévères*
» *pour épier sa conduite et pour empêcher ses*
» *domestiques de le servir. Enfin*, ajouta-t-il
» les larmes aux yeux, *on ne me donne qu'une*
» *boisson infecte, et il ne m'est pas possible,*
» *quelque soin que je prenne, de boire de l'eau*
» *de la Néva.* J'ai informé ma souveraine de
» cet étrange accident, et elle pense qu'il est
» urgent de prendre les mesures nécessaires
» pour que sa cour le rappelle. Son médecin,
» que j'ai vu, assure que, dans un climat plus
» doux, cette hypocondrie se dissipera. »

Cet avis étant conforme au nôtre, nous nous réunimes tous trois. Nous appelâmes dans cette réunion secrète le secrétaire de la légation espagnole, le médecin du malade ; et, rédigeant une relation des faits, munis des certificats nécessaires pour en constater la vérité, nous adressâmes ce document à M. de Galvez, qui était alors ministre d'Espagne à Berlin.

Nous espérions que son rappel aurait ainsi lieu sans éclat ; mais je ne sais par quelle indiscrétion, celui même qui était l'objet de nos prudentes démarches et de nos soins délicats, fut informé de notre réunion et de son résultat.

Il nous demanda vivement des explications que nous lui refusâmes ; il s'en plaignit à ses nouveaux amis, qui jetèrent feu et flamme contre ce qu'ils appelaient nos intrigues. Mais, cet éclat ayant produit son effet naturel, celui d'empirer l'état du malade, il donna lui-même de si évidentes preuves de sa déplorable situation, que les calomnies tombèrent.

M. de Galvez, ayant reçu de sa cour l'ordre de venir résider à Pétersbourg, arriva. Le malade, envoyé dans un climat moins rigoureux, recouvra peu à peu sa raison, sa santé, et nous fûmes ainsi délivrés de la plus pénible et de la plus singulière des contrariétés.

L'impératrice s'efforçait de communiquer son activité à ses généraux. Elle apprit avec joie que Soltikoff, avec un corps d'armée russe, s'était joint aux Autrichiens, commandés par le prince de Cobourg, qui devait attaquer Choczim.

Dans ce moment même, je venais de lui communiquer des nouvelles de M. de Choiseul, qui lui apprenaient que les Anglais avaient presque promis à la Porte de s'opposer au passage de l'escadre russe : aussi cette princesse reçut très froidement l'assurance donnée à ses ministres par celui d'Angleterre, que les vaisseaux russes seraient reçus dans les ports anglais.

Cette armée navale accélérait ses préparatifs pour mettre à la voile, sans trop s'inquiéter de l'escadre que le roi de Suède armait alors avec activité. Cependant ses armemens et son langage annonçaient quelques projets alarmans.

Le ministère russe m'ayant demandé si j'en connaissais le but, je lui répondis « qu'on l'i-
» gnorait à Versailles. J'ai seulement, ajoutai-
» je, l'ordre d'assurer l'impératrice que le roi
» emploierait toute son influence pour mainte-
» nir le roi de Suède dans les dispositions paci-
» fiques qui conviennent à ses relations avec
» nous, avec la Russie, et aux vrais intérêts de
» son royaume. »

Le silence du prince Potemkin durait toujours : le bouillant Nassau en séchait d'impatience ; et Catherine, justement mécontente, donna les ordres les plus sévères pour l'établissement de courriers réglés.

Le cabinet anglais, voyant que ses démarches peu sincères étaient mal accueillies à Saint-Pétersbourg, ne tarda pas à montrer assez ouvertement sa malveillance ; il déclara au ministère russe qu'il ne permettrait point aux amiraux de l'impératrice de fréter des bâtimens de transport dans les ports de l'Angleterre, et de s'y procurer des munitions de guerre. Catherine s'en embarrassa peu, étant assurée de trouver dans les rades danoises ce qu'on lui refusait dans les ports anglais.

La campagne s'ouvrit enfin; l'armée russe passa le Bug et se porta sur Oczakoff. Le prince de Nassau descendit le Dniéper avec une escadre de galères et de batteries flottantes, destinée à bombarder Oczakoff par le Liman, large golfe qui sépare cette ville de la Crimée.

Malgré l'inutilité de vingt tentatives répétées sans succès, les ministres d'Angleterre et de Prusse s'efforçaient toujours par de faux avis d'aigrir l'impératrice contre nous. « La France, » disaient-ils, veut, de concert avec les Espa- » gnols, détruire la flotte russe dans la Médi- » terranée; et c'est parce que l'Espagne se » montre peu disposée à seconder ses vues, » qu'on a cherché à faire passer pour fou le mi- » nistre espagnol, afin de le faire remplacer » par un envoyé plus docile et plus favorable » au système français. »

Ces insinuations artificieuses m'inquiétaient peu, et tombaient devant l'évidence des faits.

Le secrétaire de M. de Bulgakoff était à Pétersbourg, et l'impératrice n'ignorait aucune des manœuvres employées à Constantinople par les ministres anglais et prussien, Ainsley et Dietz, pour faire déclarer la guerre et pour la prolonger.

Ce qui me contrariait le plus, c'étaient les tergiversations de ma cour, qui retardaient constamment la conclusion d'une alliance, dont la signature ne dépendait plus que d'elle, puisqu'elle avait reçu l'assurance de la modération des indemnités qu'on exigerait des Turcs; et, dans le cas même où ceux-ci voudraient follement prolonger la guerre, Catherine déclarait au roi, que ce ne serait qu'en se concertant avec lui, qu'elle hausserait ses prétentions d'indemnités, pour les proportionner au surcroît de ses dépenses.

Que pouvait-on espérer de mieux? Je ne reçus pourtant aucun ordre nouveau, si ce n'est l'ordre de déclarer au ministère russe que tous nos ports seraient ouverts aux armées navales de l'impératrice.

Sur ces entrefaites, le fameux Américain Paul Jones arriva en Russie, cherchant, comme il l'avait toujours fait, des aventures et des combats. Ce marin s'était rendu célèbre par sa rare intrépidité, ayant, à bord d'un faible bâtiment, porté l'effroi sur les côtes d'Angleterre, et pris de vive force une frégate et un vaisseau de guerre.

Il ne m'apportait pas de lettres de recommandation. Les États-Unis, non reconnus encore en Russie, n'y avaient point d'envoyé; mais j'avais fait la guerre en Amérique : tout Américain me semblait un frère d'armes. Paul Jones était, comme moi, membre de l'association de Cincinnatus; et, ne craignant point d'être désapprouvé, je le présentai à l'impératrice. Cette princesse l'accueillit avec faveur, me permit de le mener dîner chez elle, le nomma contre-amiral, et lui destina un commandement sur la mer Noire.

Cet événement répandit l'alarme dans la factorerie anglaise; elle éclata en plaintes peu mesurées. Les officiers anglais qui servaient dans l'armée navale de Catherine, se réunirent, délibérèrent, et déclarèrent qu'ils voulaient quitter le service. L'amiral Greig eut besoin de toute sa sagesse, de toute son influence, de toute son autorité pour les faire renoncer à cette résolution; tant ils étaient indignés de voir élever à un haut grade, un guerrier qu'ils traitaient de rebelle, de félon et de pirate.

Paul Jones, en dévouant son épée à Catherine, lui déclara noblement qu'il n'entrerait à son service qu'après avoir obtenu l'assurance, qu'en aucun cas il ne serait obligé de combattre contre les Français.

Mon crédit et ma faveur étaient alors parvenus au plus haut point. L'impératrice, fidèle à sa parole, venait de développer à l'empereur, avec précision, ses prétentions, ses vues, son système, les bases de l'alliance qu'elle voulait conclure avec nous. Le comte de Cobentzel, les ministres russes croyaient tout terminé, et j'étais peut-être le seul à Pétersbourg qui ne regardât pas la quadruple alliance comme signée.

Il existait peu de différence entre le projet de ce traité et celui de 1756; seulement on diminuait de moitié le nombre des troupes que les parties contractantes devaient mutuellement fournir. Ainsi, relativement à nos intérêts commerciaux, comme à ceux de notre sûreté, de notre force fédérative, de notre influence, de notre dignité, j'avais rempli toutes les vues du roi; j'avais réussi au-delà de mes espérances; il ne me fallait plus qu'un mot à obtenir; mais ce mot était une décision, et je ne la reçus pas.

Notre immobilité rendait plus actifs nos rivaux. Le roi de Prusse agitait de plus en plus la Pologne ; Gustave, échappant à notre influence, se voyait encouragé par l'Angleterre ; il espérait s'immortaliser en reprenant sur la Russie les provinces perdues par Charles XII. Les cours impériales nous pressaient inutilement de nous déclarer. Je reçus enfin des dépêches de ma cour ; c'étaient des lettres obligeantes, d'honorables éloges, de magnifiques gratifications, mais non les pleins pouvoirs que je désirais.

Sur ces entrefaites, on apprit que le capitan-pacha se montrait avec une forte escadre dans le Liman. En même temps l'arrivée d'un courrier de Suède répandit une vive alarme dans le palais de l'impératrice et dans la capitale. On sut que Gustave armait des galères, rassemblait en Finlande trente mille hommes qu'il devait commander, et chargeait son frère, le duc de Sudermanie, de se mettre à la tête de son armée navale.

« Le roi de Suède a déclaré en plein sénat
» (écrivait le comte de Razoumowski au ministre
» de Catherine), que les armemens et les dé-
» marches de la Russie lui imposaient la néces-
» sité de se préparer à la guerre, afin de pré-
» venir les coups que l'impératrice voulait lui

» porter. Ayant envoyé, ajoutait ce prince, un
» courrier au baron de Nolken pour lui ordon-
» ner de demander au gouvernement russe des
» explications amiables, je n'ai reçu que des
» réponses hautes, menaçantes, et presque équi-
» valentes à l'ordre de désarmer. Dans de telles
» circonstances, l'honneur de la nation et sa
» sûreté exigent qu'on déploie toutes les forces
» de la Suède pour éviter le péril qui la menace. »

Ces paroles, disait-on, avaient entraîné tous les suffrages, et même ceux des amis les plus constans de la paix. En écrivant ces nouvelles, le comte Razoumowski mandait que le roi de Suède s'était efforcé de faire croire qu'il agissait conformément aux vues de la cour de France.

Les ministres russes m'en parlèrent avec inquiétude, et, tout en me paraissant convaincus de notre loyauté, ils me faisaient entendre suffisamment, que personne ne pourrait croire Gustave assez imprudent pour faire un tel éclat, sans être sûr de l'appui de quelques grandes puissances. Pour aigrir leurs soupçons, les ministres d'Angleterre et de Prusse affectaient de blâmer hautement la conduite du roi de Suède.

Dans cette position, et n'ayant point reçu d'ordres, j'étais obligé de répondre avec une

extrême circonspection. J'assurai les ministres
« que, dans tous les cas, l'impératrice devait
» compter sur les bons offices du roi. J'ai ce-
» pendant, ajoutai-je, quelque peine à croire
» à la guerre. Si Gustave avait formé le dessein
» de la déclarer, il aurait probablement attendu
» le départ de la flotte russe, afin de trouver la
» mer libre. Ses démonstrations belliqueuses
» n'ont peut-être d'autre objet que celui de
» rendre, sans se compromettre, un service à
» la Porte, en empêchant les vaisseaux de l'im-
» pératrice de porter leurs armes dans l'Ar-
» chipel. »

Au reste, une dépêche de M. de Simolin, ministre de Catherine à Paris, dissipa promptement les nuages formés contre nous : il rendait compte à sa cour d'un entretien assez vif entre M. de Montmorin et M. de Staël, ambassadeur de Suède, et prouvait, par là, complétement combien le roi était loin d'approuver l'armement imprévu et le langage menaçant de Gustave III.

L'impératrice ne pouvait se persuader que le monarque d'un royaume faible en territoire, en troupes et en ressources, pût attaquer une puissance colossale comme la sienne. Cependant, d'après le conseil de ses ministres, elle ordonna la formation d'un camp de vingt-six mille hommes près de Frédériksham. Ces troupes devaient être commandées par le comte Poushkin, et sous lui par Michelson, autrefois vainqueur du fameux brigand Pugatcheff.

Malheureusement ces vingt-six mille hommes n'existaient que sur le papier; à peine pouvait-on en rassembler six mille. Par une imprudente confiance, le nord de l'empire se trouvait totalement dégarni de troupes : le prince Potemkin avait tout attiré vers le midi; il mettait plus d'activité à grossir ses forces qu'à les faire agir.

Ses lenteurs permirent au capitan-pacha de reparaître sur la mer Noire avec cent bâtimens de guerre, grands ou petits, de faire entrer le quart de sa flotte dans le Liman, et de renforcer la garnison d'Oczakoff par un corps de six mille Turcs.

Le prince de Nassau, ne doutant jamais de sa fortune, s'avança témérairement contre l'amiral musulman avec quatre-vingts bâtimens légers, dont les plus grands étaient les élégantes galères sur lesquelles l'impératrice avait navigué. Je ne comprends pas encore comment un ingénieur anglais, audacieux et habile, M. Bentham, était parvenu à rendre ces galères capables de porter des canons d'un assez gros calibre.

L'amiral Paul Jones, commandant un vaisseau et une frégate, était destiné à protéger la marche de Nassau; mais il le suivait difficilement à cause des bas-fonds sur lesquels le prince se hasardait.

L'action héroïque d'un officier russe fut le prélude des combats sanglans qui devaient la suivre: cet officier se nommait Saken; il commandait une chaloupe canonnière. Voulant reconnaître les Turcs, il fut enveloppé par eux; ainsi privé de tout espoir de salut ou de fuite, il écrivit un billet à Nassau pour lui dire d'être tranquille sur son sort, parce que ni lui ni son équipage ne tomberaient dans les mains des Barbares. Quelques instans après, il est abordé par trois bâtimens turcs, met le feu à ses poudres, saute, et entraîne dans sa destruction les trois bâtimens ennemis. Catherine, ne pouvant récompenser que sa veuve, lui donna une forte pension.

Nous attendions d'un jour à l'autre avec impatience les courriers du prince Potemkin. Le comte Bezborodko me disait assez plaisamment, qu'avec quatre têtes comme celles de Nassau, de Paul Jones, de Souwaroff et du capitan-pacha, il serait difficile qu'on ne reçût pas bientôt de grandes nouvelles.

A la même époque, ayant obtenu de l'impératrice le grade de colonel pour un Français, officier d'artillerie, nommé M. Prévôt, je le fis partir pour aller rejoindre le prince de Nassau. Cet officier, récemment attaché au service de Hollande, avait été le seul qui eût opposé quelque résistance aux Prussiens.

Son esprit inventif ne contribua pas faiblement au succès de Nassau : il fabriqua pour lui des fusées remplies d'une sorte de feu grégeois, liquide et inextinguible; ces fusées étaient percées de plusieurs trous qu'on bouchait avec de la cire; on y suspendait plusieurs fils de fer armés de crochets aigus. Ces mêmes fusées, lancées dans les agrès d'un vaisseau ennemi, s'y attachaient et versaient, sur tout le bâtiment, des torrens d'une flamme que rien ne pouvait éteindre.

Le prince de Ligne, las de son inaction, avait été trouver le maréchal Romanzoff, dont l'avant-garde mit en fuite un gros corps de Turcs. Mon infatigable ami, après avoir été avec le maréchal reconnaître Choczim, revint à l'armée du prince Potemkin.

La politique européenne, dans ce moment,

ne se composait que de petites intrigues, d'incertitudes et d'obscurités : M. de Woronzoff écrivait d'Angleterre que le cabinet de Londres excitait Gustave à la guerre; M. de Montmorin me mandait qu'il n'en croyait rien; le ministre de Suède, M. de Nolken, me donnait toujours des marques d'une amitié personnelle, mais sa confiance n'était plus accordée qu'aux Anglais et aux Prussiens.

La lueur des armes ne tarda pas à dissiper les brouillards qui couvraient les yeux de tant de politiques. Gustave, arrivé en Finlande, s'avança sur la frontière russe, à la tête de trente mille hommes; en même temps son escadre croisait dans le golfe.

Le gouvernement danois déclara formellement au roi de Suède, que, neutre dans le cas où ce prince serait attaqué, il cesserait de l'être si c'était lui qui commençait les hostilités.

On ne pouvait plus se tromper sur les intentions du monarque suédois. L'impératrice, pour la première fois alarmée, ordonna aux premiers bataillons de chacun des régimens de sa garde de se tenir prêts à marcher.

Les contrariétés de cette princesse furent contre-balancées par l'arrivée d'un courrier qui lui apportait la nouvelle d'une victoire, que le prince de Nassau et Paul Jones venaient de remporter sur les Turcs dans le Liman. On n'en donnait point les détails; on disait seulement que la flotte ottomane avait perdu trois vaisseaux.

Nous ne tardâmes pas à savoir sous quel prétexte Gustave III avait cherché à voiler son évidente agression : comme ce prince, depuis quelque temps, feignait d'être vivement alarmé des préparatifs belliqueux de Catherine, une inquiétude générale s'était répandue en Suède, et le comte Razoumowski, dans l'intention de la dissiper, venait de présenter officiellement au ministère suédois une note, dont l'objet était de justifier les armemens de sa souveraine.

Après y avoir expliqué leur but véritable, le dessein de combattre les Turcs dans l'Archipel, il rappelait et énumérait les fréquens témoignages d'amitié donnés depuis plusieurs années par l'impératrice au roi de Suède. Récemment la Russie avait nourri la Finlande, totalement dépourvue de grains. Enfin, forcée par la guerre à équiper une flotte, Catherine II en avait aussitôt informé Gustave III, ainsi que les autres princes de l'Europe, ses amis.

« Cependant, ajoutait le comte de Razou-

» mowski, le roi, d'après de fausses alarmes,
» ayant rassemblé par terre et par mer des for-
» ces considérables, l'impératrice s'était vue
» obligée de prendre sur ses côtes et sur ses
» frontières des mesures semblables. Mais, en
» même temps, puisque le ministère suédois pa-
» raît ajouter foi aux bruits sans fondement qui
» lui supposent des vues hostiles, elle veut con-
» vaincre le roi, le ministère, *les personnes*
» *ayant part au gouvernement et la nation sué-*
» *doise*, de la pureté de ses intentions amicales.
» Elle espère leur prouver qu'elle n'a jamais
» formé l'idée d'attaquer la Suède, que ses ar-
» memens ne sont que défensifs, et que son seul
» désir est de maintenir la bonne harmonie qui
» existait entr'elle et le roi. »

Gustave, lié par sa constitution qui ne lui permettait pas d'entreprendre, sans le consentement des états, une guerre offensive, voulait, en attaquant, paraître attaqué : aussi la note du ministre russe l'irrita au lieu de le calmer.

Par ses ordres, le grand-maître des cérémonies vint déclarer au comte Razoumowski, « qu'en se
» servant de ces expressions : *les personnes ayant*
» *part au gouvernement et la nation suédoise*,
» il avait repris le langage des anciens envoyés

» de Russie, langage qui n'était plus convena-
» ble depuis que le roi gouvernait seul son
» royaume, et que la constitution avait été
» changée.

» En conséquence, disait la déclaration, ce
» prince, ne voulant pas croire le comte Ra-
» zoumowski autorisé par sa souveraine à tenir
» une pareille conduite, ne le reconnaissait plus
» comme accrédité, et défendait à ses ministres
» de conférer avec lui : seulement, par égard
» pour le caractère dont il avait été revêtu, il
» lui accordait huit jours pour sortir du royau-
» me; ce terme arrivé, il trouverait des bâti-
» mens destinés à le porter en Russie. »

Razoumowski, après avoir obtenu avec peine la copie de cette déclaration, répondit « que,
» relativement à son départ de Suède, il ne
» pouvait se conformer aux intentions du roi,
» ne devant pas quitter son poste sans l'ordre
» de sa souveraine. »

Le jour même où cette nouvelle arriva à Pétersbourg, je me trouvais à l'Ermitage. L'impératrice me parla avec vivacité de ce qu'elle appelait *une équipée* de Gustave, et me demanda ce que j'en pensais.

« Ce qui me paraît le plus surprenant dans

» cette affaire, madame, lui répondis-je, c'est
» que ce soit le ministre d'une souveraine ab-
» solue, qui montre de si louables égards pour
» une nation libre, et que le roi de cette même
» nation s'en trouve offensé. »

J'appris cependant que les ministres de cette princesse reprochaient au comte de Razoumowski de s'être trop pressé dans cette circonstance, puisqu'il n'était autorisé à présenter sa note, que dans le cas où le ministère suédois lui demanderait quelques explications.

Il pouvait avoir trop écouté son zèle, mais au fond le reproche était injuste; car, témoin de tous les faux bruits semés pour inquiéter la Suède, il devait croire nécessaire de déclarer hautement, non-seulement au roi, mais encore à la nation et même à l'Europe, les intentions pacifiques de sa souveraine.

La guerre devenait imminente; l'impératrice seule persistait à n'y pas croire. Vainement ses ministres s'étaient réunis pour la conjurer de retarder le départ de sa flotte, afin de défendre les côtes; déjà trois vaisseaux russes et trois frégates étaient partis.

Ils rencontrèrent l'armée navale suédoise, qui exigea d'eux le salut. L'amiral de Catherine le refusa, conformément au traité d'Abo, qui défendait de rendre les honneurs militaires hors des ports. Mais, l'amiral suédois ayant annoncé que le duc de Sudermanie était à son bord, l'amiral russe répondit, « qu'il saluerait volon- » tiers le frère du roi : » ainsi le salut eut lieu.

L'impératrice, pour concilier ce qu'exigeaient sa prudence et sa dignité, s'était bornée à cesser de reconnaître le baron de Nolken comme accrédité, et à le traiter comme son ministre l'avait été en Suède.

Bien que le comte Bezborodko m'eût dit qu'il regardait comme très probable la conclusion d'un traité de subsides entre l'Angleterre, la Prusse et la Suède, les ministres anglais et prussien déclarèrent hautement que leurs cours désapprouvaient la conduite du roi de Suède. Pour moi, ne connaissant pas les intentions réelles de ma cour, quoique je les présumasse, je me bornai à tenir un langage conciliateur et modéré.

Enfin l'orage éclata; et, au grand étonnement de l'Europe, Gustave III, qui avait montré, pendant le cours de son règne, et surtout depuis qu'il s'était ressaisi de l'autorité enlevée à son père, beaucoup d'esprit, de sagesse, de modération et de générosité, envoya par un courrier et fit remettre par un secrétaire nommé Schlaff, au ministère russe, la note la plus menaçante, la moins mesurée, et des propositions si impérieuses, si inconvenantes, qu'elles parurent dépourvues de raison, surtout étant faites par le roi d'un État faible, qui les adressait à un empire si formidable.

La fin de cette pièce est trop curieuse pour n'être pas rapportée littéralement ; voici en quels termes elle était rédigée : « ....C'est sous
» ces circonstances que le roi s'est rendu en Fin-
» lande à la tête de son armée, et qu'il demande
» une réponse catégorique et définitive, qui
» décidera de la paix ou de la guerre. Voici à
» quelles conditions le roi propose la paix à
» l'impératrice : 1° Que le comte Razoumowski
» soit puni d'une manière exemplaire pour
» toutes les intrigues qu'il a fomentées infruc-
» tueusement en Suède, et qui ont troublé l'a-
» mitié, la confiance et la bonne harmonie qui
» subsistaient entre les deux empires, afin que
» ses pareils soient à jamais dégoûtés de se mê-
» ler des affaires intérieures d'un empire in-
» dépendant.

» 2° Que, pour dédommager le roi, des frais
» que les armemens que sa majesté a été forcée

» de faire lui coûtent, et qu'il n'est pas juste » que ses peuples supportent, l'impératrice » cède au roi et à la couronne de Suède, à per- » pétuité, toute la partie de la Finlande et de » la Carélie, avec le gouvernement et la ville » de Kexholm, tels qu'ils furent cédés à la Rus- » sie par la paix de Nistadt et d'Abo, en réta- » blissant la frontière à Systerbeck.

» 3° Que l'impératrice accepte la médiation » du roi pour lui procurer la paix avec la Porte » ottomane, et qu'elle autorise sa majesté à » offrir à la Porte la cession entière de la Cri- » mée, et de rétablir les frontières d'après le » traité de 1774, ou, si sa majesté ne peut en- » gager la Porte à la paix à ces conditions, » d'offrir à cette puissance le rétablissement de » ses frontières, telles qu'elles étaient avant la » guerre de 1768; et, pour sûreté de ces offres, » que l'impératrice désarme au préalable sa » flotte, rappelle ses vaisseaux déjà sortis dans » la Baltique, retire ses troupes des nouvelles » frontières, et permette au roi de rester armé » jusqu'à la conclusion de la paix entre la Rus- » sie et la Porte.

» Le roi attend un *oui* ou un *non*, et ne peut » accepter la moindre modification sans com-

» promettre la gloire et l'intérêt de ses peuples.

» C'est ce que le soussigné a l'honneur de
» déclarer, par ordre du roi, à son excellence
» monsieur le vice-chancelier, et qu'il supplie
» ce ministre de bien vouloir mettre au plus tôt
» sous les yeux de l'impératrice, pour qu'il
» puisse faire promptement parvenir la réponse
» au roi son maître.

» A Saint-Pétersbourg, ce 1ᵉʳ juillet 1787.

» *Signé*, G. DE SCHLAFF,
» Secrétaire de légation, comme seul appartenant à
» la mission du roi à la cour impériale de Russie. »

Il est plus facile de concevoir que d'exprimer la surprise excitée par la lecture d'une déclaration si étrange. Le grand-seigneur lui-même aurait à peine osé en signifier une pareille à un faible hospodar de Moldavie.

L'impératrice, après m'en avoir parlé avec une ironique indignation, me demanda comment je la trouvais rédigée. « Il me semble,
» madame, répondis-je, que le roi de Suède,
» bercé par un songe trompeur, a rêvé qu'il
» venait déjà de gagner contre votre majesté
» trois grandes batailles. »

« Quand il aurait remporté trois grandes
» victoires, monsieur le comte, reprit Cathe-

» rine avec feu, et quand même il serait maî-
» tre à présent de Pétersbourg et de Moscou, je
» lui montrerais encore ce que peut, à la tête
» d'un peuple brave et dévoué, une femme d'un
» grand caractère, debout sur les débris d'un
» grand empire. »

Il est certain que le roi de Suède, même en cas de succès, attaquant seul la Russie, aurait dû s'attendre à se voir bientôt accablé par la réunion des forces d'une si puissante monarchie ; mais, d'un autre côté, les circonstances lui étaient favorables ; et comme, par l'effet d'une inconcevable négligence, il prenait les Russes au dépourvu, rien ne lui aurait été plus facile que de chasser momentanément l'impératrice de sa capitale, et de reprendre la Livonie.

Cette province n'était défendue que par deux régimens : la prétendue armée russe de vingt-six mille hommes ne s'élevait pas encore à plus de six mille combattans ; et, avec beaucoup d'efforts, il n'existait nul espoir de la porter à douze mille hommes avant quinze jours. Il ne fallait aux Suédois qu'une heureuse témérité, une marche rapide ; mais Gustave, prompt dans ses menaces, fut lent dans son action.

Cependant, à chaque instant, nous croyions

le voir arriver : on apprit qu'il avait présomptueusement invité les dames de Stockholm au bal qu'il promettait de leur donner à Pétershoff, et au *Te Deum* qu'il voulait faire célébrer dans la cathédrale de Pétersbourg à un jour déjà désigné par lui, et prochain.

Le trouble, l'agitation, régnaient dans cette capitale ; on ramassait, on équipait, on exerçait à la hâte la plupart des cochers, des domestiques, des ouvriers de la ville, jeunes ou vieux. J'ai encore une caricature de cette époque, où l'on représentait assez plaisamment ces grotesques et colossales recrues, formées à la marche et à l'exercice par des enfans tirés de l'école militaire impériale, qui montaient sur des chaises et sur des bancs pour redresser le cou, la tête, la poitrine de ces rustres gigantesques, à grandes barbes, et pour leur placer le fusil sur l'épaule.

Bientôt on sut que le roi de Suède était entré dans Nislot, dont il canonnait le fort, et que son armée s'avançait sur la petite ville de Frédériksham, incapable de résister à une attaque sérieuse.

De tous côtés le bruit se répandit alors que l'épouvante était dans le palais; qu'on emballait tout, argent, bijoux, meubles, effets précieux, papiers du cabinet de l'impératrice ; qu'un grand nombre de chevaux étaient rassemblés à toutes les postes, et qu'enfin Catherine, surprise et sans défense, allait partir la nuit et fuir jusqu'à Moscou.

L'embarras ne fut pas médiocre, dans cet instant critique, pour les ministres étrangers : chacun d'eux, tenant un courrier prêt à partir, craignait de mander à sa cour une fausse nouvelle, si l'événement démentait les apparences et tous les renseignemens reçus ; d'un autre côté, il eût trouvé ridicule de ne point prévenir son gouvernement d'une telle catastrophe, et d'attendre, pour la lui annoncer, qu'elle fût arrivée.

Tout aussi incertain que les autres, je me rendis à l'Ermitage, espérant que mes yeux, mes oreilles, une indiscrétion ou un heureux hasard, éclairciraient mes doutes : ce hasard me servit à point.

Dès que l'impératrice me vit, elle m'appela ; et, après m'avoir parlé de choses assez indifférentes, elle me dit : « La diplomatie doit faire » à présent bien des conjectures ; débite-t-on » beaucoup de nouvelles dans la ville ? »

Prenant alors subitement mon parti, et cherchant à lire dans ses regards, l'impression que produirait sur elle une attaque un peu brusque, je lui répondis: « On en répand une, ma-
» dame, une très grande, très singulière, et
» qu'on donne cependant presque partout pour
» certaine : c'est que votre majesté doit partir
» cette nuit ou l'autre pour Moscou. »

« L'avez-vous cru, monsieur le comte ? » me dit cette princesse avec un calme imperturbable. « Madame, repris-je, les sources d'où vient
» ce bruit, lui donnent un grand air de vrai-
» semblance ; votre caractère seul me porte à
» en douter. »

« Et vous faites bien, reprit Catherine ;
» écoutez : ce qui cause cette rumeur, c'est que
» j'ai ordonné de réunir promptement sur la
» route de Moscou cinq cents chevaux à chaque
» poste, mais dans l'unique but de faire venir
» ici en diligence les régimens que j'ai de-
» mandés. Je reste, soyez-en certain. Je sais
» que vos confrères les ministres étrangers sont
» assez en peine dans ce moment sur ce qu'ils
» doivent penser, taire ou écrire. Je veux
» vous épargner cet embarras ; vous pouvez en
» pleine assurance mieux deviner que les au-

» tres; mandez donc à votre cour que je reste
» dans ma capitale, et que si j'en sortais, ce
» ne serait que pour aller au devant du roi de
» Suède. »

Je crus à cette assurance, et particulièrement à la fierté avec laquelle elle m'avait été donnée. Néanmoins, j'ai su depuis, par des personnes admises dans sa plus grande intimité, que, pendant la durée de cette courte crise, la résolution de cette princesse ne s'était pas toujours maintenue inébranlable, et qu'il y avait eu des instans où la crainte de tomber dans les mains de son ennemi, l'emportant sur un héroïque orgueil, avait donné lieu aux emballages précipités et aux préparatifs de départ, dont le bruit s'était si rapidement répandu.

Quoi qu'il en soit, elle resta. M. de Nolken, ministre de Suède, reçut l'ordre de partir; mais il répondit, comme Razoumowski, qu'il attendrait les ordres de son maître.

Le 22 juillet, les armées navales russe et suédoise se rencontrèrent et se livrèrent un combat sanglant : chacune des deux flottes perdit un vaisseau, et s'attribua la victoire. L'amiral Greig fut légèrement blessé, mais il continua à tenir la mer, tandis que le duc de Sudermanie rentra dans les ports de Suède. Cette bataille de Hoghland parut cependant assez avantageuse aux armes russes pour être célébrée par un *Te Deum* auquel j'assistai.

Gustave III, par une hésitation dont nous ignorions les causes, perdit devant Frédériksham trois semaines précieuses. Le grand-duc Paul Pétrowitz partit pour l'armée de Finlande, qui campait à Wibourg ; cette armée, ayant reçu des renforts, s'élevait déjà à douze mille hommes. Ce prince n'y fut témoin que de légères escarmouches ; de part et d'autre on menaçait beaucoup, on combattait peu.

La joie causée dans la capitale par le *Te Deum* fut un peu troublée par l'arrivée de trois gros vaisseaux de guerre russes, qui rentrèrent dans Cronstadt très maltraités.

M. de Montmorin m'écrivit que le roi désapprouvait entièrement la conduite du roi de Suède. Le langage de ce prince, selon M. de Montmorin, aurait pu faire présager cette conduite ; car on savait qu'il avait dit publiquement ces paroles assez remarquables : « Il faut » une guerre pour caractériser un règne. »

Quelques faux avis, quelques mauvais conseils avaient influé sur l'agression téméraire de

Gustave. L'année précédente, par l'entremise des Prussiens et des Anglais, il avait conclu, au mois de septembre, un traité avec la Porte, qui lui promettait un subside de quatorze millions de piastres.

Depuis, on avait fait croire à ce prince que la disette dont la Russie souffrait, et la guerre de Turquie, mettaient l'impératrice dans l'impossibilité de se défendre contre lui. On ajoutait que la flotte russe, mal équipée, n'était montée que par des recrues; enfin il avait dû croire d'autant plus facilement ces fausses nouvelles, qu'elles trouvaient alors partout créance, même dans notre cabinet.

A Versailles, malgré mes dépêches, on se persuadait que l'armée russe avait une force plus apparente que réelle. J'éclairai ma cour sur la fausseté de ces rapports. Il est vrai que, dans le Nord, les Russes se montraient peu nombreux; mais ils y occupaient la tête de tous les défilés qui pouvaient faciliter leur entrée en Suède, et défendre aux Suédois celle du territoire russe.

Au reste, si le roi de Suède, par ses menaces présomptueuses, par sa jactance assez déplacée, et par les *Te Deum* ou bals qu'il promettait avant la victoire, avait manqué à toutes les convenances, il faut avouer que, de son côté, Catherine ne les observa guère mieux, et qu'elle manqua de même aux égards que se doivent mutuellement les souverains.

Elle fit composer et représenter sur son théâtre un opéra burlesque, où la personne de Gustave III était grotesquement travestie. On l'y montrait sous la forme d'une sorte de capitan rodomont, d'un prince nabot. Ce chercheur d'aventures, guidé par les conseils d'une méchante fée, allait prendre, dans un vieux arsenal, l'armure d'un ancien et fameux géant dont le casque, lorsqu'il en couvrait sa tête, descendait jusqu'à son ventre, tandis que les bottes du même colosse montaient jusqu'à sa ceinture : ainsi on ne voyait plus qu'une tête, deux jambes et point de corps; équipé de cette manière, il bornait ses exploits à l'attaque d'un misérable petit fort, dont le commandant, invalide, sortait avec une garnison de trois hommes, et mettait en fuite avec sa béquille le ridicule paladin.

Loin de m'amuser, ce spectacle m'attrista, et l'impératrice, qui reçut à cette occasion beaucoup de gauches et fades complimens, put lire, je l'espère, dans mon silence et dans mon maintien, combien je souffrais, en voyant une princesse si noble et si grande s'abaisser de cette sorte, et se rapetisser en écoutant trop un puéril ressentiment.

Peu de temps après, la cause des hésitations de Gustave se découvrit : l'armée de Finlande et même l'armée suédoise, laissant éclater leurs mécontentemens, avaient été entraînées à la révolte par des esprits ardens et inquiets. Elles se montrèrent peu disposées à soutenir une guerre offensive et inconstitutionnelle.

Les agitateurs leur persuadèrent que quelques prétendus Cosaques, auxquels on attribuait les premières hostilités, n'étaient que des soldats suédois que le roi avait déguisés en Cosaques avec des vêtemens tirés de l'opéra de Stockholm.

Les communications fréquentes qui existaient entre la Finlande russe et la Finlande suédoise, firent ajouter foi à ces insinuations, d'autant plus qu'on sut bientôt le dénument absolu de troupes où se trouvait alors la frontière septentrionale de la Russie, et les vives alarmes causées à Pétersbourg aux approches d'une guerre aussi imprévue : dès-lors l'agression de Gustave devenait évidente.

Vainement ce prince avait espéré que l'apparition de sa flotte sur les côtes de Livonie exciterait des mouvemens dans cette province, autrefois suédoise : tout y était resté tranquille ; la bataille navale ne lui avait donné aucun avantage; aucun succès n'enflammait les courages. Le progrès du mécontentement fut rapide : les troupes suédoises et finoises, sans avoir reçu d'ordres, se retirèrent à vingt-cinq verstes de Frédériksham.

Le roi de Suède, déconcerté, s'éloigna, ne fit qu'une inutile tentative de débarquement et d'invasion sur la côte de Finlande, et se renferma ensuite, avec douze mille hommes fidèles, dans le camp retranché de Kimengorod, défendu par des lacs, par une rivière, par des abatis, par la mer et par une flottille de galères : c'était une position presque inattaquable, mais assez singulière pour un roi qui s'était d'abord annoncé comme un conquérant.

Deux lettres écrites par ce monarque à l'un de ses plus intimes amis, le baron d'Armfeld, prouveront, mieux que tout récit, sa confiance présomptueuse à son départ de Stockholm, et sa profonde tristesse, lorsque les caprices de la fortune et l'indiscipline de ses troupes eurent dissipé son illusion.

LETTRE DE GUSTAVE III A M. LE BARON D'ARMFELD.

A bord de *l'Amphion*, à l'ancre, hors de
Fiederholmerna, le 24 juin 1788.

« Nous voilà enfin partis, mon bon ami, et,
» quoique nous ne soyons pas bien loin, il ne
» faut qu'un bon vent pour nous favoriser et
» nous mener en Finlande. Rien de plus impo-
» sant et de plus noble que mon départ. Je vous
» avais dit que je me conduirais avec tranquil-
» lité, et que je surmonterais la nature, qui se
» faisait sentir au moment d'une longue sépara-
» tion; eh bien, mon ami, cela a été plus facile
» que je ne l'aurais cru : l'idée de cette grande
» entreprise que je vais tenter, tout ce peuple
» rassemblé sur le rivage pour voir mon départ,
» et dont je me regardais comme le vengeur;
» l'opinion que c'est moi qui vais venger l'em-
» pire ottoman de sa chute, et que mon nom
» sera connu en Asie et en Afrique, toutes ces
» différentes images qui se sont présentées à la
» fois à mon esprit, ont maîtrisé tellement mon
» âme, que jamais je n'ai senti moins d'émotion
» à un départ, que dans le moment où je vais
» à un péril certain.

» Voici quel fut l'ordre de ma journée : à six
» heures je me rendis au sénat, où je nommai
» sénateurs du royaume, les comtes de Dyben et
» Rosen. Le comte de Dyben est chargé *ad in-*
» *terim* des affaires étrangères, pendant l'ab-
» sence de M. Oxenstiern. Ensuite je leur remis
» leurs instructions. Je leur fis un compliment,
» et le *drotz* me répondit au nom de tout le
» sénat. Ils se levèrent et me baisèrent la main.

» Pendant que cela se passait, l'introducteur
» des ambassadeurs, M. Bédoire, alla chez le
» ministre de Russie, qui avait été averti de sa
» venue par un billet du comte Oxenstiern,
» mais non du sujet, et qui croyait que cette
» visite était pour lui donner l'heure de l'au-
» dience qu'il avait demandée, afin de remettre
» ses lettres de notification de la naissance d'une
» princesse dont la grande-duchesse venait
» d'accoucher.

» Le sieur Bédoire lui déclara que j'étais très
» offensé des expressions de la note ministérielle
» qu'il avait présentée jeudi passé, et qui ten-
» dait à vouloir séparer ma personne de la cause
» de l'État ; mais que, ne voulant pas encore
» croire que l'impératrice eût pu participer à
» de pareilles expressions, j'aimais mieux l'at-

» tribuer à la seule personne du ministre, vu
» que cela cadrait entièrement avec la conduite
» qu'il avait tenue pendant tout l'hiver; que je
» lui faisais savoir que, dès ce moment, je ne le
» regardais plus comme ministre public, et lui
» ordonnais de partir dans huit jours de Stock-
» holm; que je lui faisais préparer un vaisseau,
» et qu'un officier de l'amirauté avait ordre de
» le conduire à Pétersbourg; que pour le reste
» de la note qu'il m'avait présentée, je ferais
» répondre par mon ministre à Pétersbourg,
» lorsque je serais à la tête de mon armée.

» Voilà le Rubicon passé; j'annonçai au sé-
» nat cette résolution déjà exécutée, et on en-
» voya une note très détaillée aux neuf autres
» ministres étrangers.

» Après la séance, je me rendis dans la salle
» du chapitre, où les chevaliers et comman-
» deurs des ordres étaient déjà rassemblés : j'y
» tins chapitre pour arranger les affaires des
» ordres pendant mon absence. Tous les offi-
» ciers de l'ordre étant absens, le drotz se char-
» gea de la gestion de la place de chancelier;
» le roi d'armes fut chargé de l'office de tré-
» sorier, et le héraut de l'ordre, des fonctions
» de camérier : c'est Hansvoth qui a ce soin.

» Après cela, je déclarai que j'avais institué
» un nouveau grade dans l'ordre de l'Épée,
» qui ne serait jamais donné qu'en temps de
» guerre, et de guerre en Suède. (Les articles
» à ce relatif, seront publiés à l'ordre.) Je décla-
» rai en même temps, pour moi et mes frères,
» que nous ne nous réservions cette marque de
» distinction militaire qu'après l'avoir méritée
» de l'aveu de l'armée.

» Après le chapitre, je retournai chez moi,
» où je remis au conseil de la chambre les dia-
» mans de la couronne et les miens particuliers
» pour les garder.

» A huit heures trois quarts, il y eut cercle :
» toutes les personnes de ma suite qui ont les
» entrées de ma chambre blanche, y furent
» présentées par moi à la reine. Ensuite je fis
» le tour de l'appartement et pris congé de
» toutes les dames qui s'y trouvaient.

» Après cela, on ouvrit les portes, et nous
» sortîmes pour aller dans la galerie, où je tins
» le cercle ordinaire, à la fin duquel je sortis
» précédé des hallebardiers, des pages, de ma
» cour, du sénat, et tenant la reine de la main
» droite, tandis que le duc d'Ostrogothie la te-
» nait de la gauche. Mon fils menait la duchesse,

» et le reste des dames, ainsi que la cour, me
» suivaient, sans ordre, au travers d'une haie
» immense de peuple de tous les états et de tous
» les âges.

» Nous descendîmes ainsi jusqu'au bord de
» l'eau, où la grande chaloupe nous attendait.
» La reine s'arrêta sur le premier palier du
» port, où je l'embrassai, ainsi que mon fils et
» ma belle-sœur : ce moment me coûta. Je sa-
» luai toutes les dames, et, prenant mon frère
» par la main, je descendis l'escalier du port,
» où le sénat s'était rangé en haie, le drotz sur
» la première marche, ainsi de suite. Je leur
» donnai ma main à baiser, et de là, montant
» dans la chaloupe avec mon frère, les trois ca-
» pitaines des gardes, les trois premiers gentils-
» hommes de ma chambre, le premier écuyer,
» le premier général, le lieutenant colonel des
» gardes et le petit Wrede, je fis quitter le port,
» aux acclamations générales de tout le peuple,
» de tous les vaisseaux amarrés dans le port, qui
» se firent entendre; après quoi je fis arrêter ma
» chaloupe, et je répondis par deux *hourra*.

» Je traversai ainsi le port pour monter sur
» *l'Amphion*, qui était au bord de l'île des
» Vaisseaux. Je fis hisser le signal du départ;

» mais, comme il faisait extrêmement calme,
» et que la file des vingt-huit galères était lon-
» gue, je restai à l'ancre pour les voir passer,
» attendant à tout moment l'arrivée de ma sœur,
» qui allait nuit et jour pour me joindre. Le
» calme me fit rester jusqu'à cinq heures du
» matin, que ma sœur arriva; ainsi j'ai pour-
» tant eu le plaisir de la voir. »

LETTRE DE GUSTAVE III A M. LE BARON D'ARMFELD.

Le 5 août 1788, datée de Hussula.

« Je ne vous dis rien de ma douleur et de
» mon désespoir; vous les partagez. C'est aux ca-
» ractères faibles à se plaindre; les autres con-
» centrent leurs peines dans le fond de l'âme,
» et cherchent les moyens de se relever. Je n'en
» vois pas encore pour remédier au mal et faire
» finir la guerre; mais j'en vois pour soutenir
» notre réputation.
» Dès que les magasins seront établis à An-
» géla, alors il faudra marcher sur Wilman-
» strad avec ce qui nous reste de troupes fidèles,
» combattre et battre le général Michelson. Si
» nous sommes défaits, tout est dit; mais la
» réputation de courage nous reste. Si je suis

» victorieux, je puis proposer la paix et repa-
» raître sans honte à Stockholm.

» Nous marchons à trois heures cette après-
» dînée sur Summa, où nous vous attendons ;
» nous nous y arrêterons, s'il est nécessaire, pour
» ne pas vous abandonner, et nous irons cam-
» per à Jugfort et Kymmengrad.

» Modérez votre zèle, mon bon ami ; songez
» qu'il faut avec dignité supporter l'adversité,
» comme il faut avec modération soutenir la
» bonne fortune. Attaché comme vous l'êtes à
» l'État et à moi, vous ne pouvez que partager
» avec douleur notre situation ; mais, comme
» particulier, vous devez sentir la satisfaction
» d'être le seul qui, de toute l'armée de terre,
» ayez eu du succès, ayez établi votre poste,
» et ayez fait du mal à l'ennemi.

» Adieu ; j'espère vous voir ce soir : c'est un
» soulagement pour moi d'épancher mes cha-
» grins dans le sein de l'amitié ; la bonté du ciel
» m'en procure les moyens. Quand il frappe, il
» soulage souvent. »

J'ai raconté avec exactitude tout ce que ma position pouvait me faire savoir relativement à la guerre imprévue, commencée avec tant de jactance par le roi de Suède. Cependant le respect dû à un prince célèbre, et l'impartialité dont je désire ne jamais m'écarter, exigent qu'en rappelant un acte de témérité inspiré à Gustave par son caractère chevaleresque et par son trop ardent désir de gloire, je ne me borne point à esquisser son portrait tel que me le traçaient alors ses ennemis.

Peu de mots suffiront pour rendre justice à un roi qui, se relevant après ses premiers revers, et opposant la fermeté d'un noble caractère aux caprices du sort, aux intrigues et à la révolte, sauva sa renommée, ranima les courages, raffermit la fidélité, combattit avec vaillance, cueillit des palmes glorieuses au milieu de ses désastres, et termina, par une paix honorable, une guerre entreprise avec imprudence.

Gustave III a rempli, de notre temps, un trop grand rôle en Europe, pour ne pas mêler aux reproches que lui ont adressés ses ennemis, les justes éloges que lui méritèrent son esprit, l'élévation de son caractère, son amour pour sa patrie, et les belles qualités qui lui attirèrent l'affection des personnages les plus honorables de son pays.

Écrivant non une histoire, mais des mémoires, je serai court, et je me bornerai à le montrer tel que me l'ont peint l'un de ses plus intimes favoris, le baron d'Armfeld, et M. d'Ehrenstrom, celui de ses généraux qui conservait après sa mort le plus vif enthousiasme pour lui.

On ne peut parler de ce prince sans parler de sa patrie qu'il adorait, et de quelques-uns des héros de la Suède, sur la trace desquels il voulait marcher, avec une ardeur qui ne lui permettait pas de mesurer assez la différence des temps et des circonstances.

Cette passion lui fit oublier le sage avis que lui avait donné Frédéric II. Ce grand homme, en le félicitant sur l'heureuse révolution qui avait rétabli son autorité, lui écrivit : « Jouis-
» sez de vos succès; travaillez à rétablir dans
» votre pays l'ordre et la paix : mais songez
» bien qu'aujourd'hui, lorsqu'il existe trois ou
» quatre grandes puissances, qui peuvent cha-
» cune mettre sur pied trois ou quatre cent
» mille hommes, un roi de Suède ne doit plus
» prétendre à la gloire des armes et des con-
» quêtes. »

Si Gustave l'eût écouté, comme il gouvernait un pays en partie couvert de glaces et de sables, et qui ne comptait que deux millions cinq cent mille habitans, il n'aurait point attaqué présomptueusement un empire qui en possédait trente millions, et que défendaient cinq cent mille soldats.

Mais le roi de Suède, détournant ses yeux de ce qui l'entourait, ne les fixait que sur les images de Gustave-Wasa et de Gustave-Adolphe. Le dernier surtout était son modèle : il se rappelait avec transport les glorieux succès de ce héros, conquérant l'Allemagne à la tête de quinze mille Suédois, et qui prouva par son épée à l'empereur Ferdinand, qu'un grand homme change les mesures, efface les disproportions, et triomphe de la force la plus redoutable.

Ferdinand avait osé prononcer contre Gustave-Adolphe un mot orgueilleux : « Ce roi de » neige ne tardera pas à fondre, puisqu'il ose se » mesurer avec le Jupiter de l'Europe. » Vaine et ridicule prédiction ! Le *roi de neige* ébranla, jusque dans ses fondemens, le trône du *Jupiter germanique.*

Gustave III, enflammé par cet exemple, oubliait le grand changement opéré dans l'esprit de son peuple, par le despotisme de Charles XI, par l'épuisement où l'héroïsme insensé de Charles XII avait jeté la Suède, et par les pertes cruelles que l'ambition et le pouvoir absolu de ce monarque lui avaient fait éprouver.

Cependant il aurait dû se souvenir de tous les obstacles qu'il avait eus à vaincre pour rendre quelque force à son autorité, dont s'était presque totalement emparée une jalouse aristocratie.

En effet, on se rappelle qu'en 1720, les quatre ordres de l'État s'étant arrogé la souveraineté, la royauté n'offrait plus qu'un vain simulacre, et le roi, obligé de signer toutes les résolutions des états, n'était réellement que le serviteur de la diète et le président du conseil d'État.

Ainsi régnèrent Ulrique-Éléonore, son mari, et leur successeur élu, Adolphe-Frédéric, duc de Holstein, qui fut père de Gustave III.

Il est vrai que cet enfant royal donna, presqu'au sortir du berceau, les plus brillantes espérances aux partisans de la monarchie déchue : il n'était âgé que de sept ans lorsqu'un général suédois lui dit en riant « qu'il ferait re- » vivre Gustave-Adolphe. » L'auguste enfant lui répondit : « Ce que vous m'adressez à présent

» comme une flatterie, pourra bien devenir un » jour une vérité. » Sa jeune imagination n'était remplie que des traits de l'histoire des deux Gustave, de Christine, de Charles XII, des combats livrés aux Allemands, aux Russes, aux Polonais, des batailles de Lutzen, de Narva et de Pultawa.

Tandis qu'il grandissait, bercé par ces rêves de gloire, la plus grande division régnait dans les diètes, et la Suède se voyait constamment agitée par deux grandes factions, celle des *bonnets* et celle des *chapeaux :* la première voulait acheter le repos par la dépendance et par l'amitié de la Russie; la seconde ne respirait que l'antique gloire; elle espérait briser son joug, et, avec l'appui de la France, reconquérir la Livonie, ainsi que la Finlande. Les *bonnets* se montraient zélés défenseurs de l'aristocratie républicaine; les *chapeaux* désiraient secrètement que le roi recouvrât son autorité.

Ce fut alors qu'il échappa au jeune Gustave de dire en soupirant, et en parlant de son père : « Le roi n'est plus que la *poupée* de l'État, » parée, à certains jours solennels seulement, » des ornemens de la dignité royale. »

Les troubles croissaient dans les diètes; les

deux partis s'enlevaient alternativement la prépondérance; enfin le vieux monarque, poussé à bout par des humiliations sans cesse renouvelées, offrit sa démission à la diète, qui, n'ayant pu le forcer à signer certains décrets, ordonnait d'ouvrir ses lettres, et, pour rendre sa résistance inutile, apposait aux actes publics la signature royale tracée à l'aide d'une griffe.

Le jeune Gustave, indigné, alla lui-même reprendre les sceaux au conseil, pour les remettre à son père; il voyagea ensuite avec son frère, ne pouvant supporter plus long-temps la dégradation qui l'affligeait. Ces deux princes étaient à Paris, en 1771, lorsqu'ils apprirent la mort du roi leur père; Gustave courut à Stockholm et convoqua une diète.

Ce fut dans ce moment que le jeune roi parut digne du nom qu'il portait; montrant tour à tour, et suivant les circonstances, l'habileté d'une prudence adroite, la bonté d'un monarque populaire, le coup d'œil d'un profond politique, et la promptitude d'un jeune guerrier.

Son premier soin fut d'affecter une grande indifférence pour le pouvoir enlevé au trône par l'aristocratie, et en même temps de s'attirer, par toutes sortes de moyens, l'affection des peuples. Il y réussit tellement qu'on entendit un jour un de ces paysans intrépides, simples et francs de la Dalécarlie, lui dire : « Je pars content de » toi ; je raconterai à mes compatriotes ce que » j'ai vu ; ils auront en toi un bon père ; et si » jamais tu as besoin de tes enfans, ceux qui » habitent les trois vallées, accourront près de » toi au premier signe que tu leur donneras. »

Gustave voyait avec un secret plaisir la division qui se manifestait dans les diètes entre l'ordre de la noblesse et les trois autres. Le premier, voulant avec un orgueil inflexible s'arroger tous les emplois supérieurs, excitait un mécontentement général. Le roi dissimulait la satisfaction que lui donnaient ces dissentimens, et grossissait, dans le plus grand secret, le nombre de ses partisans.

Bientôt, ayant réuni cent cinquante jeunes officiers commandés par Sprengporten, sous prétexte de former une école, il se prépara les moyens de saisir la première occasion favorable à ses projets. Plus tard, arrêtant l'arrivage des blés, il créa une disette factice, qui accrut le mécontentement des peuples.

Une nouvelle diète se rassembla : elle était composée de ses principaux adversaires, des partisans de l'Angleterre et de la Russie, qui resserrèrent les liens de l'alliance existant entre la Suède et ces deux pays. Une telle assemblée ne permettait plus de délai ; il fallait être totalement abattu par elle ou en triompher.

Détournant avec art l'attention de ses ennemis du véritable péril qui les menaçait, il fit faire une fausse insurrection dans les provinces de Finlande et de Scanie. Cependant Sprengporten, Hellichius et plusieurs officiers gagnés par le roi et par son frère, publièrent des écrits qui attribuaient la famine à l'influence des Russes, des Anglais, et à la corruption de la diète. Le peuple saisissait avidement ces bruits.

Dans le même temps, le drapeau de l'insurrection fut arboré à Christianstad : à cette nouvelle, le duc de Sudermanie rassembla cinq régimens, et se mit en marche à leur tête, ayant soin de persuader aux soldats, qu'il existait une conspiration tramée par les Russes contre la vie du roi.

Tous ces mouvemens excitent enfin l'inquiétude de la diète ; elle fait prendre les armes à deux corps sur la fidélité desquels elle comptait. Rudebeck est chargé par elle de surveiller le roi, et même de l'arrêter, si quelques indices lui donnent lieu de croire que ce prince entretienne quelque intelligence avec les insurgés de Christianstad.

Gustave l'avait prévu : épié, questionné, aucun trouble, aucune agitation ne trahit son secret. « La nouvelle que vous m'annoncez, dit-il » à Rudebeck, est bien invraisemblable et bien » extraordinaire. » « Ce qu'il y a de plus ex- » traordinaire, dit le comte Ribbing en le re- » gardant fixement, c'est que l'officier de garde » à la porte de Christianstad, a affirmé au gé- » néral Rudebeck que tout ce qui s'y faisait, » s'exécutait par ordre de votre majesté. » « Eh » bien! il s'est trompé, » répondit froidement le roi, sans aucune émotion.

Le lendemain Rudebeck, entrant chez Gustave sans se faire annoncer, le trouva occupé à tracer négligemment un dessin de broderie pour une dame de sa cour, et le général, en sortant, dit : « En vérité, ce bon jeune homme » n'est dangereux pour personne dans l'uni- » vers. »

Charles, son frère, s'avançait toujours avec ses cinq régimens. La diète alarmée défend à tous les postes de la ville d'en laisser sortir le roi. Au milieu de cette agitation, Gustave, réunissant une cour brillante, et affectant l'insouciance de la légèreté, ne semblait s'occuper que de plaisirs ; mais il avertit ses amis, par une missive secrète, que le moment d'agir était venu.

Le conseil voulait le forcer à lui montrer les lettres de son frère; il s'y rend sans crainte et refuse de souscrire à cette demande inconvenante. Quelques conseillers s'écrient qu'il faut s'assurer de sa personne; alors il sort brusquement, s'élance sur un coursier, vole à l'arsenal, dont ses agens secrets venaient de s'emparer, retourne au château, y trouve la garde montante, appelle près de lui les officiers, leur représente vivement la misère du peuple, et *le poids des chaînes forgées avec l'or des étrangers.*

« Je vous jure, dit-il, que, parmi tous les
» Suédois, personne n'abhorre plus que moi la
» souveraineté absolue. Forcé de défendre ma
» liberté et celle du royaume contre d'insolens
» aristocrates, je vous demande si vous voulez
» me jurer la même fidélité que celle dont la
» nation suédoise a donné tant de preuves glo-
» rieuses à Gustave-Wasa et à Gustave-Adolphe.
» Dans ce cas, je risquerai volontiers ma vie
» pour le bonheur de ma patrie et pour le

» vôtre. » Tous, excepté trois, firent le serment qu'il demandait.

Dans ce moment, le commandant des troupes de la diète annonce qu'il veut parler au roi. « Qu'il se rende au conseil, répond ce prince ; » là, je m'expliquerai avec lui. »

Soudain Gustave attache autour de son bras un mouchoir blanc : c'était le signal convenu avec ses amis. Les officiers des régimens des gardes et de l'artillerie imitent son exemple ; sans perdre de temps, il place des postes autour du conseil d'État, et se rend à la parade pour haranguer les soldats.

C'était le moment critique et décisif : après quelque hésitation, il parcourt les rangs, persuade les esprits, entraîne les cœurs, réveille la fidélité, et tous jurent de le suivre et de le défendre; une seule voix, par un *non*, osa troubler cette harmonie d'acclamations.

Cependant, dans d'autres parties de la ville, on avait répandu de faux bruits pour faire croire qu'il était arrêté. Le roi y court à cheval, l'épée à la main; à sa vue, la joie du peuple éclate en transports. Dans ce moment, Rudebeck furieux, parcourant les rues, s'écriait en vain : « Aux » armes, mes frères ! aux armes, Suédois ! ou

» c'en est fait de votre liberté. » Gustave le fit arrêter, ainsi que tous les chefs du parti des *bonnets*.

Ce prince, voulant à la fois garantir la sûreté des ministres étrangers, et surveiller leurs démarches, les invita à se rendre dans son palais. Là, il reçut les sermens des magistrats et de l'amirauté. Les ambassadeurs lui adressèrent, tous, leurs félicitations; ceux d'Espagne et de France montraient seuls une satisfaction sincère. Ainsi se termina en peu d'heures, par le génie d'un homme, une grande révolution qui ne fut souillée d'aucune goutte de sang. La tranquillité la plus profonde régnait dans la ville et au dehors.

Le roi écrivit à son frère de renvoyer ses troupes dans leurs quartiers. Mais ce n'était pas assez pour Gustave d'avoir rétabli l'autorité royale par un acte de vigueur, il voulait que la nation sanctionnât ce grand changement. Le peuple suédois fut rassemblé dans une plaine immense. On y voyait toutes les milices bourgeoises sous les armes. Le roi parut et fut accueilli par ce cri unanime : « Vive Gustave ! vive le sauveur » de la Suède ! »

Ce prince convoqua les états, et s'y rendit

avec pompe. Le faux bruit de l'approche de quelques troupes finoises répandait le trouble dans l'assemblée; le maintien calme et l'éloquence du roi dissipèrent toute inquiétude.

Ce monarque, frappant trois coups avec le marteau d'argent de Gustave-Adolphe, réclama le silence, et lut un acte, rédigé en cinquante-sept articles, dans lequel il promettait de maintenir les anciennes lois, telles qu'elles existaient sous Gustave-Adolphe et jusqu'en 1680; la nation et le roi se jurèrent une fidélité mutuelle, et tout fut terminé par des actions de grâces.

Après avoir agi en prince adroit, audacieux et ferme, Gustave se montra bon et grand roi : aucune vengeance ne fut exercée par lui; on proclama une amnistie générale. Ce prince, oubliant les menaces, les affronts faits à son père, disait : « Je ne veux plus d'autre boisson que » les eaux du fleuve Léthé. » De nobles récompenses furent accordées à Hellichius, à Sprengporten et aux officiers qui, les premiers, avaient soutenu sa cause.

Ses paroles conciliantes calmèrent le mécontentement de quelques puissances étrangères. Le roi se livra ensuite exclusivement aux devoirs que lui imposaient son peuple et sa couronne;

il protégea le commerce, l'agriculture, établit des fabriques, des manufactures, distribua du blé aux pauvres, exempta d'impôts les pères de quatre enfans, triompha des préjugés contraires à l'inoculation, et consacra la liberté de la presse par un édit dans lequel il rappelait que cette liberté n'existait pas en Angleterre, lorsque Charles Ier monta sur l'échafaud.

« Par cette liberté seule, disait le monarque,
» les administrateurs connaissent ce qu'ils ont
» fait de mal; c'est par elle seule que la nation
» peut faire entendre ses plaintes, et c'est par
» elle encore qu'on peut la convaincre souvent
» qu'elles ne sont pas fondées. »

Une satire avait paru contre lui : le roi fit venir l'auteur, qui l'aborda avec inquiétude. « Je vois, lui dit Gustave, que vous avez beau-
» coup d'esprit, mais probablement peu de pain.
» Je veux que vous n'en manquiez plus, et je
» vous nomme inspecteur de ma bibliothèque. »

Le roi favorisa l'exploitation des mines; son économie fit reparaître l'argent; la liberté qu'il laissa au peuple, ramena la confiance et releva le crédit. Ennemi du luxe, ce prince publia des lois somptuaires, et en démontra si bien la nécessité pour une nation pauvre, qu'elle s'y soumit.

Il trouva le moyen de rendre vingt-deux jours par an au travail, en supprimant d'antiques fêtes; mais, toujours chevaleresque au milieu de l'exercice de ses vertus royales, à l'imitation du fabuleux roi Artus, il voulut que des chevaliers fussent chargés de la protection des orphelins, des vieillards et de la surveillance des hôpitaux.

Ami des lettres, ce prince correspondait avec plusieurs savans; il releva l'université d'Upsal, créa des académies, écrivit plusieurs pièces de théâtre, et, en érigeant une statue de Gustave-Wasa, il composa un poëme lyrique et le fit jouer à Stockholm. Les idées romanesques de sa jeunesse se réveillaient souvent en lui; aussi le vit-on donner au peuple le spectacle de quelques tournois et de quelques carrousels.

Pendant dix-huit années, un règne juste, généreux, libéral et sage, fonda sa puissance et sa renommée sur l'affection d'un peuple loyal et libre. Cependant, tandis que sa raison le portait à maintenir la paix, son amour trop vif pour la gloire lui faisait secrètement désirer la guerre; il s'y prépara de loin, construisit des vaisseaux, amassa des munitions, fortifia, instruisit et exerça son armée.

Tout paraissait sourire à ses espérances : ayant rétabli l'ordre dans son royaume, il parcourut presque toutes les contrées de l'Europe, et reçut de grands éloges, quoiqu'on trouvât parfois ses belles qualités mêlées d'une vanité trop saillante, qui le portait souvent et à tout propos à répéter le récit de sa révolution.

Ce mélange de sagesse et d'orgueil influa sur sa destinée : l'une lui avait donné dix-huit ans de bonheur; l'autre fit naître les orages qui, après avoir compromis son trône, finirent par exciter contre lui des ressentimens dont la violence trancha perfidement ses jours.

Dès 1786, une assez forte opposition s'était manifestée dans l'ordre de la noblesse ; l'ambition belliqueuse du roi ne tarda pas à l'aigrir. Ce prince était sans cesse tourmenté par le chagrin de voir la Russie maîtresse de la Livonie et d'une partie de la Finlande.

Ce fut dans l'espoir de trouver l'occasion de les reconquérir que, d'après des insinuations étrangères, il conclut une alliance avec la Porte. Par ce traité on était convenu que, si l'une des deux puissances se trouvait attaquée par la Russie, l'autre regarderait l'offense comme personnelle, et qu'aucune des deux ne désarmerait sans avoir obtenu une satisfaction convenable.

Nous avons vu à quel point son espoir fut trompé, et l'on a peine à concevoir comment il avait pu ignorer les dispositions de la noblesse, et les intrigues qui travaillaient son armée. Comptant avec trop de confiance sur la négligence de son ennemi, il regardait son triomphe comme certain, et s'était emporté au point de prononcer ces paroles menaçantes devant le conseil d'État : « Si le sort favorise les armes de mon » peuple, je n'épargnerai, parmi tous les mo-» numens de l'insolence des Russes, que la sta-» tue de Pierre le Grand, pour graver et éter-» niser sur son piédestal le nom de Gustave. »

Il aurait pu, au moins momentanément, réaliser cette menace au milieu de Pétersbourg, qui se trouvait sans défense ; mais quelques jours perdus, une bataille de mer indécise, et la rebellion de ses troupes, firent disparaître pour toujours ses idées chimériques de conquête et d'invasion. Depuis, on verra que Gustave, réduit à se défendre, trouva dans son courage le moyen de rétablir sa fortune, et de sortir d'un pas si périlleux avec quelque gloire.

Tandis que ce nouvel ennemi menaçait l'impératrice d'une attaque si imprévue, les len-

teurs de son armée du midi épuisaient la patience de cette princesse. Oczakoff n'était pas même encore sérieusement attaqué. « Je crois,
» m'écrivait le prince de Ligne, que nous avons
» commencé le siège de cette place ; ou du
» moins on se l'imagine, parce qu'on vient de
» faire quatre mauvaises redoutes à sept cents
» toises, et des retranchemens à neuf cents des
» murs de la ville. L'ennemi n'a pas daigné ti-
» rer sur nos ouvriers, quoiqu'on ait choisi,
» pour travailler, les deux nuits les plus claires
» et la plus belle lune.

» Potemkin, comme endormi, semblait ne
» songer ni à combattre ni à se garder : peu de
» jours après, ses retranchemens furent surpris
» et attaqués par deux mille Turcs; ceux-ci,
» se précipitant sur une batterie défendue par
» le prince d'Anhalt et par un seul bataillon,
» étaient au moment de l'enlever. Le prince
» n'envoyait ni ordres ni secours.

» Il s'était permis quelques légères railleries
» sur l'activité perpétuelle de Nassau; celui-ci
» s'en vengea noblement : ayant débarqué ses
» troupes et sauvé le prince d'Anhalt, ainsi que
» sa batterie, il porta lui-même au prince Po-
» temkin le rapport du général d'Anhalt, qui

» déclarait lui devoir son salut. En même temps,
» il s'excusa avec ironie d'avoir osé combattre
» sans attendre l'ordre du chef de l'armée. »

A cette même époque, les Autrichiens reçurent un assez grand échec : l'empereur Joseph ayant trop étendu ses lignes, elles furent percées par les Turcs, qui profitèrent de cet avantage pour exercer de grands ravages dans le Bannat.

Ce fut dans ces circonstances que le prince de Ligne écrivit à ce monarque la lettre suivante : « J'espère, sire, que le mois de septem-
» bre réparera les malheurs du Bannat et les
» non-succès de la Bosnie.

» Pouvait-on croire que cet empire musul-
» man, délabré, eût pu mettre l'empire russe
» dans un tel péril? Le plan des Turcs était fort
» beau; car si le roi de Suède avait attaqué
» trois semaines plus tôt ou plus tard, et si le
» capitan-pacha avait réussi, comme il le devait,
» à écraser, avec sa forêt de mâts qui couvrait
» le Liman, les pauvres bâteaux de pêcheurs
» et les galères de cuisine, qui formaient toute
» la flotte de notre romanesque navigation du
» Borysthène, le roi serait arrivé à Pétersbourg,
» et le pacha à Kherson. »

Enfin la fortune, qui avait paru quelques instans abandonner Catherine, revint lui sourire; elle reçut la nouvelle d'une seconde et complète victoire remportée par le prince de Nassau dans le Liman. Comme les gros vaisseaux et les frégates russes, gênés par les bas-fonds, ne pouvaient joindre la flottille, Paul Jones s'y rendit de sa personne, et offrit à Nassau de le seconder de son seul courage, mais en s'efforçant cependant de contenir sa bouillante ardeur. « Nous courons à une perte certaine, lui » disait-il; jamais avec quelques galères et quel- » ques bateaux plats, on ne s'est avisé d'atta- » quer une forte escadre et des vaisseaux de » soixante-quatorze et de quatre-vingts canons; » c'est une folle témérité, vous serez écrasé. »

« Vous vous trompez, répondit le prince; » l'âme manque à ces colosses, et l'art à leur » artillerie. Ils ne savent pas pointer, ils tirent » en l'air. Nous marcherons à eux sous une » voûte de feu, qui nous fera peu de mal; nous » les incendierons et nous les détruirons. »

Sa prédiction s'accomplit : il fit sauter six vaisseaux de guerre, en prit deux, et incendia presque toute la flotte turque. Le capitan-pacha se sauva dans une chaloupe; quatre mille

Turcs furent faits prisonniers. Le général Souwaroff, par des batteries de terre bien dirigées, contribua efficacement à cette victoire.

Le comte Roger de Damas, commandant douze chaloupes canonnières, mérita dans cette action, par son intelligence et par sa bravoure, de justes éloges. Nassau le chargea de porter au prince Potemkin le pavillon amiral du capitan-pacha. Apraxin fut envoyé en courrier à l'impératrice.

Potemkin était alors campé près d'une hauteur nommée Novo-Grégori; transporté de joie à la nouvelle de la défaite des Turcs, et laissant éclater les idées superstitieuses que depuis son enfance il n'avait pas cessé de conserver, il saute au cou du prince de Ligne, et lui dit : « Vous
» voyez cette église de Novo-Grégori; je l'ai
» consacrée à mon patron, et le premier com-
» bat de Nassau a eu lieu précisément le lende-
» main de la fête de ce bon saint. Aujourd'hui
» nous sommes encore près de son église; eh
» bien, voici la flotte musulmane incendiée,
» voilà de nouveaux coups de mon patron : cela
» n'était-il pas clair? ah! je suis vraiment *l'en-*
» *fant gâté de Dieu.* »

Ce triomphe consolait un peu l'impératrice

des alarmes que lui causait le roi de Suède. Elle fit chanter un *Te Deum*, et choisit pour cette célébration l'église de la Forteresse, située en face de la statue de Pierre le Grand, hommage digne d'elle et de lui.

Cette princesse me dit que les quarante-deux gouvernemens de son empire venaient de lui offrir chacun un bataillon; mais qu'elle les avait refusés, parce que les recrues qu'elle avait tirées de Moscou et de Pétersbourg, lui suffiraient pour repousser les armes de Gustave.

Comme elle me demanda si j'avais quelques nouvelles de France, je lui dis qu'on y croyait qu'elle avait écrit au roi de Suède une lettre fort dure, qui avait excité les ressentimens de ce monarque. « Je suis fort aise, monsieur le
» comte, me répondit-elle, que vous m'en ayez
» parlé. Je sais qu'on a répandu cette fable en
» plusieurs endroits; mais j'espère que vous
» me croyez incapable de dire ce qui n'est pas
» vrai. Eh bien, vous pouvez faire usage de mes
» propres paroles : le fait est que, depuis 1785,
» je n'ai pas écrit une seule lettre au roi de
» Suède. »

Je sus aussi par elle que le capitan-pacha, ayant rejoint le reste de son armée navale forte encore de trente-cinq voiles, dont quinze bâtimens de soixante-quatorze et de quatre-vingts canons, avait rencontré sur la mer Noire l'amiral Woynowitz, qui marchait contre lui avec dix-sept vaisseaux.

Un combat eut lieu; il fut peu décisif. Les Turcs perdirent un bâtiment de vingt canons; une frégate russe fut assez maltraitée pour se voir forcée de rentrer dans Sevastopol. Le capitan-pacha se retira sur la côte de Varna. Woynowitz continua à tenir la mer.

Dans le nord, l'amiral Greig cherchait vainement la flotte suédoise; il ne rencontra que quatre vaisseaux; trois lui échappèrent; un seul, de soixante-quatre canons, toucha sur un écueil, et fut brûlé par les Russes. On fit prisonniers cinq cents hommes de son équipage.

Catherine avait envoyé à son amiral le cordon de Saint-André. Greig répondit : « Cette
» décoration ne se donne qu'à une naissance
» illustre ou à de grandes actions; je ne pos-
» sède point l'une, je n'ai pas encore fait les
» autres. Je garde avec respect mon cordon,
» mais je ne le porterai que lorsque je l'aurai
» mérité. »

Sur terre, il ne se passait rien de remarquable.

Armfeld, après quelques légers avantages sur les Russes, s'était retranché à Pittis; il fit avec ordre et vigueur sa retraite quand le reste de l'armée suédoise s'éloigna subitement de Frédériksham.

A cette époque où nous ignorions encore l'insurrection de l'armée finoise, cette brusque retraite excitait autant de surprise à Pétersbourg, que la marche précipitée des Suédois y avait d'abord causé d'alarmes. On nous apprit vaguement que les troupes suédoises de Finlande, prêtes à repousser une invasion, se déclaraient contraires à une guerre inconstitutionnelle.

Pendant ce temps, M. de Montmorin m'écrivit que le roi de Suède venait de réclamer les subsides qui lui étaient promis par un ancien traité. On lui répondit qu'étant agresseur, sa réclamation n'était pas fondée, et que relativement aux subsides ordinaires de paix, le roi désirait que les circonstances lui permissent de les payer.

Cette réponse, communiquée au ministère russe, lui causa une vive satisfaction, et réveilla quelques espérances de voir enfin conclure la quadruple alliance. M. de Montmorin me pressait bien aussi de l'accélérer, mais en m'en ôtant les moyens, puisqu'il persistait à refuser de garantir l'intégrité de la Pologne.

M'étant rendu à l'Ermitage, j'appris par l'impératrice que le roi de Suède, quittant son camp, avait repris le chemin d'Abo au lieu de suivre, en retournant à Stockholm, la route qu'il avait prise pour aller en Finlande. « Ce
» prince, me dit-elle avec un sourire ironi-
» que, est un peu déconcerté : son peuple n'i-
» gnore pas que la flotte victorieuse des Suédois
» reste toujours renfermée dans ses ports, tan-
» dis que l'infortunée flotte russe tient constam-
» ment la mer. »

Cette princesse ordonna à ses ministres de nous communiquer son manifeste contre la Suède; il était rédigé avec force, noblesse et modération. Mais, en le faisant connaître au gouvernement danois, elle s'était exprimée en ces termes : « Le roi de Suède a tiré imprudem-
» ment son épée en s'armant contre moi; il faut
» qu'il en jette le fourreau. »

Gustave, l'ayant su, dit : « Ce sont les mêmes
» mots dont Sixte-Quint s'était servi en parlant
» du duc de Guise le Balafré : *lorsqu'un sujet,*
» dit-il, *tire l'épée contre son maître, il faut*
» *qu'il jette le fourreau;* quant à moi, je ne

» crois pas être un sujet de l'impératrice, et je
» ferai ce que je pourrai pour le lui prouver. »

C'était un spectacle assez singulier que celui de voir ainsi deux souverains se faisant une guerre de paroles assez animée, tandis que de leurs deux armées, l'une paraissait tout étonnée d'être prise au dépourvu, et l'autre se montrait plus disposée à négocier qu'à combattre.

Je venais d'apprendre, par un avis secret, que les troupes finoises parlaient de se joindre aux Russes contre leur roi; ce que mon émissaire m'avait mandé, fut, peu de jours après, confirmé par l'arrivée à Pétersbourg d'un transfuge suédois, le général Sprengporten. Il avait quitté par mécontentement le service de Gustave, et venait offrir son épée à Catherine. Cette conduite m'inspirait quelque défiance sur la vérité de ses récits. Cependant nous sûmes bientôt qu'ils n'étaient pas fort exagérés, et les causes réelles de la brusque disparition du roi de Suède me furent alors totalement expliquées.

Gustave, s'étant borné à faire une reconnaissance sur Frédériksham dans les derniers jours de juillet, avait paru perdre sans motif un temps précieux. Voulant toujours éviter de se déclarer agresseur, il avait espéré que ses menaces lui attireraient quelques hostilités de la part des Russes. Trompé dans cette attente, il fit marcher en avant Armfeld, qui combattit avec succès un corps détaché; mais, trop ardent dans cette attaque, il fut entouré, et se vit au moment d'être pris.

Alors Gustave lui écrivit le billet suivant, qui tout à la fois peint le genre de son esprit, et montre quels étaient ses projets : « Au lieu » de vous louer, il faut que je vous gronde : » c'est à votre cordon bleu que vous devez toute » cette *aubade*; on vous aura pris sûrement » pour moi ou pour mon frère. Voyez la belle » manœuvre que c'eût été si on vous eût pris, » et le triomphe de l'impératrice d'avoir dans » ses mains une des premières personnes de ma » cour ! Nous allons marcher avec l'armée à vo- » tre secours. Il faut respecter Frédériksham » jusqu'à ce qu'on puisse l'attaquer formelle- » ment; car l'Angleterre a déclaré au Dane- » marck qu'elle s'attendait que cette puissance » garderait la neutralité. »

On ne conçoit pas trop pourquoi le roi croyait nécessaire de faire en forme le siége d'une bicoque telle que Frédériksham. Au reste, les mouvemens de sa grosse artillerie étant trop lents, il s'était enfin décidé à s'emparer de la ville par surprise. En conséquence, voici quel avait été son plan : il devait attaquer sur trois points; Hastfelt pénétrait par la frontière du nord; Armfeld se maintenait dans le poste important de Pittis pour couvrir la marche du roi sur Frédériksham; Siegroth, avec des galères et des troupes de débarquement, se portait sur la côte à peu de distance de Pétersbourg ; et, lorsque celui-ci annoncerait par des coups de canon que sa descente était effectuée, Gustave devait attaquer Frédériksham.

D'abord ce plan parut s'exécuter sans obstacles. Le signal convenu apprit au roi le débarquement de Siegroth, qui en effet marchait avec célérité pour combattre Michelson; mais tout à coup, au milieu de son mouvement, il reçoit l'ordre de se rembarquer; ce qu'il ne put faire sans être poursuivi et fort maltraité par les Russes.

Or, voici ce qui avait donné lieu à ce subit et inconcevable contre-ordre : dès que Gustave eut entendu le canon de Siegroth, il avait ordonné à ses troupes de s'élancer sur Frédériksham; mais, au lieu de lui obéir, on murmure, on s'arrête; les officiers sortent de leurs rangs, l'entourent et lui représentent qu'il ne doit pas exposer sans nécessité la vie de ses sujets.

Le roi, irrité, exige l'obéissance ; alors tous, levant le masque, déclarent qu'ils ne prendront point de part à une entreprise aussi contraire à la constitution, que l'est cette guerre offensive. « Nous sommes prêts, disent-ils, à défendre
» la patrie, à verser la dernière goutte de no-
» tre sang pour elle ; mais jamais nous ne con-
» sentirons à attaquer un État voisin sans une
» cause légitime : tout ce que nous ferons, sera
» de couvrir la frontière pour la défendre con-
» tre une invasion ennemie. »

Gustave, pénétré de douleur et enflammé de colère, s'adresse aux soldats, leur rappelle le serment qu'ils lui ont prêté, s'efforce de réveiller leur fidélité, d'entraîner leur courage ; mais tous, posant les armes à terre, jurent qu'ils ne feront point en avant un pas de plus.

Ce fut ainsi, et sous les murs d'une forteresse ennemie, que Gustave vit éclater cette révolte, dont jusque-là il n'avait pas eu le moindre indice. Bientôt il découvrit que le but des principaux conjurés était de parvenir, avec l'assistance de la Russie, à rétablir l'ancien gouvernement aristocratique, tel qu'il avait existé en 1720.

D'après ces faits, on comprend comment le roi, désespéré, se vit forcé de faire rembarquer Siegroth, de renoncer à tout plan de conquête, et de retourner dans sa capitale, où il reçut la nouvelle de l'armement des Danois, et de l'approche de ce nouvel ennemi qui menaçait plusieurs de ses provinces.

Au reste, lorsque, depuis, il eut trouvé le moyen de ramener son armée à l'ordre et à la soumission, ceux des conjurés auxquels il accorda un généreux pardon, n'en furent pas moins sévèrement punis; car, à leur retour dans Stockholm, le peuple les traita de lâches, et les insulta tellement qu'ils n'osaient plus paraître en uniforme dans les rues.

Ces événemens dissipèrent l'inquiétude fondée que le commencement de cette guerre avait inspirée à l'impératrice, en menaçant d'un coup si imprévu sa capitale, sa fortune et sa gloire. Dans le même temps, elle apprit qu'Oczakoff était bombardé.

Le prince Potemkin, sortant de son apathie, commençait à se mettre en action; mais, actif comme paresseux à contre-temps, il fit sans nécessité, et accompagné de tous ses généraux, une reconnaissance jusqu'à demi-portée de fusil des murs de la place. Cette bravade coûta la vie à plusieurs Russes; d'autres furent blessés : le prince de Ligne eut un cheval tué sous lui. L'impératrice blâma assez sévèrement le prince Potemkin de cette inutile algarade.

Souwaroff ne fut pas moins imprudent : les Turcs ayant fait une sortie, ce général, après les avoir repoussés, les poursuivit si ardemment, qu'arrivé près des portes de la ville, une décharge à mitraille lui tua deux cents hommes. Dans le Nord, l'amiral d'Essen s'empara de dix-sept vaisseaux marchands suédois.

On jugeait alors si mal en Russie la situation intérieure des affaires de la France, et l'embarras où elle jetait notre gouvernement, que l'impératrice s'opiniâtrait à regarder comme très prochaine, la conclusion de la quadruple alliance. Son humeur contre les Anglais et les Prussiens, la lui faisait vivement désirer. Elle avait, en conséquence, demandé que la négociation, au lieu d'être transférée à Paris, se continuât à Pétersbourg, et, sur la promesse d'un projet d'articles annoncé par M. de Montmorin, elle se persuadait que j'allais bientôt recevoir les pleins pouvoirs nécessaires pour terminer cette affaire importante.

Le comte Bezborodko me dit « qu'il espérait
» que, dans le projet d'articles qu'on attendait,
» celui qui concernait la garantie du territoire
» polonais, serait peut-être modifié, mais non
» annulé. En effet, continua-t-il, sans cette
» clause le traité serait vraiment illusoire,
» puisque c'est seulement par la Pologne que
» le roi de Prusse peut attaquer les cours im-
» périales. La Russie devant être neutre entre
» l'Angleterre et la France, et celle-ci entre
» les Russes et les Turcs, que signifierait un
» traité qui n'opposerait aucun frein aux vues
» ambitieuses du roi de Prusse? »

Ce ministre, nous offrant chaque jour de nouvelles concessions, s'étonnait de notre lenteur. Il ne savait pas le mot de l'énigme; or, le voici : l'archevêque de Sens, principal ministre, craignant par-dessus tout de s'engager et de se voir mêlé par là dans une guerre quelconque, n'osait avouer cette faiblesse; aussi, pour conserver une apparente dignité, il voulait avoir l'air de négocier, mais en se servant avec soin des plus frivoles prétextes pour ne rien conclure.

Toutes les lettres que je recevais de France m'expliquaient suffisamment ces vues que M. de

Montmorin secondait à regret; car, sur ce point, sa correspondance particulière était fort différente de ses dépêches officielles. Forcé de remplir un devoir pénible, je soutenais de mon mieux l'étrange système de notre cabinet. « La » neutralité maritime des Russes, disais-je, » nous enlève la seule garantie désirable pour » nous, c'est-à-dire une garantie contre les » Anglais, nos ennemis personnels, et nous » faisons bien assez pour vous, en nous enga- » geant à la guerre, dans le cas où les Prussiens » voudraient s'agrandir aux dépens des pos- » sessions de l'empereur et de l'impératrice, » sans nous exposer encore aux chances d'une » autre guerre, pour garantir l'intégrité de la » constitution et du territoire de la Pologne, » pays éloigné, et avec lequel, par la faute » même des deux cours impériales, nous n'a- » vons plus conservé depuis long-temps aucun » rapport. »

Il est vrai qu'après m'être ainsi conformé à mes instructions, j'écrivis franchement à ma cour ce que je pensais : « Je n'ai parlé ainsi, » disais-je à M. de Montmorin, que par obéis- » sance; mais les Russes ont raison, et nous » leur refusons ce que nous aurions dû leur

» demander. Au fond, que nous offrent-ils?
» Les moyens, par une forte ligue, de réprimer
» nos rivaux, de conserver notre influence à
» la Porte, et de la recouvrer en Hollande.
» Songez-y bien, je vous conjure; la consé-
» quence de nos refus sera probablement notre
» isolement complet en Europe, un rapproche-
» ment de la Russie avec l'Angleterre et la
» Prusse, dont un nouveau partage de la Po-
» logne sera le gage. La paix se fera sans notre
» entremise; l'Angleterre restera maîtresse de
» la Hollande ; enfin nous perdrons, à Con-
» stantinople et en Suède, toute considération
» et toute influence. »

Les nouvelles devenaient de plus en plus satisfaisantes pour l'impératrice, et alarmantes pour Gustave. Les chefs de l'armée finoise, au lieu de combattre les Russes, envoyèrent des messages d'amitié, et même des rafraichissemens, aux commandans des troupes de Catherine; ensuite, rejoignant la principale armée suédoise, ils entretinrent et aigrirent son mécontentement.

Le roi de Suède, en la quittant pour retourner à Stockholm, l'avait laissée sous les ordres de son frère, le duc de Sudermanie. Celui-ci tenta quelques efforts pour rétablir la discipline ; mais ce fut vainement. Les rebelles lui déclarèrent qu'il ferait mieux de se retirer, parce qu'on était décidé à se confédérer contre le roi pour le forcer à la paix. On prétendait même poser des bornes à son pouvoir, dont il avait abusé en trompant sa nation, en attaquant injustement la Russie, et en exposant la patrie à une ruine totale ; enfin tous demandaient qu'on proposât à l'impératrice une cessation d'hostilités, et qu'on implorât même son appui.

Le duc de Sudermanie, soit par adresse, soit par faiblesse, convint des torts de son frère, affecta un ardent patriotisme, et s'efforça de prouver à l'armée que la paix était son plus cher désir. Il se rendit ensuite au camp des Finois, leur tint le même langage, et écrivit au grand-duc Paul pour lui proposer une trève et une entrevue.

Le grand-duc, en s'éloignant, éluda cette entrevue ; mais, d'après ses ordres, le comte Poushkin consentit à traiter. En conséquence, le colonel Montgommery fut chargé, par les Suédois, de se rendre à Frédériksham pour négocier. De son côté, l'impératrice envoya Sprengporten en Finlande avec des ordres secrets.

Il est difficile de comprendre pourquoi cette princesse, si habile, si éclairée, laissa échapper l'occasion la plus favorable que pût lui offrir la fortune, pour terminer en un instant la guerre, et pour établir d'une manière durable, en Suède, son influence, on peut même dire sa domination.

L'armée de son ennemi voulait s'unir à elle; les esprits étaient montés comme ils le sont toujours au commencement d'une révolte : ils éclataient en reproches contre le roi, et se permettaient les plus sanglantes railleries sur son casque théâtral, sur son panache vert, et sur le peintre de batailles qu'il avait appelé près de lui pour immortaliser ses triomphes, enfin sur la promesse qu'il avait faite de prendre Pétersbourg en une semaine, et d'y donner des bals aux dames suédoises.

Si Catherine eût profité de ce moment, le traité une fois signé, l'armée rebelle, compromise, n'avait plus de voies ouvertes pour le repentir. Gustave aurait été réduit à capituler, et à souffrir le rétablissement de l'ancienne oligarchie, que désirait un parti aussi puissant que nombreux; mais une telle révolution devait être l'effet et non la condition du traité.

Catherine, trop irritée pour voir juste, manqua son but en le montrant trop tôt. Elle offrit bien de consentir à un armistice et même à la paix, mais avec cette clause expresse, que l'armée forcerait le roi de rendre à la nation ses anciens priviléges.

Ainsi, au lieu de conclure, on négocia, on réfléchit; le patriotisme murmura au fond des cœurs, et Gustave, profitant de ces retards et de ces incertitudes, trouva, peu de temps après, par des actes de vigueur, ainsi que par un heureux mélange de clémence et de sévérité, les moyens de rappeler ses troupes au véritable honneur, de regagner leur affection, et de réunir assez de forces pour se défendre glorieusement contre sa redoutable ennemie.

A défaut de paix et d'alliance, on pouvait au moins conclure une trève; le duc de Sudermanie n'y attachait d'autre condition que le déblocquement de la flotte suédoise, renfermée alors à Sweaburg. Mais l'impératrice, craignant que cette clause ne couvrît un piége, refusa d'y consentir, de sorte que les hostilités continuèrent; et ce qu'elle appela prudence, fut regardé assez généralement comme une grande faute commise par sa fierté.

La prolongation de cette guerre convenait parfaitement aux vues des Anglo-Prussiens; la paix était cependant dans leur langage, mais l'ambition dictait leurs plans. Ils offraient partout leur médiation, et soufflaient partout la discorde. Après l'avoir excitée en Hollande, à la Porte et en Suède, ils agitaient alors la Pologne, et le roi de Prusse ne négligeait aucuns moyens de s'assurer la possession prochaine de Dantzick.

La quadruple alliance aurait pu seule contrarier leurs desseins : aussi menaces, offres insidieuses, bruits semés avec art, tout était employé par eux, pour empêcher la conclusion de ce pacte qui les aurait déconcertés.

C'est ce que je m'efforçai vainement de faire comprendre à notre ministère, par une dépêche que j'envoyai à Versailles, le 19 septembre. « Si nous signons la quadruple alliance, écri-
» vais-je, l'Angleterre et la Prusse reculeront
» devant quatre grandes puissances. Leur cré-
» dit à la Porte tombera; elles perdront peut-
» être leur influence en Hollande, et elles n'o-
» seront rien tenter en Pologne. Dans le cas
» contraire, elles nous enlèveront nos amis, et
» dicteront la paix, en donnant Dantzick aux

» Prussiens et des fers à la Pologne. Quant aux
» Turcs, ils seront trop heureux d'obtenir à
» tout prix la cessation de la guerre. »

Quelquefois on paraissait à Versailles reconnaître ces vérités, et je voyais de nouveau luire, pour notre considération politique, quelques rayons d'espoir, qui, peu de temps après, se trouvaient encore évanouis.

Un soir, en rentrant chez moi, on m'apprit qu'un courrier extraordinaire y était arrivé, mais que, ne m'y trouvant pas, il était ressorti sans me laisser ses dépêches. Le fait me paraissant étrange, je demandai s'il venait de France, et ma surprise fut encore plus grande lorsqu'on me dit qu'il arrivait du Kamtschatka. J'avais déjà reçu, à mon grand étonnement, depuis peu de jours, quelques lettres de change tirées sur moi par des négocians de Sibérie.

Le lendemain tout fut éclairci; je vis entrer dans mon cabinet le jeune Lesseps, fils de l'ancien consul de France à Pétersbourg. Il s'était embarqué avec M. de La Peyrouse; cet illustre et infortuné marin l'avait débarqué, fort heureusement pour lui, sur la côte du Kamtschatka, en le chargeant de dépêches pour la France.

Ce jeune voyageur venait de traverser toute l'Asie : il lui avait fallu un an pour arriver à Pétersbourg; la rigueur excessive du climat l'avait forcé de rester trois mois dans la presqu'île; de plus, ne trouvant point de bâtiment pour traverser la mer d'Ochotsk, il employa trois autres mois à faire le tour du golfe.

Je sus par lui des détails très curieux sur le Kamtschatka, sur la Sibérie, et sur les mœurs des habitans de ces vastes solitudes. Depuis, il a imprimé une relation de ce singulier voyage, relation écrite avec clarté et avec un naturel digne d'attirer une juste confiance.

M. de La Peyrouse me priait d'obtenir de l'impératrice quelques grâces marquantes pour M. de Kosloff, gouverneur du Kamtschatka. Les Français avaient reçu de lui le plus obligeant accueil : ce gouverneur ne souffrit même pas qu'il payât les bœufs donnés à l'équipage français. Au reste, dans tout l'empire, M. de Lesseps avait trouvé des secours, des escortes et de l'argent, que, conformément au vœu de M. de La Peyrouse, je m'empressai de rembourser.

Le jeune Lesseps, zélé, ardent, infatigable, ne voulut point se reposer à Pétersbourg; pressé d'exécuter les ordres dont il était chargé, il me demanda de l'expédier en courrier à Versailles : j'y consentis et je lui donnai mes dépêches. Il est peut-être le seul Européen qui ait traversé directement, de l'est à l'ouest, toute l'Asie et toute l'Europe.

A peu près dans le même temps, un négociant français, M. Begouen, respectable par ses vertus, par ses lumières et par sa conduite dans les divers emplois qu'il a exercés, me donna un mémoire très important, que je l'avais engagé à faire sur le commerce du Nord. Je l'adressai à M. de La Luzerne et à M. Necker.

Il leur disait de grandes vérités qu'on ne saurait trop répéter : « Nous regardons à tort
» les vues de commerce comme la partie subal-
» terne de la politique, tandis que les Anglais
» s'en occupent principalement; ils nous font
» dans ce genre une guerre constante que n'in-
» terrompt aucune paix : cette guerre, bien
» conduite, est la source de leurs richesses et la
» base de leur crédit; elle leur procure le triste
» avantage de ralentir notre industrie, de pa-
» ralyser notre navigation, et de conserver
» leur influence prépondérante dans le Nord,
» par une immense exportation. Celle-ci leur
» fournit de plus une foule de matelots exercés,

» qui se préparent ainsi à nous combattre avec
» avantage. »

Je reçus à cette époque des ordres de ma cour : Gustave avait demandé ses bons offices. On me chargeait de les faire agréer par l'impératrice, ce qui n'était pas sans difficulté; car alors le roi de Suède, peu sincère à l'égard de Louis XVI, avait aussi sollicité la médiation de la Prusse, de l'Angleterre et de la Hollande, dont les ministres offrirent en effet à l'impératrice de se rendre médiateurs entre elle, les Suédois et les Turcs. Mais Catherine, persuadée que ces trois cabinets ne parlaient de paix que pour prolonger la guerre, n'accepta pas leur proposition.

Cette princesse était alors trop instruite de leurs manœuvres pour être trompée par leurs artifices. Dans le mois de mai de cette même année 1788, M. le chevalier Altesti, attaché à la légation de M. de Bulgakoff, et très dévoué à ce ministre, était arrivé de Constantinople; il m'apportait une lettre de M. de Choiseul; se trouvant à Pétersbourg sans son protecteur, il s'était adressé à moi avec confiance, comme à un homme qu'il supposait à portée de connaître la cour de Russie, et ceux dont le crédit était le plus influent; je lui donnai des conseils qui, dans la suite, lui furent utiles.

Ce jeune homme, d'une bonne famille de Raguse, dont le peuple, par la conformité de la langue et la tradition d'une origine commune, regarde la Russie comme sa patrie primitive, avait été engagé au service par M. de Bulgakoff, qui l'avait présenté à l'impératrice lors de son passage à Kherson. A son arrivée à Pétersbourg, le ministre lui avait ordonné de rédiger un mémoire qui pût donner à l'impératrice une juste idée de ses talens. Déjà il en avait fait un sur les ports de l'Italie, dans lesquels la flotte russe pouvait séjourner.

Mais, comme il m'avait plusieurs fois parlé des intrigues anglaises et prussiennes à Constantinople, et particulièrement de celles du chevalier Ainsley, dont il paraissait plus instruit qu'aucun autre, je lui dis que, pour donner une meilleure idée de son instruction et de son talent, il ferait mieux de rendre un compte exact de ce qui s'était passé de son temps à Constantinople, et des moyens employés pour déterminer la Porte à une rupture si peu prévue.

Il suivit mon conseil, et, quelques jours après, me montra son mémoire, que je trouvai rédigé avec esprit, force et clarté : on y voyait toute la chaleur d'un homme que MM. Dietz et Ainsley avaient séparé de son protecteur, et qu'ils auraient voulu faire envoyer aux Sept-Tours.

Si M. de Choiseul eût dicté ce mémoire, il n'aurait pas représenté sous un jour plus favorable la noblesse de la conduite de la France, ainsi que la duplicité de celle des Anglais et des Prussiens.

Le ministre remit ce mémoire à l'impératrice. J'ai toujours pensé que cette relation fidèle et non suspecte avait, plus que tout autre moyen, prémuni Catherine contre les faux avis et les insinuations artificieuses que l'Angleterre et la Prusse renouvelaient à Pétersbourg, sous mille formes différentes.

Au reste, M. Altesti, qui fut depuis attaché à la légation russe en Pologne, parvint à se concilier tellement la bienveillance de sa souveraine, juste appréciatrice des talens, qu'elle l'admit dans son cabinet intime, le chargea de rédiger plusieurs rapports importans, relativement aux affaires de la Turquie et de la Perse, et se disposait, au moment où elle mourut, à lui confier une place distinguée dans l'administration publique.

Cette princesse, voulant déconcerter les projets de Frédéric-Guillaume, proposa aux Polonais de s'unir à elle par un traité défensif; leurs passions et les intrigues prussiennes les en détournèrent. Ils eussent peut-être trouvé leur salut dans cette alliance ; leur perte était probablement écrite dans le livre des destins.

Par un hasard assez heureux, au moment où les Anglais et les Prussiens renouvelaient leurs démarches pour se rapprocher de l'impératrice, M. de Choiseul me transmit un mémoire très hostile, adressé à la Porte par les ministres d'Angleterre et de Prusse. Je le communiquai au cabinet russe, et sa lecture irrita si vivement Catherine, qu'elle me donna lieu d'espérer toutes les compensations que désirait ma cour, pourvu que nous signassions le traité d'alliance.

Si, dans cet instant, j'avais reçu mes pleins pouvoirs, tout aurait pu être terminé; mais la fortune a des ailes, et, depuis quelque temps, nous étions habitués à lui laisser le temps de s'en servir.

L'impératrice, dont le ressentiment contre le roi de Suède était loin d'être calmé, me parla avec amertume des inconséquences qu'elle trouvait dans toute la conduite de ce prince. « Au

» lieu, me dit-elle, de me forcer à la modéra-
» tion par des démarches sincères, auxquelles
» je n'aurais pas pu résister, tandis qu'il parle
» de paix et qu'il vous demande votre média-
» tion, il publie contre moi de nouvelles décla-
» rations injurieuses, et cherche à étendre la
» guerre, en attirant dans son parti l'Angle-
» terre et la Prusse.

» Vous savez, ajouta-t-elle, combien cette
» nouvelle ligue anglo-prussienne est artificieuse
» et hardie, comme elle cherche en tous lieux
» à attaquer votre influence et la mienne, quel
» ton dictatorial et imposant elle prend dans le
» traité prétendu défensif qu'elle vient de con-
» clure. Il serait bien instant de déconcerter
» toutes ses vues par une union, par un con-
» cert, qui déjoueraient cette ambition et main-
» tiendraient la tranquillité européenne. J'es-
» père, me dit-elle enfin, que vous ne ferez
» qu'un usage prudent et discret de ce que je
» viens de vous dire avec une pleine confiance.»

« Le roi, madame, lui répondis-je, est cer-
» tainement très disposé à s'expliquer avec votre
» majesté sur tous les points. Un parfait concert
» me paraît plus que jamais désirable. Les dé-
» marches imprévues du roi de Suède près de

» l'Angleterre et de la Prusse m'ont fort sur-
» pris. Cependant j'ai peine à croire, dans le
» triste état des affaires de ce prince, qu'il puisse
» former le dessein de prolonger la guerre; il
» est même encore possible que ce soit l'extrême
» embarras où il se trouve, qui l'ait porté à
» s'adresser à la fois à tout le monde pour obte-
» nir la paix. »

« Non, répliqua l'impératrice : il veut em-
» brouiller et non pacifier; car il n'offre rien,
» ne parle ni de satisfaction ni de dédomma-
» gement. Tandis qu'il s'adresse vaguement à
» toutes les cours, il continue à m'offenser per-
» sonnellement par une déclaration nouvelle-
» ment publiée, et à laquelle il donne de mau-
» vaise foi une date ancienne, quoiqu'il ne l'ait
» fait répandre qu'à la fin d'août, c'est-à-dire
» au moment même où il affectait de montrer à
» votre cour le plus vif désir de la paix. »

Cette princesse ne me laissa point ignorer le nouveau moyen dont on s'était servi pour lui inspirer quelque défiance contre nous. On lui avait dit que notre cabinet venait de hasarder, en Angleterre, des insinuations, dans le but d'engager cette puissance à s'entendre avec lui, pour ne pas laisser écraser le roi de Suède par la Russie.

Je traitai ce bruit de fable inventée à Londres et à Berlin. En effet, il n'était pas probable que le ministère français s'adressât à nos ennemis naturels, pour agir contre la cour de Pétersbourg, dans un moment où celle-ci se montrait prête à prendre avec nous des engagemens contre l'Angleterre, et lorsque la ligue anglo-prussienne aggravait, par un nouveau traité, la blessure qu'elle nous avait faite en Hollande, et montrait le dessein constant de détruire dans toute l'Europe notre influence.

Catherine, dans l'espoir de recevoir à ce sujet quelques explications satisfaisantes, ordonna à ses ministres d'expédier un courrier à M. de Simolin, en recommandant à ce ministre d'accélérer la négociation relative à la quadruple alliance, et d'aplanir toutes les difficultés, en faisant connaître au roi qu'elle était prête à le satisfaire par toutes les compensations désirables.

J'écrivis aussi à M. de Montmorin dans les termes les plus pressans. « Le danger est urgent, lui
» disais-je; ou nous reprendrons notre prépon-
» dérance à Madrid, à Vienne, à Stockholm, à
» Varsovie, à Naples, à la Porte, à Pétersbourg, à
» Copenhague et en Hollande, ou nous verrons
» les cours impériales se rapprocher de l'An-

» gleterre, de la Prusse, et la Pologne bientôt
» partagée. S'il advient une rupture avec l'An-
» gleterre, nous resterons privés de tout appui
» contr'elle, et nous ne serons plus comptés
» pour rien en Europe.

» Voilà des faits bien réels, opposés aux
» tristes argumens de ces prétendus politiques,
» qui veulent toujours se croire à l'époque du
» traité de Westphalie, oubliant qu'alors la
» Prusse et la Russie n'avaient aucune exis-
» tence, que la maison d'Autriche était un co-
» losse, et qu'il fallait bien que la France, la
» Suède et la Turquie unissent leurs efforts,
» pour empêcher cette puissance gigantesque
» de tout écraser.

» Aujourd'hui tout est changé : c'est l'am-
» bition de la Prusse, de l'Angleterre et de la
» Hollande, qui nous menace. Vous vouliez lui
» opposer une digue : qui peut donc vous arrê-
» ter au moment où l'on vous accorde tout ce
» que vous aviez souhaité? Peut-être les Anglo-
» Prussiens, comptant sur les embarras que vous
» causent nos troubles intérieurs, espèrent vous
» effrayer en vous faisant envisager la guerre
» générale comme un effet inévitable de la qua-
» druple alliance projetée; ils vous trompent

» et redoutent cette alliance, parce qu'elle seule
» les déconcerterait et rendrait la guerre im-
» possible pour eux. Montrons-nous prêts à
» combattre, et nous conserverons la paix. »

Le nouveau ministre d'Espagne, M. de Galvez, arriva à Pétersbourg : on le traita mal à propos avec froideur, le croyant très partial pour le gouvernement prussien, qui avait trompé sa bonne foi par le langage le plus pacifique.

Le ministère espagnol était aussi dans la même erreur, et le roi Charles III, loin de partager nos inquiétudes, se fiait tellement aux protestations de l'Angleterre et de la Prusse, qu'il lui était égal, disait-il, que la Russie acceptât leur médiation ou la sienne, pourvu que la paix générale en fût le résultat.

Dans ce temps, l'impératrice fit une perte qui lui coûta de justes larmes : l'amiral Greig mourut. Chef actif, administrateur éclairé, habile amiral, guerrier intrépide et modeste, il emporta au tombeau l'estime de ses ennemis, et les regrets de tous ceux qui l'avaient connu.

L'impératrice éprouva encore de nouvelles contrariétés : le roi de Suède se montrait enhardi de nouveau par l'appui que lui faisaient espérer l'Angleterre et la Prusse. Les armées suédoises et finoises commençaient à manifester le désir de se faire pardonner leur révolte. La fermentation des esprits s'accroissait en Pologne : on y demandait à grands cris l'évacuation du territoire polonais par les Russes; ce qui aurait laissé l'armée du maréchal Romanzoff sans retraite sûre, dans le cas où il aurait éprouvé un revers. Les armées de l'empereur venaient d'être malheureuses dans le Bannat.

Toutes ces circonstances faisant désirer à Catherine une paix prompte, honorable et modérée, elle accepta formellement, pour y parvenir, la médiation de l'Espagne et la nôtre : ainsi, au grand dépit de nos rivaux, et malgré l'inaction de notre cabinet, le hasard me servit si bien, que j'obtins sur ce point capital tout le succès que ma cour pouvait désirer.

Sur ces entrefaites, nous vîmes arriver à Pétersbourg M. Whitworth, nouveau ministre d'Angleterre, diplomate très estimable, mais dont la présence était beaucoup moins inquiétante pour nous que ne l'eût été celle de M. Fitz-Herbert. On attendait aussi M. de Luchesini, envoyé du roi de Prusse, ministre adroit, actif, spirituel, ancien commensal du grand Frédéric, dont il racontait agréablement une foule d'anecdotes et de traits piquans.

L'impératrice, qui n'aimait pas son caractère turbulent, parut peu disposée à le recevoir : elle eut tort; il n'aurait été nullement dangereux en Russie : il resta en Pologne, fort aigri contre le gouvernement russe ; et ses intrigues, trouvant les Polonais très disposés à faire éclater une haine long-temps comprimée, enflammèrent leurs passions, et opérèrent une prompte révolution.

Ces infortunés Polonais, trop pressés de secouer le joug de la Russie, prirent feu à la première lueur d'un espoir de liberté, et commencèrent par où ils devaient finir. Ils auraient dû former une armée avant de faire parade de leur indépendance.

L'impératrice commençait à craindre que ses troupes, affaiblies par les maladies, ne fussent obligées de lever le siége d'Oczakoff, n'ayant encore pris que l'île, la forteresse de Bérésan, et quatre cents Turcs.

Le prince Potemkin semblait retomber dans sa léthargie habituelle; mais tout à coup un courrier, dépêché par lui, nous apprit qu'il venait de prendre d'assaut Oczakoff. Il avait long-temps hésité : les travaux n'étaient point avancés. Le capitan-pacha, avant de s'éloigner, avait jeté dans la ville quinze cents hommes ; mais, le jour de Saint-Nicolas, les grenadiers se rassemblent, murmurent, éclatent, entourent la tente du prince, et demandent séditieusement l'assaut.

Le général saisit cette circonstance, qui ajoutait à l'ardeur du courage russe celle du fanatisme. Il donne le signal du combat. La ville est attaquée et défendue avec acharnement : dix fois les Russes repoussés reviennent en fureur; ils franchissent les fossés sur les corps entassés des musulmans, et escaladent les remparts.

On se bat de rues en rues, de maisons en maisons. Rien n'arrête l'intrépidité des généraux Samoïloff et d'Anhalt. Roger de Damas s'était élancé le premier sur les murs à la tête de quatre cents grenadiers. M. de Bombelle s'empara d'un étendard musulman.

La furie des deux fanatismes ennemis inonda de sang la ville : on n'épargna ni le sexe ni l'âge. Une troupe de farouches Zaporaviens entrés au service de Catherine, montèrent à l'assaut avec des chemises blanches sur leur armure : « ils voulaient, disaient-ils, s'exciter » mutuellement à la vengeance par la vue de » leurs vêtemens ensanglantés. »

Sept mille Turcs périrent dans ce carnage ; on fit quatre mille prisonniers. L'acharnement des soldats russes était tel, que deux jours après l'assaut, lorsqu'ils trouvaient des enfans turcs cachés dans quelques réduits, dans quelques souterrains, ils les prenaient, les jetaient en l'air, les recevaient sur la pointe de leurs baïonnettes, et s'écriaient : « Au moins ceux-ci » ne feront jamais de mal aux chrétiens. » Je tiens ce fait du vertueux prince d'Anhalt, qui, en me le racontant, frémissait encore d'horreur.

La joie de ce triomphe fut d'autant plus grande qu'on avait presque cessé de l'espérer. Les récompenses furent nombreuses ; nos volontaires français reçurent la croix de Saint-Georges, que je les autorisai à porter.

Ainsi, malgré les lenteurs de Potemkin, la mésintelligence des généraux, la diversion suédoise et le défectueux plan de campagne de l'empereur, l'année 1788 se termina très heureusement pour les deux cours impériales, au grand déplaisir des cabinets de Londres et de Berlin.

Les Turcs avaient été battus à Kilbourn et repoussés de la Crimée ; le capitan-pacha, trois fois vaincu ; sa flotte, détruite. La Porte perdait

Oczakoff, son territoire, l'île de Bérésan, Choczim, la Moldavie; les musulmans avaient évacué la Valachie; les Tartares du Kuban s'étaient vus dispersés; enfin, les Autrichiens, ayant pris Dubitza, Sabatch et Novi, venaient de faire évacuer le Bannat; le roi de Suède était chassé de la Finlande russe; son armée navale, bloquée à Sweaburg : voilà les fruits que la Porte et la Suède recueillaient des conseils anglo-prussiens qu'ils avaient préférés aux nôtres.

En retraçant ce court tableau à M. de Montmorin, je lui adressai, dans une lettre particulière, mes félicitations sur la retraite de l'archevêque de Sens, dont le renvoi lui laissait la liberté de suivre, avec plus de succès et d'activité, la négociation de la quadruple alliance.

L'année 1789, qui devait opérer une si grande révolution en France, et séparer momentanément notre cabinet de tous ceux de l'Europe, commença sans qu'aucun d'eux prévît cette secousse violente. On avait cependant vu briller depuis plusieurs mois les éclairs précurseurs de l'orage; mais personne ne le pressentit : on croyait que des réformes salutaires termineraient les embarras passagers qu'éprouvait notre gouvernement.

C'était une époque d'illusions : le roi, ses ministres, les parlemens, les trois ordres de l'État, chaque Français enfin, n'étant animés que de l'amour du bien public, semblaient bercés de rêves trompeurs. Tous espéraient, par un effort commun, affermir les bases de la monarchie, rétablir ses finances, relever son crédit, mettre en harmonie ses institutions caduques, effacer les traces de la servitude, et, par l'accord d'un pouvoir protecteur et d'une sage liberté, atteindre en peu de temps le plus noble but, le bonheur de la patrie. Telle était au moins l'idée qu'inspirait, aux puissances étrangères, la connaissance des vertus du roi et des sentimens généreux de la nation française.

Ainsi nos troubles n'épouvantaient personne : nos amis les regardaient comme précaires ; nos rivaux, les Anglais et les Prussiens, voulaient se hâter d'en profiter pour consolider leur domination en Hollande, pour agrandir leur influence aux dépens de la nôtre dans le Nord et dans le Levant ; mais notre considération politique existait encore tout entière, et les tergiversations de nos ministres n'avaient pu y porter qu'une légère atteinte.

Conservant donc quelque espoir de voir mon

gouvernement continuer l'honorable rôle de médiateur entre la Russie et ses ennemis, je profitai de la prise d'Oczakoff pour faire au ministère russe des ouvertures de paix. Elles furent bien accueillies ; mais l'impératrice, pour première condition, et avant de délibérer sur d'autres, exigea l'élargissement de M. de Bulgakoff.

Cette princesse soutenait toujours, que le plus prompt moyen de terminer la guerre et de déjouer les intrigues anglo-prussiennes, était de consolider notre force en concluant l'alliance projetée. Son désir de former ce lien était devenu si vif, qu'elle nous offrait, en cas de guerre avec l'Angleterre, non plus sa neutralité, mais des secours effectifs ; enfin, cessant de nous demander la garantie de la constitution polonaise, elle se contentait de celle de l'intégrité du territoire de la Pologne.

C'était bien plus que je n'aurais espéré ; aussi je fus étrangement surpris, lorsqu'au lieu d'accéder à ses propositions, je reçus l'ordre de faire quelques tentatives pour obtenir, des deux cours impériales, l'annulation du premier partage de la Pologne.

J'en parlai cependant au comte de Cobentzel, qui, non-seulement se montra plus étonné que moi, mais encore me conjura de ne pas hasarder une semblable démarche, dont l'effet immanquable serait d'aigrir l'impératrice et de la rejeter dans les bras de l'Angleterre.

C'était bien assez de parvenir à éloigner Catherine du désir de conquérir quelques terres sur ses voisins, sans songer au projet chimérique de lui faire rendre celles dont elle était déjà en possession. Je me bornai donc à cette première confidence, et, comme elle ne fut pas probablement ignorée des ministres russes, je crus m'être, à cet égard, suffisamment acquitté de l'ordre extraordinaire que j'avais reçu.

Au reste, sur tout autre point, le comte de Cobentzel me secondait avec activité; car l'empereur, alors malade et découragé par ses revers dans le Bannat, désirait très vivement une paix prompte. Le prince Potemkin la souhaitait aussi, et je sus par M. de Nassau, qui revenait alors de l'armée, que ce prince, commençant à nous regarder comme des appuis faibles et incertains, se montrait disposé à changer de système, et à conseiller à sa souveraine un rapprochement avec l'Angleterre et la Prusse, qui seraient, selon lui, des adversaires plus redoutables ou des amis plus utiles.

La froideur de l'Espagne pour la quadruple alliance ne pouvait que le fortifier dans ces dispositions. Ces circonstances défavorables ne me laissaient qu'une ressource, c'était la constance du caractère de l'impératrice : elle se montrait toujours si animée contre le roi de Prusse, qu'elle rejetait toute insinuation tendante à s'en rapprocher.

On fut surpris à Versailles de la prise d'Oczakoff, et cette nouvelle changea toutes les combinaisons de notre ministère. Il était impatient de savoir à quelles indemnités Catherine bornerait son ambition. Voulant m'en assurer, je demandai, comme de moi-même, au comte Bezborodko, si cette princesse serait contente, dans le cas où la Porte rendrait M. de Bulgakoff à la liberté, confirmerait en faveur de la Russie la cession définitive de la Crimée, et y ajouterait celle d'Oczakoff.

Peu de jours après, l'impératrice me fit dire que j'avais deviné ses intentions ; en même temps elle m'apprit qu'elle venait d'engager M. de Nassau à se rendre en toute diligence à Madrid. Il devait prendre pour prétexte de son voyage, le désir de féliciter, sur son avénement au trône, le nouveau roi d'Espagne, Charles IV, qui l'avait précédemment comblé de bontés ; mais le but réel de cette course était l'exécution des instructions secrètes que lui donnait Catherine.

Elle le chargeait de développer à ce monarque ses justes griefs contre la Prusse et l'Angleterre, d'informer le ministère espagnol de la découverte positive qu'elle venait de faire, des projets de Frédéric-Guillaume sur Dantzick et sur la Pologne, enfin de lui faire sentir la nécessité d'une quadruple alliance, pour conserver la paix en Europe.

Par là, l'impératrice espérait faire disparaître les plus fortes causes des hésitations de notre cabinet; elle attribuait nos retards à la déférence de Louis XVI pour le roi d'Espagne. « Je le vois, dit-elle au prince de Nassau, c'est » à Madrid que se décidera cette grande ques- » tion, à laquelle tient peut-être le sort de la » maison de Bourbon en Europe. »

Pour moi, cédant aux prières du prince de Nassau, je lui donnai un précis de la conduite politique suivie, depuis quelques années, par l'Angleterre, pour se venger de la perte de l'Amérique, en attaquant partout l'influence des cours de Versailles et de Madrid, et en cherchant, de concert avec la Prusse et la Hollande, à renouveler une guerre, où nos troubles intérieurs pouvaient lui faire espérer plus de chances de succès. J'avais rédigé avec le plus grand soin cet écrit, destiné à être lu par le roi d'Espagne, par M. de Florida-Blanca, son principal ministre, et par M. de Montmorin.

Dans ce moment, je crus voir éclater l'orage que nous cherchions à éviter : l'impératrice apprit tout à coup le succès des intrigues de M. de Luchesini. Les Polonais, animés par ce ministre, et comptant sur l'appui du roi de Prusse, venaient d'abolir le conseil permanent, de renverser la constitution polonaise, dont Catherine s'était déclarée garante; en même temps, ils demandaient, à grands cris, l'évacuation de leur pays par les troupes russes.

L'impératrice, irritée, voulait d'abord employer la force pour soutenir la constitution imposée par elle : ce fut avec peine que M. de Cobentzel, M. de Nassau et moi, nous parvînmes à calmer ce premier mouvement; nous lui représentâmes que le roi de Prusse profiterait d'une mesure aussi précipitée, pour satisfaire ses vues ambitieuses; qu'il entrerait en Pologne; que toute la nation polonaise monterait à cheval, et que cette diversion favoriserait les armes de la Suède et de la Porte.

Catherine céda, prit le parti de la modération, et, dans le dessein de dissiper les fausses alarmes répandues en Pologne par les Prussiens, elle affecta une assez grande indifférence sur les changemens opérés dans la constitution polonaise; seulement elle persista à garder ses troupes dans l'Ukraine, pour ne point compromettre la sûreté de l'armée du maréchal Romanzoff.

Sur ces entrefaites, le prince Potemkin revint à Pétersbourg : la prise d'Oczakoff semblait avoir fait oublier à l'impératrice ses justes et nombreux motifs de mécontentement contre lui; satisfaite de son triomphe, elle lui pardonna sa paresse. Tous ceux qui avaient le plus murmuré contre sa négligence, furent les plus empressés à lui rendre de serviles hommages.

On lui avait dit que je m'étais rangé au nombre de ses détracteurs, et il s'en plaignit à moi, dès qu'il me vit. « Le mot de *détracteur* est trop
» fort, lui répondis-je; cependant ce qu'on
» vous a dit n'est pas dénué de tout fondement:
» j'ai eu peine à comprendre, par quelle con-
» fiance imprudente, vous aviez dégarni de
» troupes le nord de l'empire, que le roi de

» Suède aurait trouvé ouvert, s'il eût été plus
» prompt et plus hardi. Il me semblait aussi,
» que vous aviez laissé bien du temps aux Turcs
» pour mettre en état de défense Oczakoff, que
» l'ingénieur Lafitte regardait comme incapa-
» ble de résister à une vive attaque, et à cet
» égard vos amis les princes de Ligne et de Nas-
» sau partageaient mon opinion et mon impa-
» tience. »

« Je n'ai rien à dire, répliqua le prince,
» relativement à la Suède, si ce n'est qu'un
» homme raisonnable ne pouvait prévoir une
» guerre sans cause, et une témérité pareille à
» celle de Gustave III ; mais, quant à Ocza-
» koff, vous vous êtes trompé : rien ne nous
» annonçait une agression de la part des Turcs ;
» c'étaient eux qui redoutaient la nôtre. Il m'a
» fallu distribuer mes troupes sur une ligne de
» cinq cents lieues, et faire traverser des dé-
» serts à une multitude de voitures chargées de
» vivres et de munitions. Je crois qu'en peu de
» temps, j'ai fait tout ce qu'on pouvait faire. »

« C'est à mon tour, lui dis-je alors en riant,
» à vous accuser : je sais d'assez bonne source
» que vous êtes devenu bien froid sur notre
» quadruple alliance, à laquelle vous parais-

» siez attacher un si grand prix. On assure
» même, qu'oubliant toutes les intrigues de
» l'Angleterre et de la Prusse contre vous, vous
» êtes disposé à vous rapprocher d'elles, et à
» plaider leur cause auprès de l'impératrice;
» en un mot, que vous êtes prêt à tendre la
» main à vos ennemis et à tourner le dos à vos
» amis. »

« Pourquoi pas? reprit-il sur le même ton.
» Un diplomate comme vous devrait-il s'en
» étonner! Lorsque j'ai vu ériger le royaume
» de France en archevêché, un prélat renvoyer
» du conseil deux maréchaux de France, et
» laisser tranquillement les Anglais et les Prus-
» siens vous enlever la Hollande sans coup fé-
» rir, j'avoue que je me suis permis une plai-
» santerie : j'ai dit que j'aurais bien conseillé
» à ma souveraine de s'allier avec Louis le
» Gros, Louis le Jeune, saint Louis, l'habile
» Louis XI, le sage Louis XII, Louis le Grand,
» même avec Louis le Bien-Aimé, mais non pas
» avec *Louis le Suffragant.* »

« Il est vrai, lui répondis-je en riant, que
» les rois de France ont parfois nommé minis-
» tres, des évêques et des cardinaux; mais je
» ne crois pas qu'ils aient jamais élevé au mi-

» nistère, un général qui ait souvent montré
» l'envie de se faire moine. »

Cet entretien épigrammatique, dont je ne jugeai pas nécessaire de rendre compte à ma cour, finit gaîment et amicalement, comme il avait commencé.

Mais ce qui est certain, c'est que ce prince, ne comptant plus sur notre force, avait réellement changé de système : aussi depuis ce moment, restant avec moi dans les mêmes rapports d'amitié personnelle, il ne me montra plus de confiance politique, et se rapprocha au contraire assez ouvertement des ministres d'Angleterre et de Prusse.

Un jour, ayant beaucoup de monde chez lui, son humeur contre la France le porta à me faire une assez mauvaise plaisanterie, mais qui ne tourna pas trop à son avantage.

Autrefois on trouvait en Europe, dans toutes les cours et chez tous les grands, des fous dont beaucoup d'ambitieux pouvaient envier le bonheur et la fortune; ils avaient le privilége rare de dire des vérités impunément : c'est peut-être le danger de ce droit, qui en a fait tomber la mode.

Or, on voyait encore en Russie quelques seigneurs qui avaient conservé l'usage d'entretenir près d'eux cette sorte de bouffons favoris. Le prince Potemkin en avait un nommé Mosse : il était original, assez instruit, et, au milieu de ses facéties, il lui échappait souvent des traits aussi caustiques que hardis.

Le prince jouait aux échecs avec moi, en présence de plusieurs officiers et d'un assez grand nombre de personnes de la cour; voulant, pour se divertir, m'embarrasser, il appela son fou et lui dit : « Je voudrais savoir ce que » tu penses des nouvelles que nous recevons de » Paris : on y va convoquer les états-généraux » du royaume; parle et dis-nous ce qui en ré- » sultera. »

Mosse alors, sans se faire prier, se mit à parler, à pérorer, à déclamer pendant un quart d'heure avec une extrême volubilité, développant à loisir son indigeste et comique érudition, confondant les faits, les règnes, les dates, les Albigeois, les protestans, les jansénistes; mais citant des anecdotes vraies, et faisant de tout son discours, un tableau grotesque et satirique, qui présentait en ridicule notre cour, notre clergé, nos parlemens, notre noblesse et notre caractère national : la conclusion de toutes ces épigrammes, était la prédiction d'un bouleversement général et d'une folie universelle, qui gagneraient l'Europe, à moins qu'on ne mît à la tête des affaires des sages comme lui, à la place des fous qui les gouvernaient.

Pendant cette belle sortie contre la France, les assistans me regardaient malignement, et le prince riait sous cape de l'embarras où il me jetait, en me faisant entendre tant de sottises contre mon pays, et en me compromettant avec un fou.

Cependant je ne perdis pas la tête, et je voulus prendre ma revanche. Je n'ignorais pas à quel point on était alors forcé, à Pétersbourg, d'être silencieux et circonspect sur la politique et sur les opérations du gouvernement, qui ne souffrait pas qu'on en parlât.

Au lieu de me fâcher contre le harangueur, je lui dis : « Mon cher Mosse, vous êtes un sa-
» vant homme ; mais, depuis vingt ans, vous n'a-
» vez pas vu la France, et votre mémoire, bien
» que prodigieuse, vous trompe ; car vous venez
» de faire un rude mélange d'erreurs et de vé-
» rités ; mais, pourtant, votre beau discours
» me fait croire que vous seriez bien autrement
» éloquent et intéressant, si vous vouliez nous
» parler de la Russie, que vous connaissez bien

» mieux, et de la guerre qu'elle soutient à pré-
» sent contre la Turquie. »

A ces mots, le prince Potemkin fronça le sourcil, et fit au fou un geste menaçant; mais l'intrépide Mosse, qui était en train, et que les éloges encourageaient, prit la parole avec feu, et ménagea encore moins la Russie que la France. Il s'étendit avec complaisance sur les inconvéniens de l'esclavage du peuple, du despotisme de la cour, sur l'incomplet de l'armée, le vide du trésor, le discrédit de la banque. « Que penser enfin, dit-il, d'un gouvernement
» qui voit ses affaires en si piteux état, et qui
» va dépenser tant d'argent et tant d'hommes,
» pour acquérir quelques déserts et gagner la
» peste? Pourquoi veut-on se ruiner, se saigner
» à ce point, et armer peut-être toute l'Europe?
» Vous ne le devinez pas; je vais vous le dire :
» c'est pour amuser un grand prince ici pré-
» sent, qui s'ennuie, et pour lui donner le plai-
» sir d'ajouter le grand cordon de Saint-Georges
» aux trente ou quarante cordons dont il est
» déjà bariolé, et qui ne lui suffisent pas. »

A ce trait, je me mets à rire aux éclats, les assistans s'étouffent pour ne pas m'imiter, et le prince Potemkin, furieux, renverse la table, et jette les échecs à la tête de Mosse qui s'enfuit. Alors je représentai au prince que nous serions tous deux moins sages que Mosse, si nous nous fâchions de sa folie, et la soirée se termina fort gaîment.

J'avais trop développé dans mes dépêches tous les inconvéniens de l'incertitude où l'on me laissait, pour qu'on différât plus long-temps de prendre un parti. M. de Montmorin m'y parut déterminé. « Vous nous avez fait connaître com-
» plétement, m'écrivait-il, les dispositions de
» l'impératrice sur l'alliance projetée, en sorte
» qu'il ne nous reste rien à désirer pour former
» un plan définitif sur tous ces objets. Le travail
» est fait et depuis plusieurs jours entre les
» mains du roi. Je ne tarderai pas à vous expé-
» dier un courrier, qui vous portera les derniers
» ordres de sa majesté. Avertissez la Russie
» que la Hollande veut armer une escadre pour
» la joindre à la flotte suédoise; nous en avons
» l'avis secret. »

Cette dépêche donna au ministère russe et au comte Cobentzel, ainsi qu'à moi, une lueur d'espérance; ce fut la dernière.

L'impératrice manifestait une assez vive humeur contre nous : elle savait que nous avions consenti à payer au roi de Suède quelques subsides arriérés; elle s'étonnait du silence de l'Espagne et du nôtre relativement à la Prusse, « que nous aurions dû, disait-elle, contenir et » intimider, en la menaçant de nos armes, si elle » continuait à mettre l'Europe en danger par » ses vues d'agrandissement en Pologne. » Cette princesse croyait aussi que nous aurions pu tenir à la Porte un langage plus ferme pour accélérer la paix. On voit, par là, combien notre situation intérieure et les embarras de notre gouvernement étaient peu connus en Russie.

La Suède dans ce moment commençait à donner de vives inquiétudes à Catherine : on avait espéré qu'une nouvelle diète serait animée de l'esprit de mécontentement qui venait d'éclater dans l'armée suédoise. D'ailleurs Gustave, attaqué par les troupes du roi de Danemarck, déjà débarquées sur le territoire suédois, pouvait difficilement résister à ce nouvel ennemi : ainsi tout paraissait se réunir pour forcer ce prince à poser les armes, et à souscrire aux conditions que lui dicteraient ses voisins et ses propres sujets.

Mais il en fut tout autrement; le roi de Suède sut trouver, dans son esprit et dans son courage, des ressources proportionnées à la grandeur des périls qui le menaçaient : déjà le prince Charles de Hesse, général de l'armée danoise, étant entré en Suède par la Norwége, avait surpris un poste de huit cents hommes ; il s'était rendu maître, en quinze jours, de tout le pays situé entre Amal et Wenersborg, et s'avançait vers Gothembourg.

Gustave alors n'avait près de lui que deux mille hommes nécessaires à la défense de Stockholm. Les Danois ne rencontraient d'autres obstacles, que quelques faibles corps d'une garde bourgeoise récemment organisée. Le roi vivait solitairement à Haga ; là, on le pressait de convoquer une diète. Un grand parti s'agitait à Stockholm, pour seconder les intrigues des armées de Finlande révoltées.

Dans cet instant critique, Gustave III se rappelle que Gustave-Wasa avait trouvé, dans les mines et dans les cavernes de la Dalécarlie, un asile, d'où il sortit peu de temps après pour délivrer la Suède de ses ennemis. Le roi, bien inspiré, imite ce grand exemple ; il part inopinément et arrive à Mora, la plus populeuse paroisse de ce pays. Il y est accueilli avec des transports de joie, convoque dans une plaine les Dalécarliens, assiste avec eux au service divin, monte sur la même pierre d'où Gustave-Wasa avait harangué ce même peuple ; il lui adresse des paroles nobles, héroïques, entraînantes. Tous ceux qui l'écoutent, sont comme électrisés par son éloquence ; tous lui prêtent serment de fidélité ; tous courent aux armes pour marcher contre l'ennemi.

Dans toutes les autres parties de cette contrée, qu'il parcourt rapidement, il rencontre le même zèle et la même loyauté : ainsi ce roi, pressé par de puissans voisins, abandonné par des troupes rebelles, chercha et trouva des secours et une dernière ressource parmi de simples et braves paysans.

Les Dalécarliens voulaient lui former une garde de six mille jeunes volontaires. « Tant » que je serai au milieu de vous, dit le roi, » je n'aurai point besoin de garde ; mais j'ac- » cepte vos offres pour voler avec vous à la dé- » fense de la patrie. »

Les provinces voisines imitent l'exemple de la Dalécarlie : de toutes parts on s'arme, on s'organise; mais Gustave apprend que le duc Charles de Hesse se croit au moment de se voir maître de Gothembourg, parce que le gouverneur de la ville, intimidé ou séduit, propose aux habitans, dès la première sommation, de capituler, pour éviter le malheur de voir leurs maisons réduites en cendres.

Aussitôt Gustave, bravant le danger d'être enlevé par l'ennemi, se déguise, parcourt seul, à cheval, vingt milles dans un jour, entre le soir dans Gothembourg sans être reconnu, et se rend dans la maison du commandant pour y prendre quelques instans de repos. Il trouve cette maison vide, point de lit, point de meubles : le prudent gouverneur avait déjà mis tous ses effets en sûreté.

Le lendemain, au point du jour, le roi convoque le conseil de la ville et toute la bourgeoisie. « Ne redoutez, leur dit-il, ni l'ennemi
» ni l'assaut; secondez mes efforts : je vaincrai
» avec vous, et je sacrifierai cent fois ma vie
» pour conserver à la Suède Gothembourg, le
» plus riche joyau de ma couronne. »

Ses paroles et son exemple enhardissent les plus timides : on prend tous les chevaux, on rassemble toutes les armes, on travaille sans relâche aux fortifications; il n'existait pas une batterie sur les remparts; on en construit, on y place des canons : en peu de jours la place est en état de défense.

L'armée danoise arrive sous les murs : l'aide de camp du prince de Hesse, chargé par lui d'un message menaçant pour le gouverneur, est introduit, et montre la plus grande surprise, lorsque, au lieu de ce commandant, il voit le roi, qui lui déclare qu'avant de rendre la ville, il la laissera réduire en un monceau de décombres. Les Danois apprennent qu'il n'est plus question de surprendre un pays sans défense, mais d'y soutenir une guerre opiniâtre.

Cependant la marine danoise se réunissait à la marine russe ; de tous côtés, sur terre et sur mer, Gustave était menacé, attaqué, pressé par des forces supérieures : sa ruine semblait inévitable. Il n'espérait plus que sauver sa gloire, et s'ensevelir, avec ses fidèles Dalécarliens, sous les ruines de la patrie : sa fermeté fit son salut.

On méprise, on abandonne les princes faibles ; on admire, on soutient les rois courageux : l'Angleterre et la Prusse ne voulurent point permettre aux ennemis de Gustave de l'écraser. Ils demandèrent au Danemarck de rappeler ses troupes. Le ministre anglais Elliot déclara au gouvernement danois que, s'il n'évacuait pas la Suède, une flotte anglaise bombarderait Copenhague.

On conclut d'abord un armistice, pendant lequel la faible garnison de Gothembourg reçut un renfort de six mille hommes : on y remarquait les Dalécarliens, armés de faulx, d'arquebuses et de hallebardes; ils portaient une jaquette noire, et attachaient à leur bras droit une bande de toile blanche. On en composa trois régimens.

L'armistice fut prolongé; les Danois se retirèrent; on négocia : le Danemarck conclut la paix. Ainsi Gustave eut un ennemi de moins; mais il lui en restait deux redoutables, au dehors la Russie, au dedans le parti aristocratique.

L'armée rebelle était toujours en état de trêve avec les Russes. Les officiers insurgés espéraient, ainsi que l'impératrice, avec laquelle ils traitaient, que la diète forcerait le roi à demander la paix, et à changer la forme de son gouvernement.

Mais Gustave dissipa bientôt ces chimériques espérances : tout à coup il reparaît dans sa capitale; le peuple le reçoit en triomphe. Ce prince était résolu de tenter un coup décisif pour abattre ses adversaires les plus dangereux.

Déjà, lorsqu'il était encore à Gothembourg, il avait convoqué la diète; elle se réunit dans la capitale. Le roi s'y montre, rassemble les quatre ordres en cour plénière, leur expose la situation de la Suède, ses relations avec les puissances de l'Europe, leur déclare qu'il veut, comme eux, la paix, mais une paix honorable, et qu'il ne connait qu'un moyen pour l'obtenir, celui de continuer la guerre avec énergie ; enfin il prie les quatre ordres d'élire un comité secret de trente membres, avec lequel il puisse délibérer sur les intérêts de la patrie.

Le clergé, les paysans, la plus grande partie de la bourgeoisie, se prononçaient ouvertement pour le roi et pour la continuation de la guerre; ils étaient tous d'accord sur le choix de leurs députés. La noblesse seule cherchait à multiplier les difficultés, à prolonger les délais, à entraver toutes les résolutions; par sa conduite, elle irrite les trois autres ordres et lasse la patience de Gustave.

Ce monarque avait tout disposé pour un coup d'État : des troupes réunies et exercées étaient prêtes à entrer dans Stockholm au moindre signe. Le roi convoque tous les membres de la diète dans la grande salle de son palais. Il remercie publiquement les trois ordres du clergé, de la bourgeoisie et des paysans, de leur affec-

tion pour lui, du zèle avec lequel ils l'ont soutenu et de leur dévouement à la patrie. « Mais
» vous, chevaliers et nobles, dit-il, vous qui
» devriez, par votre exemple, éclairer les au-
» tres, vous êtes sourds à la voix de la patrie ;
» vous n'écoutez que celle de vos passions. »

Après avoir prolongé cette harangue assez violente contre ses adversaires, s'adressant à toute la diète, il termina ainsi son discours :
« Je ne peux ni ne dois consentir que, par des
» délais perpétuels, les nobles favorisent les
» projets de l'ennemi. Il faut d'abord qu'on
» m'assiste ; que nos troupes de terre et de mer
» soient habillées, armées, soldées ; ou bien, je
» le déclare d'avance, si nos côtes sont rava-
» gées, si la Finlande est dévastée par le fer et
» par le feu, si cette capitale même est exposée
» aux attaques des ennemis, nul ne pourra me
» le reprocher.

» Ceux-là seuls sont coupables qui, plutôt
» que de renoncer à leur désir de gouverner le
» royaume, et à leurs projets de vengeance con-
» tre moi, consentiraient à voir l'étranger à
» Stockholm, et un ministre russe me dicter
» d'impérieuses lois. Ils espèrent qu'en multi-
» pliant les obstacles et les retards, ils me for-

» ceront à conclure une paix déshonorante;
» mais cette main sèchera avant que je signe
» aucun acte humiliant pour la patrie. J'ai-
» merais mieux qu'on arrachât de ma tête et
» qu'on écrasât sur mon front cette couronne,
» qui fut celle de Gustave-Adolphe; car si je
» ne peux la porter avec le même éclat que lui,
» je veux au moins la laisser sans aucune tache
» à mes successeurs. »

Il leva ensuite la séance, après avoir ordonné à l'ordre de la noblesse de délibérer sur la réparation qu'exigeait le grand-maréchal, pour une offense dont il s'était plaint.

Plus les trois autres ordres montraient d'attachement au roi, plus les ressentimens et l'opposition des nobles s'aigrissaient. Les bourgeois, les paysans, envoyèrent une députation au monarque, et le prièrent d'employer tous les moyens qu'il jugerait nécessaires, pour mettre enfin la diète en activité : c'était ce que Gustave avait voulu.

Certain alors de la majorité des suffrages, il fait arrêter par sa garde trente des principaux orateurs de la noblesse, qui furent conduits dans les prisons d'État de Friddrichschoff. En même temps on se saisit des commandans et officiers de l'armée de Finlande, qui avaient négocié avec la Russie, et le roi les traduisit devant un conseil de guerre.

Gustave, profitant, pour étendre son pouvoir, du succès de ce coup d'autorité, rédigea, avec les trois derniers ordres, un nouvel acte constitutionnel, qu'il nomma *acte d'union et de sûreté*. Son double but était de fortifier l'autorité royale, et d'affaiblir la noblesse, en abolissant la plus grande partie de ses priviléges ; il établissait ainsi, dans une monarchie, l'égalité démocratique, pour empêcher le retour d'une tyrannie aristocratique.

Un seul passage de son discours suffira pour expliquer parfaitement sa pensée. « Un peuple
» également libre, disait-il, né dans un seul
» et même pays, cultivant un seul et même sol,
» soumis aux mêmes lois, reconnaissant un seul
» et même Dieu, ne doit pas être partagé de
» sentimens sur des droits que tous les citoyens
» paraissent également autorisés à réclamer. »

L'article 1ᵉʳ de cet acte *reconnaissait le pouvoir héréditaire du roi, avec le droit de veiller à la sûreté du royaume, de commencer la guerre, de faire la paix, de conclure des traités, de nommer aux charges et de faire grâce.*

L'article 2 *admettait des bourgeois dans le tribunal suprême du roi.*

L'article 3 *permettait aux roturiers d'acheter des terres nobles;* « car (ce sont les termes de
» l'acte) l'égalité, aux yeux des Suédois, fut
» toujours de s'élever et non de rabaisser ses
» sentimens : une nation également libre doit
» avoir des droits égaux. »

L'article 4 *attribuait exclusivement à l'ordre équestre les charges de cour.*

Les articles 5 et 6 *laissaient aux états la discussion des subsides et des propositions royales.*

Les autres articles *confirmaient toutes les dispositions de 1772 qui n'étaient point contraires au présent acte.*

Cet acte devint l'objet des délibérations de la diète. La noblesse seule refusa de l'accepter. Après trois semaines de vives discussions et trente-trois harangues violentes des opposans, l'ordre de la noblesse rejeta unanimement l'acte proposé.

Pour dernière ressource, le roi déclara que le maréchal des états, comte de Lowenhaupt, était non-seulement autorisé, mais même obligé de signer, au nom de la diète et de son ordre, l'acte constitutionnel voté par la pluralité des membres des états : le maréchal obéit. La noblesse protesta, et réclama même la protection du roi de Prusse, pour obtenir, par son appui, quelques modifications.

Enfin le roi se décida à un moyen extrême. Le 27 avril 1788, il se rendit, sans suite et sans gardes, à l'assemblée de l'ordre équestre. Son apparition subite déconcerta les membres les plus hardis. Les autres furent entraînés à la soumission par un discours touchant et sévère de Gustave, sur l'urgence des circonstances et le péril auquel la patrie se voyait exposée. Enfin l'ordre de la noblesse céda : il fit enregistrer son accession à l'acte déjà consenti par les trois autres. Le roi revint dans son palais, au milieu des acclamations et des cris de joie de la multitude.

Le même jour, un héraut proclama le résultat de cette délibération, l'acceptation de l'acte constitutionnel, la clôture de la diète et l'élargissement des prisonniers d'État.

Les armées suivirent la même impulsion, rentrèrent dans le devoir, jurèrent obéissance à l'acte d'union et de sûreté, et le cri de guerre contre la Russie retentit de nouveau dans toute la Suède.

Cette victoire politique de Gustave sur la rebellion, et par malheur aussi sur les lois fondamentales et sur la liberté nationale, lui rendit, pour l'instant, les moyens de combattre et de terminer la guerre avec honneur; mais les ressentimens des nobles survécurent à leur défaite, et la fatale catastrophe qui termina les jours du roi de Suède, ne prouva que trop, dans la suite, à quel degré de violence peut se porter la haine d'une oligarchie long-temps comprimée.

Ce fut pourtant ce même Gustave, ennemi dans son pays des priviléges de l'aristocratie, qui, peu de temps avant sa fin tragique, voulut se placer chevaleresquement, en suivant la direction de Catherine II, à la tête des nobles émigrés français, pour combattre la constitution royale et démocratique de 1791.

On conçoit sans peine combien l'impératrice fut irritée, en voyant l'Angleterre et la Prusse délivrer le roi de Suède du péril dont le menaçait la diversion danoise, et lui donner les moyens de maîtriser la diète, de ramener les armées rebelles à la soumission et de prolonger la guerre. Dans ce moment nous pouvions obtenir de cette princesse tout ce que nous aurions exigé d'elle, pourvu que la quadruple alliance se conclût.

Je profitai de la circonstance ; j'insistai sur la proposition que j'avais déjà faite, de négocier avec les Turcs, et de convenir avec eux d'une trève. On consentit à tout, et Catherine, déclarant qu'elle ne voulait d'autre médiation que la nôtre et celle de l'Espagne, ordonna au vice-chancelier Ostermann d'entrer en correspondance avec M. de Choiseul.

Le ministre russe fut chargé d'insister d'abord sur l'élargissement de M. de Bulgakoff, et d'autoriser notre ambassadeur à négocier avec la Porte un armistice de six mois.

En même temps l'impératrice annonçait que le prince Potemkin allait prendre le commandement de ses deux armées dans le midi, et qu'il partirait muni de ses pleins pouvoirs pour traiter de la paix. Le maréchal Romanzoff, las des contrariétés qu'il éprouvait, avait demandé sa retraite.

Ce fut à l'instant où je venais de remplir, avec tant de succès, le vœu de ma cour relativement à la paix et à la médiation, que je reçus de Versailles les instructions définitives qui m'étaient annoncées : elles étaient datées du 19 mars 1789.

« Le roi, me disait M. de Montmorin, voyant
» que la cour d'Espagne ne veut pas entrer
» dans la quadruple alliance, et se borne au
» maintien des traités qui l'obligent, en cas de
» guerre, à nous secourir contre les Anglais,
» a fait de nouvelles réflexions sur l'état ac-
» tuel de l'Europe. Sa majesté a pensé qu'une
» alliance contractée avec la Russie nous brouil-
» lerait probablement avec la Porte, à moins
» qu'elle ne fût tenue très secrète, et, dans ce
» cas, elle ne produirait pas l'effet désiré, ce-
» lui d'imposer à la ligue anglo-prussienne.

» Ce qui est essentiel, c'est d'agir activement
» comme médiateur, et d'accélérer la paix; car,
» cette paix étant conclue, la quadruple alliance
« ne serait plus nécessaire. Il répugne toujours
» au roi de garantir l'intégrité de la Pologne,
» d'un pays où, depuis plusieurs années, sa
» majesté n'exerce aucune influence; ce serait
» s'exposer, sans nécessité, aux chances d'une
» guerre lointaine.

» D'ailleurs, on va rassembler les états-gé-
» néraux, dans le dessein de faire disparaître la
» différence qui existe entre nos revenus et nos
» dépenses : ce ne sera qu'après avoir atteint
» ce but que le roi aura acquis la certitude de

» remplir ses anciens engagemens. Jusque-là il
» ne peut se résoudre à en contracter de nou-
» veaux.

» Quoiqu'il doive compter sur l'amour de ses
» sujets et sur l'immensité des ressources na-
» tionales, il ne trouverait pas sage d'effrayer
» les esprits par la perspective d'une guerre
» imminente. La France, une fois rassurée, re-
» prendra sa force, sa puissance, et deviendra
» une alliée vraiment utile : voilà les motifs
» d'un retard nécessaire. Sa majesté est persua-
» dée que l'impératrice appréciera leur solidité
» et rendra justice à la franchise de sa conduite.

» Au reste, le roi persiste à vouloir arrêter
» les bases d'une union projetée, sauf à ne la
» revêtir des formes qui doivent la consacrer,
» qu'à l'époque à laquelle les inconvéniens qu'on
» vient de développer n'existeront plus. Cette
» époque serait celle de la paix entre les deux
» cours impériales et la Porte, et celle de la
» solution complète des affaires intérieures de
» la France, à l'issue des états-généraux. »

Telles étaient en substance ces instructions si long-temps attendues, et qu'on m'autorisait à communiquer au ministère russe. M. de Montmorin y joignait un projet de traité, rédigé par lui, et, dans une lettre écrite de sa main, il me mandait « que le conseil avait été unanime sur » l'utilité de l'alliance, mais que la délicatesse » du roi ne lui permettait pas de signer un pa- » reil traité avec la Russie, tant qu'elle serait » en guerre avec les Turcs. »

Je me conformai avec exactitude aux ordres inattendus que je recevais, et je cherchai de mon mieux à calmer l'humeur que ce changement de dispositions donna au ministère russe. Je ne dissimulai point à M. de Montmorin combien ma mission devenait délicate et pénible. « Comment, lui disais-je, soutenir notre cré- » dit, quand nous avouons notre impuissance ac- » tuelle? Comment faire désirer notre alliance, » lorsque nous la différons jusqu'au moment de » la paix avec les Turcs, c'est-à-dire au mo- » ment où l'impératrice croira n'avoir plus be- » soin de notre appui? Comment empêcher le » rapprochement de la Russie avec l'Angle- » terre, lorsque cette puissance, qui lui a été » si utile comme amie, et qui lui fait tant de » mal comme ennemie, lui promet, en cas de » réconciliation, la paix la plus avantageuse? » Enfin je dois, pour ma responsabilité, soumet- » tre de nouveau à sa majesté une observation

» importante : quand je parviendrais, ce qui
» me paraît impossible, à conclure un jour le
» traité projeté avec l'impératrice, comme alors
» sa position sera changée, elle ne voudra jamais,
» dans le cas où nous serions en guerre
» avec l'Angleterre, consentir à fermer ses ports
» aux Anglais en notre faveur, et c'était le principal
» avantage que j'envisageais dans cette
» alliance.

» Les ministres russes, comme je l'avais
» prévu, éclatent en plaintes amères : ils nous
» reprochent notre traité de commerce; ils lui
» attribuent tous les embarras que suscitent à
» la Russie l'Angleterre et la Prusse. Il est évident
» que leur système va changer; déjà l'impératrice
» traite avec plus de bienveillance
» M. Whitworth, ministre anglais.

» J'ai obtenu, disais-je encore à M. de Montmorin,
» j'ai obtenu de la Russie, jusqu'à présent,
» tout ce que le roi m'a chargé de lui
» demander pendant cinq années : confiance,
» traité de commerce, influence, alliance, médiation.
» Le comte Ostermann a remis dans
» les mains de M. de Choiseul tous les soins et
» tout l'honneur de la pacification. Nos troubles
» intérieurs affaiblissaient nos moyens; cepen-

» dant notre cour a soutenu ici tout son crédit
» et toute sa dignité.

» Je vais redoubler d'activité pour conserver
» quelques faibles parties de cette position;
» mais, si la scène change, j'espère que la
» bonté du roi et la bienveillance du conseil
» n'attribueront cette révolution qu'aux cir-
» constances, qu'il ne sera pas en mon pouvoir
» de forcer. »

Dans les premiers jours du mois de mai, un courrier de Vienne apporta à l'impératrice des dépêches qui lui causèrent une vive inquiétude : on lui mandait que l'empereur Joseph venait de recevoir ses sacremens. Cette princesse fut tellement affectée, qu'elle en tomba malade. Un second courrier la rassura en lui apprenant que la vie de ce monarque était, pour le moment, hors de danger.

A cette époque, Catherine II éprouvait des contrariétés de tous genres : la flotte du roi de Suède, favorisée par un coup de vent, était débloquée. Le roi de Suède, délivré des Danois, triomphant de l'opposition dans la diète, se retrouvait à la tête d'une armée soumise, et animée du désir d'expier sa rebellion par des victoires. M. de Choiseul, dont la position devenait de plus en plus délicate, m'écrivait que les Anglais et les Prussiens étaient au moment de conclure avec la Porte un traité d'alliance, par lequel ces trois puissances s'engageaient à soutenir la révolution qui s'opérait alors en Pologne, pour la soustraire au joug de la Russie. En même temps la ligue anglo-prussienne invitait Catherine à rompre tout lien avec l'empereur et la France, et à lui confier la médiation de la paix. A cette condition, elle promettait d'assurer à la Russie la cession d'Oczakoff, et à forcer Gustave de poser les armes.

L'impératrice était trop fière pour se prêter à un rapprochement exigé plutôt que demandé, et qui la forcerait à manquer de foi envers son ancien allié. Mais il me paraissait très probable que, n'étant soutenue ni par l'Espagne ni par nous, elle finirait, ainsi que l'empereur, par se réconcilier avec la ligue aux dépens de la Pologne; car, en politique, presque toujours les querelles des forts se terminent au détriment des faibles.

Je vis à cette époque le pacha d'Oczakoff qu'on avait amené à Pétersbourg : c'était un Turc fort distingué; car il montrait, dans sa conduite et dans ses paroles, un peu de rai-

son et d'esprit. Je lui demandai s'il ne craindrait pas, après la conclusion de la paix, de retourner dans son pays. « Votre gouvernement, lui
» dis-je, est bien rigoureux : on assure qu'il
» punit le malheur comme le crime, et que
» vous-même vous ne seriez pas à l'abri de sa
» sévérité, quoique votre courage et votre vi-
» goureuse défense vous aient mérité l'estime
» de vos ennemis. »

« Nos usages ne vous sont pas bien connus,
» me répondit-il; c'est une reddition volon-
» taire, et non pas une reddition forcée, qui,
» chez nous, rend coupable un commandant
» de place. J'ai été pris d'assaut; on n'a aucun
» reproche à me faire. Mais quand même j'au-
» rais défendu dix ans la ville qui m'était con-
» fiée, si je l'avais rendue par capitulation, ma
» tête tomberait. »

« Eh quoi ! repris-je, dans ce cas vous iriez
» de vous-même subir cet injuste châtiment ? »

« Il le faudrait bien, répliqua le pacha; on
» ne peut éviter son sort, et chacun doit se ré-
» signer aux ordres d'Allah. Vouloir s'y sous-
» traire serait à la fois une folie et un crime. »
Certes on ne peut pousser plus loin le fatalisme !

L'impératrice fit dans ce temps un voyage à

Czarskozélo, et me permit de l'y suivre. D'heureuses nouvelles qu'elle reçut lui rendirent sa gaité : l'empereur était en convalescence ; Kamenski venait de battre un corps assez considérable de Turcs, et Michelson avait mis en déroute une division suédoise ; Romanzoff, partageant son armée en trois corps, dirigeait l'un sur Yassy, l'autre en Valachie, le troisième vers Bender.

Nous apprîmes bientôt que Kamenski, poursuivant ses avantages, avait attaqué près de Galatz le pacha Ibrahim, l'avait fait prisonnier et s'était emparé de son camp.

Ce que je prévoyais depuis long-temps arriva : le prince Potemkin et quelques ministres voulaient engager l'impératrice à se rapprocher de l'Angleterre; et, pour y parvenir, ils disaient à cette princesse, que M. de Choiseul avait donné aux Turcs un plan de campagne assez habilement tracé. Ils ajoutaient que cet ambassadeur, accusant faussement d'intrigues les Anglais et les Prussiens, excitait lui-même les musulmans à continuer la guerre.

Catherine, adoptant trop légèrement cette fable, en parla avec amertume au prince de Nassau. « La cour de France, lui dit-elle, n'agit

» pas de bonne foi avec moi, ou ses ordres sont
» bien mal exécutés par ses ministres. On m'as-
» sure même (et j'ai eu quelque peine à me le
» persuader) que M. de Ségur ne communique
» à mes ministres que des extraits infidèles des
» dépêches qu'il reçoit de M. de Choiseul. Le
» roi de France vient de payer des subsides à
» Gustave III ; il refuse, sous de vains prétextes,
» de conclure la quadruple alliance. Toute cette
» conduite politique, loin d'être franche, me
» paraît presque hostile.

» Je ne veux point faire d'éclat, parce que je
» crains peu le mal que la France voudrait me
» faire. Cependant je n'aime pas qu'on me croie
» dupe de fausses protestations. Je désire donc
» que vous, qui devez à présent, je l'espère, être
» devenu Russe, vous écriviez confidentielle-
» ment à M. de Montmorin, afin de lui faire
» entendre que ses refus de conclure le traité
» d'alliance, et la conduite de son ambassadeur
» à la Porte, ne me permettent plus d'avoir au-
» cune confiance en lui. »

Nassau vint, sans tarder, me rendre compte de cet entretien, et je reconnus facilement, dans toutes ces fausses nouvelles, une intrigue du prince Potemkin, qui espérait, par ce moyen, éloigner l'impératrice de nous. Il y réussit d'abord. Catherine, revenue à Pétersbourg, cessa de me parler avec sa bienveillance ordinaire; elle ne m'invita plus aux soirées particulières de l'Ermitage, et, lorsque j'y venais avec toute la cour et le corps diplomatique, loin de m'appeler près d'elle, elle affectait de me montrer une froideur extrême, et adressait souvent des paroles obligeantes aux ministres d'Angleterre et de Prusse.

Nos rivaux triomphaient, et tous ceux qui, pour régler leur conduite, épiaient constamment les vicissitudes de la faveur, s'éloignaient peu à peu de moi, me regardant comme un ministre disgracié.

J'étais choqué du succès de ces artificieuses menées, et comme elles pouvaient anéantir promptement l'influence que j'étais parvenu, avec tant de difficulté, à rendre en Russie à la France, je désirais vivement trouver quelques moyens pour déjouer ces manœuvres à la fois ministérielles et anglo-prussiennes.

Sur ces entrefaites, je reçus une très longue dépêche de M. de Choiseul. Je n'en aurais jamais pu écrire une plus parfaite pour la circonstance. Cet ambassadeur me rendait un compte détaillé de toute la conduite des ministres anglais et prussien à Constantinople, et des artifices employés par eux, pour éloigner les Turcs de toute idée de trêve ou de paix. Non-seulement la substance de leurs notes et de leurs mémoires présentés à la Porte, s'y trouvait relatée, mais encore il y avait transcrit les propres et hostiles expressions dont ces ministres s'étaient servis.

S'il m'eût été possible de les faire connaître à l'impératrice, elle se serait certainement fort irritée, en voyant à quel point on avait voulu la tromper ; mais la dépêche de M. de Choiseul était chiffrée, et j'ai déjà dit qu'on avait prévenu cette princesse contre ma sincérité, en lui faisant croire que je donnais à son ministre une analyse fort peu fidèle des lettres de notre ambassadeur.

Il était cependant urgent pour moi de ne pas laisser échapper une occasion si favorable, qui peut-être ne se retrouverait pas de long-temps. Or, dans cette circonstance, je me déterminai à prendre un parti décisif : il était si nouveau et si hardi, que je ne jugeai pas convenable d'en rendre compte à ma cour. Je n'en instruisis même M. de Montmorin qu'à mon retour en France.

Si ce moyen téméraire n'avait pas réussi, il aurait peut-être paru coupable; car, par là, je pouvais compromettre la sûreté du chiffre de l'État; et, en faisant connaître aujourd'hui une résolution si hasardeuse, je regarde comme un devoir d'avertir les jeunes Français qui doivent entrer dans la diplomatie, de ne point imiter mon exemple. En effet, pour risquer une démarche semblable à celle que je me permis alors, il fallait connaître aussi parfaitement, aussi intimement que moi, l'esprit, l'âme et le caractère du souverain qui m'inspirait une telle confiance : le succès seul pouvait m'absoudre, et il fut complet.

Je priai le prince de Nassau de venir chez moi. « Vous voyez, lui dis-je, dans quelle crise
» se trouve ici notre crédit, et quels moyens on
» a pris pour le renverser. Vous savez aussi que
» l'impératrice, que l'on trompe, unit à l'âme
» la plus noble, le caractère le plus élevé; rien
» de grand, de généreux, de délicat, ne lui est
» étranger.

» Apprenez donc le moyen auquel je me dé-
» cide pour l'éclairer sur les intrigues qui
» l'assiégent, et pour les déjouer : voici la dépê-
» che de M. de Choiseul que je viens de déchif-

» frer; les mots sont en interligne sous les chif-
» fres. La lecture de cette lettre dissipera tout
» doute sur notre loyauté et sur les artifices de
» nos ennemis; je vais la plier telle qu'elle est,
» et écrire sur l'enveloppe : *Ce n'est point à*
» *l'impératrice, c'est à Catherine que j'adresse*
» *cette dépêche.*

» Prenez-la, mon cher prince; demandez à
» l'impératrice un entretien particulier, et re-
» mettez-lui de ma part cette lettre. Si cette
» princesse vous quitte et sort un moment de
» son cabinet, je l'ai mal connue. Un secrétaire
» peut copier quelques lignes, la clef du chiffre
» est compromise, et je deviens coupable. Mais,
» si je ne me suis pas trompé, elle ne sortira
» pas, et vous rendra sur-le-champ ma dépê-
» che. Partez vite et revenez promptement. »

Nassau m'approuva, courut au palais, et obtint l'audience qu'il demandait. Dès qu'il fut tête à tête avec l'impératrice, et qu'il eut prononcé mon nom, cette princesse dit avec humeur : « Que peut me vouloir M. de Ségur ? » Alors, sans répondre, il lui présente ma lettre.

Catherine la prend, marque une vive surprise en lisant l'adresse, ouvre précipitamment l'enveloppe et commence à lire la dépêche. Dans ce moment, le prince de Nassau se retire peu à peu, et feint de vouloir sortir. Aussitôt l'impératrice court à lui, le prend par la main et lui dit : « Ah! prince, ne sortez point ; je ne » veux pas que vous me quittiez un seul in- » stant. »

Elle reprend ensuite sa lecture, et, après l'avoir rapidement achevée, repliant la dépêche et la rendant à M. de Nassau, elle lui dit avec le regard et le ton de voix le plus émus : « Cou- » rez, prince, courez chez M. de Ségur, et as- » surez-le que jamais de ma vie je n'oublierai » ce noble procédé, cette touchante marque de » son estime et de sa confiance : j'en suis digne ; » il m'a bien devinée. »

Je n'attendais pas sans agitation le retour de mon messager, et l'on peut facilement concevoir quelle fut ma satisfaction, lorsqu'il m'informa de l'heureux et prompt résultat de sa mission.

Le lendemain la cour était invitée à l'Ermitage : dès que j'y parus, l'impératrice m'appela, me fit asseoir près d'elle, écouta peu les acteurs, et, pendant la durée du spectacle, s'entretint continuellement et tout bas avec moi.

La surprise se peignait sur les traits des ministres; ceux de nos rivaux qui triomphaient la veille, déguisaient mal leur désappointement. La scène venait de changer : dès cet instant l'impératrice redoubla pour moi de faveur et de bienveillance; elle n'écouta plus qu'avec dédain les insinuations qu'on essaya de répéter contre la bonne foi de notre gouvernement. Malgré les troubles auxquels la France était livrée, elle conserva en Russie, tant que j'y restai, sa dignité, son influence, et Catherine II me garda si bien le secret sur la marque de confiance que je lui avais donnée, que le prince Potemkin, ni aucun de ses ministres, ne purent découvrir par quel moyen je m'étais remis si promptement en crédit auprès d'elle.

Comme le caractère ardent du sultan Sélim et l'ambition de Gustave III, ainsi que les conseils hostiles des Anglais et des Prussiens, éloignaient toute probabilité d'une paix prochaine, de part et d'autre on accélérait les armemens. Le prince de Nassau pressait celui de sa flottille à Cronstadt. On lui avait donné l'ordre d'en partir sous trois semaines, avec trente galères, dix chebecs, trois bâtimens portant des canons de gros calibre, un grand nombre de chaloupes canonnières et quatorze mille hommes de débarquement. Cette flottille avait une apparence formidable ; mais elle manquait de pilotes, de marins exercés, et les troupes n'étaient composées que de recrues.

En informant M. de Montmorin de la tournure défavorable que prenaient nos négociations, je ne pus m'empêcher de lui renouveler mes plaintes. « Il est malheureux, lui écrivais-je au
» commencement de juin, que, par notre rap-
» prochement avec les cours impériales, ayant
» alarmé les Turcs, les Suédois, l'Angleterre et
» la Prusse, nous mécontentions à présent l'em-
» pereur et l'impératrice par le refus de signer
» la quadruple alliance. Il en résulte que nous
» éprouvons tous les inconvéniens de cette al-
» liance sans en recueillir les fruits, qui, dans
» d'autres temps, ne seront plus à notre dis-
» position. Catherine tient encore à ce projet ;
» mais elle désire si vivement la paix, que, si
» M. de Choiseul n'a pas de prompts et d'inespé-
» rés succès, elle acceptera les bons offices des
» Prussiens et des Anglais, pourvu qu'ils lui
» donnent la certitude de terminer la guerre. »

Ma crainte était fondée ; car je savais, par une voie secrète et sûre, que le prince Potemkin, avant son départ, avait fait des ouvertures de

rapprochement au ministre d'Angleterre. « No-
» tre projet d'union avec la France, lui avait-il
» dit, n'a existé qu'un moment. Les assurances
» données par M. de Ségur nous ont entraînés;
» mais bientôt, ouvrant les yeux, nous avons
» reconnu, qu'on ne pouvait pas compter sur le
» gouvernement français, tandis que mille rap-
» ports prouvent l'utilité d'une liaison intime
» entre la Russie et l'Angleterre. Le commerce
» des Anglais avec nous est immense; leurs
» négocians forment à Pétersbourg une vérita-
» ble colonie. Tout indique la nécessité d'un
» rapprochement; les circonstances sont favora-
» bles, et nous devons nous hâter d'en profiter. »

Cependant quelques incidens survenus depuis cet entretien contrariaient le prince Potemkin, et nourrissaient l'humeur de Catherine contre ses ennemis ouverts ou cachés. Elle apprit qu'un marin suédois, s'étant introduit en secret avec un brûlot dans la rade de Copenhague au milieu des bâtimens d'une escadre russe, avait été surpris, poursuivi et arrêté chez le ministre de Suède, qui lui avait donné asile.

En même temps, le cabinet de Londres continuait à menacer de ses armes le Danemarck, s'il persistait, conformément à son traité, à soutenir la Russie dans sa guerre contre les Suédois. D'un autre côté, je fis connaître à l'impératrice une noble démarche de notre gouvernement : il venait de déclarer au cabinet de Londres, qu'il ne souffrirait pas que ses vaisseaux insultassent les côtes et les flottes danoises.

Aussi le ministère russe, satisfait de ce procédé ferme et loyal, me transmit une note officielle beaucoup plus amicale que je ne l'espérais : c'était une réponse à la dépêche dilatoire de notre cabinet, relativement à la quadruple alliance; par cette réponse, l'impératrice renouvelait au roi l'assurance du désir qu'elle conservait de s'unir à lui; seulement, au lieu de répondre article par article au contre-projet rédigé par M. de Montmorin, elle disait, qu'avant de les discuter, elle devait préalablement se concerter avec l'empereur, comme nous voulions nous entendre avec le roi d'Espagne; c'était, de part et d'autre, une défaite honnête, une manière polie de suspendre la négociation sans la rompre.

A cette époque le prince Potemkin, qui cherchait constamment à nous nuire, interdit à nos vaisseaux marchands l'entrée des ports russes de la mer Noire, sous prétexte de ne point faire connaître les travaux et les armemens qui s'y faisaient.

Je me plaignis vivement de cette infraction à notre traité de commerce, et je donnai à ce sujet au cabinet russe un mémoire très étendu, et auquel les ministres ne purent rien répliquer : ils me firent même entendre qu'ils partageaient mon opinion ; mais leur crédit luttait en vain contre le crédit de Potemkin, et celui-ci nous fit attendre long-temps la satisfaction demandée.

Lorsque je renouvelais mes instances, Catherine, au lieu de répondre directement, se plaignait de l'activité de ses ennemis et de l'inaction de ses amis.

Sa prudence, dans ce moment, remportait un triomphe pénible sur son orgueil : elle venait de retirer ses troupes de Pologne, pour éviter tout prétexte de guerre avec la Prusse ; mais, en même temps, elle voulait savoir si elle pouvait compter sur nous, dans le cas où, malgré cette démarche, Frédéric-Guillaume commencerait les hostilités, comme il l'avait fait espérer, disait-elle, aux Polonais et aux Suédois.

Or, on conçoit bien que je ne pouvais, à cette époque, lui faire qu'une réponse très vague : nous étions au mois de juin 1789; de toutes parts, en France, l'autorité royale se voyait menacée; le déficit s'accroissait; les états-généraux, loin de s'occuper à le combler, étaient divisés en partis.

Naguère on avait vu toutes les classes de l'État réunies contre le pouvoir arbitraire, et contre des abus trop long-temps tolérés; mais, depuis, la question venait de changer totalement : il ne s'agissait plus seulement d'économie et de liberté, mais d'égalité; il fallait décider si l'on voterait par ordres ou par têtes, ou, pour mieux dire, si les ordres resteraient séparés, si leurs priviléges seraient conservés ou détruits, si nos antiques institutions seraient modifiées ou renversées, enfin si nous opérerions une sage réforme ou une orageuse révolution.

La guerre se déclarait entre l'aristocratie et la démocratie : leurs premières hostilités agitaient tous les esprits, enflammaient toutes les passions; un parti assez nombreux défendait avec opiniâtreté l'ancien régime et les priviléges. Un nouvel ordre social était désiré et provoqué par la masse du peuple; celle-ci se voyait encouragée par plusieurs nobles, animés d'un ardent amour de la liberté.

Au sortir d'un long calme, personne n'était éclairé par cette expérience, fruit triste et tardif des erreurs, des fautes et des malheurs : le gouvernement, faible et imprévoyant, n'avait rien préparé, rien décidé d'avance; depuis long-temps sa force était minée; il avait pris pour elle les restes d'un vain éclat; changeant vingt fois, en peu d'années, de ministres et de systèmes, la confiance publique ne l'entourait plus. Le trône ressemblait à un char dont l'essieu se brise, et dont les coursiers ne sentent plus les rênes; enfin, une dernière imprévoyance ayant rassemblé les états de la nation près de la capitale, et presqu'au foyer des passions sans frein d'une population immense, le pouvoir royal se trouvait livré aux fureurs des orages et aux chances capricieuses du destin.

Dans de telles circonstances, n'était-il pas surprenant de voir des puissances étrangères solliciter et espérer le secours de nos armes ? Rien ne prouve mieux combien il est injuste aujourd'hui de reprocher à la nation française les malheurs, les violences, les crimes d'une révolution, que le temps seul avait amenée, qu'on ne peut attribuer à personne exclusivement, et que, hors de France comme en France, aucun esprit éclairé n'avait ni calculée ni même prévue.

La vérité est que, d'une extrémité de l'Europe à l'autre, les lumières, la philosophie, la raison, ayant fait depuis deux siècles d'immenses progrès, les idées de justice, d'ordre et de liberté, s'étant partout répandues, les principes de morale et d'équité triomphant chaque jour des préjugés, les esprits se trouvaient généralement disposés, à substituer le règne de la loi à celui du caprice et du pouvoir arbitraire.

Aussi, dans les premiers momens, les remontrances de nos parlemens, leur résistance, celle des notables, les projets de M. Turgot, les actes, les écrits de M. Necker, les harangues de M. de Malesherbes, les discours de nos académies, excitèrent partout une approbation, une admiration presque universelles.

Un sentiment naturel attirait ces applaudissemens : c'était l'amour d'une sage liberté; mais, lorsque celui de l'égalité leva son redoutable niveau, et que les intérêts privés s'entrechoquèrent, alors tout changea, et, dans chaque pays, les classes élevées qui gouvernaient, se trouvèrent ou se crurent dans une sorte d'état de guerre avec les peuples.

Telle fut la cause réelle de ces longs orages à peine calmés aujourd'hui : était-il possible de les prévoir, de les éloigner? Peut-on distinguer avec justice quels sont ceux qui les ont excités et grossis par leur ardente passion, ou par leur imprudente résistance? C'est ce que la passion affirme et ce que la raison nie.

Au reste, le mécontentement que donnaient à l'impératrice la lenteur de ses armées du midi, l'insurrection de la Pologne, les menaces de l'Angleterre aux Danois, les manœuvres et les préparatifs hostiles de la Prusse, enfin notre impassible inaction, ne tourmentaient pas son esprit aussi vivement que les progrès du roi de Suède en Finlande.

Comme elle s'était chargée personnellement de la direction de cette guerre du Nord, les revers et les succès de ses généraux sur un territoire si voisin de sa capitale, l'agitaient sans cesse ; d'ailleurs son orgueil était blessé de voir un roi si faible mettre en péril sa puissance et sa renommée.

Par malheur elle avait choisi, pour commander ses troupes, deux généraux, Poushkin et Michelson, dont l'un manquait d'activité, et l'autre de prudence. Michelson, s'avançant avec témérité contre les Suédois et sans être soutenu, obtint d'abord un assez brillant succès à Kira, mais ensuite il fut repoussé avec perte et blessé.

Tandis que Poushkin détachait trop tard un corps pour s'emparer de la province de Savolax, Gustave pénétra avec dix mille hommes sur le territoire russe. Poushkin, se retirant devant lui, attendit, pour le combattre, que la flottille du prince de Nassau, déjà mouillée près de Wibourg, fût arrivée à la hauteur de Frédériksham.

Un chagrin intérieur, éprouvé dans ce moment par Catherine, vint aggraver ses inquiétudes politiques ou plutôt l'en distraire : cette femme extraordinaire offrait, dans son caractère, un étonnant mélange de la force de notre sexe et des faiblesses du sien ; l'âge avait vieilli ses traits, mais son cœur, ainsi que son amour-propre, conservaient leur jeunesse ; l'un et l'autre furent alors vivement blessés.

Elle découvrit que son aide de camp, son favori, le comte Momonoff, comblé par elle de bienfaits, d'avancement, de richesses, après l'avoir plusieurs fois trompée, gémissait sous le joug d'une faveur qui enchaînait tristement sa liberté.

L'impératrice, espérant encore réveiller sa sensibilité, lui écrivit qu'elle voyait avec peine que tous ses soins ne pouvaient réussir à le rendre heureux, et à dissiper sa mélancolie. « Comme je veux, lui disait-elle, avant tout, » votre bonheur, j'ai formé le dessein de vous » unir avec la plus riche héritière de cet em- » pire; répondez-moi, ce projet satisferait-il vos » vœux? »

Momonoff refusa le mariage proposé; mais il avoua en même temps à Catherine que toutes ses bontés, en lui inspirant la plus profonde reconnaissance, ne pouvaient suffire à son bonheur; que son âme, malgré tous ses efforts, était maîtrisée depuis long-temps par une insurmontable passion pour une de ses demoiselles d'honneur, la princesse Schérébatoff. Honteux de son ingratitude, mais ne pouvant changer ses sentimens, il implorait respectueusement la clémence de sa souveraine.

A cette nouvelle inattendue, Catherine, irritée, s'éloigne de sa cour, se renferme dans son appartement, et contremande les spectacles qui devaient avoir lieu à Czarskozélo; mais, sortant ensuite promptement d'une colère et d'un abattement peu dignes d'elle, elle mande en sa présence la princesse et son infidèle amant, les fait fiancer devant elle, dote richement sa demoiselle d'honneur, donne au coupable comte une terre de deux mille paysans, assiste à la cérémonie de leur mariage, et, conformément à l'usage, place elle-même une parure de diamans sur la tête de la mariée; après cet effort remporté sur son orgueil, elle leur ordonne de s'éloigner de sa cour.

Lorsqu'on peint Catherine, ses faiblesses sont les ombres de ce grand tableau; mais elles laissent au moins briller la générosité de son caractère. Peu de femmes, revêtues d'un pouvoir absolu, montreraient autant de modération, en voyant leurs sentimens trahis et leur amour-propre blessé. Cet empire qu'elle savait prendre sur son courroux est d'autant plus louable, qu'elle était naturellement, comme elle me l'a dit plusieurs fois, très vive et même violente.

C'est cette modération soutenue qui la caractérisait, et que je ne pouvais m'empêcher d'admirer, surtout lorsque je voyais encore, non loin d'elle, à Pétersbourg, vivante, libre, tranquille et riche de ses dons, cette célèbre Woronzoff, maîtresse de Pierre III, et qui avait obtenu de ce prince la promesse de l'épouser, de répudier Catherine et de la reléguer en Sibérie.

L'impératrice, ayant ainsi remporté sur elle-même une pénible victoire, avait repris sa vie accoutumée, avant que les nouveaux époux eussent quitté Czarskozélo. Un seul changement pouvait se remarquer dans le palais : les courtisans russes ou étrangers, qui jusque-là se montraient tous les soirs en foule chez le comte Momonoff, avaient totalement abandonné ce favori disgracié.

Comme j'avais reçu de lui des preuves d'amitié, je crus devoir, dans cette occasion, lui montrer que je m'en souvenais : j'allai le voir, et, pour la première fois depuis notre liaison, je me trouvai seul avec lui.

L'impératrice le sut, et, devant tout son cercle, approuvant hautement ma démarche, elle s'expliqua, en termes fort dédaigneux, sur la lâcheté de ceux qui s'éloignaient avec tant de précipitation d'un homme naguère courtisé et encensé par eux.

Ne doit-on pas juger avec quelque indulgence les erreurs de cette femme, nommée *Catherine le Grand* par le prince de Ligne, lorsqu'elle montrait à la fois dans sa conduite tant de fierté, de douceur et de magnanimité?

L'isolement du comte Momonoff, au milieu d'une cour qui l'avait si long-temps entouré d'hommages, ne peut surprendre dans un pays soumis à un gouvernement absolu. Le despotisme abaisse tous ceux qu'il domine ; il rétrécit les esprits et courbe les caractères.

Je puis en citer un exemple encore plus frappant, et qui contribua beaucoup, par les tristes réflexions qu'il me fit faire, à graver plus que jamais dans mon âme l'amour d'une noble liberté, malgré tous les orages que ses ennemis, et même ses amis, font naître trop fréquemment autour d'elle.

Paul Jones, compagnon de victoires du prince de Nassau, était revenu à Pétersbourg ; ses ennemis, ne pouvant supporter le triomphe d'un homme qu'ils traitaient de vagabond, de rebelle et de corsaire, résolurent de le perdre. Cette noirceur, qu'on doit imputer à quelques lâches envieux, fut, je crois, très injustement attribuée aux officiers anglais de la marine russe et aux négocians leurs compatriotes. Ceux-ci, à la vérité, ne déguisaient point leur animosité contre Paul Jones ; mais il serait injuste de faire tomber sur eux tous une basse intrigue, qui ne fut peut-être que l'ouvrage de deux ou trois personnes restées inconnues.

Le contre-amiral américain se voyait favorablement accueilli à la cour, souvent invité à dîner par l'impératrice, et reçu avec distinction dans les meilleures sociétés de la ville : tout à coup Catherine lui fait signifier l'ordre de ne plus se présenter devant elle.

On lui apprend qu'il est accusé d'un crime infâme, celui d'avoir outragé une jeune fille de quatorze ans, d'avoir exercé sur elle d'indignes violences, et qu'il doit être probablement, après des informations préalables, jugé par le tribunal de l'amirauté, où siégeaient plusieurs officiers anglais fort prévenus contre lui.

A peine cet ordre est-il connu, chacun abandonne ce malheureux Américain; personne ne lui parle, on évite de le saluer; toutes les portes lui sont fermées. Ceux qui l'accueillaient la veille avec empressement, le fuient comme s'il était pestiféré; bien plus, aucun avocat ne veut se charger de sa cause, aucun homme public ne consent à l'écouter; enfin son domestique même ne veut plus rester à son service; et Paul Jones, dont on s'empressait récemment de vanter les exploits et de rechercher l'amitié, se trouve seul au milieu d'une population immense : Pétersbourg, une grande capitale, devient pour lui un désert.

J'allai le voir; il fut touché jusqu'aux larmes, de cette visite : « Je n'avais pas voulu, me dit-il
» en me serrant la main, me présenter à votre
» porte et m'exposer à un nouvel affront, qui
» m'aurait été plus sensible que tous les autres.
» J'ai bravé mille fois la mort; aujourd'hui je
» la souhaite. » Son regard et ses armes, posées sur la table, me faisaient soupçonner un sinistre projet.

« Reprenez, lui dis-je, votre calme et votre
» courage. Ne savez-vous pas que la vie hu-
» maine a ses orages, comme la mer, et que la
» fortune est encore plus capricieuse que les
» vents? Si, comme je l'espère, vous êtes in-
» nocent, bravez cette bourrasque; si, par mal-
» heur, vous étiez coupable, parlez-moi avec une
» pleine franchise, et je ferai tout ce qui dépendra
» de moi pour vous soustraire, par une prompte
» évasion, au péril qui vous menacerait. »

« Je vous jure sur mon honneur, répondit-il,
» que je suis innocent et victime de la plus in-
» fâme calomnie. Voici le fait : il est arrivé chez
» moi le matin, il y a peu de jours, une jeune
» fille pour me demander si je pouvais lui don-

» ner quelque linge, quelques dentelles à rac-
» commoder; elle me faisait d'assez vives et
» indécentes agaceries. Étonné de tant de har-
» diesse à son âge, j'en eus pitié; je lui conseil-
» lai de ne pas entrer dans une si vile carrière;
» je lui donnai quelque argent et la congédiai.
» Mais elle s'obstina à rester.

» Impatienté de cette insistance, je la pris
» par la main et je la mis à la porte; mais, au
» moment où cette porte s'ouvrait, la petite scé-
» lérate déchire ses manches, son fichu, pousse
» de grands cris, se plaint que je l'ai outragée,
» et se jette dans les bras d'une vieille femme
» qui se dit sa mère, et qui sûrement n'était pas
» apostée là par hasard. La mère et la fille font
» retentir la maison de leurs plaintes, sortent et
» vont me dénoncer : vous savez tout. »

« Fort bien, repris-je, mais n'a-t-on pu
» vous apprendre les noms de ces aventuriè-
» res? » « Le portier les connaît, me répon-
» dit-il; voici leurs noms écrits, mais j'ignore
» leur demeure. J'ai voulu promptement pré-
» senter un mémoire sur cette ridicule affaire,
» d'abord au ministre, ensuite à l'impératrice
» elle-même; mais tout accès près d'eux m'a
» été interdit. »

« Donnez-moi ce papier, lui dis-je; reprenez
» votre fermeté accoutumée; rassurez-vous;
» laissez-moi faire; dans peu nous nous rever-
» rons. »

Dès que je fus rentré chez moi, je chargeai
des agens discrets, adroits et sûrs, qui m'étaient
dévoués, de prendre des informations sur ces
femmes suspectes, et de découvrir quelle vie
elles menaient. Je ne tardai pas à savoir que la
vieille était une femme accoutumée à faire un
vil trafic de jeunes personnes, qu'elle faisait passer pour ses filles.

Lorsque je fus muni de tous les documens et
attestations dont j'avais besoin, je courus les
montrer à Paul Jones. « Vous n'avez plus rien
» à craindre, lui dis-je; les infâmes sont dé-
» masquées. Il n'est plus question que de des-
» siller les yeux de l'impératrice, et de lui faire
» voir combien elle a été indignement trompée;
» mais c'est ce qui n'est pas très facile : la vé-
» rité trouve beaucoup de gens très habiles pour
» l'arrêter aux portes d'un palais, et les lettres
» dans lesquelles elle s'enferme, sont, de tou-
» tes, celles qu'on intercepte avec le plus d'art
» et de soin.

» Cependant, je sais que l'impératrice, qui

» ne l'ignore pas, a défendu, sous des peines
» très graves, qu'on se permît d'arrêter, d'ou-
» vrir et de garder les lettres adressées à sa per-
» sonne, et qui peuvent lui arriver par la poste :
» or, voici une très longue lettre que j'ai rédi-
» gée en votre nom pour elle; aucun détail n'y
» est omis, quoiqu'il y en ait de scabreux. J'en
» suis fâché pour sa majesté impériale; mais,
» puisqu'elle a écouté et cru la calomnie, il faut
» bien qu'elle lise avec patience la justification.
» Copiez cette lettre, signez-la; je m'en charge.
» J'enverrai quelqu'un la mettre à la poste dans
» la ville la plus voisine. Prenez courage; croyez-
» moi, votre triomphe n'est pas douteux. »

En effet, le paquet fut envoyé et mis à la poste; l'impératrice le reçut; et, après avoir lu ce mémoire pleinement justificatif et accompagné d'attestations irréfutables, elle s'emporta vivement contre les délateurs, révoqua ses ordres rigoureux, rappela Paul Jones à sa cour, et l'accueillit avec sa bienveillance accoutumée.

Ce brave marin jouit avec une fierté modeste d'une réparation qui lui était due; il crut très peu aux complimens, que lui prodiguaient sans pudeur une foule de gens qui l'avaient fui dans sa disgrâce, et quelque temps après, dégoûté d'un pays où le sort d'un homme peut être exposé à de telles humiliations, il demanda à l'impératrice, sous des prétextes de santé, un congé qu'elle lui accorda, ainsi qu'une honorable décoration et une pension convenable.

Il partit, après m'avoir exprimé sa reconnaissance pour le service que je lui avais rendu, et son respect pour une souveraine, qu'on pouvait induire en erreur, mais qui savait au moins réparer avec éclat une faute et une injustice.

Cette princesse venait de choisir un nouvel aide de camp pour remplacer Momonoff; il se nommait Zouboff, et était officier dans un des régimens de la garde. On voudrait pouvoir passer sous silence cette continuité de faiblesses, prolongées même jusqu'à l'âge où elles ne trouvent plus d'excuses; mais tel est le sort des souverains, il n'est point de vie privée pour eux; leurs liaisons intimes et leurs sentimens ont une trop fréquente influence sur la politique, pour échapper à l'attention publique; ils ne sauraient trop se le répéter, chaque journée de leur existence est une page de leur histoire.

Le nouveau favori s'était élevé sans que le prince Potemkin eût été consulté : chacun était curieux de savoir s'il se rangerait au nombre des amis de ce prince, ou s'il oserait lutter contre son crédit.

Pour moi, qui ne le connaissais pas, je regrettais l'éloignement du comte Momonoff, qui s'était toujours montré fort zélé pour les intérêts de la France; mais, peu de temps après, je vis qu'à cet égard rien n'était changé : Zouboff rechercha mon amitié avec empressement, et ne me cacha point qu'il agissait ainsi pour complaire à l'impératrice.

On reçut encore d'assez mauvaises nouvelles de Finlande : le général suédois Steding avait battu complétement le général Schultz à Pomala, et s'était emparé de son artillerie. Catherine me parut plus irritée qu'inquiète de cet échec.

Elle me parla avec beaucoup d'intérêt des affaires de France. « Votre tiers-état, me dit-
» elle, élève de bien hautes prétentions; il ex-
» citera le ressentiment des deux autres ordres,
» et cette discorde peut avoir des suites aussi
» longues que dangereuses. Je crains que le roi
» ne se voie forcé à trop de sacrifices, sans par-
» venir à satisfaire les passions. »

Je lui répondis « que, sans être exempt
» d'inquiétude, je conservais encore beaucoup

» d'espérance, puisque le roi, aimé de toute la
» nation, ne voulait que le bonheur public, et
» qu'en général l'effervescence des peuples ne
» devient violente et durable, que lorsqu'elle se
» trouve contrariée et comprimée par un in-
» juste abus de la force. »

Peu de jours après cet entretien, le vice-chancelier, m'ayant prié de me rendre promptement chez lui, m'apprit les événemens qui s'étaient passés à Paris le 14 juillet. Il me dit « que
» tout le peuple de la capitale s'était insurgé,
» et avait pris la Bastille; qu'on avait forcé le
» roi de venir à l'hôtel-de-ville arborer la co-
» carde de l'insurrection; que le désordre était
» au comble; enfin que partout on bravait les
» lois, on insultait la noblesse, on pillait les
» châteaux. »

Comme on ne m'avait rien écrit (suivant l'usage très blâmable, selon moi, et pourtant suivi par beaucoup de ministres dirigeans, dans la crainte de se compromettre), il m'était impossible de répondre d'une manière convenable, et de distinguer ce qu'il pouvait y avoir de vrai ou d'exagéré dans ces nouvelles.

Elles se répandirent avec rapidité, et furent très diversement reçues, selon la condition et les sentimens de ceux auxquels elles parvenaient. A la cour, l'agitation fut vive, et le mécontentement général : dans la ville, l'effet fut tout contraire ; et, quoique la Bastille ne fût assurément menaçante pour aucun des habitans de Pétersbourg, je ne saurais exprimer l'enthousiasme qu'excitèrent parmi les négocians, les marchands, les bourgeois et quelques jeunes gens d'une classe plus élevée, la chute de cette prison d'État, et ce premier triomphe d'une liberté orageuse.

Français, Russes, Danois, Allemands, Anglais, Hollandais, tous, dans les rues, se félicitaient, s'embrassaient, comme si on les eût délivrés d'une chaîne trop lourde qui pesât sur eux.

Cette folie, que j'ai peine encore à croire en la racontant, n'eut que quelques momens de durée : la crainte arrêta bientôt ce premier mouvement. Pétersbourg n'était pas un théâtre, sur lequel on pût faire, sans dangers, éclater de pareils sentimens.

Bientôt on fut distrait de ces événemens lointains, et les combats qui se livraient à peu de distance de la capitale, absorbèrent toutes les attentions. Comme on avait fait mystère de la victoire de Steding et de ses détails, ils furent, ainsi que cela arrive toujours, connus, malgré le gouvernement, et fort exagérés. Le ministère s'en alarma, et défendit, sous des peines sévères, de parler, dans les lieux publics, des affaires de la guerre de Suède.

La fortune cessa bientôt de se montrer infidèle pour Catherine : elle avait ordonné aux escadres de Tchitchakoff et de Kasilinoff, de se réunir. La flotte suédoise s'y opposa. On combattit huit heures sans perte considérable des deux côtés ; mais les Russes s'attribuèrent, avec raison, l'avantage de cette journée, puisque leur jonction fut faite.

Le prince de Nassau battit et mit en fuite vingt bâtimens suédois, dont plusieurs portaient des canons de vingt-quatre ; et, bravant le feu de tous les îlots fortifiés qui s'opposaient à sa marche, il franchit heureusement toutes les passes. Nous apprîmes aussi que le général Souwaroff et le prince de Cobourg avaient défait trente mille Turcs, pris Foczany, douze étendards et le camp des musulmans.

On recevait de tous côtés les lettres les plus alarmantes, relativement à nos troubles intérieurs, et comme je persistais à croire qu'un

heureux accord terminerait ces dissensions, Catherine me dit : « Je le souhaite plus que per-
» sonne; mais je ne commencerai à y croire que
» lorsque votre peuple cessera de se livrer à
» des excès qui m'indignent. Au reste, je vous
» avertis que les Anglais veulent se venger de
» leurs revers en Amérique : s'ils vous atta-
» quaient, cette nouvelle guerre vous rendrait
» service, en attirant au dehors le feu qui vous
» tourmente. »

L'impératrice, en finissant cet entretien, se montra très satisfaite de voir MM. de Saint-Priest et de Montmorin près du roi. « Leur
» sagesse, me dit-elle, m'inspire une grande
» confiance. »

A peu près dans le même temps, je sus, par une voie sûre et secrète, les nouvelles tentatives que faisait le prince Potemkin pour changer ma position : il avait écrit à l'impératrice, qu'il n'était pas d'une bonne politique d'appeler, presque toujours exclusivement, près de sa personne, les ministres de Vienne et de Versailles ; que cette préférence donnait de l'humeur aux autres cours, et que, vu l'état d'inaction où nous réduisaient nos troubles, il était prudent de ménager l'Angleterre. Mais Catherine, sourde à ces représentations et ferme dans ses sentimens, ne voulut point admettre M. Whitworth dans son intimité.

Un incident assez singulier surprit alors et mécontenta notre gouvernement : M. de Choiseul avait obtenu que la Porte remît M. de Bulgakoff entre ses mains. Le ministre russe ne voulut point sortir ainsi de prison; il demandait que son élargissement fût une satisfaction directe et solennelle faite à la Russie.

C'était, selon moi, un noble procédé. M. de Montmorin, qui le regardait comme un manque d'égards pour la France et pour notre ambassadeur, espérait que je ferais partager son opinion et son mécontentement au cabinet russe; mais je ne pus réaliser cette espérance; il m'aurait été trop difficile d'agir avec quelque succès contre un homme dont j'approuvais la conduite.

L'impératrice eut bientôt un nouveau motif de s'applaudir des preuves de confiance qu'elle avait données au prince de Nassau : cet aventureux guerrier remportait sur les mers du Nord, des palmes non moins brillantes que celles dont il s'était paré dans le Liman. Profitant habilement de l'imprudence commise par le roi de Suède, qui s'avançait toujours sans assurer sa retraite et ses communications, il attaqua la flotte suédoise à l'embouchure de la Kimen, et remporta sur elle une victoire signalée.

Le combat dura quatorze heures, depuis le matin jusqu'à une heure après minuit. Les Suédois furent mis en fuite; Nassau s'empara du vaisseau amiral, de quatre autres bâtimens portant quarante canons, d'un *cutter* et de trois galères; il fit prisonniers quarante officiers, treize cents matelots ou soldats, et coula bas plusieurs bâtimens embossés près des iles.

L'amiral suédois se vit contraint de se sauver sur un yacht. Dans cette glorieuse action la garde impériale accrut sa renommée, et le chevalier de Litta fut cité glorieusement.

Nassau, débarqué ensuite avec six mille hommes, marcha rapidement dans l'espoir de couper toute retraite au roi de Suède; mais ce prince, menacé par trois autres corps russes, qui l'attaquaient de front et sur les flancs, avait abandonné à la hâte le poste d'Egfort. Nassau le poursuivit, atteignit son arrière-garde, lui prit cinq cents hommes, une partie de ses munitions et ses bagages. Pendant ce temps, sa flottille, poursuivant ses avantages, détruisit encore quarante bâtimens suédois.

Dans ces journées si heureuses pour Nassau, il fit une grande perte, et éprouva un vif chagrin : M. de Varage, officier distingué de notre marine, dirigeait, par ses sages et habiles conseils, le bouillant courage du prince; cet intrépide marin, étant débarqué et poursuivant avec trop d'ardeur les troupes de Gustave, fut tué par des Bashkirs, horde de sauvages qui déparent l'armée russe plus qu'ils ne la servent; ces Barbares avaient pris M. de Varage pour un Suédois.

Nassau, remonté sur ses galères, voulait poursuivre le roi jusqu'à Louisa; mais un coup de vent dispersa sa flotte, qui rentra victorieuse dans le port de Cronstadt, avec ses prises nombreuses et ses honorables trophées.

Au commencement de cette campagne, Gustave III, toujours chevaleresque, se souvenant d'avoir vu plusieurs fois, en France et à Spa, le prince de Nassau, qui l'avait frappé par son amour pour les combats et pour la gloire, lui avait écrit une lettre pleine de courtoisie. « J'a-
» vais cru, lui disait-il, d'après nos derniers
» entretiens, que j'aurais le plaisir de recevoir
» l'offre de votre épée; mais, puisqu'à mon grand
» regret, vous allez combattre contre moi, je

» me flatte au moins de conquérir, sur les champs
» de bataille, l'estime d'un tel adversaire. »

La fortune changea promptement ces obligeantes dispositions; et lorsque le roi connut la relation très véridique, publiée par l'impératrice sur la victoire des Russes, son amour-propre blessé lui faisant oublier sa modération ordinaire, il y répondit par une autre relation, dans laquelle il s'efforçait d'atténuer ses pertes et les avantages remportés sur lui.

Le prince de Nassau lui écrivit à ce sujet la lettre suivante, qui m'a paru trop piquante pour ne pas la rappeler ici.

LETTRE DU PRINCE DE NASSAU

A S. M. GUSTAVE III, ROI DE SUÈDE.

Pétersbourg, 20 septembre 1789.

« SIRE,

» Lorsque votre majesté me fit dernièrement
» l'honneur de m'écrire, elle me dit *qu'elle*
» *s'adressait à un chevalier qui cherchait par-*
» *tout la gloire et l'honneur.* Je chercherai cer-
» tainement, sire, toute ma vie, à justifier l'o-
» pinion de votre majesté ; mais, lorsqu'on
» cherche l'honneur, on ne souffre rien de ce

» qui peut faire soupçonner la loyauté, et l'on
» n'avance rien qui ne soit vrai, et qui ne puisse
» se soutenir et se prouver à la face de l'univers.

» C'est ce sentiment qui m'a fait lire avec in-
» dignation, dans la Gazette d'Hambourg, une
» prétendue relation du combat, que j'ai eu
» l'honneur de soutenir contre la flotte des ga-
» lères de votre majesté.

» Cette relation, sire, paraît démentir la
» mienne; elle est, en plusieurs points, absolu-
» ment contraire à la vérité, et j'ai été surpris
» qu'on ait eu l'audace de mettre un nom aussi
» respectable que celui de votre majesté, au bas
» d'un écrit rempli d'erreurs et de faussetés.

» J'espère que votre majesté en aura été irri-
» tée comme moi, et qu'elle ne me refusera pas
» de la faire supprimer et de rendre hommage
» à la vérité; si, contre toute vraisemblance,
» votre majesté avait autorisé la publication
» d'une relation si inexacte, je croirais qu'elle
» a été criminellement trompée par les rapports
» qu'elle a reçus, et sa loyauté, la première
» vertu des rois, l'engagerait sans doute à dés-
» avouer et à punir les officiers qui lui auraient
» rendu ce compte infidèle.

» Je joins à cette lettre la réfutation de cette

» inconcevable relation, dont j'ai relevé toutes
» les erreurs. Mon honneur est garant de la vé-
» rité de ce que j'avance. J'ai pour témoins les
» prisonniers que nous avons faits, les vaisseaux
» dont nous nous sommes emparés, la flotte que
» je commandais, et qui, loin d'être maltraitée,
» a tenu tout entière la mer dix-huit jours après
» le combat, a croisé sans obstacles à douze
» verstes de Louisa, et ne s'est retirée qu'après
» avoir essuyé le coup de vent du 12 septem-
» bre. Une partie de cette escadre est encore
» en mer, et serait prête à livrer de nouveaux
» combats; mais elle ne rencontre plus de com-
» battans.

» Je suis persuadé que votre majesté connaît
» trop bien les lois de l'honneur, pour ne pas
» approuver la chaleur avec laquelle je défends
» le mien, que je croirais blessé, si l'on pouvait
» douter un instant de l'exactitude des relations
» que j'ai faites, et que sa majesté l'impératrice
» a permis de publier.

» Les mêmes motifs qui m'ont dicté cette let-
» tre, me font un devoir de la rendre publi-
» que; et la réponse que j'espère, m'autorisera
» sans doute à répéter aussi publiquement les
» assurances du très profond respect que j'ai

» voué à votre majesté, et avec lequel j'ai l'hon-
» neur d'être,
   » Sire,
       » De votre majesté, le, etc. »

Si Gustave montrait tant de dépit de sa défaite, l'impératrice n'était pas complétement satisfaite de sa victoire; elle disait que, sans les fautes commises par Poushkin, le roi de Suède, que le prince de Nassau débordait, n'aurait pu lui échapper. Elle m'en parla dans ce sens, et me fit aussi quelques reproches sur la conduite de notre cabinet, qu'elle accusait d'engager secrètement l'Angleterre à ne pas souffrir que le roi de Suède fût écrasé.

Je l'assurai que c'était une fable, puisque nous savions fort bien qu'elle ne désirait qu'une paix prompte et une satisfaction modérée.

« Cela est vrai, me dit-elle; mais tout le
» monde ne le croit pas. Au reste, songez bien
» que, si vous voulez ménager les partis les plus
» opposés, vous finirez par être livrés à vos en-
» nemis et abandonnés par vos amis. »

Cette princesse me parla aussi du refus qu'avait fait M. de Bulgakoff d'être élargi par l'intervention de la France. « S'il en était ainsi,
» ajouta-t-elle, je le blâmerais; mais, s'il se

» trouve qu'on ne lui ait proposé qu'une éva-
» sion, j'approuverai sa conduite. »

Un courrier du prince Potemkin vint, à cette époque, terminer toutes les inquiétudes de Catherine sur l'issue de cette campagne. Il lui mandait que le prince de Cobourg et Souwaroff venaient de livrer bataille au grand-visir, et de le battre complétement.

On avait pris aux Turcs leur camp, cinquante étendards, quatre-vingts canons; six mille Turcs étaient restés sur le champ de bataille. Le général russe Ribas avait enlevé aux musulmans le fort Atgibey. D'un autre côté on apprit que le capitan-pacha, défait et poursuivi par le prince Repnin, s'était enfermé dans Ismaïl. Pendant ce temps, Potemkin et Anhalt battaient le beglier-bey de Romélie, et lui tuaient six cents hommes.

Vers la même époque, les Autrichiens investirent Belgrade, qui fut prise peu de temps après; mais je n'appris cette nouvelle qu'après mon départ de Russie.

Le prince de Ligne, qui se distingua dans cette campagne, m'écrivit deux lettres que je vais transcrire en partie. On y trouvera toute la

A mon quartier-général de Semlin,
le 1ᵉʳ juin 1789.

« J'aurais pu vous écrire, pendant l'hiver, ce
» que vous ne saviez pas, et depuis ce temps-
» là ce que vous savez ; mais je n'écris avec
» plaisir que lorsque j'ai la réponse au bout de
» quelques heures. A Paris, je n'aimais et n'é-
» crivais jamais de l'autre côté des ponts. C'est
» ainsi que, voguant avec vous sur le Borys-
» thène, séparé de vous par une cloison de taffe-
» tas chiné, dans une des superbes galères de ce
» voyage triomphal et magique, je n'attendais
» que quelques minutes votre billet du matin.

» Une espèce d'armistice, ou plutôt de con-
» vention de bonne compagnie, me laisse le
» temps de donner aux Turcs, dans une su-
» perbe tente, turque aussi bien qu'eux, des
» concerts sur ma rive du Danube ; toute la gar-
» nison de Belgrade vient les entendre sur l'au-
» tre rive.

» Ainsi que le roi d'Espagne, qui a fait chan-
» ter, pendant quarante ans, tous les jours le
» même air à Farinelli, je me fais jouer tous
» les soirs *la Cosa rara*, qui, comme vous le
» voyez, cesse de l'être. De très belles juives,
» Arméniennes, Illyriennes ou Serviennes, y

» assistent; c'est la grande noblesse de Semlin.

» Quand quelques Turcs passent les frontiè-
» res, je les corrige; Osman-pacha m'en re-
» mercie, et dit qu'il ne peut pas se faire obéir.
» Comme j'aime mieux le taquiner que de me
» contenter de lettres d'excuses, l'autre jour,
» devant faire un feu de réjouissance pour une
» petite victoire dans le Bannat, j'ai fait charger
» à boulets toute mon artillerie, pour venger
» une tête coupée à une sentinelle de Michaé-
» lowitz.

» Cela a réussi, et il y a eu huit curieux de
» tués au pied de la forteresse. Le pacha a
» trouvé cela apparemment tout naturel. J'a-
» vais espéré qu'il se fâcherait. Je ne me plains
» pas de quelques coups de fusil qu'on me tire
» quelquefois par gaité, quand je me promène.
» Mais un lieutenant colonel de nos postes
» avancés du côté de Pantschowa, ayant dés-
» approuvé qu'on en eût fait autant à un capi-
» taine du corps de Branakocsky, s'en plaignit
» à aga Mustapha, qui lui répondit ainsi : *Je*
» *te salue, voisin Terschitz. Tu dis qu'il y a un*
» *armistice; je ne m'y connais pas : tu me parles*
» *du pacha de Belgrade; je ne veux pas dé-*
» *pendre de lui : tu m'offres tes secours en cas*

» *que j'aie des besoins; apprends que la sublime*
» *Porte ne me laisse manquer de rien, et que*
» *je n'ai d'autre besoin que de boire ton sang :*
» *tu dis que je puis me fier à toi; sache que,*
» *dans ce temps-ci, il ne faut se fier à personne.*
» *Je te salue, voisin Terschitz.*

» Voici la réponse que je fis au nom du voi-
» sin Terschitz : *Je te salue, voisin Mustapha.*
» *Ta lettre est bien celle d'un Turc : j'en suis*
» *bien aise, car j'ai cru qu'il n'y en avait plus.*
» *Tu dis que tu veux boire mon sang : je ne me*
» *soucie pas du tien; car qu'est-ce que le sang*
» *d'un aga? Fais ce que tu peux, viens quand*
» *tu veux; j'ai ordonné à mes gens de t'amener*
» *prisonnier à la première occasion; j'ai assez*
» *envie de te voir. Bonjour, aga Mustapha.*

» Adieu, mon cher Ségur; je vous quitte
» pour voir dix beaux et longs bataillons de ren-
» forts qui m'arrivent d'Autriche : puissé-je
» bientôt m'en servir ! »

Belgrade, le 18 octobre 1789.

« Nous voici dans ce rempart de l'Orient,
» dont nous n'avons pas ouvert les portes avec
» des doigts de rose comme l'Aurore, mais
» avec des doigts de feu. La hardiesse et la

» promptitude du passage de la Save, la rapi-
» dité de la marche et l'entrée dans les lignes
» du prince Eugène, l'audace de la reconnais-
» sance faite jusqu'à la palissade, tout cela est
» l'ouvrage de quinze jours, et c'est vraiment
» digne des plus beaux temps du maréchal
» Laudon : il nous montait la tête et démon-
» tait celle des Turcs ; je ne démontais que
» leurs canons. Il a attaqué Belgrade sur la rive
» droite de la Save, et moi sur la rive gauche,
» où j'étais l'aigle de ce Jupiter dont je portais
» la foudre.

» La prise de la forteresse a été assurée par
» celle de la ville, qui est due à la plus brillante,
» la plus éclairée et la plus active des valeurs,
» à celle du comte de Browne, digne neveu du
» maréchal Lacy.

» J'ai fait, pendant cette superbe et vigou-
» reuse entreprise, une diversion avec ma flotte
» sur le Danube ; et ensuite, pour réparer la
» perte de quelques jours et de beaucoup
» d'hommes à l'attaque du chemin couvert, je
» redoublai le feu de mes batteries, et j'en éta-
» blis une nouvelle dans une île à cent cin-
» quante toises de la forteresse, qui capitula
» tout de suite.

» Je voyais, avec un grand plaisir militaire
» et une grande peine philosophique, s'élever
» dans l'air douze mille bombes que j'ai fait
» lancer sur ces pauvres infidèles. J'entendais
» leurs cris d'effroi; car ceux des blessés étaient
» étouffés par le feu et la mort.

» Écartons ces objets d'horreur : j'ai parlé
» assez long-temps au colonel de dragons; c'est
» maintenant au grand-prêtre du temple de la
» paix que je m'adresse. Quelle source de ré-
» flexions ! A peine le mot *capitulation* avait
» été prononcé, que dix mille vaincus se mê-
» laient déjà avec autant de vainqueurs : la fé-
» rocité faisait place à la douceur; la fureur, à
» la pitié ; la ruse guerrière, à la bonne foi ;
» l'acharnement, à la bienveillance.

» On prenait du café, on vendait, on ache-
» tait. Le Turc, loyal dans ses marchés, fixait
» un prix, livrait ses précieux effets cachés
» dans les casemates, allait à ses affaires, et,
» sans empressement, recevait son argent,
» quand par hasard il rencontrait son acheteur.

» Philosophes sans le savoir, les riches pro-
» priétaires fumaient sur les débris de leurs
» maisons et de leurs fortunes. Osman-pacha,
» le sot gouverneur de Belgrade, fumait au mi-

» lieu de sa cour rangée en cérémonie, comme
» s'il commandait encore, et comme s'il ne s'at-
» tendait pas à rencontrer un capidgy-bachi
» pour lui demander, de la part du sultan Sé-
» lim, ce qu'il n'a pas, sa tête; car elle était
» déjà perdue à notre premier coup de canon.

» La beauté et la variété des couleurs riches
» et tranchantes des janissaires, nos bonnets de
» grenadiers, leurs turbans, nos cuirassiers,
» les spahis, point abattus quoique battus,
» leurs superbes armes, leurs chevaux fiers
» comme eux, leur air ferme et jamais bas,
» malgré le malheur, les rives du Danube et de
» la Save, bordées de ces figures pittoresques,
» récréaient les yeux et réjouissaient l'âme.

» On était seulement un peu attristé de voir
» emporter, par terre et par eau, les cadavres
» d'hommes, de chevaux, de bœufs et de mou-
» tons qui, pendant le siége, n'avaient pas pu
» être enterrés. On sentait à la fois le mort, le
» brûlé et l'essence de roses; car il est extraor-
» dinaire d'unir à ce point les goûts voluptueux
» à la barbarie.

» Le maréchal a demandé pour moi la croix
» de commandeur de l'ordre militaire de Marie-
» Thérèse; l'empereur me l'a déjà envoyée. On

» dit qu'ils ont été contens de ma promptitude,
» et surtout de l'effet de ma dernière batterie,
» qui a décidé les Turcs à capituler.

» Je vous aurais écrit pendant le siége, mais
» j'avais peur que ma lettre ne devînt posthu-
» me, et je ne voulais pas vous dire ce qui se
» passait dans ma tête, avant de savoir si on me
» la laisserait sur les épaules. Adieu, l'ami de
» mon cœur. »

Ce style varié, ce mélange aimable d'esprit et de raison, de philosophie et de légèreté, d'humanité et d'ardeur guerrière, seront peut-être blâmés par quelques hommes chagrins et sévères, qui dessèchent tout en voulant tout analyser, et qui oublient ce sage conseil d'un ancien, invitant la philosophie *à sacrifier aux grâces*.

Les progrès des lumières et de la liberté ont certainement fait faire de grands pas à la raison humaine; mais aussi, dans sa route, n'a-t-elle rien perdu? Moi qui ne suis pas un de ces opiniâtres prôneurs de ce bon vieux temps qui n'est plus, je ne puis m'empêcher de regretter ce bon goût, cette grâce, cette fleur d'enjouement et d'urbanité, qui chassaient de la société tout ennui, en permettant au bon sens de sourire, et à la sagesse de se parer. Aujourd'hui beaucoup de gens ressemblent à un propriétaire morose qui, ne songeant qu'à l'utile, bannirait de son jardin les fleurs, et ne voudrait y voir que du blé, des foins et des fruits.

Nous étions à la fin de septembre : on pouvait regarder comme terminées les campagnes du sud et du nord. Il était évident que le roi de Suède, trop animé du désir de réparer son nouvel échec, et comptant sur l'appui des Prussiens, ne songerait pas de long-temps à la paix.

Je savais de M. de Choiseul que le sultan Sélim, loin de prêter l'oreille à ses propositions pacifiques, n'écoutait que les conseils hostiles de l'Angleterre et de la Prusse.

Ainsi, ayant obtenu tout ce que je pouvais désirer de la cour de Russie, un traité de commerce, l'acceptation de notre médiation, et la promesse de signer la quadruple alliance dès que notre gouvernement s'y déterminerait, il ne me restait plus d'autre rôle à remplir à Pétersbourg que celui d'observateur, dont un chargé d'affaires pouvait s'acquitter aussi bien que moi.

Dès le mois précédent, j'avais écrit à M. de Montmorin pour lui demander un congé : il m'était doublement nécessaire ; car je souffrais d'un mal de poitrine qu'un hiver de plus sous ce climat glacé pouvait, disait-on, rendre fort dangereux. J'étais absent de mon pays, depuis cinq années; enfin de grands orages éclataient au sein de ma patrie.

A huit cents lieues de distance on reçoit des nouvelles si incomplètes, on entend des récits d'une nature si exagérée! A tout moment on me disait que le sang inondait la France, que les châteaux étaient pillés, que des couleurs opposées armaient tous les Français les uns contre les autres, que Paris même et Versailles devenaient le théâtre de scènes tumultueuses, souvent sanglantes.

On nous avait mandé que, le 4 août, la noblesse, soit par une sorte d'enthousiasme ou d'ivresse, soit par la crainte des violences d'une multitude effrénée qui s'était déjà portée, près de l'hôtel-de-ville, à d'affreux excès, venait d'offrir à la nation, dans une séance du soir, le sacrifice de ses antiques droits et de tous ses priviléges.

Peu de temps après, sur la motion de Duport, l'assemblée, consommant ces sacrifices par un seul décret, avait prononcé ces paroles brèves et solennelles qui retentissent encore dans les deux mondes : *Le régime féodal est aboli.*

On avait pu regarder l'événement du 14 juillet comme une insurrection passagère ; mais le 4 août proclamait une grande révolution : c'était un ordre social nouveau s'établissant sur les débris de l'ancien ordre social. Que de dissensions, que de combats, que d'orages, n'étaient pas annoncés par ce prompt triomphe de l'égalité sur une fière et antique aristocratie !

Après un tel coup, qui ébranlait les antiques bases de nos vieilles institutions, il était évident qu'aucune partie de l'édifice social n'étant plus liée aux autres, on allait tenter aventureusement de le reconstruire en entier.

Le siècle, les lumières, la raison même l'exigeaient peut-être ; mais les passions s'y opposaient : dans toute l'Europe elles allaient probablement chercher des soutiens, des alliés et des armes.

Toutes ces pensées agitaient avec violence et diversement mon âme. L'amour de la liberté, de cette liberté que les exemples et les leçons de l'antiquité m'avaient fait chérir, que j'avais si long-temps enviée à l'Angleterre, et pour laquelle je venais de combattre en Amérique, réveillait mes espérances, exaltait mon imagination.

Je ne saurais peindre l'émotion que j'éprouvais, en lisant quelques fragmens des discours prononcés, dans les premiers jours de nos assemblées, par Clermont-Tonnerre, Lally-Tollendal, Mirabeau, Mounier et d'autres orateurs, qui, pour la première fois, faisaient retentir de leurs accens une tribune française.

Mais, d'un autre côté, de combien de tristes pensées n'étaient pas mêlées ces flatteuses illusions! Les anxiétés d'un roi vertueux et d'une reine déjà calomniée, ma reconnaissance pour eux, l'incertitude où j'étais du sort de ma famille, au milieu des orages d'une tumultueuse population, qui avait déjà souillé de sang le berceau de la liberté, enfin la contradiction des tableaux que chaque parti présentait de ces troubles, de ces soulèvemens et de ces scènes de désordre, suivant les différens prismes à travers lesquels il les voyait, me rendaient insupportable la prolongation d'une absence qui avait tant duré, et ce fut avec une joie inexprimable que je reçus la permission de partir et de revenir dans mes foyers.

J'avais été si bien accueilli et traité avec tant de distinction en Russie, que, dans toute autre circonstance, il m'eût été difficile de m'en éloigner sans un très vif regret ; mais tout ce que je pouvais faire alors, était de ne pas trop laisser éclater la satisfaction que j'éprouvais, au moment de revoir ma patrie et ma famille.

Mes préparatifs furent prompts : je présentai aux ministres mon secrétaire de légation, M. Genet, comme chargé d'affaires ; je rédigeai et je lui laissai une instruction, dans laquelle je ne négligeai rien de ce qui pourrait diriger sa conduite et rendre son travail plus facile ; enfin je pris congé de l'impératrice, et certes cette audience m'aurait profondément affligé, si j'avais cru voir cette princesse pour la dernière fois ; mais je m'absentais par congé, et j'espérais revenir dans peu de mois près d'elle.

Elle daigna me montrer quelques regrets de mon départ, et me parla beaucoup des affaires de France : « Dites au roi, ajouta-t-elle,
» combien je fais de vœux pour son bonheur. Je
» souhaite que sa bonté soit récompensée com-
» me elle le mérite, que ses plans réussissent,
» qu'il voie cesser les maux dont son cœur est
» affligé, et que la France recouvre bientôt sa
» tranquillité, sa force et sa prépondérance. Je
» suis bien sûre que celle-ci me sera favorable,

» Je vous vois partir avec peine : vous feriez
» mieux de rester près de moi, et de ne pas
» aller chercher des orages dont vous ne pré-
» voyez peut-être pas toute l'étendue. Votre
» penchant pour la nouvelle philosophie et pour
» la liberté vous portera probablement à soute-
» nir la cause populaire; j'en serai fâchée, car
» moi je resterai aristocrate, c'est mon métier :
» songez-y, vous allez trouver la France bien
» enfiévrée et bien malade. »

« Je le crains, madame, lui répondis-je; mais
» c'est ce qui me fait un devoir d'y retourner. »

Elle me retint à dîner, et me combla de marques de bonté qui me rendirent cette séparation très pénible. Je me hâtai de faire mes adieux à plusieurs personnes que je n'oublierai jamais, et qui m'avaient, pendant cinq années, traité moins en étranger qu'en compatriote et en ami.

Le 11 octobre 1789, je partis de Pétersbourg, et j'allai à Katschina pour prendre congé du grand-duc et de la grande-duchesse. Je ne croyais y rester qu'une heure; mais, l'essieu de ma voiture s'étant cassé, leurs altesses impériales me pressèrent obligeamment de m'arrêter deux jours chez elles.

Le grand-duc Paul Pétrowitz joignait malheureusement à beaucoup d'esprit et de connaissances l'humeur la plus inquiète, la plus méfiante, et le caractère le plus mobile; souvent affable jusqu'à la familiarité, et plus souvent hautain, despotique et dur, jamais peut-être on ne vit un homme plus léger, plus craintif, plus capricieux, enfin moins capable de faire le bonheur des autres ni le sien.

Son règne le prouva : ce ne fut point par méchanceté qu'il exerça tant d'injustices, et qu'il disgracia ou exila tant de personnes; c'était par une sorte de maladie d'esprit. Il tourmentait tous ceux qui l'approchaient, parce qu'il se tourmentait sans cesse lui-même. Le trône lui semblait toujours environné de précipices. La peur troubla son jugement : à force de craindre des périls imaginaires, il en fit naître de réels; car un monarque inspire tôt ou tard la méfiance qu'il montre, et la terreur qu'il éprouve.

Depuis, un de mes collègues à la chambre des pairs, qui se trouvait à Pétersbourg lorsque Paul régnait, m'a cité de lui des paroles qui portent l'empreinte la plus énergique de son caractère despotique : ayant permis au général Dumouriez de venir fréquemment le voir, et ce général ayant passé un jour sans se rendre au palais, l'empereur, dès qu'il le vit, lui demanda s'il avait été malade.

« Non, sire, répondit Dumouriez ; mais une
» personne des plus considérables de votre cour
» m'ayant invité à diner, je n'ai pas cru pou-
» voir me dispenser de me rendre à cette invi-
» tation. »

« Apprenez, monsieur, répliqua l'empereur
» d'un ton sévère, qu'il n'y a de considérable
» ici que la personne à laquelle je parle, et pen-
» dant le temps que je lui parle. » Peut-on pousser plus loin l'orgueil de la puissance et le mépris pour les hommes !

Ce prince, dans les premiers momens de mon arrivée en Russie, m'avait témoigné, comme je crois l'avoir déjà dit, une affection si vive qu'elle ressemblait à de l'engouement. Ce penchant eut peu de durée ; il se refroidit pour moi, dès qu'il me vit honoré des bontés et de l'intimité de l'impératrice sa mère.

Depuis fort long-temps il ne me montrait plus aucun désir de me rapprocher de lui ; mais, à l'instant de mon départ, un nouveau caprice me valut un retour de confiance. Il m'entretint presque exclusivement, et pendant plusieurs heures, de ses prétendus griefs contre l'impératrice et contre le prince Potemkin, des désagrémens de sa position, de la peur qu'on avait de lui, et du triste sort que lui préparait une cour accoutumée à ne vouloir, à ne supporter que le règne des femmes : la déplorable fin de son père l'épouvantait; il y songeait sans cesse, c'était son idée fixe.

En vain je lui dis que ses préventions le trompaient; que sa mère, loin de le craindre, le laissait constamment tenir sa cour comme il le voulait, et garder même près de lui, à peu de distance de Czarskozélo, deux bataillons dont il nommait les officiers, et qu'il disciplinait, armait et habillait à son gré, tandis qu'elle, sans nulle défiance, elle n'avait près de sa personne qu'une seule compagnie de sa garde.

« Si cette princesse, monseigneur, lui disais-
» je, ne vous appelle pas dans les conseils, et
» ne vous donne aucune part dans les affaires,
» permettez-moi de vous faire observer qu'il lui
» serait bien difficile d'agir autrement, lors-
» qu'elle sait que vous blâmez ses penchans,
» ses liaisons, son système d'administration et
» sa conduite politique. Quant aux malheurs
» que vous craignez pour l'avenir, croyez-moi,

» c'est en les redoutant qu'on les appelle ;
» élevez-vous au-dessus d'eux, ils disparaî-
» tront. »

Je ne le persuadai pas, et, par toutes sortes de récriminations contre les ministres et les autres personnes honorées de la confiance de l'impératrice, il s'efforçait de me prouver que, malgré mon séjour de cinq années en Russie, je ne la connaissais que très imparfaitement.

« Enfin, me dit-il une fois, expliquez-moi
» pourquoi, dans les autres monarchies de l'Eu-
» rope, les souverains règnent et se succèdent
» avec tranquillité, tandis que le trône de Rus-
» sie est si souvent ensanglanté ? »

« La cause de toutes ces catastrophes, mon-
» seigneur, lui répondis-je, me paraît assez fa-
» cile à trouver, et sans doute elle n'a pu vous
» échapper : partout ailleurs l'hérédité du scep-
» tre de mâle en mâle assure le repos des peuples
» et la tranquillité des rois. C'est la différence
» capitale qui existe entre les antiques monar-
» chies asiatiques, romaines, grecques, barba-
» res, et les monarchies modernes ; peut-être
» même doit-on les progrès de la civilisation à
» cette stabilité. Ici, au contraire, rien à cet
» égard n'est réglé, tout est douteux ; et le sou-

» verain se choisit, comme il le veut, un suc-
» cesseur : ce qui doit être une source conti-
» nuelle d'espérances ambitieuses, d'intrigues
» et de conspirations. »

« J'en conviens, répliqua-t-il; mais que vou-
» lez-vous? ici c'est une longue habitude, un
» usage consacré, et un si grand changement
» ne pourrait s'opérer sans péril pour celui qui
» voudrait le tenter; car, je vous le répète, les
» Russes aiment mieux voir sur le trône une
» robe qu'un uniforme. »

« Il me semble pourtant, monseigneur, re-
» pris-je, que cette heureuse révolution pour-
» rait se faire à quelqu'une des grandes épo-
» ques d'un nouveau règne, telles qu'une entrée
» solennelle, un couronnement, où les peuples
» sont disposés à la confiance, à la joie, à l'es-
» pérance. »

« Oui, je le conçois, dit-il en m'embrassant;
» cela pourrait se hasarder : il faudra y réfléchir. »

Je n'y pensai plus, et il n'y songea peut-être pas davantage. Cependant, lorsque quelques années après, Paul, monté sur le trône, établit, comme loi fondamentale, la succession héréditaire au trône de mâle en mâle et par ordre de primogéniture, il me vint dans l'idée que cet entretien avait pu contribuer à faire, dans la législation russe, ce mémorable changement.

J'eus beaucoup à me louer de l'accueil gracieux que me fit madame la grande-duchesse; il suffisait alors de la connaître pour éprouver, en la voyant et en l'écoutant, un vif attrait et un attachement respectueux.

Je pris congé de leurs altesses, je partis, et comme j'étais impatient d'abréger mon voyage, je courus nuit et jour, sans m'arrêter, jusqu'à Varsovie.

Quand même je n'aurais eu aucune nouvelle des mouvemens excités en Pologne, depuis dix-huit mois, par le désir de recouvrer la liberté, et par les promesses séduisantes du roi de Prusse, j'aurais pu, en traversant une assez grande partie de ce royaume, connaître, par le mouvement général, la fermentation qui agitait alors les esprits de tous les habitans de cette malheureuse contrée.

Les paysans seuls conservaient cet air morne, cette physionomie sans expression, cette immobile apathie, triste et constant caractère de la servitude, silencieuse stagnation qu'il plaît aux partisans du pouvoir absolu ou de l'oligarchie d'appeler *ordre* et *repos*.

Mais, sur toutes les routes, on voyait une foule de gentilshommes, à cheval ou en voiture, courir, se croiser dans tous les sens. Au milieu des villes et sur les places publiques, ils se réunissaient, se parlaient avec feu. Tout annonçait la plus grande agitation; et comme cette effervescence offrait aux spéculations des chances nouvelles, les juifs, nombreux et redoutables vampires de la Pologne, fourmillaient et montraient plus d'activité que jamais.

Ce fut surtout à Varsovie, que la singularité de ce grand spectacle me frappa le plus vivement; au lieu de ces sociétés aimables et paisibles que j'y avais laissées, de ces réunions où brillaient Joseph, Ignace, et Stanislas Potocki, Czartoryski, Malachowski, Sapiéha, Matuszéwitz, Mostowski, Zablocki, tant de belles et spirituelles dames, ornemens de la cour polonaise, et de ces cercles où l'on ne traitait que des questions de morale, de sentiment et de littérature, je ne vis plus que des conciliabules politiques, et je n'entendis que de vives discussions, trop souvent aigries par la chaleur des opinions opposées.

La nation, long-temps courbée sous le joug de trois puissances qui avaient envahi une partie de son territoire, et presque anéanti sa li-

berté, semblait s'être redressée tout entière ;
elle avait repris son caractère antique.

Je revoyais la fierté du temps des Jagellons :
c'était la même ardeur belliqueuse, la même
turbulence, la même passion pour l'indépendance et le même mépris des orages qu'elle
excite, enfin cet esprit chevaleresque, seul avantage de ce système féodal qui tombait alors partout en ruines, et dont on ne rencontrait plus
de vestiges, que dans les cours de la Germanie
et dans les forêts des Sarmates.

A peine pouvais-je reconnaître les Polonais :
leurs occupations, leurs costumes, leur langage, tout était changé ; ces guerriers ardens,
dépouillés des habits modernes qui rappelaient
leur humiliation, avaient repris leurs toques,
leurs plumes, leurs longues robes, leurs moustaches militaires, leurs sabres brillans. Toutes
les dames, enflammant leur courage, avaient
coupé elles-mêmes la chevelure de leurs époux,
de leurs fils, et brodé leurs écharpes, ainsi que
leurs riches ceintures.

L'ambassadeur russe, naguère entouré de
courtisans, vivait seul et presque isolé dans son
palais. Celui de Stanislas-Auguste ressemblait
plus à un quartier-général du temps de Sobieski,

qu'à une cour. Cependant ce prince infortuné ne partageait pas l'ivresse générale; s'il était privé de la force de caractère, si nécessaire au milieu des circonstances orageuses de cette époque, il ne manquait ni d'esprit, ni de lumières, ni de pénétration.

La résurrection de la liberté, dont se flattait son impétueuse nation, lui paraissait un songe, une chimère; il n'oubliait pas que les Polonais, restés fort en arrière des autres peuples, n'avaient ni discipline, ni infanterie, ni forteresse, qu'ils manquaient d'argent, et de cette industrie agricole ou commerciale qui en fournit.

Ce prince croyait que l'embarras des deux cours impériales serait passager; il savait que les promesses illusoires du roi de Prusse n'avaient d'autre but que celui de s'agrandir; enfin il prévoyait que les trois oppresseurs de la Pologne, après de courts débats, se réconcilieraient aux dépens de ce pays sans défense, dont ils consommeraient le démembrement et la ruine.

Ainsi Stanislas-Auguste, trop éclairé pour ne pas apercevoir le précipice, et trop faible pour résister au torrent qu'il s'était efforcé vainement de ralentir, s'y laissait entraîner malgré lui.

Dès que le roi sut mon arrivée, il m'invita à

venir chez lui, s'enferma avec moi dans son cabinet, et me fit le plus triste tableau de sa déplorable position. «Eh bien! monsieur le comte,
» me dit ce prince, vous retrouvez la Pologne
» dans une position toute différente de celle où
» vous l'aviez laissée à la fin de 1784; mes com-
» patriotes ont passé avec promptitude de l'a-
» battement à l'espérance, et d'une dépendance
» craintive à la témérité. Que dit-on à Péters-
» bourg de cette révolution imprévue, et qu'en
» pensez-vous? »

« Vous devez savoir, sire, lui répondis-je, que
» l'impératrice en est aussi mécontente qu'é-
» tonnée; son humeur aurait même éclaté, si
» elle n'avait pas craint, en se laissant aller à
» ce premier mouvement, de donner un pré-
» texte de guerre aux Prussiens et aux Anglais,
» qu'elle croit trop disposés à se joindre aux
» Turcs et aux Suédois pour abaisser sa puis-
» sance; et comme on avait ici reçu, avec un dé-
» dain fort choquant pour elle, ses offres de ga-
» rantie, d'alliance et d'amitié, je vous avoue
» que nous avons eu beaucoup de peine, le
» comte de Cobentzel et moi, à la calmer, et à
» lui faire adopter les conseils modérés que lui
» donnaient l'empereur et le roi de France.

» Quant à moi, je ne suis point surpris qu'a-
» près une si longue oppression, les Polonais
» aient saisi avec ardeur la première circon-
» stance favorable pour recouvrer leur indépen-
» dance. Ce n'est point de leur imagination,
» c'est du fond de leur cœur que part ce cri de
» *liberté*, qui retentit partout. Il n'est pas né-
» cessaire même de l'écouter pour l'entendre;
» avant qu'ils parlent, on lit ce mot de *liberté*
» dans leurs démarches, dans leur maintien,
» dans leurs regards et sur tous leurs traits.

» Mais ce qui m'étonne, c'est qu'ils aient
» secoué si ouvertement leur joug, avant d'avoir
» organisé les forces, rassemblé l'argent et pré-
» paré tous les moyens nécessaires pour soute-
» nir une si généreuse résolution. D'ailleurs, ils
» ne pourraient jamais résister aux trois grandes
» puissances qui les environnent, et il me sem-
» ble que, forcés de chercher parmi elles un
» appui, ils ont choisi le moins fort, le moins
» sûr et le moins désintéressé; car des infor-
» mations, que je crois certaines, me prouvent
» que le seul but de Frédéric-Guillaume, en
» offrant sa protection à la Pologne, est de s'as-
» surer la possession de Dantzick et de Thorn. »

« Vous avez raison, me dit le roi, et je par-

» tage votre opinion sur tous les points ; mais il
» m'est impossible de faire comprendre ces vé-
» rités à des âmes ulcérées, à des esprits pas-
» sionnés. Après le malheureux démembrement
» de ce pays, l'Autriche et la Prusse ayant laissé
» à l'impératrice le triste honneur de nous sur-
» veiller, et de nous maintenir dans un état de
» dépendance, c'est à elle seule que les Polonais
» ont attribué tous leurs malheurs ; c'est contre
» elle que se sont réunis tous les ressentimens.
» La conduite de ses troupes, le ton insultant
» de quelques jeunes officiers, la hauteur into-
» lérable des ambassadeurs de Russie, ont excité
» contre les Russes une haine dont l'explosion
» est d'autant plus violente, qu'on s'est vu plus
» long-temps forcé de la comprimer.

» Lorsque je vis Catherine II à Kanieff, elle
» me parut très déterminée à réparer ses torts,
» à nous soutenir franchement, et même, en
» améliorant notre sort, à garantir pour un long
» avenir notre sécurité. Je la crus, et je revins
» ici, rempli d'espoir.

» Aussi, dès que les Turcs et les Suédois lui
» eurent déclaré la guerre, répondant à ses
» avances, et lui rappelant ses promesses, je
» l'engageai à nous proposer un traité d'alliance :

» elle s'y résolut avec empressement. Le comte
» de Stackelberg m'en fit la proposition offi-
» cielle; elle fut communiquée à la diète, et je
» l'appuyai par tous les argumens, qui me
» semblaient les plus propres à convaincre les
» esprits de son utilité.

» J'échouai dans cette tentative : les intri-
» gues et l'activité des ministres du roi de
» Prusse flattèrent, trompèrent et enflammè-
» rent les passions. Luchesini surtout, rejetant
» comme des calomnies ce qu'on disait des vues
» intéressées du roi de Prusse, persuadait trop
» facilement, à des esprits déjà prévenus, que
» Frédéric-Guillaume, cherchant une gloire
» noble et pure, voulait garantir l'Europe de
» l'ambition des Russes, et ne formait d'autre
» désir, que celui d'opposer une forte barrière à
» cette puissance conquérante, en rendant à la
» Pologne son indépendance et sa liberté.

» L'envoyé d'Angleterre parlait dans le mê-
» me sens, et faisait espérer un armement an-
» glais en faveur des Suédois. D'un autre côté,
» le roi de Prusse ayant protesté contre l'al-
» liance proposée, l'impératrice n'y persista
» plus, et me fit même assez de tort, en m'at-
» tribuant l'idée première de ce projet, qui

» éprouvait dans la diète une si vive opposition.

» Vous savez le reste : sans garder aucunes
» mesures, on a aboli le conseil permanent; on
» veut changer en totalité la forme de gouver-
» nement garantie par Catherine. On a exigé le
» rappel des troupes russes; on ne montre au-
» cun égard pour les protestations de l'ambassa-
» deur de Russie : il est même question d'un pro-
» jet d'alliance entre l'Angleterre, la Prusse, la
» Hollande, la Turquie, la Suède et la Pologne.

» Voilà où nous en sommes, et je me vois con-
» traint, pour ne pas perdre totalement l'affec-
» tion et la confiance de ma nation, de la suivre
» dans une marche imprudente, qui pourra
» peut-être plus tard consommer notre ruine. »

« Je puis, sire, répliquai-je, vous donner
» une preuve de la sincérité des intentions que
» vous montrait l'impératrice : vous n'igno-
» rez pas qu'elle a voulu et voudrait encore
» conclure avec nous, l'empereur et l'Espagne,
» une quadruple alliance, qui pût servir de
» frein aux desseins inquiétans de la ligue an-
» glo-prussienne; eh bien! dans tous les pro-
» jets que son ministère m'a communiqués,
» une des principales dispositions a toujours été
» la garantie de l'intégrité du territoire de la

» Pologne et de son indépendance. Mais je pense
» que cette princesse, n'ayant point attendu la
» conclusion de cette alliance, qui aurait ou-
» vert les yeux de beaucoup de gens, a commis
» une faute en vous proposant un traité partiel
» et prématuré, qui n'a fait qu'aigrir et irriter
» les esprits. »

« Je le crois, reprit Stanislas; mais, quand
» on ne peut pas faire le bien, il faut au moins
» s'efforcer d'atténuer le mal. Je sais que vous
» êtes lié d'amitié avec plusieurs membres de
» l'opposition; vous les verrez, et vous me ren-
» drez un vrai service, si vous pouvez parvenir
» à leur faire comprendre que, relativement à
» nos intérêts politiques et commerciaux, la
» Russie nous est moins contraire que la Prusse;
» qu'elle serait une ennemie beaucoup plus re-
» doutable, et qu'il est par conséquent très es-
» sentiel pour nous, au lieu de provoquer son
» courroux, de vivre avec elle en bonne intel-
» ligence; enfin que ce serait le seul moyen
» d'augmenter nos forces, et d'effectuer, sans
» obstacle, notre régénération. »

Je le lui promis, mais sans aucun espoir probable de succès : en effet, ayant parlé dans ce
sens à quelques Polonais, je les trouvai si exas-

pérés, qu'à peine ils pouvaient m'écouter de sang-froid.

Ignace Potocki seul, l'un des hommes les plus éloquens et les plus éclairés de ce pays, parut me comprendre. « Vous pouvez avoir raison,
» me dit-il; mais il est trop tard : le sort en est
» jeté; et d'ailleurs, quand je me déciderais à
» suivre vos conseils, je ne ferais que me per-
» dre, sans nécessité, dans l'esprit de mes con-
» citoyens. Croyez-moi, cette opinion est à pré-
» sent si générale, si forte, si passionnée, qu'on
» ne peut parler de la Russie à un Polonais,
» sans le voir à la fois pâlir de crainte et frémir
» de colère; moi-même je n'ai pu vous écouter,
» sans être vivement ému. Le seul nom de *Russe*
» suffit pour nous rappeler la perte de notre li-
» berté, de nos lois, de notre gloire, et tous
» les outrages auxquels notre honneur et nos
» familles se sont vus si long-temps en proie. »

On conçoit bien que je ne hasardai plus des insinuations sans utilité, et qu'on était si peu disposé à accueillir. Je sus même que certaines personnes malveillantes, ayant eu connaissance de ces conversations, m'avaient représenté comme un ami ardent des Russes, chargé des instructions secrètes de l'impératrice; enfin, comme je voulais aller le lendemain à la diète, on chercha à m'en détourner, en me prévenant d'une intrigue ourdie pour m'y faire éprouver un désagrément public.

Je fis peu de cas de cet avis ; j'y allai, et la tribune où l'on me plaça fut bientôt remplie de personnages distingués, tant du parti du roi que de celui de l'opposition : leur réunion, autour de moi, aurait suffi pour imposer à la malveillance, dans le cas même où elle eût existé.

Le spectacle que m'offrait cette assemblée polonaise, me frappa singulièrement : le costume presque asiatique des membres qui la composaient, la fierté de leurs regards, la vivacité de leurs gestes, le bruit de ces sabres traînant sur le plancher, et qui ne rappelaient que trop les temps d'orages, dans lesquels on avait vu, si souvent, les glaives tirés interrompre les délibérations ; tout semblait me persuader que, remontant à des siècles reculés, je me trouvais au milieu de ces anciens Polonais, si fréquemment vainqueurs des Turcs, des Moscovites et des princes de la Germanie. Je regrettais de ne pouvoir comprendre les orateurs qui se succédaient, et dont plusieurs, par leur éloquence, semblaient faire une grande impression sur les esprits.

Le soir, étant retourné chez le roi, j'appris les tristes événemens qui s'étaient passés à Versailles les 5 et 6 d'octobre; des versions différentes altéraient plus ou moins ces nouvelles : les unes disaient que la reine avait couru le plus imminent danger, qu'on avait massacré un grand nombre de gardes-du-corps, que l'assemblée nationale s'était vue envahie par des brigands; d'autres, que des troupes et des gardes ayant, dans une orgie, foulé aux pieds la cocarde nationale, et annoncé hautement des projets de contre-révolution, le peuple de Paris, furieux, s'était porté à Versailles, avait assailli le palais, et contraint le monarque à le suivre prisonnier dans la capitale; quelques-unes enfin, moins alarmantes, ne parlaient que de quelques excès commis pendant la nuit, et promptement réprimés par la garde nationale.

Il est facile de concevoir quelles inquiétudes, et à une telle distance, me donnaient des bruits si variés et tous funestes; je résolus donc de hâter mon départ, et je me mis en route dès le lendemain.

Le soir, tandis que mes gens faisaient leurs

préparatifs pour le voyage, me trouvant seul dans ma chambre, assis devant mon feu, et occupé à lire, j'entends tout à coup un léger bruit derrière mon fauteuil; je me retourne, et je vois un grand personnage en longue robe brune, avec une riche ceinture, des bottes rouges, une toque fourrée, un long sabre, et tenant dans chaque main un pistolet dirigé vers moi.

Ma surprise fut vive, mais courte, et bientôt j'éclatai de rire, en reconnaissant sous ce costume, et avec ces longues moustaches, les yeux noirs, vifs et gais, du grand général Branitski, neveu du prince Potemkin.

« Ma foi, mon cher, me dit-il, d'après ce
» qu'on nous écrit, il y a un terrible vacarme
» dans votre pays. Notre agitation, ici, n'est
» qu'une bagatelle. Vos assemblées sont plus
» orageuses qu'une diète polonaise, et comme
» on ne sait ce qui peut arriver dans un royau-
» me en combustion, voilà deux compagnons de
» voyage que je vous offre; je voudrais qu'ils
» fussent plus riches, mais je puis vous assurer
» qu'ils sont très bons. »

Branitski avait tort, car ses pistolets étaient magnifiques; je reçus ce présent avec autant de cordialité qu'il m'était offert. Depuis, un comité révolutionnaire m'en dépouilla, sans que je pusse les essayer contre lui, comme je l'aurais souhaité.

Après un court entretien arrosé par quelques verres de vin de Tokai, que Branitski aimait plus qu'assez, nous nous séparâmes. Je partis au point du jour, fort préoccupé des tristes nouvelles que je venais de recevoir.

M. le marquis de Noailles, notre ambassadeur à Vienne, m'avait offert un logement chez lui; je l'acceptai. Je le trouvai consterné des nouvelles qu'on lui avait mandées de Versailles.

Depuis long-temps les velléités politiques de notre ministère, ses indécisions, la marche audacieuse de nos rivaux, les mouvemens rapides de notre révolution, et les présages d'un embrasement général en Europe, lui inspiraient de vives alarmes.

Il me confia tous les tristes pressentimens qui agitaient son esprit; la ruine de la France lui semblait certaine. J'éprouvais aussi quelques inquiétudes, pour le moment; mais je concevais pour l'avenir plus d'espérance : car je n'oubliais pas qu'une nation, comme la nation française, forte, riche, belliqueuse, industrielle, commercante, avide de tous les genres de gloire, peut être abattue quelque temps par des orages, par des revers, mais qu'elle conserve, en elle-même, tous les moyens de sortir de ces secousses, régénérée, puissante et glorieuse.

M. de Noailles regrettait au reste, comme moi, que le conseil du roi n'eût pas, en signant la quadruple alliance, donné une autre direction au mouvement des esprits.

Cet ambassadeur me présenta au prince de Kaunitz, ainsi qu'à tous les personnages considérables de la cour et de la société.

J'avais demandé à l'empereur une audience; mais on m'assura que ce prince, très grièvement malade, ne pouvait recevoir personne. Cependant il se rappela sans doute les bontés dont il m'avait honoré en Crimée, et le désir qu'il m'avait témoigné d'éclaircir un mystère qui piquait sa curiosité, relativement à la nature des rapports intimes qui existaient, disait-on, entre Catherine II et le prince Potemkin, rapports auxquels on attribuait la constance inébranlable de leur affection réciproque : aussi, contre l'attente générale, il me permit de le voir.

Je me rendis donc à son palais, où je le trouvai debout, mais si cruellement changé, qu'il me fut impossible de ne pas reconnaître que sa fin était inévitable et prochaine.

L'empereur m'accueillit avec une extrême bonté; il s'entretint long-temps avec moi des affaires de la Russie, et surtout de la guerre de Suède.

Comme, pendant son voyage en Tauride, il m'avait maintes fois reproché d'oublier son incognito, et de lui donner les titres de *sire* et de *votre majesté*, j'avais pris tellement l'habitude de lui complaire sur ce point, que, sans m'en apercevoir, je l'appelai sans doute, plusieurs fois, *monsieur le comte*, dans le cours de cette conversation. Il le remarqua et me dit en riant : « Vous êtes un singulier homme ; en Crimée » vous vous obstiniez toujours à me nommer » *sire*, et à Vienne vous ne voulez absolument » parler qu'au comte de Falkenstein. »

Reprenant ensuite son sérieux, il se plaignit des obstacles opposés à la quadruple alliance. « Elle aurait prévenu, me dit-il, bien des mal- » heurs. Vos ministres ont trop craint la guerre ; » si elle avait eu lieu, vos parlemens n'auraient » pu refuser de l'argent au roi, et l'ardeur fran- » çaise se serait jetée dans les camps. Au reste,

» qui pourrait savoir ce qui serait arrivé? Une
» folie générale semble s'être emparée de tous
» les peuples; ceux du Brabant, par exemple,
» se révoltent, parce que j'ai voulu leur donner
» ce que votre nation demande à grands cris. »
Alors il s'arrêta, se tut, et resta quelques instans plongé dans une sombre rêverie.

Les troubles de Louvain l'affectaient alors tellement, qu'il ne put résister au chagrin que lui donnèrent leurs progrès, et en 1790, la veille de sa mort, il dit au prince de Ligne : Votre
« pays m'a tué; Gand, pris, a été mon agonie,
» et Bruxelles, abandonné, ma mort. »

Croyant ne pas lui déplaire, en l'aidant à sortir de ces tristes réflexions, je lui demandai s'il ne daignerait pas me charger d'une lettre pour la reine, sa sœur. « Elle est en ce mo-
» ment, lui dis-je, dans une situation bien
» critique, entourée de partis qui se choquent
» et se combattent; votre majesté, éloignée de
» cette atmosphère de troubles et de passions,
» pourrait lui donner quelques conseils salu-
» taires. »

« Moi, vous charger d'une lettre! me répon-
» dit-il; vous n'y pensez pas. Je vois qu'arrivant
» de Russie, vous ignorez l'état d'effervescence

» et de désordre où vous allez trouver votre
» pays : partout le peuple est en armes ; par-
» tout les uns croient voir arriver des brigands,
» les autres pillent les châteaux. Il n'y a plus
» de police, parce que chacun prétend la faire
» à son gré. Au moindre soupçon, un voyageur
» est arrêté ; vous pouvez l'être, et si l'on trou-
» vait sur vous une lettre de moi, je ne sais
» trop ce qui vous arriverait. »

« J'espère, sire, repris-je, que les rapports
» parvenus à votre majesté sont exagérés. Mais
» cependant, si vous croyez que votre lettre
» courrait le risque d'être compromise, ne pou-
» vez-vous, au moins, faire parvenir verbale-
» ment, par moi, au roi et à la reine, ce que
» vous jugerez utile pour eux dans de si graves
» circonstances ? »

« Eh ! quels conseils, répliqua l'empereur avec
» un peu de brusquerie, quels conseils voulez-
» vous que je leur donne, lorsque je les vois
» entourés de gens qui leur persuadent qu'avec
» un régiment, une compagnie de gardes-du-
» corps, quelques acclamations, et des cocardes
» arborées au milieu d'une orgie, on peut
» arrêter et anéantir une révolution ? Je les
» plains ; mais je ne pourrais leur indiquer, de

» si loin, d'autre moyen pour se tirer d'un si
» mauvais pas, que beaucoup de prudence et
» de fermeté : s'ils en ont, tout s'arrangera
» peut-être ; s'ils en manquent, je n'ai rien à
» leur dire. »

Ces paroles peu fraternelles étaient sans doute dictées par l'humeur que lui donnaient alors ses affaires personnelles ; mais je ne fus pas médiocrement embarrassé à mon retour en France, lorsqu'il fallut rendre compte à la reine de l'entretien que j'avais eu avec ce monarque. Il me congédia, et je ne le revis plus.

Joseph II n'aurait reçu que des éloges de la postérité, s'il avait eu moins d'ambition ou plus de suite dans ses plans. Un vain désir de gloire le porta à faire, contre le grand Frédéric, une guerre courte et sans résultat. Voulant étendre ses possessions et son commerce au détriment de la Hollande, il se vit obligé d'y renoncer par la crainte de nos armes. Désirant conserver la paix avec les Turcs, il les combattit et s'appauvrit par cette guerre, pour ne pas perdre l'amitié de Catherine. Enfin, ayant formé le projet d'affranchir ses sujets du Brabant du joug des seigneurs et d'un clergé ambitieux, il les poussa à la révolte, parce qu'il se servit de moyens arbitraires, pour faire adopter ses principes philosophiques à un peuple, qui ne s'y trouvait pas encore disposé.

Au reste, ce prince, sans être un grand homme, fut un monarque juste, vertueux, tolérant, sévère pour lui, indulgent pour les autres, bienfaisant, infatigable, accessible à la vérité; toujours occupé à secourir la misère, à encourager les arts et à récompenser le mérite.

Le prince de Ligne, qui le pleura sincèrement, écrivit à l'impératrice Catherine ces lignes, que je ne puis me défendre de retracer ici : « Le
» soldat dira: Joseph II a essuyé bien des coups
» de canon à la digue de Beschania, et des coups
» de fusil dans les faubourgs de Sabatsch; il a
» imaginé des médailles pour la valeur. Le voya-
» geur dira : Quels beaux établissemens pour les
» écoles, les hôpitaux, les prisons et l'édu-
» cation! Le manufacturier : Que d'encoura-
» gemens! Le laboureur : Il a labouré lui-
» même. L'hérétique : Il fut notre défenseur.
» Les présidens de tous les départemens, les
» chefs de tous les bureaux diront : Il était no-
» tre premier commis et notre surveillant à la
» fois. Les ministres : Il se tuait pour l'État,
» dont il était, disait-il, le premier sujet. Le

» malade dira : Il nous visitait sans cesse. Le
» bourgeois : Il embellissait nos villes par des
» places et des promenades. Le paysan, le do-
» mestique diront aussi : Nous lui parlions tant
» que nous voulions. Les pères de famille : Il
» nous donnait des conseils. La société dira : Il
» était sûr, aimable; il racontait plaisamment;
» il avait du trait dans la conversation ; on pou-
» vait lui parler avec vérité sur tout. »

Le prince de Kaunitz, honoré constamment de la confiance de Marie-Thérèse, avait conservé le même ascendant sur l'esprit de l'empereur Joseph II. Ce ministre expérimenté était l'un des hommes les plus habiles du dernier siècle; mais, à un génie étendu, il unissait des caprices aussi singuliers et des manies aussi bizarres que celles du général Souwaroff et du prince Potemkin. Toutes ses bizarreries étaient supportées sans murmure par les personnages de Vienne, et par les étrangers les plus considérables.

Quoiqu'il fût vieux, il affectait encore, dans sa parure, des prétentions qui auraient rendu un jeune homme ridicule : sa coiffure était composée d'une inconcevable quantité de boucles, et, pour qu'elles fussent poudrées avec une égalité parfaite, il passait dans un cabinet destiné à cet usage, entre une haie de plusieurs valets de chambre, qui, armés de grands soufflets, l'enveloppaient d'un nuage de poudre.

Malade souvent imaginaire, et extrêmement sensible aux variations de la température, on le voyait changer de vêtemens vingt ou trente fois par jour.

L'un des mérites auxquels il attachait le plus de prix, et qu'il s'attribuait, c'était d'être le plus habile écuyer de l'Europe. On ne pouvait lui faire de plus grand plaisir que de se rendre dans un grand manége, où il passait une longue partie de la journée, et d'y admirer la dextérité avec laquelle il se livrait à tous les exercices de l'équitation.

Jamais l'heure de ses repas n'était réglée; de sorte que ses convives couraient le double risque, ou d'arriver trop tard, ou d'être obligés de l'attendre pendant quelques heures.

Au dessert, on apportait devant lui un miroir, un bassin, des cure-dents, une éponge, et, sans se gêner, il nettoyait lentement sa bouche et ses dents, sans que personne voulût ou osât quitter la table : le pli était pris, tout le monde se prêtait à ses fantaisies.

Ayant reçu une invitation de ce premier ministre, M. le marquis de Noailles m'y conduisit; son accueil fut poli, mais assez froid. A la fin du diner, adressant la parole, d'une voix haute, au marquis de Noailles, il lui dit : « J'ai » reçu, monsieur l'ambassadeur, des nouvelles » de France : on y pille, on y égorge plus que » jamais; toutes les têtes y sont renversées; c'est » un pays attaqué de démence et de frénésie. »

Je croyais que l'ambassadeur allait répondre; mais il garda le silence, croyant, sans doute, que ce silence était une improbation assez marquée d'une sortie si inconvenante.

Moi, plus jeune, assez impatient, et ne pouvant alors me contenir, je dis très haut : « Il est » vrai, mon prince, que la France, dans ce » moment, est attaquée d'une fièvre très ardente; on prétend même que cette maladie » est contagieuse, et qu'elle nous est venue de » Bruxelles. »

Cette saillie imprévue fit sourire les assistans, et parut vivement étonner le premier ministre, qui n'y répondit pas; mais il n'acheva point sa toilette accoutumée, et sortit de table presqu'à l'instant.

Je m'attendais qu'il me montrerait quelque

humeur de ma vivacité, mais il en fut tout autrement : sa froideur se changea en accueil amical, et même, pendant le peu de jours que je restai à Vienne, il m'invita plusieurs fois à venir le matin chez lui, pour parler avec moi des affaires du temps.

Je dois convenir que, dans ces entretiens, il développa cette supériorité de raison et de lumières, qui lui avait acquis en Europe une si grande réputation.

Le prince de Kaunitz n'ignorait pas, qu'il existait, en France, un parti très opposé à l'alliance de notre cour avec la sienne, et que ce parti devenait de jour en jour plus influent, soit par inimitié pour la reine, soit par le souvenir des pertes, que cette alliance nous avait fait éprouver pendant la guerre de sept ans, soit enfin par le seul esprit d'opposition.

Ce qui est certain, c'est que, dès l'époque des affaires de la Hollande, ce même parti avait accusé, faussement, l'infortunée Marie-Antoinette de sacrifier l'argent et la considération de la France aux intérêts de l'empereur son frère.

Aussi le prince de Kaunitz me pressa de combattre ce parti, et de réfuter les écrits qu'il répandait alors avec profusion; pour m'y engager, il me prodigua tous les éloges qui pouvaient flatter la vanité d'un jeune diplomate.

Malgré l'intérêt de ces conférences, ne pouvant me résoudre à prolonger une absence déjà si longue, je partis pour la France; et ce ne fut pas sans une émotion qui alla jusqu'aux larmes, que je franchis la frontière, et que je revis une patrie, livrée à tous les périls et à toutes les calamités d'une révolution.

Pendant cinq ans d'absence, et à huit cents lieues de mon pays, je ne pouvais me faire une idée des changemens extraordinaires, que venaient d'éprouver, en peu d'années, nos lois, nos caractères, nos esprits et nos mœurs. Les correspondances les plus multipliées ne suffisent pas pour peindre de pareils bouleversemens, et les lettres que j'avais reçues à Pétersbourg, depuis la naissance de nos orages, étaient empreintes d'opinions si diverses et de passions si opposées, qu'elles ne m'avaient donné, sur notre situation réelle, que des notions contradictoires et confuses; de sorte qu'en rentrant dans ma patrie, je ressemblais assez au vieil Épiménide, sortant de son long sommeil.

Sur ma route même, et avant de parler à personne, j'éprouvais une vive surprise; car tout

présentait à mes regards un spectacle imprévu :
les bourgeois, les paysans, les ouvriers, les
femmes même, me montraient dans leur maintien, dans leurs gestes et sur tous leurs traits,
quelque chose de vif, de fier, d'indépendant et
d'animé, que je ne leur avais jamais connu.

Un mouvement extraordinaire régnait partout; j'apercevais dans les rues, sur les places,
des groupes d'hommes qui se parlaient avec
vivacité ; le bruit du tambour frappait mes
oreilles au milieu des villages, et les bourgs
m'étonnaient par le grand nombre d'hommes
armés que j'y rencontrais.

Si j'interrogeais quelques individus des classes
inférieures, ils me répondaient avec un regard
fier, un ton haut, hardi; partout je voyais l'empreinte de ces sentimens d'égalité, de liberté,
devenus alors des passions si violentes ; enfin,
à mon départ de France, j'avais quitté un peuple paisible et courbé par habitude sous le joug
d'un long assujettissement; à mon retour, je le
retrouvais redressé, indépendant, et trop ardent
peut-être pour jouir avec sagesse d'une liberté
nouvelle.

Quelle que fût mon impatience de me revoir au
sein de ma famille, les pensées qui m'agitaient,

et la nouveauté des objets qui les faisaient naître, me rendirent le chemin et le temps si courts, qu'en apercevant Paris, je fus presque surpris d'y être arrivé.

Lorsque je vis mon père, je le félicitai, en l'embrassant, d'être sorti du ministère quand il ne pouvait plus y faire le bien. « Par cette sage » retraite, lui dis-je, vous avez évité le chagrin » de voir commettre, sans pouvoir vous y oppo- » ser, tant de fautes qui ont amené la dissolu- » tion du gouvernement. »

Je retrouvai en lui, la même force de caractère qui avait toujours été son mérite distinctif, et la même tendresse pour moi, tendresse à laquelle j'attachais tant de prix ; mais il ne me montra plus le même calme et la même impartialité, que jusque-là j'avais tant admirés en lui.

Ce changement me frappa et m'apprit, dès cet instant, combien j'allais trouver d'opposition dans les esprits et d'exaspération dans les caractères.

Mon père, ainsi que tous les hommes de son temps, était toujours resté étranger aux idées de la nouvelle philosophie : rempli d'un respect religieux pour nos vieilles institutions, tout ce qui s'en écartait ne lui semblait qu'une folie dangereuse ; le renversement de l'ordre de choses sous lequel il était né, n'offrait à ses yeux que l'image d'un peuple en délire.

Quelques réformes graduelles n'auraient point effrayé sa prudence ; mais il regardait comme funeste une révolution, qui, sous prétexte de briser toutes les chaînes, rompait tant de liens sacrés pour lui.

Aussi sa sévérité traitait d'insensés, et même de coupables, ceux qui prenaient part à cette révolution ; il me parla de plusieurs de mes amis avec des termes qui m'affligèrent d'autant plus, qu'ils étaient injustement appliqués ; car rien n'était plus noble, plus désintéressé que leurs sentimens : et quand même un amour trop ardent pour le bien public et pour la liberté, les aurait trompés et entraînés trop loin, quelle erreur aurait dû être plus excusable aux yeux d'un homme vertueux !

Mais je vis bientôt que cette opinion de mon père, loin d'être exclusivement la sienne, me représentait l'opinion d'une grande partie de la haute société : presque tous les hommes de son âge et de son rang éprouvaient les mêmes impressions ; oubliant toutes les causes qui avaient amené et rendu presque inévitable cette destruction de l'ancien régime, ils n'y voyaient que l'atteinte portée à l'ordre, à la discipline, aux antiques droits du trône, à ceux de la noblesse, et à leurs habitudes comme à leurs intérêts. De tous côtés, ils se sentaient blessés, et envisageaient presque comme félons et comme ennemis, ceux qui ne pensaient pas comme eux.

Ainsi, dès cette première conversation au sein de ma propre famille*, il me fut facile de voir quel était l'esprit de tout un parti, celui qu'on appelait alors le *parti aristocratique*.

Par un hasard assez piquant, le même jour me mit à portée de connaître les opinions et les sentimens du parti opposé, qui se nommait le *parti des patriotes* : mon ami et mon neveu, le général La Fayette, qui commandait alors la garde nationale, vint chez moi dans l'après-midi, et me fit, pendant plusieurs heures, le récit détaillé de tous les événemens qui s'étaient passés depuis les premiers jours de cette mémorable année.

Ce qui distingue surtout M. de La Fayette, c'est une constance immuable dans le caractère, et qui tend, sans déviation, à un but toujours le même. Travailler sans cesse à établir, à étendre, à consolider la liberté, voilà l'idée dominante qui, depuis plus de cinquante ans, a dirigé sa conduite, échauffé son âme, et dicté ses paroles.

Aussi, dans le moment où je le revis, il se croyait au comble de ses vœux, puisque sa patrie semblait tout entière répondre à ses sentimens, et que le règne des lois y remplaçait celui de l'arbitraire. Cependant il me parut profondément affligé des scènes tumultueuses et des excès populaires, qui avaient souillé les premiers jours de cette révolution.

« Je ne sais par quelle fatalité, me disait-
» il, un parti, qui se cache dans l'ombre, est
» venu se mêler au vrai peuple, qui ne veut
» que justice et liberté. Il est sorti, de je ne
» sais où, un certain nombre de brigands sol-
» dés par des mains inconnues, et qui, malgré
» nos efforts, ont commis des crimes déplora-
» bles, en profitant de tous les mouvemens
» excités par la résistance, mal calculée, de la
» cour et des ordres privilégiés, aux réformes
» que désirait le vœu public. En vain nous
» les chassions, nous les châtions, nous les dis-
» persions; ils revenaient toujours : après la
» prise de la Bastille, leur rage a commis d'af-

» freux assassinats; ils menaçaient même Paris
» du pillage : l'organisation spontanée d'une
» garde nationale a pu seule mettre un frein à
» leurs désordres.

» A la même époque, quelques-uns s'étaient
» montrés, mais en petit nombre, dans les
» provinces; et partout le bruit, faussement
» répandu, de leur prochaine arrivée, excita
» une si grande terreur, qu'au même instant,
» dans toutes les communes, le peuple prit les
» armes.

» Nous avons fait d'inutiles recherches pour
» connaître les chefs de ces brigands, et le foyer
» d'où partaient ces nouvelles alarmantes, qui
» arrivaient à la fois dans toutes les villes et tous
» les bourgs du royaume; c'est un problème qui
» est resté insoluble pour nous, comme pour le
» gouvernement : je n'ai eu, à cet égard, que
» des soupçons, qui ne sont appuyés d'aucunes
» preuves.

» Dans le mois d'octobre dernier, cette bande
» de scélérats, se mêlant aux mouvemens désor-
» donnés, produits à Paris par les imprudences
» d'une scène qui s'était passée à Versailles, a
» rassemblé tout ce qu'on peut trouver de vil et
» de corrompu dans une capitale. Tandis que je

» m'efforçais en vain, près de l'hôtel-de-ville,
» de rétablir l'ordre et de calmer les esprits,
» on vint m'apprendre que ces misérables, en-
» traînant une foule nombreuse, se dirigeaient
» sur Versailles, et annonçaient les projets les
» plus sinistres contre le roi et la représenta-
» tion nationale.

» Je me vis contraint de courir après eux :
» lorsque j'arrivai à Versailles, ils avaient déjà
» souillé de leur présence la salle des séances
» de l'assemblée, et menacé le château. La
» garde nationale réprima leur furie, les dis-
» persa, et, d'abord, tout parut calmé. Mais mal-
» heureusement on n'avait voulu confier à cette
» garde nationale, qu'une partie des postes ex-
» térieurs; et à la fin de la nuit, les brigands
» s'introduisirent dans le château, du côté du
» jardin, par une porte que n'occupait point
» la garde nationale.

» Peu s'en fallut alors qu'il ne se commît un
» épouvantable crime, qui aurait couvert la
» France de deuil; heureusement nous arrivâ-
» mes à temps pour le prévenir, et cette infâme
» conspiration échoua : cependant nous déplo-
» rerons toujours ces fatales journées, et les
» assassinats qui s'y commirent.

» Le peuple n'avait point pris de part à cette
» odieuse trame. Néanmoins il était fort exas-
» péré, soit par l'effet d'une disette factice ou
» réelle, soit par le bruit répandu d'un coup
» d'État médité et prochain; de sorte qu'il ne
» fut possible de l'apaiser, qu'en persuadant
» au roi et à sa famille de venir s'établir à
» Paris.

» Voilà ce que je puis, en toute vérité, vous
» dire de ces scènes orageuses, qui ont mêlé
» de chagrins les justes espérances que me don-
» naient les vœux et les efforts de l'immense
» majorité de la nation, pour le prompt éta-
» blissement d'un gouvernement représentatif
» dans ma patrie.

» Au reste, je ne doute point qu'on n'ait en-
» core exagéré, ailleurs comme en France,
» tous ces événemens; mais vous pourrez en
» juger par vos yeux, et vous trouverez à Pa-
» ris, ainsi que dans les provinces, un ordre et
» une tranquillité, qu'on ne pouvait guère s'at-
» tendre à voir sitôt régner au milieu d'une
» révolution, et des passions opposées qu'elle
» fait naître. »

« Il me semble cependant, mon cher, lui
» répondis-je, qu'il existe encore partout un

» grand mouvement. Il est vrai que dans les
» pays étrangers, on m'avait représenté la France
» comme livrée tout entière au pillage, aux
» massacres, et qu'au contraire, les provinces
» que j'ai traversées, m'ont paru fort paisi-
» bles.

» Mais on m'a déjà dit que vous avez encore,
» quelquefois, des violences à empêcher, des
» mouvemens séditieux à réprimer, et qu'au-
» tour de la prison même où le baron de Be-
» senval attend son jugement, une foule tu-
» multueuse demande à grands cris sa mort. »

« Cela n'est que trop vrai, me répondit-il;
» mais vous savez bien qu'après un coup de
» vent, la mer reste quelque temps agitée. D'ail-
» leurs, de plusieurs côtés, il n'existe que trop
» de passions, qui concourent à troubler l'ordre
» et à éloigner la paix. »

« Pourrait-il en être autrement? repris-je;
» votre marche a été si rapide! c'est une vraie
» démolition : vous avez détruit les ordres, ré-
» duit à une chambre la représentation natio-
» nale, aboli les priviléges de la noblesse, mis
» les biens du clergé à la disposition de la na-
» tion; votre assemblée concentre en elle pres-
» que tous les pouvoirs. Que d'ennemis vous

» vous êtes créés ! vous faites table rase en légis-
» lation ; vous allez bien vite et bien loin.

» Songez-y, quand on renverse un édifice en
» pierres, ses débris restent, sans mouvement,
» couchés sur la terre ; mais il n'en est pas de
» même d'un édifice d'institutions humaines :
» elles ont donné à une multitude de personnes,
» à des classes entières, soutenues de nombreux
» cliens, des prérogatives, des jouissances, des
» honneurs, des prééminences, devenus des
» droits à leurs yeux, et auxquels chacun tient
» autant qu'à sa vie. Je crois qu'une telle des-
» truction, un changement total si prompt, et
» des plans si hardis, nous exposeront à de bien
» longs orages. »

« Cela se peut, répliqua La Fayette ; mais
» vous croyez voir des plans où réellement il
» n'en a point existé. Tout ce qui arrive aujour-
» d'hui, ce qui vous surprend, ce qui vous
» alarme, date de loin ; c'est le résultat néces-
» saire des fautes de vingt ministères successifs,
» du défaut d'ordre et de suite dans le gouver-
» nement, de dilapidations sans mesures, et
» d'abus de tous genres.

» Les grands corps judiciaires, le clergé même,
» et la plupart de tous ceux qui nous blâment

» à présent, ont, depuis plusieurs années, atta-
» qué avec la plus grande énergie tous les actes
» du pouvoir. Les parlemens, après une foule
» de remontrances, aussi véhémentes que les dis-
» cours de notre tribune, ont fait un appel à la
» nation; mais à peine cette nation y a-t-elle
» répondu, qu'on a voulu lui imposer silence;
» les états-généraux étaient promis; un minis-
» tre a voulu les remplacer par une cour plé-
» nière : efforts impuissans et ridicules! l'auto-
» rité s'est vue contrainte de reculer; les états
» ont été réunis.

» Alors, par une conduite inexplicable, on a
» humilié le tiers-état; les autres ordres ont
» refusé de se joindre à lui; bien plus, on lui
» a fermé le lieu de ses séances. Il a résisté;
» le peuple s'est indigné, s'est soulevé; des mi-
» nistres populaires ont été renvoyés; la cour a
» fait venir des troupes; une explosion générale
» a eu lieu, et une haine violente du peuple
» contre l'aristocratie s'est manifestée de toutes
» parts.

» Vous connaissez à présent les causes; tirez-
» en les conséquences, et jugez si, au milieu
» d'une effervescence produite par tant de fau-
» tes, d'autres que nous auraient pu éviter les

» reproches qu'on nous adresse. Ce sont trop sou-
» vent ceux dont l'imprudence a produit l'in-
» cendie, qui crient les premiers et le plus
» vivement au feu.

» Enfin le passé n'appartient plus à personne :
» je n'ai suivi et je ne suis, dans ma conduite,
» que ce qui m'est dicté par ma conscience. Je
» veux la liberté, l'ordre, une bonne constitu-
» tion; je crois que la nation le veut aussi, et
» j'espère que nous atteindrons notre but, mal-
» gré toutes les passions qui s'y opposent.

» Mes soins se bornent à présent à veiller au
» maintien de la tranquillité publique, à con-
» tribuer, comme député, à l'affermissement
» de la liberté, et, en même temps, à mettre
» le roi et la reine à l'abri de tous les complots
» et de tous les mouvemens, qui pourraient me-
» nacer leur sûreté. »

« Ces sentimens sont très louables, lui dis-
» je ; mais je partage bien plus vos vœux que
» vos espérances. Au milieu de tant de partis si
» passionnés, votre position me paraît délicate,
» inquiétante et très scabreuse : car enfin, d'un
» côté, vous êtes un des principaux chefs du
» parti populaire; de l'autre, vous vous trou-
» vez, par votre place, commandant de la garde

» nationale, chargé de défendre le roi, sa fa-
» mille, son palais, et ce qui lui appartient,
» contre toute attaque, d'être continuellement
» en rapport avec la cour, et d'agir ainsi com-
» me l'homme du gouvernement.

» Il vous sera bien difficile de ne pas inspirer
» quelque méfiance à l'un et à l'autre parti ;
» vous voudrez faire agir l'un constitutionnelle-
» ment, et modérer l'ardeur de l'autre; je crains
» que leurs ressentimens ne se réunissent un
» jour contre vous. »

« Je ne l'ignore pas, répliqua-t-il ; mais, ayant
» fait ce que j'ai dû, je n'aurai rien à me re-
» procher. »

Le jour suivant, je vis encore l'un de mes amis et des principaux chefs du parti des patriotes, M. Alexandre de Lameth, qui me fit un tableau des événemens passés, peu différent de celui que venait de me tracer La Fayette; mais il me donna plus de détails que lui sur l'assemblée, sur son esprit, sur les différentes opinions qui la partageaient, sur leurs divisions et leurs subdivisions. Nul, je crois, ne la connaissait aussi bien que lui, et nul ne sut mieux cet art, alors nouveau pour nous, qu'on peut appeler la tactique des assemblées politiques.

Alexandre de Lameth, ferme et constant ami de la liberté constitutionnelle, exerçait avec ses deux amis, Barnave et Duport, une assez grande influence sur son parti. Compté au premier rang des fondateurs du gouvernement représentatif en France, il fut de bonne heure un des présidens de l'assemblée nationale.

Un discours fort remarquable qu'il prononça sur la force publique dans les États libres, et qui produisit dans le temps une vive impression, lui fit donner et conserver la présidence du comité militaire, dont il fit les travaux les plus importans. Son frère Charles, ardent à la tribune comme à la guerre, suivit toujours la même ligne que lui.

Les premiers excès populaires qui avaient été commis, les indignaient, mais sans affaiblir leur espoir de voir un ordre légal s'établir, en dépit de tout obstacle.

A cette époque, on ne mesurait peut-être pas assez la difficulté de triompher à la fois, et des antiques préjugés d'une vieille monarchie, et des mœurs corrompues de la nombreuse partie d'un peuple, si long-temps resté dans l'ignorance et dans la sujétion.

Le lendemain la reine me fit venir chez elle,

m'entretint fort long-temps de toutes les peines qu'elle avait éprouvées; depuis, elle me donna, pendant près d'une année, une grande part à sa confiance : plus tard d'autres conseils m'en privèrent.

Cette princesse, ainsi que le roi, s'étaient vus si fréquemment déçus dans leurs espérances, qu'ils cherchaient trop souvent des avis nouveaux. Ces changemens multipliés, cette succession de conseils, de systèmes différens, et presque toujours opposés entr'eux, ne furent peut-être pas une des moindres causes, qui rendirent leurs malheurs et leurs périls toujours croissans.

Il me serait impossible de dire à quel point je fus ému, lorsque je revis cette reine que j'avais laissée si heureuse, si brillante, si aimée, si entourée d'hommages, et lorsqu'elle me raconta les injustices dont elle avait été l'objet, les efforts de la calomnie contre sa réputation à l'époque de l'affaire du collier, contre ses sentimens d'épouse et de mère, quand on l'accusait de faire passer l'argent de la France en Autriche, enfin, contre ses véritables intentions, en lui reprochant d'avoir voulu détourner le roi, de son penchant à satisfaire le peuple, par des réformes et des sacrifices nécessaires.

« Nous avions cependant toujours choisi, me
» dit-elle, pour ministres, tous ceux que nous
» désignait l'opinion publique ; mais à peine le
» roi adoptait leurs plans, que nous étions as-
» saillis de plaintes, de cris, de représenta-
» tions, de remontrances contre ces mêmes mi-
» nistres, dont on regardait les conseils comme
» dangereux.

» Les parlemens, la noblesse, le clergé, notre
» cour même, s'efforçaient de nous persuader
» que nous nous trompions, que notre confiance
» était mal placée, et qu'au lieu de guérir les
» maux de l'État, on les aggravait de jour en
» jour.

» Vous connaissez la bonté du roi, sa défiance
» de lui-même, et son unique passion, le bon-
» heur de la France! Il cédait tantôt à la cour,
» tantôt aux parlemens. Nous cherchions d'au-
» tres moyens de faire le bien; ils ne réussis-
» saient pas mieux. Les grands corps de l'État,
» les notables, tout semblait se réunir contre
» nous.

» Enfin, comme, de toutes parts, on deman-
» dait les états-généraux, le roi les a convoqués;
» mais à peine ont-ils été assemblés, que la dis-
» corde s'est mise entr'eux ; une épouvantable

» révolution a éclaté : on a voulu anéantir notre
» autorité, les prérogatives du clergé, les droits
» de la noblesse; et comme nous croyions devoir
» les défendre, on a soulevé le peuple contre
» nous, déchaîné sa furie, séduit nos troupes,
» bravé ouvertement l'autorité royale. Le roi
» s'est vu contraint de renvoyer les régimens
» qui veillaient à sa sûreté; nos amis, devenus
» l'objet de la haine publique, ont été forcés
» de fuir.

» Paris en révolte s'est emparé de la Bas-
» tille; et, bien que la condescendance du roi,
» qui ne veut pas qu'une goutte de sang soit
» versée pour sa cause, ait été jusqu'au point
» d'acquiescer à tout ce qu'on lui demandait,
» le calme n'a pu se rétablir; les passions du
» peuple ont redoublé de violence; enfin nous
» avons vu notre palais, à Versailles, envahi par
» des brigands. Je n'ai échappé à la mort qu'en
» sortant précipitamment de ma chambre pour
» me réfugier dans celle du roi. Plusieurs de nos
» gardes-du-corps ont péri, et vous nous voyez
» enfin, ici, exposés peut-être à de nouveaux
» dangers. Que pensez-vous d'un si funeste
» état de choses? et croyez-vous qu'il soit pos-
» sible de nous en tirer ? »

Tel fut à peu près le sens d'un récit qui me touchait trop pour que je pusse l'oublier. Jamais je ne vis plus de dignité dans la douleur, plus de douceur dans l'affliction. Comme la conversation fut longue, la reine m'entretint avec détail des sujets de plaintes que lui avaient donnés plusieurs personnes, qui s'étaient constamment efforcées de lui nuire dans l'esprit du peuple, et même dans le cœur du roi.

Mais elle me parla, sans aigreur, de ceux de mes amis qui se trouvaient alors à la tête du parti populaire. « Ils nous ont fait du mal, di-
» sait-elle, en portant de fortes atteintes à l'au-
» torité royale; mais, loin de les confondre
» avec ceux qui ont ameuté contre nous une
» populace en fureur, je les crois disposés à
» nous mettre à l'abri de pareils excès, et à
» maintenir ce qui nous reste d'autorité.

» C'est surtout le devoir de M. de La Fayette,
» votre parent et votre ami; quelques reproches
» que j'aie à lui faire, je dois convenir qu'à Ver-
» sailles, dès qu'il a su notre péril, il est venu à
» notre secours, et, par là, nous a rendu le ser-
» vice le plus essentiel. Vous le verrez souvent;
» rappelez-lui bien ce qu'il m'a promis. Il est
» de son honneur, puisqu'il commande à Paris,

» que la dignité et la sûreté du roi n'y reçoivent
» aucune atteinte. »

Après avoir montré à cette princesse à quel point je partageais ses peines, je lui dis « que
» mon plus grand désir serait de répondre à sa
» confiance; mais qu'étant si récemment arrivé
» à Paris, je ne pouvais avoir encore une opi-
» nion bien fixe et bien arrêtée, sur tous les
» événemens dont elle venait de me parler, et
» sur leur résultat probable. Cependant, ma-
» dame, ajoutai-je, si je dois en juger d'a-
» près l'opinion qu'on en a au dehors, et d'après
» ce que l'on m'en a déjà dit ici, je pense qu'on
» peut attribuer tout ce qui est arrivé jusqu'à
» présent, aux changemens trop multipliés de
» ministres et de systèmes, à des coups d'auto-
» rité peu calculés et mal soutenus, à l'exil et
» au rappel des parlemens, à la convocation
» des états-généraux près d'une capitale, foyer
» d'intrigues et d'agitations, au défaut de dé-
» cisions sur les questions les plus importan-
» tes, décisions qui auraient dû précéder la
» réunion de cette assemblée, enfin au dé-
» dain qu'on a montré pour le tiers-état, et à
» quelques mesures imprudentes, qui ont ex-
» cité, dans l'esprit du peuple, l'animosité la

» plus violente contre les classes privilégiées.
» Aujourd'hui il serait aussi pénible qu'inu-
» tile de revenir sur le passé. Je ne sais si, dans
» les dispositions des esprits, et à cette époque,
» on aurait pu prévenir une révolution, ou l'é-
» loigner. Mais cette révolution est faite, il ne
» faut pas se le dissimuler ; le vœu général de
» toute la nation s'est prononcé pour un gouver-
» nement représentatif. Si l'on y marche avec
» sincérité, si on l'établit de bonne foi, nous
» pourrons peut-être jouir à la fois, comme en
» Angleterre, et de la sécurité que donne l'au-
» torité royale, et des avantages de la liberté ;
» mais, s'il en est autrement, je ne puis songer
» sans crainte à l'abime où nous entraînerait
» une résistance superflue : le seul moyen de
» mettre un frein à la licence, c'est de lui op-
» poser une sage et légale liberté. »

« Je vois, répliqua la reine, que, d'après ce
» qu'on vous a dit, vous me croyez fort éloignée
» de votre opinion. Mais demain vous aurez de
» mes nouvelles, et vous verrez que je ne suis
» pas si déraisonnable qu'on le suppose. »

En effet, le jour suivant, madame Campan
m'apporta de sa part un paquet, dont cette princesse lui avait laissé ignorer le contenu. Je l'ou-

vris, et, à ma grande surprise, j'y trouvai un écrit de M. Mounier, dont les idées étaient fort analogues aux principes du gouvernement anglais.

Ce premier entretien avec la reine fut terminé par des éloges très obligeans, qu'elle daigna me donner sur ma conduite en Russie, ainsi que par de nombreuses questions relatives au caractère de Catherine II, et à la triste situation où j'avais laissé, à Vienne, l'empereur, son frère.

Lorsque je fus présenté au roi, je le trouvai triste, abattu; il me parla peu, mais obligeamment, sur mes négociations, me dit qu'il me revoyait avec plaisir, et me congédia.

Je remplis ensuite un autre devoir, et je rendis compte de ma mission à M. de Montmorin. De tous les tableaux que l'on m'avait tracés de la révolution, celui que me fit ce ministre fut le plus sombre.

Cependant son esprit, juste autant qu'éclairé, sentait très bien la nécessité de terminer nos troubles par une transaction sincère, et par un pacte qui contiendrait tous les élémens d'un bon gouvernement représentatif; mais, en même temps, il était persuadé que la violence de plusieurs passions opposées rendait ce remède impossible.

« D'un côté, me dit-il, le peuple, dans sa
» fougue, paraît ne vouloir qu'une démocratie
» qui mène à l'anarchie; il s'armera bientôt
» contre ceux qui veulent aujourd'hui le sou-
» mettre à un frein légal. D'une autre part, la
» cour, l'aristocratie, et ce qui environne le roi,
» rejettent avec opiniâtreté tout ce qui ne leur
» montre pas la monarchie telle qu'elle était
» autrefois.

» Vous savez à quel point j'aime le roi : il est
» juste, vertueux, bon; mais sa bonté est pri-
» vée de force. Il ne sait résister ni à ceux qu'il
» craint, ni à ceux qu'il aime; je fais de vains
» efforts pour le déterminer à suivre avec fer-
» meté un plan quelconque. Ah! croyez-moi,
» cette funeste lutte, entre un parti populaire
» passionné et un monarque faible, finira par
» nous faire traverser une république. »

J'avoue que ces paroles, changées par le temps
en prédictions, ne me firent alors qu'une impression légère. Je les regardai comme l'effet
d'une humeur mélancolique, qui le portait à se
créer des chimères; et certes, à cette époque,
on ne voyait pas encore l'apparence de ce parti

républicain, qui ne commença à se montrer que deux ans plus tard, après le départ du roi pour Varennes.

Déjà mes entretiens avec des personnes, si différentes entr'elles par leurs rangs et par leurs opinions, commençaient, en satisfaisant ma vive curiosité, à me donner une idée assez nette de l'état dans lequel je revoyais mon pays; et, pour compléter à cet égard mon instruction, j'assistai assidument aux séances de l'assemblée nationale.

Je venais de séjourner cinq ans dans des contrées dont les gouvernemens n'avaient subi aucune altération, et qui conservaient, sans mélange, l'ancien ordre social, les antiques coutumes, les vieilles étiquettes, ainsi que les distinctions constantes et immuables des rangs et des classes de la société.

Rien n'avait donc pu me faire perdre le souvenir de l'état où j'avais laissé la France : aussi ce ne fut pas sans étonnement que je vis pour la première fois, en public et au sein d'une auguste assemblée, les cardinaux, les évêques, les curés, les généraux, les officiers, les grands, les nobles, les cultivateurs, les magistrats, les légistes, et enfin ce que nous appelions des bourgeois, confondus ensemble et assis pêle-mêle sur les mêmes bancs, sans aucune distinction de rangs.

Mais, après ce court instant de surprise, je tombai dans un autre étonnement, celui de voir que ce spectacle ne suffisait pas pour ouvrir les yeux des partisans de l'ancien régime. Ce n'était pourtant plus un vain mot d'*égalité*, qui retentissait à leurs oreilles ; c'était l'égalité elle-même et vivante, qui frappait leurs regards. Néanmoins, ils doutaient et doutent peut-être encore de son existence.

La différence la plus notable qui existe entre eux et ceux dont je partage l'opinion, c'est que nous, à cet égard, nous voyons la révolution irrévocablement faite, tandis qu'eux pensent qu'elle ne l'est pas définitivement. Ils oublient qu'on peut quelquefois abolir ce qui n'est écrit que dans les lois, mais non ce qui est une fois gravé dans les mœurs.

J'ignore quel sera le jugement de la postérité sur toutes les accusations dont l'assemblée constituante est devenue l'objet ; mais ce qui me paraît certain, c'est que tous ses plus ardens détracteurs seront forcés de convenir qu'elle fut composée de l'élite des hommes de ce temps, dans tous les genres et dans toutes les opinions : ils avoueront que jamais peut-être on ne vit plus de grands talens réunis; que de part et d'autre, en agitant les plus grandes questions qui puissent intéresser les hommes, on y déploya, des deux côtés, toutes les forces de la logique et toutes les ressources de l'éloquence.

Enfin, en écartant de ce jugement tout ce qui a dépendu peut-être beaucoup plus des circonstances que des hommes, et en faisant ainsi une juste part aux passions de l'époque, on ne pourra contester à l'assemblée constituante la gloire d'avoir posé les principes du gouvernement représentatif, qui nous régit aujourd'hui, principes que nos rois ont adoptés, qui triomphent après trente ans de luttes, de guerres, de victoires, de revers, et qui servent de bases aux lois reçues par la plus grande partie des peuples des deux hémisphères.

Pour moi, je n'oublierai jamais l'impression que produisirent sur mon esprit la véhémence des discours de Mirabeau, l'harmonie et la pompe de ceux de l'abbé Maury, le talent improvisé et brillant de Cazalès, les pressans argumens de Barnave, la finesse élégante de l'abbé de Montesquiou, la profonde et lumineuse dialectique de Duport, la sévère et froide raison de Malouet, la clarté des rapports de Thouret, et les mérites divers de tant d'autres orateurs, qu'il serait trop long d'énumérer ici.

Je suivais tous ces grands débats avec un intérêt toujours croissant, mais qui excitait en moi des émotions très opposées : tantôt je me sentais entraîné jusqu'à l'enthousiasme par cet amour ardent de la patrie et de la liberté, par tous ces nobles sentimens que j'avais toujours admirés dans l'histoire des peuples anciens, et qui retentissaient à notre tribune nationale; tantôt je me sentais saisi d'une trop juste crainte, en voyant tant de coups portés à toutes nos antiques institutions, et en songeant aux suites d'une révolution qui devait blesser tant d'intérêts, contrarier tant d'habitudes, déplacer tant de fortunes, exciter tant de discordes, et nous susciter un si grand nombre d'ennemis. Mais enfin, naturellement disposé à l'espérance, je finissais par me livrer à l'idée, trop chimérique peut-être, de voir un jour tous les intérêts privés se réunir et se confondre dans l'intérêt général.

Quoi qu'il en soit, je penserai toujours que plusieurs de mes contemporains jugent, avec une bien surprenante légèreté, cette assemblée où siégeaient des hommes tels que ceux que j'ai déjà nommés, et tels que les Bailly, les Mathieu de Montmorency, La Rochefoucauld-Liancourt, Crillon, du Châtelet, Tracy, Montlosier, Boisgelin, Talleyrand, l'archevêque de Vienne, le chevalier de Boufflers, Champagny, Maubourg, Rabaut-Saint-Étienne, Boissy d'Anglas, Emmery, Castries, Custine, Beaumetz, Toulongeon, Cicé, Bonnay, Noailles, Chapelier, D'Aguesseau, La Luzerne, Broglie, Beauharnais, etc., etc.

Si tous ceux-là n'ont pu réprimer les passions du siècle, et leur ont même quelquefois cédé, d'autres pourraient-ils, sans présomption, se flatter qu'ils auraient été plus sages, plus habiles, ou plus heureux?

J'employais mes soirées à parcourir les différens cercles de la capitale, à revoir ces sociétés qui avaient fait le charme de ma jeunesse. Je les retrouvai plus vives, plus spirituelles, plus animées que jamais; il eût été difficile d'y rencontrer la langueur ou l'ennui. Cependant elles semblaient avoir perdu pour moi leur plus aimable attrait; on n'y voyait plus cette douceur, cet atticisme, cette urbanité, qui en avaient fait si long-temps la véritable école du goût et de la grâce.

Les passions politiques, en s'introduisant dans nos salons, les avaient presque métamorphosés en arènes, où les opinions les plus opposées se choquaient et se heurtaient sans cesse. On ne discutait plus, on disputait; le seul et éternel sujet de conversation était cette politique, qui ne permettait que bien rarement aux arts, aux muses, à la galanterie, de varier les entretiens.

Chacun parlait haut, écoutait peu; l'humeur perçait dans le ton comme dans le regard. Souvent, dans un même salon, les personnes d'opinions opposées se formaient en groupes séparés. Bientôt une animosité toujours croissante désunit et divisa totalement ces sociétés, dont l'aménité n'était plus le doux lien.

Dans les maisons où se réunissaient les personnes d'une même opinion, la chaleur des débats n'était pas moindre, ni les sujets de conversation plus variés. On y voyait seulement moins d'aigreur.

Les femmes perdaient beaucoup à ce grand changement : les passions douces conviennent seules à leur grâce, à leur délicatesse, à leur voix, comme à leurs traits; la modestie est leur premier charme : aussi rien ne leur sied plus mal que les passions politiques; l'humeur les dépare, et la colère les enlaidit.

Cependant plusieurs d'entr'elles brillaient, dans ces entretiens philosophiques, par leur éloquence et par leurs saillies; je n'en citerai qu'une seule, madame de Staël : peu d'orateurs auraient pu la surpasser en verve et en dialectique; elle étonnait, persuadait et entraînait.

Un grand intérêt animait constamment de tels entretiens; mais c'était toujours le même, et je cherchais en vain, dans ces conversations, cette variété, cet enjouement, cette tolérance mutuelle, cette aimable légèreté, qui les rendaient autrefois si attrayantes.

Aussi mon frère, le vicomte de Ségur, l'un des plus aimables hommes de son temps, et dont l'esprit, ennemi de tout travail pénible, ne voulait prendre de chaque objet que sa fleur, disait assez plaisamment : « Je ne puis souffrir
» cette révolution, *elle m'a gâté mon Paris;* et,
» tandis qu'elle se vante d'une philosophie chi-
» mérique, d'un grand amour du bien public,
» d'une abnégation absolue de tout intérêt privé,
» elle ne fait qu'étendre à tous l'ambition de
» quelques-uns : on pourrait la peindre en

» deux mots : *Ote-toi de là, que je m'y mette.*

» Au reste, je n'accuse personne des torts de
» cette révolution, car tout le monde d'abord
» en a voulu; chacun a essayé d'en prendre sa
» part, suivant sa force et sa mesure; et, de-
» puis le roi jusqu'au plus petit particulier de
» son royaume, tous y ont plus ou moins tra-
» vaillé : l'un lui permettait d'avancer jusqu'à
» la boucle de son soulier; l'autre, jusqu'à sa
» jarretière; celui-là, jusqu'à la ceinture; celui-
» ci, jusqu'à l'estomac; enfin j'en vois qui ne se-
» ront contens que lorsqu'ils en auront par-des-
» sus la tête. Je leur souhaite toutes sortes de
» prospérités; mais je leur reprocherai toujours
» de *m'avoir gâté mon Paris;* car de tous leurs
» torts, celui que je leur pardonne le moins,
» c'est celui d'avoir changé la capitale des plai-
» sirs en un foyer de disputes et d'ennui. »

Ainsi parlait, ainsi pensait une classe assez nombreuse, partie brillante et légère de cette jeunesse de la cour et de la ville, accoutumée à ne vivre que pour les plaisirs, les arts, l'amour et les combats.

Ce qui me surprit le plus, ce fut la subite métamorphose de quelques ci-devant philosophes, déclamant avec humeur contre une révolution que leurs paroles et leurs écrits avaient pendant long-temps provoquée; ils ne l'aimaient apparemment qu'en théorie, et lorsque c'étaient eux seuls qui en professaient les doctrines. On reprochait un jour à l'abbé Sabbatier son humeur contre les états-généraux, qu'il avait demandés avec chaleur, et dont il était vraiment le père. « Oui, répondit-il; *mais on a changé » mon enfant en nourrice.* » Au reste, il faut convenir qu'un très petit nombre d'entr'eux changèrent ainsi de principes et de langage.

Je ne négligeai pas d'observer les autres classes de la nombreuse population de Paris : à peu d'exceptions près, on les trouvait animées d'un amour très ardent pour la liberté, qui leur était promise; mais elles montraient une passion encore plus forte pour l'égalité, et certes le peuple français serait depuis long-temps heureux, si dans ses longs efforts pour maintenir cette liberté et cette égalité, il avait su défendre la première avec autant de constance que la seconde.

On ne peut concevoir le nombre d'aspects divers et opposés, que Paris, dans ce temps, offrait aux regards surpris d'un observateur; je veux essayer, par un seul exemple, d'en donner une légère idée. J'apprends un matin que mon père, âgé et très affaibli par la goutte et par ses blessures, était sorti à pied pour aller voir son ami, le baron de Besenval, enfermé alors dans la prison du Châtelet. On me dit aussi que des malveillans, ameutant la populace, venaient d'exciter un grand tumulte autour de cette prison. Inquiet de ce qui pouvait être arrivé à mon père, je courus le rejoindre.

Une foule immense, rassemblée sur le quai, obstruait le passage, malgré les efforts de la garde nationale, et faisait retentir l'air d'affreuses vociférations. Ces forcenés accusaient l'autorité de trahison, les juges de lenteur, et demandaient à grands cris la tête du prisonnier.

Je ne parvins, qu'après beaucoup de temps et de peine, à me faire jour au travers de cette multitude effrénée. Arrivé enfin à la prison, j'entrai par un guichet sous une porte basse; je parcourus avec dégoût les sombres détours de ce repaire du vice, du crime, et, montant l'escalier de la tour, j'entrai dans une chambre assez propre, où je vis le baron de Besenval, non-seulement calme et courageux, mais entretenant, avec sa gaîté ordinaire, mon père, le chevalier de Coigny, le comte de Pusigneux, mon frère, et plusieurs femmes aussi

aimables que jolies, qui venaient fréquemment,
avec d'autres amis, adoucir sa captivité. On
peut juger quel effet produisit sur moi ce contraste entre la rage qui s'exhalait au dehors, et
la sérénité qui régnait au dedans de la prison,
malgré les cris de ces furieux, qui retentissaient jusqu'à nous.

Une heure après, voyant ce tumulte apaisé,
et certain que la voiture de mon père viendrait
le chercher, je sortis et je continuai mes courses. Arrivé sur la place de Grève, j'y trouvai
de très nombreux rassemblemens que la garde
cherchait péniblement à dissiper. Leur objet
était de grossir leur nombre pour revenir le lendemain, en force, assiéger de nouveau la prison.

Aussi indigné qu'étourdi de leurs clameurs,
je passe à la halle; là, un spectacle bien différent frappa mes regards : c'était l'activité d'un
grand marché, au milieu de la paix la plus
profonde.

Peu de temps après, j'arrive au Palais-Royal;
j'entre dans ce jardin, centre de l'industrie,
foyer de corruption, arène toujours ouverte aux
factions, qui en firent plusieurs fois le rendez-vous de leurs complots, et le théâtre de leurs
combats.

Une multitude curieuse entourait, à rangs pressés, un homme monté sur une table : cet orateur démagogue déclamait avec véhémence contre la perfidie de la cour, l'orgueil des nobles, la cupidité des riches, la paresse des législateurs ; il échauffait les passions de son auditoire par les motions les plus incendiaires, auxquelles les uns répondaient par des applaudissemens, et les autres par des injures.

Dégoûté de l'impudence du harangueur, je pars et je vais aux Tuileries. Il faisait un temps superbe ; la terrasse, les allées, étaient remplies de promeneurs paisibles. Les femmes les plus jolies, variées dans leurs atours comme les fleurs d'un parterre, faisaient briller, dans ce beau jardin, leurs parures et leurs charmes. Il semblait que ce fût un jour de fête, et, dans cet instant, je pouvais me croire à cent lieues des scènes tumultueuses, dont je venais d'être témoin.

Cependant, étant descendu près du pont tournant, et voyant un grand nombre de personnes qui couraient vers les Champs-Élysées, je les suivis, et, en approchant du grand carré, j'aperçus une multitude d'hommes armés : c'étaient d'anciens soldats aux gardes françaises, qui, pour exécuter un projet de révolte, se rendaient à ce point de réunion. Bientôt M. de La Fayette, prévenu de leur rassemblement, accourut, avec quelques bataillons de la garde nationale, pour les cerner. Ils se rendirent, et furent promptement désarmés.

Rentré au sein de ma famille, j'étais rêveur et préoccupé de tout ce que je venais de voir en si peu d'heures; et, dans le dessein de me distraire de ces tristes souvenirs, j'allai le soir à l'Opéra.

Pour cette fois, je fus tenté de croire que jusque-là j'avais fait un songe : l'affluence des spectateurs, le charme de la musique, l'élégante variété des ballets, la fraîcheur des décorations, la magie du spectacle, la réunion, dans les loges, de tout ce qui existait de plus distingué à la cour et dans la ville, le calme, la gaîté que je voyais régner sur tous les traits, dans tous les regards, me présentaient l'image du bonheur, de la sécurité, de l'union; personne ne semblait se douter, que plusieurs quartiers de Paris venaient d'être le théâtre de mouvemens séditieux et de scènes alarmantes.

Ce récit simple et vrai suffit, sans doute, pour donner aux personnes qui n'ont point vécu en

France dans ce temps, une idée de ce que l'on pouvait alors voir à Paris dans une seule journée.

Cette agitation prouvait assez que nous étions loin de recouvrer le calme d'un État constitué et affermi; néanmoins cette époque trop courte fut certainement la moins orageuse de la révolution, et, malgré les efforts de plusieurs factions, la garde nationale, ainsi que les autorités administratives du royaume, firent régner en France, pendant quelque temps, un ordre, une tranquillité, qui m'étonnèrent.

On vit même, l'année suivante, un moment où la nation française sembla se livrer, avec une sorte d'ivresse, à l'espoir d'une réconciliation générale : ces jours d'enthousiasme furent ceux de la fédération, qui eut lieu, en 1790, au Champ-de-Mars. Mais c'est ici que se termine la première partie de ces Mémoires, et ce serait anticiper sur les faits que j'aurai à retracer dans la suite de cet ouvrage, que de peindre à présent cette imposante réunion, dans laquelle un même sentiment parut animer les hommes de toutes les classes, de tous les partis; de sorte que l'amour de la patrie, du roi et de la liberté, y fut proclamé par la France entière.

On eût dit qu'alors chacun, fatigué de nos

troubles, de nos dissensions, ouvrait avec ardeur son âme au vœu du rapprochement le plus désirable. Aussi, malgré l'effervescence des esprits, la lutte des intérêts, la divergence des opinions, l'homme le plus chagrin n'aurait pu concevoir l'idée de cette nouvelle et terrible révolution qui, deux ans après, renversa le trône, et fonda temporairement, sous le nom de république, le règne de la terreur et de l'anarchie.

Cependant, à l'époque même dont je viens d'esquisser le tableau, on commençait à s'alarmer de l'animosité de deux partis, qui luttaient avec passion l'un contre l'autre; mais ils ne se combattaient encore qu'à la tribune, et l'esprit le plus pénétrant ne pouvait pas alors prévoir que le feu de ces dissensions, s'étendant de jour en jour au milieu d'un bouleversement général, ferait le tour du globe, et que le monde civilisé serait, comme il l'est aujourd'hui, tout entier divisé entre ces deux partis, dont l'un reste avec opiniâtreté attaché à la bannière de l'ancien ordre social, et dont l'autre marche sous l'étendard d'un ordre social nouveau.

Tous deux ont une langue et un dictionnaire différens ; en se servant des mêmes mots, ils y attachent des sens opposés, et pourraient ainsi se parler toujours sans jamais s'entendre. Les termes de *droits*, de *devoirs*, de *justice*, d'*honneur*, d'*ordre*, de *liberté*, de *tolérance*, d'*opinion publique*, d'*intérêt général*, de *vertus* et de *crimes politiques*, ont, dans l'esprit de ces deux partis, des significations diverses, qui n'ont aucun rapport entr'elles.

Trois grands peuples en Europe, et quelques faibles gouvernemens, défendent encore l'antique système, tandis que le reste des peuples européens et toutes les nations de l'Amérique, c'est-à-dire l'immense majorité de la population des deux mondes civilisés, adoptent les nouveaux principes.

Pour peu qu'on approfondisse cette réflexion, et qu'on observe les progrès rapides des sciences, des arts, de l'industrie et de la richesse publique dans les pays libres, on pourra lire avec quelque clarté dans l'avenir.

La seconde partie de mes Mémoires contiendra le récit des événemens auxquels j'ai pris plus ou moins de part dans l'espace de trente-six années. J'aurai beaucoup de tableaux à peindre, de portraits à tracer, de faits et d'anecdotes à raconter; je m'en occupe. Mais j'ai atteint, je crois, l'âge de ce vieil archevêque de Grenade, si plaisamment peint par Le Sage. Je veux donc me hâter de terminer mon ouvrage, ou m'arrêter assez à temps, pour éviter l'inconvénient de recevoir l'avis naïf, salutaire, mais peu agréable, de quelque sincère et nouveau Gil Blas de Santillane.

FIN DU TROISIÈME VOLUME.

ERRATA

DU TROISIÈME VOLUME.

Page 4, ligne 5, seize cents, *lisez :* huit cents.
Page 8, lignes 15 et 16, huit cents, *lisez :* quatre cents.

ERRATUM

DU SECOND VOLUME.

Page 197, ligne 15. *Rétablir le troisième alinéa ainsi:*

Alors le sceptre des czars passa dans les mains de Michel Romanoff : ce prince, originaire de Prusse, fut la tige de la dynastie actuelle. Alexis, son fils, lui succéda; il fut le père de Fœdor III, d'Ivan et de Pierre. Fœdor mourut sans enfans, et laissa à ses frères un trône qui excita entr'eux la discorde. Ivan ne conserva bientôt que le titre de czar, et céda le sceptre à son immortel frère Pierre Ier.